Zum Abschluss noch ein wichtiger Tipp: Die meisten von euch haben das Buch nur ausgeliehen und dürfen nicht hineinschreiben. Für eure Nachfolger wäre es schließlich langweilig, wenn ihr bereits alle Aufgaben gelöst hättet. Besorgt euch deshalb eine Schreibfolie und schneidet sie so zurecht, dass sie in das Buch passt und ihr sie auf die Seiten legen könnt. Wenn ihr nun mit wasserlöslichen Folienstiften arbeitet, könnt ihr eure Folie das ganze Jahr über verwenden.

Viel Spaß beim Lernen, Lesen, Arbeiten und Üben!

Oft werden euch unterschiedliche Wege angeboten, um zu Ergebnissen zu gelangen, sie zusammenzufassen und zu präsentieren. Ihr könnt aber auch eigene Ideen einbringen!
Ganz wichtig ist es, dass ihr am Schluss eure entstandenen Produkte miteinander vergleicht und euch darüber austauscht, wie ihr vorgegangen seid, welche Probleme es möglicherweise gegeben hat, wie ihr diese gelöst habt und was ihr durch die Arbeit insgesamt gelernt habt.

So könnt ihr weiterarbeiten:

Es ist selbstverständlich, dass nicht immer alle Schülerinnen und Schüler eurer Klasse im gleichen Tempo arbeiten und die gleichen Interessen haben. Deshalb findet ihr innerhalb der Kapitel immer wieder diesen Hinweis. Wer also schon mit einer Aufgabe fertig ist, erhält hier Ideen, wie er allein oder mit einer Partnerin/einem Partner **weiterarbeiten** kann.
Oft stehen auch am Ende eines Kapitels Vorschläge, wie ihr allein, zu zweit oder als Gruppe an dem Thema selbstständig weiterarbeiten könnt.

Dieses Symbol zeigt euch sofort, dass es um einen **Schreibauftrag** geht. Ihr findet es z. B., wenn ihr eine Gedichtinterpretation verfassen, einen Text umschreiben oder wenn ihr eine eigene spannende Erzählung verfassen sollt.

Webcode
SNG-28054-001

Zur Nutzung des Webcodes geht bitte auf folgende Seite und gebt dort den Webcode ein: www.westermann.de/webcode.

Dieses Zeichen zeigt euch, wo ihr etwas **nachschlagen** könnt, das ihr gerade für das Lernen benötigt.

westermann

P.A.U.L. D.

Persönliches Arbeits- und Lesebuch *Deutsch*

9

Herausgegeben von:
Johannes Diekhans und Michael Fuchs

Die Ausgabe für Bayern wurde erarbeitet von:
Thomas Epple und Mareike Hümmer-Fuhr

Mit Beiträgen von:
Markus Apel, Thomas Bartoldus,
Johannes Diekhans, Michael Fuchs,
Dietrich Herrmann, Frank Radke,
Alexandra Rieso, Siegfried G. Rojahn,
Constantin Schnell, Achim Sigge,
Alexandra Wölke, Martin Zurwehme
u. a.

Gymnasium
Bayern

Druck A[1] / Jahr 2023
Alle Drucke der Serie A sind inhaltlich unverändert.

Illustrationen: Matthias Berghahn, Bielefeld; Reinhild Kassing, Kassel
Umschlagfotos/Collage: Krull, Nora, Hamburg; Shutterstock.com, New York: kazoka; Alamy Stock Photo, Abingdon/Oxfordshire: PhotoAlto sas; iStockphoto.com, Calgary: IPGGutenberg UKLtd
Druck und Bindung: Westermann Druck GmbH, Georg-Westermann-Allee 66, 38104 Braunschweig

ISBN 978-3-14-**028054**-9

Inhaltsverzeichnis

Im Fach Deutsch gibt es vier Lernbereiche:

- Sprechen und Zuhören
- Lesen – mit Texten und weiteren Medien umgehen
- Schreiben
- Sprachgebrauch und Sprache untersuchen und reflektieren

Jedem Lernbereich ist eine Farbe zugeordnet. So könnt ihr im Inhaltsverzeichnis immer erkennen, welcher Lernbereich bzw. welche Lernbereiche in den einzelnen Einheiten im Schwerpunkt angesprochen wird.

Das Inhaltsverzeichnis ist so aufgebaut, dass ihr in der linken Spalte die Inhalte aufgelistet findet und in der rechten Spalte die Kompetenzen, die ihr anhand dieser Inhalte erwerben könnt. Fettgedruckt sind diejenigen Kompetenzen, zu deren Erwerb ihr einen Werkzeugkasten als Unterstützung des Lernprozesses findet, und zentrale Kompetenzen der einzelnen Kapitel.

Dieses Symbol zeigt euch an, dass ihr mithilfe eines Webcodes einen Hörtext aufrufen könnt.

Kurze Geschichten, tiefer Sinn 46

■ **Erzähltexte beschreiben und deuten**

Annette von Droste-Hülshoff (1797 – 1848) 74

■ **Eine Autorin und ihre Zeit verstehen**

Jung und Alt 132

Texte vergleichen

Miteinander im Gespräch – Gelingende und misslingende Kommunikation untersuchen 154

▪ Kommunikation analysieren und beurteilen

„Wir gehen ins Theater!“ 174

▪ Einen dramatischen Text untersuchen und deuten

Materialien auswerten/**einen Kommentar verfassen/ein Exzerpt erstellen**/eine Argumentation nach Sachgebieten strukturieren/**Formulierungsbausteine für die Argumentation kennen/eine schildernde Passage in den Kommentar einbauen/mit Zitaten und Textbelegen arbeiten**

Einem Hörtext Informationen entnehmen/ Informationen aus einem Sachtext zusammenfassen und vortragen/„Fake News“ erkennen können

Eine Kunstaktion beschreiben/über die Inszenierung in den Medien nachdenken/über die Vertrauenswürdigkeit von Texten nachdenken

Über die Verantwortung der Medien beim Umgang mit Informationen nachdenken und dazu Stellung nehmen

Über den Einfluss von sozialen Medien nachdenken/Chancen und Risiken sozialer Medien abwägen

Social Bots als mediales Phänomen kennen/über Kommunikation in den sozialen Medien nachdenken

Filterblasen als mediales Phänomen kennen und kritisch hinterfragen

Über die Glaubwürdigkeit von Quellen nachdenken

„Das Wunder von Bern“ 274

■ **Einen Spielfilm untersuchen**

Üben, wiederholen und mehr ... 296

▪ Erworbene Fähigkeiten trainieren

Rechtschreibstrategien zur Fehlervermeidung und -korrektur erkennen und anwenden

Im Meer der Stadt

In den letzten zwei Jahrhunderten sind immer mehr Menschen in große Städte gezogen, wo sie ganz unterschiedliche Erfahrungen gemacht haben. Ihre Eindrücke haben sie dann häufig in Bildern, Liedern oder Texten verarbeitet.

In diesem Kapitel beschäftigt ihr euch mit Gedichten zum Thema „Stadt", indem ihr sie mit verschiedenen Methoden näher untersucht und dann interpretiert oder euch auf kreative Weise mit ihnen auseinandersetzt.

Ludwig Meidner: Ich und die Stadt (1913)

Domenico Quaglio: Braunschweig, Altstadtmarkt von Osten (1834)

Gedichte beschreiben und deuten

1 Stellt euch vor, ihr wärt in einer der hier abgebildeten Städte. Schildert, was ihr sehen, hören und riechen könntet. Überlegt auch, welche Gefühle bei euch entstehen könnten, in welcher Stimmung ihr wärt.

2 Untersucht, welche Momente und Aspekte des Stadtlebens auf den Bildern jeweils angesprochen werden.

3 Sprecht darüber, welches der Stadtbilder euch besonders gut gefällt und welches überhaupt nicht. Begründet eure Ansichten.

4 Schildert Erlebnisse und Eindrücke, die ihr selbst schon einmal in bzw. von Großstädten hattet.

Frankfurt am Main heute

James Rizzi: Make Friends with Life and People (1996)

1. Städte erleben – Ich in der Stadt

Herbert Grönemeyer
(geb. 1956)

Bochum

tief im westen
wo die sonne verstaubt
ist es besser
viel besser, als man glaubt
tief im westen,
tief im westen

du bist keine schönheit
vor arbeit ganz grau
du liebst dich ohne schminke
bist 'ne ehrliche haut
leider total verbaut
aber grade das macht dich aus

du hast 'n pulsschlag aus stahl
man hört ihn laut in der nacht
du bist einfach zu bescheiden
dein grubengold[1]
hat uns wieder hochgeholt
du blume im revier

bochum
ich komm aus dir
bochum
ich häng an dir
glück auf[2], bochum

du bist keine weltstadt
auf deiner königsallee[3]
finden keine modenschaun statt
hier, wo das herz noch zählt
nicht das große geld
wer wohnt schon in düsseldorf

bochum
ich komm aus dir
bochum
ich häng an dir
glück auf, bochum

du bist das himmelbett für tauben
und ständig auf koks[4]
hast im schrebergarten deine laube
machst mit 'nem doppelpass
jeden gegner nass
du und dein vfl[5]

bochum
[...] (1984)

---

1 **Grubengold:** Anspielung auf die Kohlegruben Bochums
2 **Glück auf:** Gruß der (Kohle-)Bergleute
3 **Königsallee:** hier im Vergleich zur Königsallee in Düsseldorf, eine der führenden Luxuseinkaufsstraßen
4 **Koks:** aus Kohle gewonnener Brennstoff, auch umgangssprachlich für Kokain
5 **vfl:** VfL Bochum, Fußballverein

1 Lest euch den Liedtext durch.

2 Untersucht, wie Herbert Grönemeyer seine Heimatstadt Bochum beschreibt. Welche Eigenschaften hebt er an ihr besonders hervor? Achtet in diesem Zusammenhang auch auf die sprachlichen Bilder und deren Wirkung. Hinweise findet ihr im Werkzeugkasten auf S. 27.

3 Erklärt mithilfe des Songtextes, wie Grönemeyer seine Heimatstadt beurteilt und welches Verhältnis er zu ihr hat. Überlegt dabei auch, warum er sie direkt anspricht.

4 Vergleicht den Songtext mit dem folgenden Ausschnitt aus einem Reiseführer. Welche Gemeinsamkeiten lassen sich feststellen, welche Unterschiede fallen euch auf? Versucht, eure Beobachtungen jeweils zu erklären.

Die Stadt Bochum, im Herzen des Ruhrgebiets zwischen Emscher und Ruhr gelegen, verdankte ihren Aufschwung einst der Kohle und dem Stahl. Heute gibt es keine Zechen mehr. Stattdessen haben sich andere Industriezweige, wie z. B. der Automobilbau, in Bochum angesiedelt. Die Ruhr-Universität, das Schauspielhaus und die Musicalbühne „Starlight Express" setzen die kulturellen Akzente in der Stadt, die nicht gerade eine Schönheit ist, aber ihre Vergangenheit als Bergbaustadt wachhält.

Julia Kautz (geb. 1981)

Meine Stadt

Bei dir schmeckt gestern noch wie heute
Alle Straßen alle Leute
Egal wo ich auch hingeh,
Ich bin immer noch ein Teil von dir
Und du von mir
Du gibst mir Kraft, du gibst mir Wärme
Von deinen Lichtern an die Sterne
Bist die Idee, die wie ein Funken tanzt
In mir und ich mit dir

Sieh dich nur an, wie alles leuchtet, alles fließt
Oh Mann bin ich verliebt
Ich steh hier oben und ich seh mich niemals satt
Bist mein Zuhause, meine Stadt
Mein Zuhause, meine Stadt

Es gibt keinen Weg, der nicht zu dir führt
Weil ich das Kribbeln nur bei dir spür
Du siehst mich an und weißt schon ganz genau
Was fehlt bei mir und ich bei dir

Straßenlaternen flüstern leise
Auf vertraute Art und Weise
Unsere Geschichten, denn in jedem Stück Asphalt
vor mir steht was von mir

Sieh dich nur an, wie alles leuchtet alles fließt
Oh Mann bin ich verliebt
Ich steh hier oben und ich seh mich niemals satt
Bist mein Zuhause, meine Stadt
Mein Zuhause, meine Stadt [...]

(2017)

1 Untersucht, wie die Stadt München in diesem Lied beurteilt wird. Was wird dabei besonders hervorgehoben?

2 Vergleicht die beiden Texte über München und Bochum im Hinblick auf Unterschiede und Gemeinsamkeiten.

3 Sammelt Motive, die jemanden veranlassen könnten, ein Lied über seine Heimatstadt zu schreiben.

4 Schreibt selbst zu einer bekannten Melodie einen Text über eure Heimatstadt oder eine andere Stadt, die ihr gut kennt. Um Einfälle für den Text zu sammeln, könnt ihr euch zunächst Antworten auf die folgenden Fragen überlegen: Was verbindet euch mit eurer Heimatstadt oder eurem Heimatort? Was gefällt euch, was mögt ihr weniger? Gibt es etwas Besonderes, das sich in anderen Städten so nicht finden lässt?

5 Schreibt einen argumentativen Text, in dem ihr begründet, warum eure Heimatstadt an dem Wettbewerb „Deutschlands schönste Orte“ teilnehmen sollte. Ihr könnt auch einen Leserbrief an eure Regionalzeitung verfassen, in dem ihr vorschlagt, was an eurem Wohnort verändert werden müsste, damit er an dem Wettbewerb teilnehmen kann.

6 Erstellt ein Portfolio, in dem ihr literarische Texte aller Art zu eurer Heimatstadt sammelt. Ihr könnt die Texte nach selbst entwickelten Merkmalen sortieren oder in die drei literarischen Gattungen (s. u.) einteilen. Hilfen zur Erstellung eines Portfolios findet ihr unter: Webcode **SNG-28054-001**.

Das musst du lernen und wissen.

Literarische Gattungen

Gedichte (lyrische Texte) sind sprachliche Kunstwerke in sogenannter „gebundener Sprache“, also in Versen, Reimen oder einem bestimmten Rhythmus. Moderne Gedichte weisen diese Merkmale aber häufig nicht mehr auf. Häufig finden sich in Gedichten sprachliche Gestaltungsmittel wie zum Beispiel Alliterationen oder Metaphern.

Romane, Novellen und Kurzgeschichten sind epische, d. h. erzählende Texte. Zu ihren Merkmalen gehören zum Beispiel eine Handlung, Figuren und Figurenkonstellationen, Konflikte und verschiedene Erzähltechniken (z. B. Erzählform, Erzählverhalten).

Komödien und Tragödien sind Unterformen der dramatischen Texte. Das wichtigste Kennzeichen dramatischer Texte ist, dass sie auf eine Bühnendarstellung hin angelegt sind. Sie bestehen deshalb u. a. aus Szenen, Dialogen, Monologen und Regieanweisungen. Der Konflikt und seine Auflösung stehen im Drama besonders im Vordergrund.

2. „Ein Blick ins Auge, und vorüber schon“ – Der Einzelne und die Menge

Nicht immer haben Dichterinnen und Dichter ihre Stadt positiv beurteilt. Seit dem Anwachsen der Städte im 19. Jahrhundert gab es auch wiederholt Beispiele für kritische Stadtgedichte.

Emil Nicolai (1862 – ?)

Straßenbild

Ein Menschenhauf – ein Schutzmann[1] – und ein Karren
Und auf dem Karren ein betrunk'nes Weib.
Notdürft'ge Kleidung deckt den magern Leib –
Die Nase spitz, wie eines Giebels Sparren[2].

Die Menge gafft – und tut der Dinge harren,
die sich entwickeln ihr zum Zeitvertreib. –
Und mancher Schimpf trifft das betrunk'ne Weib,
des Augen glasig in die Leere starren.

Sie griff zur Flasche in des Lebens Not,
als ihr das Herz umkrallt der Ohnmacht Gram;
die Kinder weinten: „Mutter! – Hunger! – Brot!“

Nun deckt die blassen Wangen brennend Rot
Wie in des Unglücks unbewusster Scham –
Der Karren rollt. Ein Opfer – lebend tot.

(1910)

---

[1] **Schutzmann:** höhere Bezeichnung für Polizist
[2] **Sparren:** schräger Dachbalken

1 Hört euch den Gedichtvortrag an (Webcode **SNG-28054-002**). Überlegt, worum es in dem Gedicht gehen könnte.

2 Lest nun das Gedicht. Findet für die einzelnen Strophen passende Überschriften. Vergleicht anschließend die Ergebnisse und begründet dabei eure Entscheidungen.

3 Arbeitet heraus, was man über die Frau auf dem Karren, ihr Aussehen, ihr Verhalten, ihre Gründe für ihr Verhalten erfährt.

4 Untersucht, wie die Menschen auf den Anblick der Frau reagieren.

5 Prüft, inwieweit das Gedicht das Verhalten der Zuschauerinnen und Zuschauer bewertet.

6 Überlegt, was mit dem Schluss des Gedichts „Ein Opfer – lebend tot“ gemeint sein könnte.

7 Erschließt die sprachliche Gestaltung des Gedichts. Dabei könnt ihr z. B. auf den Satzbau, die Wortwahl und die sprachlichen Bilder achten. Hilfen findet ihr in dem Werkzeugkasten auf S. 32. Versucht auch, jeweils zu erklären, in welcher Weise die sprachlichen Gestaltungsmittel zur Verdeutlichung des Inhalts beitragen.

8 Untersucht, welche Bedeutung die Stadt in diesem Gedicht hat. Berücksichtigt in diesem Zusammenhang auch den Titel.

9 Versetzt diese Szene in eine Großstadt des 21. Jahrhunderts – was wäre wahrscheinlich anders? Überlegt euch weitere Szenen aus dem Stadtleben, die zu der Kapitelüberschrift „Der Einzelne und die Menge“ passen.

Erhard Rumpf

Industrialisierung und soziale Frage – Lebensverhältnisse und Arbeitsbedingungen ändern sich

Jahr für Jahr brachten im Deutschland des 19. Jahrhunderts die Frauen mehr Kinder zur Welt. 1816 lebten in Deutschland 24,8 Millionen Menschen, 1849 waren es 35,1 Millionen und bis 1910 wuchs die Bevölkerung auf 64,9 Millionen an. Nach 1850 zog es immer mehr Menschen vom Land in die Städte. Besonders viele kamen aus den landwirtschaftlichen Gebieten im Osten Deutschlands in die entstehende Industrie des Ruhrgebietes. Das waren Kleinbauern, deren Höfe nicht genug zum Leben hergaben; das waren Töchter und Söhne von Knechten und Mägden, das waren Tagelöhner und das waren Heimarbeiter, die mit den billigen Waren aus den Fabriken nicht mehr konkurrieren konnten. Auf den Dörfern fanden sie keine Arbeit mehr, denn die Landwirte konnten die Erträge durch die Modernisierungen steigern, ohne mehr Arbeitskräfte zu benötigen. Sie alle hofften auf bessere Arbeits- und Lebensmöglichkeiten in der Stadt. Aber nicht jeder fand Arbeit,

Adolph von Menzel: Das Eisenwalzwerk, 1875

Arbeiterquartier in Hamburg um 1880

besonders in der Zeit, als es nur wenige Fabriken gab. Die Not war auch in den Städten groß, deswegen wanderten viele aus Deutschland aus. Die meisten Menschen in den Städten hatten nur eine Möglichkeit, ihren Lebensunterhalt zu verdienen: Sie verkauften ihre Arbeitskraft an die Unternehmer. Fabrikanten und Arbeiter schlossen einen Arbeitsvertrag ab, der als freiwillige Abmachung zwischen zwei Bürgern galt. Den Arbeitern und Arbeiterinnen blieb dabei nichts anderes übrig, als die Bedingungen der Unternehmer zu akzeptieren. Sie mussten sich einer Arbeitsorganisation unterwerfen, die genau nach der Uhr ablief, denn die Maschinen durften nicht stillstehen. Wer nicht 14 oder 16 Stunden am Tag arbeiten wollte oder konnte, sollte es bleiben lassen, es gab ja genügend andere Arbeitskräfte. Wenn z.B. eine Arbeiterin, die ein Kind erwartete oder stillte, der Arbeit fernblieb, brach sie den Arbeitsvertrag und der Fabrikant konnte sie entlassen. Dagegen waren die Arbeiter fast wehrlos, denn Zusammenschlüsse wie Gewerkschaften galten lange Zeit als ungesetzlich. Fabrikarbeiter konnten von ihrem Lohn eine Familie meist nicht satt machen. Die Arbeitslöhne waren vor allem zu Beginn der Industrialisierung für unsere Begriffe unvorstellbar niedrig, auch wenn sie meist höher lagen als für Land- oder Heimarbeit. Folglich mussten die Frauen und sogar Kinder mitarbeiten. Das hatten sie früher in der Landwirtschaft, am heimischen Webstuhl oder im Handwerksbetrieb auch getan. Aber nun wurden sie auf dem Arbeitsmarkt Konkurrenten für die Männer. Männer behaupteten daher verstärkt, dass sie zuallererst Anspruch auf einen Arbeitsplatz hätten, weil sie verpflichtet wären, die Familie zu ernähren. Mit der gleichen Begründung stellten die Unternehmer Frauen – und auch Kinder – für besonders schlecht bezahlte Arbeiten ein. Sie sollten froh sein, wenn sie ein paar Groschen dazuverdienen konnten. Dabei war ihre Arbeit nicht leichter oder angenehmer als die der Männer. Die Löhne waren auch von der Ausbildung abhängig: So verdiente z.B. ein geschickter Handwerker oder Techniker wesentlich mehr als ein ungelernter Arbeiter.

(1996)

1 Hört euch den Textvortrag an (Webcode **SNG-28054-003**). Notiert euch Schlüsselbegriffe.

2 Lest nun den Text gründlich durch. Stellt einen Zusammenhang her zwischen dem Sachtext von Erhard Rumpf und den beiden Abbildungen auf dieser Doppelseite.

3 Gliedert den Text in Sinnabschnitte und gebt diesen jeweils eine passende Überschrift (z. B. „Bevölkerungswachstum").

4 Erklärt anhand des Textes in eigenen Worten, warum gerade in den Städten Armut und soziales Elend besonders groß waren.

5 Nennt Gründe dafür, dass insbesondere viele Frauen unter der schlimmen sozialen Lage zu leiden hatten.

6 Vergleicht diesen Sachtext mit dem Gedicht „Straßenbild“ von Emil Nicolai (S. 21). Überlegt euch dafür, nach welchen Kriterien ihr die beiden Texte vergleichen könnt (z. B. inhaltliche Informationen, sprachliche Gestaltung, Wirkung, mögliche Leserschaft usw.), und legt dann eine Tabelle an.

7 Welche der von euch herausgearbeiteten Besonderheiten des Gedichts könnten typisch für die Gattung Lyrik sein?

Detlev von Liliencron
(1844 – 1909)

In einer großen Stadt

Es treibt vorüber mir im Meer der Stadt
Bald der, bald jener, einer nach dem andern.
Ein Blick ins Auge, und vorüber schon.
Der Orgeldreher dreht sein Lied.

Es tropft vorüber mir ins Meer des Nichts
Bald der, bald jener, einer nach dem andern.
Ein Blick auf seinen Sarg, vorüber schon.
Der Orgeldreher dreht sein Lied.

Es schwimmt ein Leichenzug im Meer der Stadt,
Querweg die Menschen, einer nach dem andern.
Ein Blick auf meinen Sarg, vorüber schon.
Der Orgeldreher dreht sein Lied.

(1883)

1 Lest das Gedicht und arbeitet heraus, wie Stadt und Menschen in dem Gedicht dargestellt werden. Sprecht auch darüber, welches Verhältnis das lyrische Ich zu den anderen Menschen der „großen Stadt“ hat.

2 Versucht gemeinsam, die Bedeutung der sprachlichen Bilder „Meer der Stadt“ (V. 1, V. 9) und „Meer des Nichts“ (V. 5) zu klären.

3 Diskutiert darüber, welche Bedeutung der mehrfach erwähnte Drehorgelspieler für die Aussage des Gedichts haben könnte.

4 Stellt Wörter und Wortgruppen zusammen, die in diesem Gedicht mehr als einmal vorkommen. Warum hat der Dichter wohl so viele Wiederholungen verwendet?

5 Untersucht das Versmaß des Gedichts. Hilfen findet ihr in der folgenden Zusammenfassung. Versucht auch, einen Bezug zwischen dem Versmaß und dem Inhalt des Textes aufzuzeigen.

6 Hört euch das Gedicht zweimal an (Webcode **SNG-28054-004**) und entwerft dann eine „Vertonung“. Dafür könnt ihr den gesamten Text beim Vortragen mit Musik unterlegen oder vor und nach den einzelnen Strophen jeweils „Zwischenmusik“ einblenden. Überlegt euch auch, wie der Text im Zusammenhang mit der Vertonung jeweils vorgetragen werden sollte. Besprecht dann in der Klasse, welche unterschiedlichen Wirkungen durch die verschiedenen Vortragsweisen und Vertonungen hervorgerufen werden. Begründet eure Musikwahl.

Das musst du lernen und wissen.

Versmaß (Metrum)

Wenn man Gedichte besonders betont vorliest, merkt man, dass die einzelnen Verse oft ein bestimmtes Betonungsmuster haben. Dies liegt daran, dass innerhalb der einzelnen Verse **Hebungen** (betonte Silben) und **Senkungen** (unbetonte Silben) in einer festen Abfolge angeordnet sind. Diese Folge von Hebungen und Senkungen nennt man **Versmaß** oder **Metrum**. Dies kann auf regelmäßige oder unregelmäßige Weise geschehen.

Eine Einheit von zwei oder drei Silben, von denen eine betont ist, nennt man Takt oder **Versfuß**. Dabei unterscheidet man folgende Versfüße:

Jambus (xx́): z. B. Gedícht — **Trochäus** (x́x): z. B. Díchter
Daktylus (x́xx): z. B. Dáktylus — **Anapäst** (xxx́): z. B. Anapä́st, Paradíes

Wenn ein Vers auf einer betonten Silbe endet, nennt man dies **männliche** bzw. **stumpfe Kadenz**, eine unbetonte Silbe am Schluss wird als **weibliche** bzw. **klingende Kadenz** bezeichnet.

Beispiel für die Bestimmung von Versen:
Nun déckt die blássen Wángen brénnend Rót
fünfhebiger Jambus mit männlicher/stumpfer Kadenz (xx́ xx́ xx́ xx́ xx́)
Häufig kann das Versmaß für die Deutung des Gedichts genutzt werden, z. B. wenn es besonders regelmäßig oder auffallend unregelmäßig ist oder plötzlich wechselt. Außerdem entsteht aus der metrischen Gestaltung, aus Betonung, Pausen und Tempo eine bestimmte „Bewegung“ im Gedicht, die man **Rhythmus** nennt.
In moderner Lyrik finden sich allerdings viele Gedichte, die kein einheitliches Metrum und kein festes Reimschema haben.

Franz Werfel (1890 – 1945)

Der rechte Weg (Traum)

Ich bin in eine große Stadt gekommen.
Vom Riesenbahnhof trat den Weg ich an,
Besah Museen und Plätze, habe dann
Behaglich eine Rundfahrt unternommen.

Den Straßenstrom bin ich herabgeschwommen
Und badete im Tag, der reizend rann.
Da! Schon so spät!? Ich fahre aus dem Bann.
Herrgott, mein Zug! Die Stadt ist grell erglommen.

Verwandelt alles! Tausend Autos jagen,
Und keines hält. Zweideutige Auskunft nur
Im Ohr durchkeuch ich das Verkehrs-Gewirre.

Der Bahnhof?! Wo?! Gespenstisch stummt mein Fragen.
Die Straßen blitzen endlos, Schnur um Schnur,
Und alle führen, alle, in die Irre.

(1911)

1 Hört euch den Gedichtvortrag an (Webcode **SNG-28054-005**). Lest das Gedicht anschließend.

2 „Verwandelt alles!“ (V. 9) Vergleicht in einer Tabelle, wie das lyrische Ich die Stadt vor dem Wendepunkt dieser Verwandlung wahrnimmt und wie hinterher.

Sprachliches Bild	**Deutung**
„Straßenstrom“ (V. 5)	viele Menschen/Autos lassen Straße wie einen Fluss wirken, sind nicht einzeln zu erkennen
„herabgeschwommen“ (V. 5)	...
„*badete* im Tag“ (V. 6)	...
„der reizend *rann*“ (V. 6)	...
„Autos *jagen*“ (V. 9)	...
„Straßen *blitzen*“ (V. 13)	...
„Schnur um Schnur“ (V. 13)	...

3 „Sarg“ – „Der rechte Weg“ – „Bahnhof“ ... – Beschreibt, welche Gedanken euch durch den Kopf gehen, wenn ihr diese Wörter lest. Versucht, jeweils mithilfe der Begriffe „Denotation“ und „Konnotation“ (vgl. die Informationen unten) die unterschiedliche Sicht auf das Wort zu erläutern.

4 Arbeitet weitere sprachliche Bilder des Textes heraus (vgl. die Tabelle oben u. S. 27) und klärt die Bedeutung, indem ihr Konnotationen und Deutungsvorschläge sammelt.

5 Analysiert auch andere sprachliche Gestaltungsmittel (z. B. Wortwahl, Satzbau und Enjambements, vgl. S. 28) und ihre Wirkung im Zusammenhang mit dem Inhalt des Gedichts. Sprecht dabei über mögliche Bedeutungen von Textstellen, die beim ersten Lesen zunächst schwer verständlich scheinen, z. B.: „Die Stadt ist grell erglommen“ (V. 8) oder „Gespenstisch stummt mein Fragen“ (V. 12).

6 Untersucht Versmaß und Rhythmus des Gedichts und beschreibt die Wirkung.

7 Überprüft, inwieweit das Gedicht der Sonett-Form (vgl. S. 200) formal und inhaltlich entspricht.

Das musst du lernen und wissen.

Denotation und Konnotation

Die meisten Wörter haben eine Grundbedeutung, mit der sie etwas bezeichnen. Das Wort „Sonne“ bezeichnet zum Beispiel den leuchtenden Stern in der Mitte unseres Sonnensystems. Diese Grundbedeutung bezeichnet man als **Denotation**.

Oft schwingen bei einem Wort aber auch noch andere Bedeutungen und Empfindungen mit. So verbinden wir mit „Sonne“ zum Beispiel Wärme oder Sommer, mit „Nacht“ zum Beispiel Ruhe, Angst oder Gefahr. Diese sogenannten **Konnotationen** sind unter anderem wichtig, wenn man literarische Texte interpretiert. Sie helfen uns dabei, Bedeutungen in literarischen Texten zu verstehen und zu einer schlüssigen Interpretation zu gelangen.

Das brauchst du immer wieder. ◆ So gehst du vor.

Sprachliche Bilder untersuchen

Die Sprache eines Gedichts löst bei der Leserin/beim Leser bestimmte Vorstellungen, Gefühle und Stimmungen aus. Dies geschieht vor allem durch eine anschauliche Wortwahl und sprachliche Bilder, bei denen sozusagen mit Sprache „gemalt" wird. Solche sprachlichen Bilder sind:

- **Vergleiche**, die mit bestimmten Vergleichswörtern (*wie, so wie, als wenn*) eingeleitet werden (z. B. „Die Nase spitz, wie eines Giebels Sparren").
- **Metaphern**, durch die ein Ausdruck dadurch eine neue Bedeutung erhält, dass man ihn aus seinem ursprünglichen Bereich in einen neuen überträgt. Eine neue Bedeutung kann auch durch die Verknüpfung mit einem Bereich entstehen, mit dem der Ausdruck gewöhnlich nicht verbunden ist. Oft wird die Metapher auch als verkürzter Vergleich bezeichnet, weil ein Vergleichswort (z. B. *wie*) fehlt (z. B. „im Meer der Stadt").
- **Personifikationen**, in denen Dingen, Tieren oder allgemeinen Begriffen menschliche Eigenschaften und/oder Verhaltensweisen zugeordnet werden (z. B. „Autos jagen").
- **Symbole**, bei denen ein konkreter Gegenstand neben seiner offensichtlichen eigentlichen Bedeutung noch eine weitere, übertragene Bedeutung hat (z. B. die Drehorgel als Symbol des Stadtlebens, das immer unverändert und ziellos weiterläuft).

Wichtig ist, dass man die einzelnen sprachlichen Bilder nicht nur benennt, sondern möglichst auch ihre Wirkung und Bedeutung im Zusammenhang des Gedichts erklärt.

Alfred Wolfenstein (1883 – 1945)

Städter

Dicht wie Löcher eines Siebes stehn
Fenster beieinander, drängend fassen
Häuser sich so dicht an, dass die Straßen
Grau geschwollen wie Gewürgte sehn.

Ineinander dicht hineingehakt
Sitzen in den Trams[1] die zwei Fassaden
Leute, ihre nahen Blicke baden
Ineinander, ohne Scheu befragt.

Unsre Wände sind so dünn wie Haut,
Dass ein jeder teilnimmt, wenn ich weine.
Unser Flüstern, Denken ... wird Gegröhle ...

– Und wie still in dick verschlossner Höhle
Ganz unangerührt und ungeschaut
Steht ein jeder fern und fühlt: alleine.

(1914)

Jakob Steinhardt: Die Stadt (1913)

[1] **Trams:** Straßenbahnen

1 Hört euch den Gedichtvortrag an (Webcode **SNG-28054-006**) und beschreibt die im Gedicht vermittelte Stimmung. Dafür schreibt jeder einige Adjektive auf, die die Atmosphäre des Textes möglichst treffend wiedergeben. Vergleicht eure Ergebnisse und begründet eure Entscheidungen.

2 Lest nun das Gedicht. Überlegt, welches Thema das Gedicht hat. Formuliert eine möglichst knappe, aber genaue Deutungshypothese (vgl. S. 30) und begründet eure Entscheidung mithilfe des Gedichttextes.

3 Untersucht, wie in dem Text „Städter" die Großstadtbewohner beschrieben werden im Hinblick auf ihr Aussehen, ihr Verhalten, ihre Gefühle und ihr Verhältnis zu den Mitmenschen.

4 Sprecht darüber, welche Bedeutung die äußere Situation (z. B. Häuser, Wohnungen, Straßen, Straßenbahn) für das Leben der „Städter" hat.

5 Versucht, die im Gedicht verwendeten sprachlichen Bilder zu deuten und ihre Wirkung im Zusammenhang des Textes zu erklären. Ihr könnt dafür wieder eure Beobachtungen und Einfälle in einer Tabelle sammeln:

Sprachliches Bild	**Deutung**
„wie Löcher eines Siebes" (V. 1)	unzählige Fenster, dicht beieinander, wirken leer/unbelebt ...
„drängend fassen/Häuser sich so dicht an" (V. 2 f.)	viele Häuser stehen so eng nebeneinander, dass sie sich (wie Menschen) gegenseitig zu bedrängen/bedrohen scheinen
„wie Gewürgte" (V. 4)	...
...	...

6 Listet die Enjambements auf, die in diesem Gedicht vorkommen, und diskutiert darüber, welche Wirkung sie auf die Leserschaft haben.

7 Untersucht die Form des Gedichts (Reim, Metrum, Kadenz, Gedichtart) und beschreibt die Wirkung.

8 Überprüft die anfangs (Aufgabe 2) formulierte Deutungshypothese.

Das musst du lernen und wissen.

Zeilensprünge (Enjambements)

Gehen Sätze oder syntaktische Einheiten über das Zeilenende hinaus in die nächste Zeile hinein, spricht man von **Zeilensprüngen oder Enjambements** (frz.: *enjamber* = überspringen). Damit wird der normale Leserhythmus, der mit dem Zeilen- oder Versende auch einen syntaktischen und damit auch gedanklichen Einschnitt verbindet, durchbrochen. Auf diese Weise kann die Verfasserin/der Verfasser des Gedichts die Aufmerksamkeit der Leserin/des Lesers lenken und beeinflussen, indem z. B. eine bestimmte Wirkung (z.B. fließende Bewegung) erzielt wird.

Peter Schneider (geb. 1940)

Auf der Straße

Wenn ich auf die Straße hinaustrete,
sehe ich keinen Verkehr zwischen den Leuten,
keine Gruppen, die sich über die Zeitung unterhalten,
es liegt kein Gespräch in der Luft.
Ich sehe Leute, die so aussehen, als lebten sie
unter der Erde und als wären sie das letzte Mal
bei irgendeinem dritten oder vierten
Kindergeburtstag froh gewesen. Sie bewegen sich,
als wären sie von einem System elektrischer Drähte
umgeben, das ihnen Schläge austeilt, falls sie
einmal einen Arm ausstrecken oder mit dem Fuß
hin und her schlenkern.
Sie gehen aneinander vorbei und beobachten sich,
als wäre jeder der Feind des anderen.
Das ganze Leben hier macht den Eindruck,
als würde irgendwo ein großer Krieg geführt
und alle würden auf ein Zeichen warten,
dass die Gefahr vorüber ist und man sich
wieder bewegen kann. (1969)

George Grosz: Untitled (1920)

1 Hört euch den Gedichtvortrag an (Webcode **SNG-28054-007**) und beschreibt, wie das lyrische Ich des Gedichts „Auf der Straße“ die Menschen, ihr Verhalten und ihr Verhältnis zueinander wahrnimmt.

2 Lest nun das Gedicht und erklärt die Bedeutung der sprachlichen Bilder.

3 Überlegt gemeinsam, welche Ursachen das in diesem Text dargestellte Verhalten vieler Menschen haben könnte.

4 Untersucht Enjambements und Zeilenumbrüche. Was wird dadurch besonders hervorgehoben?

5 **Wählt einen der beiden Aufträge:**

a Untersucht zunächst, wie das Bild „Untitled“ von George Grosz auf euch wirkt. Welche Atmosphäre strahlt es aus? Überlegt auch, wodurch diese Atmosphäre hervorgerufen wird. Vergleicht es mit dem Gedicht von Peter Schneider und sucht einen passenden Titel für das Bild. Begründet eure Auswahl.

b Versetzt euch in die Figur im Bild von George Grosz. Schildert ihre Eindrücke und Gefühle in dieser Situation aus der Ich-Perspektive.

3. Eine Deutungshypothese entwickeln

Lernaufgabe

Viele Gedichte erschließen sich erst nach sorgfältigem Lesen und Untersuchen. Dies ist nicht verwunderlich, weil die Sprache in Gedichten oft von einer hohen Bildlichkeit oder sehr verknappt ist. Zudem sollten inhaltliche, sprachliche und formale Gesichtspunkte bei einer Interpretation zusammengebracht und Leserin und Leser vermittelt werden. In der Regel entwickelt sich beim Lesen eines Gedichts ein erster Eindruck von Thema und Aussage des Gedichts. Diesen Eindruck bestätigt, verändert oder widerlegt man durch intensives weiteres Lesen und Analysieren von einzelnen Merkmalen des Gedichts. So kommt man zu einer schlüssigen Gesamtdeutung des Gedichts. Wenn die Interpretation eines Gedichts für andere aufgeschrieben werden soll, ist ein ähnliches Vorgehen empfehlenswert. Man präsentiert zunächst nicht eine Fülle von Details zu Inhalt, Form und sprachlichen Mitteln, sondern formuliert eine Deutungshypothese. Unter einer Hypothese versteht man eine Annahme, die noch nicht bewiesen ist, also eine Vermutung oder Behauptung, die zutreffen könnte. Diese knapp (in wenigen Sätzen) formulierte Deutungshypothese ist also der Ausgangspunkt der Gedichtinterpretation. Sie dient dazu, Leserin und Leser eine Richtung vorzugeben, in die die Erschließung des Gedichts gehen soll. Man unterstellt sozusagen, dass das Gedicht so zu verstehen ist, und versucht, mit der Interpretation diese Deutungshypothese als richtig und zutreffend zu erweisen. Dabei ist es aber durchaus möglich, dass am Ende die Deutungshypothese vertieft, erweitert, korrigiert oder sogar verworfen und ersetzt werden muss, ohne dass das als Fehler gilt – falsch wäre nur, die Deutungshypothese unkommentiert stehen zu lassen.

Mascha Kaléko

Seiltänzerin ohne Netz

Mein Leben war ein Auf-dem-Seile-Schweben.
Doch war es um zwei Pfähle fest gespannt.
Nun aber ist das starke Seil gerissen:
Und meine Brücke ragt ins Niemandsland.

Und dennoch tanz ich und will gar nichts wissen,
Teils aus Gewohnheit, teils aus stolzem Zorn.
Die Menge starrt gebannt und hingerissen.
Doch gnade Gott mir, blicke ich nach vorn.

1 Lest das Gedicht und formuliert eine eigene Deutungshypothese.

2 Vergleicht eure Deutungshypothese mit den drei hier abgedruckten und tauscht euch untereinander darüber aus, welche Deutungshypothese am ehesten zutrifft.

A Das Gedicht handelt von den Absturzängsten einer Seiltänzerin.

B Das Gedicht vergleicht den Gang einer Seiltänzerin mit dem Leben der Menschen.

C Das Gedicht handelt von einem Schlüsselmoment im Leben einer Seiltänzerin, bei dem sie für den Augenblick bewusst weitertanzt, obwohl das Seil gerissen ist.

3 Schreibe – ausgehend von einer der Deutungshypothesen – eine Interpretation des Gedichts. Der Werkzeugkasten auf S. 35 gibt dir weitere Hinweise.

4. „Die Zeit fährt Auto“ – Industrie und Technik, Kommerz und Konsum

Erich Kästner (1899 – 1974)

Die Zeit fährt Auto

Die Städte wachsen. Und die Kurse steigen.
Wenn jemand Geld hat, hat er auch Kredit.
Die Konten reden. Die Bilanzen[1] schweigen.
Die Menschen sperren aus[2]. Die Menschen streiken.
Der Globus dreht sich. Und wir drehn uns mit.

Die Zeit fährt Auto. Doch kein Mensch kann lenken.
Das Leben fliegt wie ein Gehöft vorbei.
Minister sprechen oft vom Steuersenken.
Wer weiß, ob sie im Ernste daran denken?
Der Globus dreht sich und geht nicht entzwei.

Die Käufer kaufen. Und die Händler werben.
Das Geld kursiert, als sei das seine Pflicht.
Fabriken wachsen und Fabriken sterben.
Was gestern war, geht heute schon in Scherben.
Der Globus dreht sich. Doch man sieht es nicht.

(1928)

---

1 **Bilanz:** in der Wirtschaft Überblick über Vermögenswerte und finanzielle Verpflichtungen

2 **Aussperrung:** Ausschließung von Arbeitnehmern von der Arbeit ohne Fortzahlung des Lohns; Kampfmaßnahme der Arbeitgeber im Arbeitskampf

1 Hört euch den Gedichtvortrag an (Webcode **SNG-28054-008**) oder lest das Gedicht laut. Überlegt, was den Leserhythmus prägt und welche Wirkung dadurch erzielt wird.

2 Stellt zusammen, welche einzelnen Themen in dem Gedicht Kästners angesprochen werden, z. B. Wachstum der Städte, Aktienkurse ...

3 Untersucht, wie die einzelnen Aspekte des modernen Wirtschaftslebens im Text beurteilt werden. Erklärt in diesem Zusammenhang auch den Titel des Gedichts.

4 Analysiert die sprachliche Gestaltung des Gedichts: Welche Stilmittel werden verwendet? Welche Wirkung wird durch sie erreicht? Hilfen findet ihr in der Übersicht auf S. 32 und unter: Webcode **SNG-28054-009**.

Sprachliche Gestaltungsmittel bestimmen

Sprachliches Mittel	Erklärung	Beispiel
Alliteration	Mehrere Wörter bzw. betonte Silben beginnen mit dem gleichen Laut.	„Und alle Dächer sind Glorie und Glast./Und nun erst halten die ruhlosen Glocken [...]" (Stefan Zweig)
Anapher	Mehrere Sätze oder Satzteile beginnen mit dem gleichen Wort/den gleichen Wörtern.	„Die Konten reden. Die Bilanzen schweigen. Die Menschen sperren aus. Die Menschen streiken." (Erich Kästner)
Ellipse	Auslassung von Satzgliedern, die man gedanklich leicht ergänzen kann	„Aus den Schornsteinen, hier und da, Rauch, oben, hoch, in sonniger Luft, ab zu und Tauben." (Arno Holz)
Gegensatz (Antithese)	inhaltliche Gegenüberstellung von Gedanken und Begriffen	„Die Konten reden. Die Bilanzen schweigen." (Erich Kästner)
Metapher	sprachliches Bild, das durch die Übertragung eines Begriffs in einen anderen Bereich entsteht, verkürzter Vergleich	„Den Straßenstrom bin ich herabgeschwommen" (Franz Werfel)
Parallelismus	Mehrere Sätze oder Satzteile haben einen parallelen Satzbau.	„Es treibt vorüber mir im Meer der Stadt [...]. Es tropft vorüber mir ins Meer des Nichts" (Detlev von Liliencron)
Personifikation	sprachliches Bild; Dingen, Tieren oder allgemeinen Begriffen werden menschliche Eigenschaften/Handlungsweisen zugeordnet	„[D]rängend fassen Häuser sich so dicht an [...]" (Alfred Wolfenstein)
Rhetorische Frage	eine Frage, deren Antwort schon bekannt ist und aus der Fragestellung hervorgeht	„Wer weiß, ob sie im Ernste daran denken?" (Erich Kästner)
Satzbau	hypotaktischer (verschachtelter) Satzbau/Satzgefüge	„Sie bewegen sich, als wären sie [...] umgeben, das ihnen Schläge austeilt, falls [...]" (Peter Schneider)
	parataktischer (reihender) Satzbau/einfache Satzreihen	„Die Städte wachsen. Und die Kurse steigen." (Erich Kästner)
Symbol	ein konkreter Gegenstand (oder eine Handlung), der (die) neben der offensichtlichen/eigentlichen noch eine übertragene, abstraktere Bedeutung hat	die Drehorgel als Symbol des Stadtlebens, das immer unverändert und ziellos weiterläuft
Vergleich	sprachliches Bild; Verbindung zweier Gegenstände/Handlungen, die gemeinsame Eigenschaften haben, durch Vergleichswörter (*wie, so wie, als wenn*)	„Unsre Wände sind so dünn wie Haut" (Alfred Wolfenstein)

1 Hört euch den Gedichtvortrag an (Webcode **SNG-28054-010**) und formuliert eine Deutungshypothese.

Wolfdietrich Schnurre (1920 – 1989)

Angriff

Mit pumpenden Flanken
duckt sich die Stadt,
ihre Schlot-Ohre zittern;
sie lauscht
dem lautlosen Schritt
der Distelbrigaden,
der Hederichheere.
Löwenzahn sprang
mit Fallschirmen ab,
schon ist die City besetzt.
Nachtschatten kommt,
Schachtelhalm schwärmt,
die Villen im Vorort
meuchelt Kamille.

Wer greift wen an?

pumpen: heftig atmen
Flanke: Seite eines Tieres

Disteln/
Hederich: Unkraut

„Fallschirme" der Pusteblume
City → Großstadt

schwärmen = ausschwärmen?
Villen → reiche Bewohner
Vorort → Großstadt
Kamille: Heilpflanze

Personifikation:
Stadt als scheues, ängstliches Tier
Metapher:
Schornsteine als „Ohren" der Stadt
Personifikation:
(s. o.)

Personifikation:
Unkraut als militärische Einheit
Personifikation:
Pflanzen greifen Stadt an und besetzen sie
Parallelismus →
gemeinsames Vorgehen
Personifikation:
Kamille „ermordet" Häuser

Thema: Kampf der Pflanzen gegen die Stadt?
Zentrale Aussage: ...?

2 Lest nun das Gedicht. Welches Verhältnis zwischen der Natur und der Stadt wird in diesem Gedicht deutlich? Belegt eure Aussagen mithilfe des Gedichttextes und der Anmerkungen neben dem Text.

3 Die Notizen an den drei Rändern des Gedichts zeigen eine mögliche Vorgehensweise bei der Untersuchung eines Gedichts. Überlegt, welches System hinter diesen Notizen steckt und warum an manchen Stellen Fragezeichen stehen.

4 Sprecht darüber, wie ihr weiter vorgehen würdet, um die Randbemerkungen zu einer schriftlichen Gedichtinterpretation auszuarbeiten.

5 Ihr wisst bestimmt noch aus dem letzten Schuljahr, dass eine schriftliche Beschreibung und Deutung aus einer Einleitung, einem Hauptteil und einem Schluss bestehen sollte. Tragt zusammen, was eurer Meinung nach alles in diese einzelnen Teile gehört.

Uwe Greßmann (1933 – 1969)

Moderne Landschaft

Stahlbäume wachsen auf den Bürgersteigen;
Und es zweigen die Drähte
Von Baum zu Baum.
Darunter brüllen
Die elektrischen Tiere
Mit Menschen im Herzen vorüber.
Und so mancher gehet vorbei dort
Und findet nichts weiter dabei;
Denn die steinerne Landschaft
ist ja auch seine Mutter.

(1968)

Otto Dix: Großstadt (um 1923)

1 Hört euch das Gedicht mehrmals an (Webcode **SNG-28054-011**) und notiert mögliche Fragen, die ihr an das Gedicht habt.

2 Übertragt das Gedicht in die Mitte eines Blattes. Schreibt dann eure Fragen, Beobachtungen, Erklärungen und Deutungen stichwortartig um den Text herum. Ihr könnt dabei eure Randbemerkungen auch bereits gliedern, wie ihr es bei Schnurres Gedicht „Angriff" gesehen habt. Schreibt eure Deutungshypothese unter das Gedicht (vgl. S. 30).

3 Vergleicht eure Randbemerkungen in Arbeitsgruppen. Ergänzt dabei auf eurem Blatt weitere Beobachtungen oder Deutungen, die euch allein nicht eingefallen sind.

4 Sprecht in der Gruppe auch darüber, worin eurer Meinung nach die zentrale Aussage des Gedichts besteht. Berücksichtigt dabei besonders die letzten beiden Verse des Textes.

5 Verfasst eine Interpretation des Gedichts „Moderne Landschaft". Hilfen findet ihr im Werkzeugkasten auf S. 35. Stellt die von euch geschriebenen Texte in der Klasse vor und besprecht anschließend in einer Schreibkonferenz, was gut war und was noch verbessert werden könnte.

6 Beschreibt das Bild „Großstadt" von Otto Dix schriftlich und setzt es zu dem Gedicht in Beziehung.

Ein Gedicht beschreiben und deuten

Bei der **Interpretation (Beschreibung und Deutung) eines Gedichts** geht es darum, herauszufinden, wie Inhalt, Aussage und Wirkung eines Gedichts durch seine formale und sprachliche Gestaltung verdeutlicht werden. Der Arbeitsauftrag dazu lautet meist **„Interpretiere das Gedicht".** Die Interpretation beinhaltet dann beides, die Beschreibung und Deutung des Gedichts. Die Ergebnisse deiner Untersuchung werden in einer **schriftlichen Textinterpretation** zusammengefasst.

So kann man die Beschreibung und Deutung eines Gedichts aufbauen:

- In der **Einleitung** nennt man die wichtigsten **Textdaten** (Textart, Titel, Autorin/Autor, Erscheinungsjahr), bestimmt kurz das **Thema** des Gedichts (worum es geht oder was dargestellt wird) und formuliert eine erste (vorläufige) Deutungshypothese.
- Im **Hauptteil** beschreibt man zunächst die **äußere Form** des Gedichts (Strophenzahl, Verseinteilung, Reimschema, Metrum) und erklärt deren Bedeutung. Danach geht man auf den **Inhalt** ein (z. B. Situation des lyrischen Ichs, Atmosphäre, Darstellung des Themas in den einzelnen Strophen, inhaltliche Entwicklung). Dabei kann man strophenweise vorgehen; manchmal lassen sich auch mehrere Strophen zusammenfassen. In diesem Zusammenhang sollten unbedingt die **sprachlichen Gestaltungsmittel** (z. B. sprachliche Bilder, Wortwahl, Satzbau) nicht nur benannt, sondern auch ihre Wirkung auf die Leserin/auf den Leser und ihre Bedeutung für Inhalt und Aussage des Gedichts erläutert werden.
- Am Ende des Hauptteils sollte man auf die Deutungshypothese der Einleitung eingehen und sie bestätigen, verändern oder ersetzen. Die Deutungshypothese soll die Aussage des Gedichts als Ganzes zusammenfassen und erläutern. Von Hypothese spricht man deswegen, weil insbesondere Gedichte, aber grundsätzlich alle literarischen Texte mehrdeutig sind und selten völlig zweifelsfrei nur auf eine Weise verstanden werden können. Bei dieser Deutungshypothese sollte man auch die Intention (Aussageabsicht) des Gedichts miteinbeziehen.
- Zum **Schluss** formuliert man eine kurze **Zusammenfassung** der wichtigsten Ergebnisse seiner Untersuchung.

Arbeitsschritte: So kann man vorgehen:

- Lies das Gedicht mehrmals aufmerksam.
- Bringe dabei Unterstreichungen und Randbemerkungen an und lege so einen „Materialsteinbruch" an.
- Gliedere deine Untersuchungsergebnisse und streiche weniger Wichtiges.
- Formuliere deine schriftliche Beschreibung und Deutung aus.
- Lies deinen Text noch ein- oder zweimal. Kontrolliere dabei Inhalt, Aufbau und sprachliche Form (Ausdrucksweise, Rechtschreibung, Zeichensetzung) und überarbeite ggf. deinen Text.

Olaf n. Schwanke (geb. 1969)

Fußgängerzone

Gleich Geschäftsschluss! Eben
darum müssen manche Menschen laufen,
um noch schnell was Wichtiges zu kaufen;
parfümier'n ihr Leben.

Frost will sich verbreiten.
Und beizeiten blaue Dämm'rungslichter
fallen in verzerrte Fast-Gesichter,
woll'n durch Kleidung gleiten.

Alles schließt und endet einsam.
Du empfindest es als heilsam,
doch du würd'st was geben ...

Das Geschäft für Schmuck und Glitter
lässt herab die Eisengitter.
Gleich Geschäftsschluss? Eben!

(1998)

1 Hört euch den Gedichtvortrag an (Webcode **SNG-28054-012**) und beschreibt die Atmosphäre in der Fußgängerzone mit möglichst passenden Adjektiven. Begründet anschließend eure Auswahl mithilfe des Gedichttextes.

2 Versucht gemeinsam, die Bedeutung schwer verständlicher Textstellen zu klären: Was könnte mit der Metapher „parfümier'n ihr Leben" (V. 4) gemeint sein? Was stellt ihr euch unter „Fast-Gesichter[n]" (V. 7) vor?

3 In dem Vers „doch du würd'st was geben ..." (V. 11) bleibt der Leserin/dem Leser unklar, wofür das lyrische Ich (oder die angeredete Person) etwas geben würde. Versucht, diese „Leerstelle" auszufüllen, indem ihr den abgebrochenen Satz fortführt.

4 Erstellt eine Collage mit dem Titel „Fußgängerzone", in der ihr die Eindrücke verarbeitet, die das Gedicht bei euch hinterlassen hat. Zusätzlich könnt ihr auch eine „Sound-Collage" mit verschiedenen Geräuschen aus einer Fußgängerzone zusammenstellen.

Das musst du lernen und wissen.

Merkmale literarischer Texte

Sachtexte (Berichte, Reportagen, Kommentare, Reden, Werbetexte, auch diskontinuierliche Sachtexte wie Statistiken, Tabellen usw.) wollen informieren, appellieren, argumentieren, kommentieren. Sie beziehen sich aber stets auf unsere Wirklichkeit. Dagegen schaffen literarische Texte (Gedichte, Romane, Kurzgeschichten, Dramen) eine ausgedachte, erfundene (fiktionale) Welt. Daher können literarische Texte **mehrdeutig** sein.

Ähnlich wie ein Maler, der überlegt, welche Farben, Gegenstände, Perspektiven oder Techniken er bei einem Bild verwendet, **gestaltet** ein Schriftsteller literarische Texte z. B. durch die Auswahl von Wörtern, die Anordnung von Sätzen oder auch die Wahl bestimmter Blickwinkel, aus denen heraus ein Text erzählt wird. Durch die Art und Weise der Gestaltung ergeben sich manchmal mehrere Möglichkeiten, wie man eine Textstelle verstehen kann. Ein Kennzeichen literarischer Texte ist, dass sie **fiktional** sind, also erdacht und künstlerisch gestaltet.

5. „Die Stadt beginnt ihr Lied“ – Von der Schönheit der großen Städte

Stefan Zweig (1881 – 1942)

Sonnenaufgang in Venedig

Erwachende Glocken. – In allen Kanälen
Flackt erst ein Schimmer, noch zitternd und matt,
Und aus dem träumenden Dunkel schälen
Sich schleiernd die Linien der ewigen Stadt.

Sanft füllt sich der Himmel mit Farben und Klängen,
Fernsilbern sind die Lagunen erhellt. –
Die Glöckner läuten mit brennenden Strängen,
Als rissen sie selbst den Tag in die Welt.

Und nun das erste flutende Dämmern!
Wie Flaum von schwebenden Wolken rollt,
Spannt sich von Turm zu Türmen das Hämmern
Der Glocken, ein Netz von bebendem Gold.

Und schneller und heller. Ganz ungeheuer
Bläht sich das Dämmern. – Da bauscht es und birst,
Und Sonne stürzt wie fressendes Feuer
Gierig sich weiter von First zu First.

Der Morgen taut nieder in goldenen Flocken,
Und alle Dächer sind Glorie und Glast[1].
Und nun erst halten die ruhlosen Glocken
Auf ihren strahlenden Türmen Rast.

[1] **Glast:** dichterisch: Glanz

1 Beschreibt die Atmosphäre, die in dem Gedicht Stefan Zweigs vermittelt wird.

2 Tragt das Gedicht euren Mitschülern und Mitschülerinnen so vor, dass die Atmosphäre möglichst gut vermittelt wird. Überlegt euch vorher, welche Wörter bzw. Silben ihr besonders betonen wollt, wo ihr Pausen macht, wie schnell und laut ihr lest usw. Besprecht die verschiedenen Vortragsweisen anschließend in der Klasse.

3 Stellt euch vor, ihr würdet als Besucher Venedigs den im Gedicht dargestellten Sonnenaufgang miterleben. Schreibt einen Eintrag in euer Reisetagebuch oder euren Reiseblog, in dem ihr eure Eindrücke festhaltet. Dabei könnt ihr schreiben, mit welchen Sinnen ihr die Stadt wahrnehmt, welche Farbeindrücke vorherrschen, welche Gefühle dieses Erlebnis bei euch hervorruft usw.

4 Vergleicht eure Tagebucheinträge mit der dichterischen Gestaltung Stefan Zweigs: Welche Gemeinsamkeiten gibt es, welche Unterschiede lassen sich feststellen? Sprecht auch darüber, ob diese Unterschiede typisch für die Gattung Lyrik, also für Gedichte, sind.

Wolf Graf von Kalckreuth (1887 – 1906)

Amsterdam

Gleich stillen Farben auf erschlossnem Fächer
Eint sich der schmalen Häuser Grau und Rot,
Und über grünem Kahn und weißem Boot
Der Schmuck der Giebel und der tausend Dächer.

Das Brausen der bewegten Kais wird schwächer
In diesen Straßen, wo der Lärm verloht[1].
Und in der Ferne bleichen Mast und Schlot,
Die Fischerewer[2] und die Wellenbrecher.

Unzähl'ge helle Fensterreihen schaun
Auf die Kanäle, wo die Nachen[3] stocken,
Wo vor den Brücken sich die Schuten[4] staun.

Die Sonne taut durchs Laub in großen Flocken,
Und in der Luft perlmutterfarbnes[5] Blaun
Entfließt und singt das lichte Spiel der Glocken.

(1906)

---

1 **lohen:** lodernd brennen, hoch aufflammen
2 **Ewer:** anderthalbmastiges Küstensegelboot mit flachem Boden
3 **Nachen:** dichterisch: Kahn, Boot
4 **Schute:** flacher, breiter Schleppkahn
5 **Perlmutt:** von manchen Muscheln und Schnecken abgesonderter weißglänzender Stoff, aus dem die Innenschicht der Schale und die Perle gebildet werden

1 War jemand von euch schon einmal in Amsterdam? Erzählt von euren Eindrücken und Erlebnissen.

2 Hört euch den Gedichtvortrag an (Webcode **SNG-28054-013**) und beschreibt die Stimmung des Gedichts mit möglichst treffenden Adjektiven. Begründet eure Auswahl anschließend mithilfe des Textes.

3 Untersucht, welche Einzelheiten bei der Darstellung von Amsterdam genannt und welche Eindrücke besonders hervorgehoben werden.

4 Wählt einzelne Vergleichsaspekte und vergleicht das Gedicht von Kalckreuths mit Stefan Zweigs Gedicht „Sonnenaufgang in Venedig". Untersucht dabei Gemeinsamkeiten und Unterschiede, z. B. hinsichtlich des Inhalts, der einzelnen Sinneseindrücke, der Stimmung und der sprachlichen Gestaltung. Hinweise zum Vergleich findet ihr unter: Webcode **SNG-28054-014**.

Bruntje Thielke

Warum wir Amsterdam lieben

Willkommen in Europas entspanntester Metropole! In Amsterdam fühlst du dich auf Anhieb wohl: Prächtige alte Häuser, pittoreske Gassen, die vielen Kanäle, Brücken, Shops und Clubs sorgen für eine ganz besondere Atmosphäre. Kein Wunder, dass hier auch die Menschen relaxt, freundlich und tolerant sind. Tagsüber kann man sich ganz in Ruhe treiben lassen und die Stadt entdecken, abends stehen Besucher vor der Qual der Wahl angesichts des überbordenden Nachtlebens. Die Stadt von Vincent Van Gogh und Anne Frank bietet zahlreiche historische und kulturelle Attraktionen. [...] Amsterdam hat mehr Kanäle als Venedig und mehr Brücken als jede andere Stadt. Die zahllosen Wasserwege prägen nicht nur das Erscheinungsbild der Metropole, sie tragen auch ganz wesentlich zu ihrer großzügigen, immer ein wenig an Urlaub erinnernden Stimmung bei. Sie wurden im 17. Jahrhundert angelegt und – wie damals – kann man stundenlang zu Fuß an ihnen entlang spazieren oder der Großstadt per Boot neue Perspektiven abgewinnen. Berühmt sind die zahllosen Hausboote, die als Wohnsitze für fast alle Qualitätsansprüche dienen. Eine Rundfahrt durch die Grachten, am besten kurz vor der Dämmerung, ist ein Muss bei jedem Amsterdam-Besuch. Zur Auswahl stehen neben den üblichen Touristen-Angeboten

auch romantische, kinderfreundliche oder geführte Touren mit Zwischenstopps für kleinere Gruppen.

Das Kleinstadt-Feeling in der Großstadt

Als Tourist findet man sich in Amsterdam fast auf Anhieb zurecht. Das Stadtgebiet umfasst nur 219 Quadratkilometer, die Wege sind kurz, alles wirkt bald familiär und auch Neuankömmlinge fühlen sich hier schnell zu Hause. Dieser Kleinstadt-Charme, kombiniert mit dem Angebot einer Metropole und dem kosmopolitischen Flair, machen die Stadt zu einer einzigartigen Kombination, die in Europa Ihresgleichen sucht.

Die vielen Fahrräder

Jeder Niederländer besitzt durchschnittlich 2,5 Fahrräder – kein Wunder also, dass auch in Amsterdam Räder das bevorzugte Fortbewegungsmittel sind. Mit gesonderten Radwegen und Straßenregeln zum Schutz der Radler gilt die niederländische Metropole weltweit als vorbildlich. Hier lässt sich beispielhaft beobachten, wie Auto- und Radfahrer miteinander die Straßen benutzen – und nicht wie immer noch in vielen deutschen Großstädten gegeneinander.

Die Familienfreundlichkeit

Laut Studien gehören niederländische Kinder zu den glücklichsten weltweit. Das liegt in Amsterdam nicht nur am fortschrittlichen Schulsystem, sondern an der generell kinderfreundlichen Atmosphäre in der Stadt. Es gibt etliche familienfreundliche Cafés und Restaurants und der nächste Park zum Spielen ist nie weit entfernt. Ganz gleich ob es die großen grünen Oasen der Stadt, wie der Vondelpark oder der Oosterpark, sind oder die vielen kleineren Grünflächen in den Vierteln und Quartieren der Metropole.

Das Van Gogh Museum

Amsterdam hat zahlreiche kulturelle Attraktionen, Weltklasse-Museen, tolle Theater und Konzerthallen. Das Highlight in dieser Hinsicht ist ohne Zweifel das Van Gogh Museum, das die weltweit größte Sammlung von Meisterwerken des Ausnahmekünstlers zeigt: über 200 Gemälde und 500 Zeichnungen. Von Stockwerk zu Stockwerk lässt sich die Entwicklung Van Goghs und seiner Kunst verfolgen, die so viele nachfolgende Maler inspirierte. Für das Museum sollte man einige Stunden einplanen. […]

Die urige Architektur

Das Gefühl von Geborgenheit und Vertrautheit, das sich schnell einstellt, wenn man zu Fuß durch Amsterdams traditionelle Viertel geht, hat vor allem mit der einmaligen Architektur dort zu tun. Vor allem die alten kleinen Wohnhäuser entlang der Kanäle prägen das Bild der Stadt. Die urigen Häuschen sind so schmal, dass es nahezu unmöglich ist, Möbel über die engen Treppen von einem Stockwerk ins andere zu transportieren. Deswegen gibt es an vielen Giebeln noch heute kleine Kräne, mit denen man wie vor Jahrhunderten sperrige Gegenstände in die oberen Etagen hieven kann.

1 In diesem Sachtext aus einem Reiseblog über Amsterdam fehlen die Absätze, sodass er unübersichtlich wirkt. Gliedert den Text in einzelne Abschnitte und gebt diesen passende Überschriften (z. B. Z. 1 – X: Einleitung: Besonderheiten der Stadt Amsterdam).

2 Vergleicht die Darstellung der Stadt Amsterdam in diesem Sachtext mit derjenigen im Gedicht von Kalckreuths. Achtet dabei z. B. auf den Inhalt, etwa einzelne Sehenswürdigkeiten, auf die Stimmung, die Perspektive, die Zielgruppe der Texte und die sprachliche Gestaltung. Überlegt auch, welche Besonderheiten des Gedichts typisch für die Gattung Lyrik sein könnten.

Heinz Zucker (1910 – nach 1944)

Abend

Du schönes Schreiten, abendwindumhüllt!
Die Straßen flammen bunt, der Tag ist aus.
Die Stadt beginnt ihr Lied: Autos rufen.
Omnibusse rasseln. Straßenbahnen läuten.

Von überall ertönt Musik, Rhythmus des Seins,
Zieht alles in den wilden Takt, Mond und die Sterne tanzen.

Die Häuser wiegen sich mit heller Stirn danach.
Ich habe keine Sehnsucht mehr nach schönen Dingen.

(1927)

James Rizzi: Too Many People in the City (1989)

1 Hört euch den Gedichtvortrag an (Webcode **SNG-28054-015**) und versucht, die Atmosphäre, die in dem Gedicht zum Ausdruck kommt, mit passenden Adjektiven zu beschreiben.

2 Vergleicht James Rizzis Bild „Too Many People in the City“ mit Zuckers Gedicht „Abend“. Welche Gemeinsamkeiten könnt ihr feststellen?

3 Schreibt das Gedicht ab und verseht es mit Randbemerkungen (wie bei den Gedichten „Angriff“ von Wolfdietrich Schnurre, S. 33, und „Moderne Landschaft“ von Uwe Greßmann, S. 34).

4 Gliedert eure Randbemerkungen, um eine schriftliche Interpretation des Textes vorzubereiten.

5 Verfasst eine schriftliche Interpretation des Gedichts. Berücksichtigt dabei die Hinweise im Werkzeugkasten auf S. 35.

6 Stellt eure Texte der Klasse vor. Die anderen Schülerinnen und Schüler hören gut zu und machen sich Notizen, um eine gezielte Rückmeldung zu den einzelnen Interpretationen geben zu können. Ihr könnt auch in Gruppenarbeit eure Texte austauschen und zu jeder Interpretation eine „Textlupe“ erstellen. Dafür schreibt jeder, der die Interpretation der anderen liest, seine Beobachtungen auf ein beigelegtes Blatt unter die Überschriften „Das hat mir gut gefallen“, „Das hat mir weniger gut gefallen“ und „Verbesserungsvorschläge/Ergänzungen“.

7 Überarbeitet eure Texte nach den Verbesserungsvorschlägen eurer Mitschülerinnen und Mitschüler. Wenn ihr eure Interpretation mit einem Textverarbeitungsprogramm geschrieben und im Computer gespeichert habt, lassen sich leicht Verbesserungen vornehmen und Ergänzungen anbringen.

Eva Strittmatter (1930–2011)
Herbst in Berlin

Ich habe das gern, in Berlin zu *sehn*.
Ich seh einfach gern in fremde Gesichter.
Ich habe das gern jetzt im Herbst, wenn die Lichter
Und Lampen im Zwielicht angehn.
Es gibt in der Stadt ein perlmutternes Licht,
Das im Umkreis der Neonlampen entsteht.
Türkis-violett. Auf einer Schicht
Weißen Silbers. Schön, wenn man geht
Vom Strausberger Platz zum Frankfurter Tor
Links der Allee. Vor
Den Blumenrabatten, die Baumreihen lang.
Da sitzen die Leute Bank an Bank.
Unfesche Leute. Einfach. Viel alt.
Doch auch Jugend viel. In purer Gestalt
Das Volk dieser Stadt hält Atempause.
Raucht, schwatzt und geht gelassen nach Hause.
Mit dem Licht in sich, das zu Apfelrot reifte,
Und dem Lächeln, an das man zufällig streifte,
Als ein schönes Mädchen vorüberging,
Das ein reiner Junge wie erstmals umfing,
Nicht auf herausfordernd offene Weise,
Sondern verlegen, lächelnd und leise,
Wie Liebe in Märchen von Andersen geht.
Und das Bild dieser Stadt, das die beiden umsteht –
Kulisse unbedingt glückhafter Handlung –
Geht vom Abend zur Nacht in die nächste Verwandlung. (1983)

1 Bereitet eine schriftliche Beschreibung und Deutung des Gedichts vor, indem ihr den Text wieder mit Randbemerkungen verseht (vgl. S. 33). Kopiert das Gedicht dafür oder legt eine Folie über den Text. Schreibt unter das Gedicht eure Deutungshypothese. Vergleicht eure Ergebnisse mit denen eurer Mitschülerinnen und Mitschüler und bringt dabei Ergänzungen an.

2 Entwerft in Gruppenarbeit eine „Checkliste“ für Gedichtinterpretationen. Ihr könnt dafür den folgenden Fragenkatalog übernehmen und fortführen:

- Enthält die Einleitung die Textdaten, das Thema des Gedichts und die vorläufige Deutungshypothese?
- Wird im Hauptteil der Inhalt des Gedichts kurz, verständlich und mit eigenen Worten wiedergegeben?
- Werden die sprachlichen Mittel richtig benannt?
- Wird auch die Wirkung der sprachlichen Mittel und ihre Bedeutung für den Inhalt erklärt?
- Wird die Deutungshypothese der Einleitung wieder aufgegriffen?
- Ist die Untersuchung am Text belegt?
- Ist die Beschreibung und Deutung klar gegliedert?

3 Verfasst nun eine Gedichtinterpretation von „Herbst in Berlin". Berücksichtigt dabei die Tipps aus dem Werkzeugkasten auf S. 35 und auch eure „Checkliste".

4 Stellt eure Texte den Mitschülern und Mitschülerinnen vor und lasst euch mithilfe der „Checkliste" Rückmeldungen geben. Überarbeitet anschließend eure Interpretationen.

5 **So könnt ihr weiterarbeiten:**

Schreibt ein Parallelgedicht über eure eigene Stadt oder über eine andere Stadt, die ihr kennt. Setzt dabei den Gedichtanfang fort: „Ich habe das gern, in ... zu *sehn*".

Cassandra Steen (geb. 1980)
featuring Adel Tawil (geb. 1978)

Stadt

Es ist so viel so viel zu viel
Überall Reklame
Zu viel Brot und zu viel Spiel
Das Glück hat keinen Namen

Alle Straßen sind befahren
In den Herzen kalte Bilder
Keiner kann Gedanken lesen
Das Klima wird milder

Ich bau' 'ne Stadt für dich
Aus Glas und Gold wird Stein
Und jede Straße, die hinausführt,
Führt auch wieder rein
Ich bau eine Stadt für dich – und für mich

Keiner weiß mehr, wie er aussieht – oder wie er heißt
Alle sind hier auf der Flucht – die Tränen sind aus Eis
Es muss doch auch anders gehen – so geht das nicht weiter
Wo find' ich Halt, wo find' ich Schutz – der Himmel ist aus Blei hier
Ich geb' keine Antwort mehr – auf die falschen Fragen
Die Zeit ist rasend schnell verspielt – und das Glück muss man jagen

Ich bau' 'ne Stadt für dich
Aus Glas und Gold wird Stein
Und jede Straße, die hinausführt,
Führt auch wieder rein
Ich bau' eine Stadt für dich – und für mich

Eine Stadt, in der es keine Angst gibt, nur Vertrauen
Wo wir die Mauern aus Gier und Verächtlichkeit abbauen
Wo das Licht nicht erlischt
Das Wasser hellt
Und jedes Morgengrauen
Und der Traum sich lohnt
Und wo jeder Blick durch Zeit und Raum in unsere Herzen fließt

Ich bau' 'ne Stadt für dich
Aus Glas und Gold wird Stein
Und jede Straße, die hinausführt,
Führt auch wieder rein
Ich bau' eine Stadt für dich – und für mich

(2009)

1 Erläutert, wie in diesem Song das Leben in der Stadt dargestellt wird. Erklärt, welche Eigenschaften und Verhaltensweisen offenbar typisch für die Menschen in der Stadt sind. Berücksichtigt dabei vor allem die verwendeten sprachlichen Bilder.

2 Untersucht anschließend, welches Gegenbild zum aktuellen Stadtleben für die Zukunft entworfen wird. Welche Art Stadt soll erbaut werden? Ihr könnt auch eine Gegenüberstellung in Tabellenform erarbeiten.

3 Zu jedem Song gehört in der Regel ein Musikvideo: Erarbeitet für „Stadt" ein Videoscript. Darunter versteht man eine Art Rohentwurf oder „Drehbuch" für ein Video, mit dessen Hilfe das Video geplant wird. Ihr solltet zunächst überlegen, durch welche Bilder die positiven und negativen Seiten des Stadtlebens dargestellt werden können. Berücksichtigt dazu aber auch die filmtechnischen Mittel wie Schnitt, Beleuchtung, Farbgebung. Zur Filmtechnik findet ihr Informationen auf den Seiten 279 und 283.

4 **So könnt ihr weiterarbeiten:**

a Sucht weitere Gedichte zum Thema Stadt, wählt diejenigen aus, die euch am besten gefallen, und stellt sie in einem eigenen Gedichtband (Print oder digital) zusammen. Schreibt ein Vorwort zu eurer Gedichtsammlung, in dem ihr u. a. eure Textauswahl begründet. Erkundigt euch vor der Veröffentlichung, worauf man im Hinblick auf das Urheberrecht der Texte achten muss.

b Sammelt in einer Mappe Stadtgedichte, die von euch selbst geschrieben wurden, und verseht die Gedichte mit Illustrationen (Bildern, Zeichnungen, Fotos ...).

c Organisiert eine Ausstellung, in der ihr kreative Arbeiten (z. B. Collagen, Installationen) zu verschiedenen Stadtgedichten präsentiert.

d Ihr könnt auch eure Eltern sowie Freundinnen und Freunde zu einem Gedichtabend einladen, an dem ihr mehrere Stadtgedichte vortragt und verschiedene Vertonungen vorstellt.

6. Lernfortschritte im Blick

Die Form eines Gedichts untersuchen ➡ S. 25

1 Schreibe die Betonungsfolge für folgende Metren (Versmaße) auf: Jambus, Trochäus, Daktylus, Anapäst.

Alfred Wolfenstein (1883 – 1945)
Städter

Dicht wie Löcher eines Siebes stehn
Fenster beieinander, drängend fassen
Häuser sich so dicht an, dass die Straßen
Grau geschwollen wie Gewürgte sehn.

(1914)

2 Bestimme zu der Strophe des Gedichts „Städter“das Metrum. Übertrage sie dazu in dein Heft und schreibe daneben für jede Silbe ein x und markiere die betonten Silben mit einem Akzent (x́).

3 Bestimme die Abfolge der Kadenzen in dieser Strophe.

4 Untersuche, welche Wirkung das Metrum erzeugt.

Sprachliche Gestaltungsmittel untersuchen ➡ S. 27, 32

5 Benenne fachsprachlich korrekt die folgenden rhetorischen Figuren:

a) „Dicht wie Löcher eines Siebes“
b) „drängend fassen/Häuser sich so dicht an“
c) „Grau geschwollen wie Gewürgte“ (zwei rhetorische Figuren!)

Ein Gedicht beschreiben und deuten ➡ S. 35

6 Welche der folgenden Formulierungen eignet sich deiner Ansicht nach am besten als Deutungshypothese zu dem Gedicht (vgl. S. 27)?

a) In dem Gedicht „Städter“ von Alfred Wolfenstein aus dem Jahr 1914 geht es um das Leben in einer Großstadt.

b) In dem Gedicht „Städter“ von Alfred Wolfenstein aus dem Jahr 1914 wird die Beziehung zwischen Menschen in einer Großstadt beschrieben.

c) In dem Gedicht „Städter“ von Alfred Wolfenstein aus dem Jahr 1914 geht es um die Einsamkeit von Menschen in einer Großstadt, die trotz der dichten Besiedelung besteht.

7 Schreibe den Auszug aus der Gedichtinterpretation zu der ersten Strophe ab und entscheide dabei, welche der angebotenen Formulierungen passend sind.

In der ersten Strophe werden zunächst die dichte Bebauung und die daraus resultierende **Weite/Enge/Ordnung** der Stadt sehr bildhaft dargestellt. Der Vergleich „[d]icht wie Löcher eines Siebes“ (V. 1) bezieht sich auf die **Fenster/Autos/Gärten**. Gemeint ist, dass die Häuser offensichtlich keinen **Fluchtpunkt/Aufenthaltsort/Rückzugsraum** für das Individuum bieten, sondern wie durch Löcher in sie hineingesehen werden kann. Dass ein unmittelbarer **Vergleich/Zusammenhang/Hinterhalt** besteht zwischen den Häusern und den darin lebenden Menschen, wird durch die Personifikation „drängend fassen/Häuser sich so dicht an“ (V. 2f.) deutlich. Die daraus resultierende **Tatsache/Haltung/Folge**, dass die „Straßen/Grau geschwollen wie Gewürgte sehn“ (V. 3f.), verstärkt diesen Eindruck, dass es unmittelbar auch um Menschen geht. Hervorgehoben wird dieses durch die Alliteration „Grau geschwollen ... Gewürgte“ und den Vergleich „wie Gewürgte“. Insgesamt entsteht durch den Inhalt und die sprachliche Gestaltung eine **sehr ruhige/bedrückende/ernste** Atmosphäre, die das Leben in einer Großstadt zu Beginn des 20. Jahrhunderts als menschenfeindlich und unüberschaubar erscheinen lässt, was schließlich auch durch die Zeilensprünge verstärkt wird (z.B. V. 3 f.: „... dass die Straßen/Grau geschwollen wie Gewürgte sehn.“).

Ludwig Meidner: Potsdamer Platz (1913)

Kurze Geschichten, tiefer Sinn

Menschen befinden sich oft in Situationen, die sie als außergewöhnlich, manchmal sogar als katastrophal empfinden. Solche Situationen sind immer wieder zum Thema von Kurzgeschichten gemacht worden.

In diesem Kapitel lernt ihr verschiedene Kurzgeschichten kennen. Ihr lernt, welche Merkmale sie besitzen und wie man diese Art von Texten genau untersucht, beschreibt und deutet.

Weiter erhaltet ihr Anregungen, wie ihr euch über das eigene Schreiben mit den Texten auseinandersetzen könnt.

1 Notiert zunächst alles, was euch zum Titel „Hobbyraum" einfällt.

Marie-Luise Kaschnitz (1901 – 1974)

Hobbyraum

Meine Söhne, sagt Herr Fahrenkamp, sind wortkarg genug. Ich frage sie dieses und jenes, ich bin kein Unmensch, es interessiert mich, was die Jugend denkt, schließlich war man selbst einmal jung. Wie soll nach eurer Ansicht die Zukunft aussehen, fragte ich und bekomme keine Antwort, entweder meine Sohne wissen es selber nicht oder sie wollen sich nicht festlegen, es soll alles im Fluss bleiben, ein Fluss ohne Ufer sozusagen, mir geht das auf die Nerven, offen gesagt. Darüber, was es nicht mehr geben soll, äußern sich meine Söhne freimütiger, auch darüber, wen es nicht mehr geben soll, den Lehrer, den Richter, den Unternehmer, alles Leute, die unseren Staat aufgebaut haben, in größtenteils demokratischer Gesinnung, aus dem Nichts, wie man wohl behaupten kann, und das ist jetzt der Dank. Schön und gut, sagen meine Sohne, aber ihr habt etwas versäumt, und ich frage, was wir versäumt haben, die Arbeiter sind zufrieden, alle Leute hier sind satt und zufrieden und was gehen uns die Einwohner in Bolivien an. Ihr habt etwas versäumt, sagen meine Sohne und gehen hinunter in den Hobbyraum, den ich ihnen vor Kurzem habe einrichten lassen. Was sie dort treiben, weiß ich nicht. Meine Frau meint, dass sie mit Bastelarbeiten für Weihnachten beschäftigt sind. (1970)

2 Lest die Kurzgeschichte und notiert eure ersten Eindrücke.

3 Formuliert Fragen an den Text „Hobbyraum". Arbeitet mit einer Lernpartnerin / einem Lernpartner zusammen. Tauscht eure Fragen an den Text aus und versucht, sie zu beantworten.

4 Formuliert eine Deutungshypothese zur Kurzgeschichte.

5 Wiederholt die typischen Merkmale von Kurzgeschichten und überprüft diese an der Kurzgeschichte „Hobbyraum".

Erzähltexte beschreiben und deuten

Julia Franck (1970)

Streuselschnecke

Der Anruf kam, als ich vierzehn war. Ich wohnte seit einem Jahr nicht mehr bei meiner Mutter und meinen Schwestern, sondern bei Freunden in Berlin. Eine fremde Stimme meldete sich, der Mann nannte seinen Namen, sagte mir, er lebe in Berlin, und fragte, ob ich ihn kennen lernen wolle. Ich zögerte, ich war mir nicht sicher. Zwar hatte ich schon viel über solche Treffen gehört und mir oft vorgestellt, wie so etwas wäre, aber als es so weit war, empfand ich eher Unbehagen. Wir verabredeten uns. Er trug Jeans, Jacke und Hose. Ich hatte mich geschminkt. Er führte mich ins Cafe Richter am Hindemithplatz, und wir gingen ins Kino, ein Film von Rohmer. Unsympathisch war er nicht, eher schüchtern. Er nahm mich mit ins Restaurant und stellte mich seinen Freunden vor. Ein feines, ironisches Lächeln zog er zwischen sich und die anderen Menschen. Ich ahnte, was das Lächeln verriet. Einige Male durfte ich ihn bei seiner Arbeit besuchen. Er schrieb Drehbücher und führte Regie bei Filmen. Ich fragte mich, ob er mir Geld geben wurde, wenn wir uns treffen, aber er gab mir keines, und ich traute mich nicht, danach zu fragen. Schlimm war das nicht, schließlich kannte ich ihn kaum, was sollte ich da schon verlangen? Außerdem konnte ich für mich selbst sorgen, ich ging zur Schule und putzen und arbeitete als Kindermädchen. Bald wurde ich alt genug sein, um als Kellnerin zu arbeiten, und vielleicht wurde ja auch noch eines Tages etwas Richtiges aus mir. Zwei Jahre später, der Mann und ich waren uns noch immer etwas fremd, sagte er mir, er sei krank. Er starb ein Jahr lang, ich besuchte ihn im Krankenhaus und fragte, was er sich wünsche. Er sagte mir, er habe Angst vor dem Tod und wolle es so schnell wie möglich hinter sich bringen. Er fragte mich, ob ich ihm Morphium besorgen könne. Ich dachte nach, ich hatte einige Freunde, die Drogen nahmen, aber keinen, der sich mit Morphium auskannte. Auch war ich mir nicht sicher, ob die im Krankenhaus herausfinden wollten und wurden, woher es kam. Ich vergaß seine Bitte. Manchmal brachte ich ihm Blumen. Er fragte nach dem Morphium, und ich fragte ihn, ob er sich Kuchen wünsche, schließlich wusste ich, wie gerne er Torte aß. Er sagte, die einfachen Dinge seien ihm jetzt die liebsten – er wolle nur Streuselschnecken, nichts sonst. Ich ging nach Hause und buk Streuselschnecken, zwei Bleche voll. Sie waren noch warm, als ich sie ins Krankenhaus brachte. Er sagte, er hätte gerne mit mir gelebt, es zumindest gern versucht, er habe immer so gedacht, dafür sei noch Zeit, eines Tages – aber jetzt sei es zu spät. Kurz nach meinem siebzehnten Geburtstag war er tot. Meine kleine Schwester kam nach Berlin, wir gingen gemeinsam zur Beerdigung. Meine Mutter kam nicht. Ich nehme an, sie war mit anderem beschäftigt, außerdem hatte sie meinen Vater zu wenig gekannt und nicht geliebt. (2000)

1 Fasst die Handlung der Geschichte zusammen, indem ihr Sinnabschnitte bildet und diesen Überschriften gebt.

2 Arbeitet das Überraschungsmoment in der Beziehung der beiden Figuren heraus.

1. Alltägliche und andere Katastrophen

Peter Bichsel (geb. 1935)

Der Milchmann

Der Milchmann schrieb auf einen Zettel: „Heute keine Butter mehr, leider." Frau Blum las den Zettel und rechnete zusammen, schüttelte den Kopf und rechnete noch einmal, dann schrieb sie: „Zwei Liter, 100 Gramm Butter, Sie hatten gestern keine Butter und berechneten sie mir gleichwohl."

Am andern Tag schrieb der Milchmann: „Entschuldigung." Der Milchmann kommt morgens um vier, Frau Blum kennt ihn nicht, man sollte ihn kennen, denkt sie oft, man sollte einmal um vier aufstehen, um ihn kennenzulernen.

Frau Blum fürchtet, der Milchmann könnte ihr böse sein, der Milchmann könnte schlecht denken von ihr, ihr Topf ist verbeult.

Der Milchmann kennt den verbeulten Topf, es ist der von Frau Blum, sie nimmt meistens 2 Liter und 100 Gramm Butter. Der Milchmann kennt Frau Blum. Würde man ihn nach ihr fragen, würde er sagen: „Frau Blum nimmt 2 Liter und 100 Gramm, sie hat einen verbeulten Topf und eine gut lesbare Schrift." Der Milchmann macht sich keine Gedanken, Frau Blum macht keine Schulden. Und wenn es vorkommt – es kann ja vorkommen –, dass 10 Rappen[1] zu wenig daliegen, dann schreibt er auf einen Zettel: „10 Rappen zu wenig." Am andern Tag hat er die 10 Rappen anstandslos und auf dem Zettel steht: „Entschuldigung." „Nicht der Rede Wert" oder „keine Ursache", denkt dann der Milchmann und würde er es auf den Zettel schreiben, dann wäre das schon ein Briefwechsel. Er schreibt es nicht.

Den Milchmann interessiert es nicht, in welchem Stock Frau Blum wohnt, der Topf steht unten an der Treppe. Er macht sich keine Gedanken, wenn er nicht dort steht. In der ersten Mannschaft spielte einmal ein Blum, den kannte der Milchmann, und der hatte abstehende Ohren. Vielleicht hat Frau Blum abstehende Ohren.

Milchmänner haben unappetitlich saubere Hände, rosig, plump und verwaschen. Frau Blum denkt daran, wenn sie seine Zettel sieht. Hoffentlich hat er die 10 Rappen gefunden. Frau Blum möchte nicht, dass der Milchmann schlecht von ihr denkt, auch möchte sie nicht, dass er mit der Nachbarin ins Gespräch käme.

Aber niemand kennt den Milchmann, in unserm Quartier niemand. Bei uns kommt er morgens um vier. Der Milchmann ist einer von denen, die ihre Pflicht tun. Wer morgens um vier die Milch bringt, tut seine Pflicht, täglich, sonntags und werktags. Wahrscheinlich sind Milchmänner nicht gut bezahlt und wahrscheinlich fehlt ihnen oft Geld bei der Abrechnung. Die Milchmänner haben keine Schuld daran, dass die Milch teurer wird.

Und eigentlich möchte Frau Blum den Milchmann gern kennenlernen.

Der Milchmann kennt Frau Blum, sie nimmt 2 Liter und 100 Gramm und hat einen verbeulten Topf.

(1964)

---

1 **Rappen:** Untereinheit des Schweizer Franken; 100 Rappen = 1 Schweizer Franken

Info: Kurzgeschichte

Lehnübersetzung des amerikanischen Gattungsbegriffs „short story". Allgemeine Kennzeichen dieser Textart:

- Die Inhalte sind alltäglich. Oft geht es aber um schwierige Situationen von Menschen, die sich in einer persönlichen Krise oder in problematischen Beziehungen befinden.
- In der Regel sind die Hauptfiguren einfache Menschen, manchmal auch Außenseiter.
- Oft werden gesellschaftliche Werte infrage gestellt oder menschliches Verhalten wird kritisiert.
- Die Kurzgeschichten besitzen meistens einen unvermittelten Anfang und ein offenes Ende.
- Es wird in der Regel konzentriert und linear erzählt (keine Nebenhandlungen, sondern Einsträngigkeit der Handlung; wenige Figuren).
- Die Sprache wirkt alltäglich, obwohl sie sehr verdichtet (verkürzt/komprimiert) ist.
- Das Ziel ist es oft, den Leser zu provozieren oder ihn zum Weiter- bzw. Nachdenken anzuregen (manchmal durch eine Pointe am Schluss).
- Die Kurzgeschichten sind in Bezug auf Raum, Zeit und Figuren meist sparsam ausgestaltet.

1 Lest die Kurzgeschichte oder hört euch die Lesung (Webcode **SNG-28054-016**) an. „Der Milchmann kennt Frau Blum" (Z. 18 f.). Stimmt diese Aussage eurer Meinung nach?

2 Untersucht das Verhalten und die Beziehung der beiden Figuren zueinander:

- Stellt mithilfe entsprechender Textstellen zusammen, was ihr über Frau Blum erfahrt und was sie über den Milchmann denkt. Legt eine Tabelle an.
- Nennt die Gründe, warum sich der Milchmann und Frau Blum nicht kennenlernen.
- Deutet mithilfe eurer Ergebnisse den Schluss der Kurzgeschichte (Z. 57 – 61).

3 Untersucht die Erzähltechnik der Kurzgeschichte. Beschreibt Erzählform, -verhalten und -perspektive. Erklärt, welche Wirkung diese Erzählweise hat. Arbeitet dazu mit dem Leuchtturmkasten „Erzähltechnik untersuchen" auf S. 51.

4 Erläutert, welche Merkmale einer Kurzgeschichte der Text von Peter Bichsel besitzt. Lest dazu die Informationen im Kasten links.

5 Erklärt, worin eurer Meinung nach die „alltägliche Katastrophe" besteht, von der die Kurzgeschichte handelt. Geht dabei auch auf das Erscheinungsjahr ein.

6 Verfasst eine Textinterpretation (vgl. S. 50):

- Beginnt mit einer Einleitung, in der ihr Titel, Autor, Textsorte und Erscheinungsjahr benennt. Legt dann das Thema bzw. die Problematik der Kurzgeschichte dar.
- Gebt dann einen Überblick über die Handlung, indem ihr möglichst zusammenfassend die wichtigsten erzählten Geschehnisse wiedergebt. Hilfen zur Gliederung einer Erzählung findet ihr unter: Webcode **SNG-28054-017**.
- Beschreibt und deutet die Beziehung von Frau Blum und dem Milchmann.
- Beschreibt die Erzähltechnik (vgl. S. 51) der Kurzgeschichte und erklärt, was sie über Frau Blum und den Milchmann verdeutlicht.
- Fasst abschließend zusammen, auf welches grundsätzliche Problem zwischen den Menschen die Kurzgeschichte verweist.

Belegt wichtige Deutungen mit Textverweisen und Zitaten. Wie man richtig zitiert, könnt ihr auf S. 309 f. nachlesen.

Eine Textinterpretation aufbauen

1. Die Einleitung einer Textinterpretation

In der Einleitung informiert man die Leserin oder den Leser zunächst über den Titel, die Verfasserin / den Verfasser, die Textsorte und – falls bekannt – über das Erscheinungsjahr. Dann benennt man das Thema des Textes. Anschließend formuliert man in einer Deutungshypothese kurz und prägnant, was die grundsätzliche Aussage des literarischen Textes sein könnte.

2. Der Hauptteil

Im Hauptteil wird vor der eigentlichen Interpretation der Inhalt des zugrunde liegenden Textes knapp zusammengefasst, indem die wichtigsten Handlungsschritte dargelegt werden. Anschließend verfährt man bei der **linearen Interpretation** wie auf S. 54 beschrieben. Bei einer **aspektorientierten Interpretation** nennt man zunächst die ausgewählten oder in der Aufgabe vorgegebenen Aspekte, die anschließend nacheinander bearbeitet. Dabei soll stets ein Bezug zur Deutungshypothese hergestellt werden, so dass sich diese Deutungshypothese wie ein roter Faden durch den Text zieht und einen Zusammenhang zwischen den Einzelaspekten der Interpretation herstellt. Im Einzelnen werden folgende Fragen beantwortet:

- In welchen inhaltlichen Zusammenhängen steht der Untersuchungsaspekt im Text? *(Das Motiv des Lachens kommt in der Kurzgeschichte mehrmals vor. Der Mann lächelt, als … – Die Eigenschaften der Frau werden insbesondere deutlich, als sie …)*
- Welche Deutungen ergeben sich hinsichtlich des genannten Untersuchungsaspekts? *(Das Lächeln des Mannes zeigt seine freundliche Grundhaltung und sein Bedürfnis, dem Kind eine Freude zu bereiten.)*
- Was fällt hinsichtlich des Untersuchungsaspekts an der sprachlichen Gestaltung auf? Welche Wirkung geht davon aus? In welcher Weise unterstützt diese die Deutungsaussagen? *(Diese Eigenschaft der Frau macht die Autorin / der Autor vor allem durch die Metapher „…" (Z. xxx) deutlich.)*

3. Textbelege

Damit Aussagen zur Deutung von der Leserin / vom Leser nachvollzogen werden können, müssen sie mit dem Wortmaterial des Textes belegt werden. Dieses kann mithilfe von Zitaten z. B. durch den Verweis auf sprachliche Besonderheiten geschehen. Hier kommt es darauf an, die richtigen Fachausdrücke zu verwenden (Alliteration, Symbol …). Auch muss bei der sprachlichen Analyse auf Textbelege geachtet werden.

Hinweise zu möglichen sprachlichen Besonderheiten und zum richtigen Zitieren erhältst du auf den S. 32 und 309 f.

4. Der Schluss

Im Schlussteil werden wichtige Ergebnisse kurz zusammengefasst und es sollte noch einmal auf die im Einleitungsteil genannte Deutungshypothese Bezug genommen werden. Möglich ist es auch, mit einer persönlichen Stellungnahme zu schließen und eventuell einen Vergleich mit bereits erarbeiteten Texten vorzunehmen.

Das musst du lernen und wissen.

Erzähltechnik untersuchen

Man unterscheidet zwischen Autorin/Autor und Erzählerin/Erzähler, der/die der Leserin / dem Leser das erzählte Geschehen vermittelt. Man kann zwei **Erzählformen** benutzen und im Hinblick auf das erzählte Geschehen verschiedene **Erzählperspektiven** einnehmen und unterschiedliches **Erzählverhalten** zeigen:

- Man unterscheidet zunächst bei der **Erzählform** zwischen der **Er-/Sie-Erzählung** (die Erzählerin / der Erzähler berichtet über andere und tritt nicht selbst als Figur auf) und der **Ich-Erzählung** (die Erzählerin / der Erzähler tritt selbst in Erscheinung und spricht von sich).
- Bei der **Erzählperspektive** unterscheidet man die Innen- und Außensicht. Sieht die Erzählerin / der Erzähler in die Figuren hinein und kennt auch ihre Gedanken und Gefühle, so erzählt sie/er aus der **Innensicht**. Erzählt sie/er nur das, was sie/er von außen betrachtend wahrnehmen kann, berichtet sie/er aus der **Außensicht**.
- Weiter unterscheidet man zwischen neutralem, auktorialem (= allwissendem) und personalem **Erzählverhalten**:
  - Das Geschehen wird beim **neutralen Erzählverhalten** wie von einer unsichtbaren Beobachterin / einem unsichtbaren Beobachter dargelegt. Die Erzählerin / Der Erzähler wird von der Leserin / vom Leser in der Regel nicht bemerkt und erzählt in der Außensicht.
  - Beim **auktorialen (allwissenden) Erzählverhalten** wird aus der Außensicht sowie der Innensicht berichtet. Die Erzählerin / Der Erzähler kennt die Zusammenhänge des Geschehens und die Gedanken und Gefühle der beteiligte Figuren. Auch überblickt sie/er Vergangenheit, Gegenwart und Zukunft. Oft zeigt sie/er, dass sie/er mehr weiß als die Figuren, von denen sie/er erzählt. Dann kommentiert sie/er das Geschehen, gibt Zusammenfassungen, informiert über Hintergründe, macht Vorausdeutungen, Wertungen oder Rückblicke.
  - Auf die Sicht einer oder mehrerer Figuren beschränkt sich die Erzählerin/der Erzähler beim **personalen Erzählverhalten**. Sie/Er teilt ihre Wahrnehmungen, Gedanken und Gefühle und die Leserin/der Leser erlebt das Geschehen aus ihrer/seiner Sicht.
- **Erzählverhalten und -perspektive können innerhalb eines Textes wechseln**. Oft stellen solche Veränderungen wichtige Hinweise dar, die zur Deutung des Textes genutzt werden können.
- Man unterscheidet zwischen der **äußeren Handlung**, dem, was geschieht, und der **inneren Handlung**, die Gedanken und Gefühlswelt der Figuren (vgl. auch S. 70). Für deren Vermittlung wird gerne der **innere Monolog** genutzt. Dabei handelt es sich um ein Gedankengespräch, das die **Erzählerin / der Erzähler** nutzt, um die Gedanken der Figuren unmittelbar auszudrücken. Durch den inneren Monolog gelingt es, die inneren Wahrnehmungen der Figuren auf einer direkten Ebene nachzuvollziehen. Die erzählerische Gedankenwiedergabe erfolgt in der 1. und 2. Person Präsens Indikativ.

1 Notiert zunächst, was euch zum Begriff „Fenstertheater" einfällt.

Ilse Aichinger (1921 – 2016)

Das Fenstertheater

Die Frau lehnte am Fenster und sah hinüber. Der Wind trieb in leichten Stößen vom Fluss herauf und brachte nichts Neues. Die Frau hatte den starren Blick neugieriger Leute, die unersättlich sind. Es hatte ihr noch niemand den Gefallen getan, vor ihrem Haus niedergefahren zu werden. Außerdem wohnte sie im vorletzten Stock, die Straße lag zu tief unten. Der Lärm rauschte nur mehr leicht herauf. Alles lag zu tief unten. Als sie sich eben vom Fenster abwenden wollte, bemerkte sie, dass der Alte gegenüber Licht angedreht hatte. Da es noch ganz hell war, blieb dieses Licht für sich und machte den merkwürdigen Eindruck, den aufflammende Straßenlaternen unter der Sonne machen. Als hätte einer an seinen Fenstern die Kerzen angesteckt, noch ehe die Prozession die Kirche verlassen hat. Die Frau blieb am Fenster.

Der Alte öffnete und nickte herüber. Meint er mich?, dachte die Frau. Die Wohnung über ihr stand leer, und unterhalb lag eine Werkstatt, die um diese Zeit schon geschlossen war. Sie bewegte leicht den Kopf. Der Alte nickte wieder. Er griff sich an die Stirne, entdeckte, dass er keinen Hut aufhatte, und verschwand im Innern des Zimmers. Gleich darauf kam er in Hut und Mantel wieder. Er zog den Hut und lächelte. Dann nahm er ein weißes Tuch aus der Tasche und begann zu winken. Erst leicht und dann immer eifriger. Er hing über die Brüstung, dass man Angst bekam, er würde vornüberfallen. Die Frau trat einen Schritt zurück, aber das schien ihn nur zu bestärken. Er ließ das Tuch fallen, löste seinen Schal vom Hals – einen großen bunten Schal – und ließ ihn aus dem Fenster wehen. Dazu lächelte er. Und als sie noch einen weiteren Schritt zurücktrat, warf er den Hut mit einer heftigen Bewegung ab und wand den Schal wie einen Turban um seinen Kopf. Dann kreuzte er die Arme über der Brust und verneigte sich. Sooft er aufsah, kniff er das linke Auge zu, als herrsche zwischen ihnen ein geheimes Einverständnis. Das bereitete ihr so lange Vergnügen, bis sie plötzlich nur mehr seine Beine in dünnen, geflickten Samthosen in die Luft ragen sah. Er stand auf dem Kopf. Als sein Gesicht gerötet, erhitzt und freundlich wieder auftauchte, hatte sie schon die Polizei verständigt. Und während er, in ein Leintuch gehüllt, abwechselnd an beiden Fenstern erschien, unterschied sie schon drei Gassen weiter über dem Geklingel der Straßenbahnen und dem gedämpften Lärm der Stadt das Hupen des Überfallautos. Denn ihre Erklärung hatte nicht sehr klar und ihre Stimme erregt geklungen. Der alte Mann lachte jetzt, sodass sich sein Gesicht in tiefe Falten legte, streifte dann mit einer vagen Gebärde darüber, wurde ernst, schien das Lachen eine Sekunde lang in der hohlen Hand zu halten und warf es dann hinüber. Erst als der Wagen schon um die Ecke bog, gelang es der Frau, sich von seinem Anblick loszureißen. Sie kam atemlos unten an. Eine Menschenmenge hatte sich um den Polizeiwagen gesammelt. Die Polizisten waren abgesprungen, und die Menge kam hinter ihnen und der Frau her. Sobald man die Leute zu verscheuchen suchte, erklärten sie einstimmig, in diesem Hause zu wohnen. Einige davon kamen bis zum letzten Stock mit. Von den Stufen beobachteten sie, wie die Männer, nachdem ihr Klopfen vergeblich blieb und die Glocke allem Anschein nach nicht funktionierte, die Tür aufbrachen. Sie arbeiteten schnell und mit einer Sicherheit, von der jeder Einbrecher lernen konnte. Auch in dem Vorraum, dessen Fenster auf den Hof sahen, zögerten sie nicht eine Sekunde. Zwei von ihnen zogen die Stiefel aus und schlichen um die Ecke. Es war inzwischen finster geworden. Sie stießen an einen Kleiderständer, gewahrten den Lichtschein am

Ende des schmalen Ganges und gingen ihm nach. Die Frau schlich hinter ihnen her. Als die Tür aufflog, stand der alte Mann, mit dem Rücken zu ihnen gewandt, noch immer am Fenster. Er hielt ein großes weißes Kissen auf dem Kopf, das er immer wieder abnahm, als bedeutete er jemandem, dass er schlafen solle. Den Teppich, den er vom Boden genommen hatte, trug er um die Schultern. Da er schwerhörig war, wandte er sich auch nicht um, als die Männer schon knapp hinter ihm standen und die Frau über ihn hinweg in ihr eigenes finsteres Fenster sah.

Die Werkstatt unterhalb war, wie sie angenommen hatte, geschlossen. Aber in die Wohnung oberhalb musste eine neue Partei eingezogen sein. An eines der erleuchteten Fenster war ein Gitterbett geschoben, in dem aufrecht ein kleiner Knabe stand. Auch er trug sein Kissen auf dem Kopf und die Bettdecke um die Schultern. Er sprang und winkte herüber und krähte vor Jubel. Er lachte, strich mit der Hand über das Gesicht, wurde ernst und schien das Lachen eine Sekunde lang in der hohlen Hand zu halten. Dann warf er es mit aller Kraft den Wachleuten ins Gesicht.

(1954)

2 Hört euch den Lesevortrag (Webcode **SNG-28054-018**) an. Welche Eindrücke habt ihr von der Frau und dem Mann?

3 Lest nun den Text und fertigt anschließend eine Skizze der räumlichen Verhältnisse an und zeichnet den Weg der Frau und die Standorte des Mannes und des Kindes ein. Erklärt einer Lernpartnerin/einem Lernpartner mithilfe der Skizzen das Missverständnis zwischen der Frau und dem Mann.

4 Untersucht die Kurzgeschichte unter folgenden Aspekten:

- Sammelt, was die Leserin/der Leser über den Mann und die Frau erfährt. Beschreibt die Verhaltensweisen und Eigenschaften der beiden Figuren. Ihr könnt eure Ergebnisse in Form einer Tabelle oder eines Schaubildes festhalten.
- Welche symbolische Bedeutung haben das Lachen und das Licht in der Kurzgeschichte? Stellt Textstellen zusammen, in denen davon erzählt wird, und deutet sie. Achtet dabei besonders auf die Bedeutung des Schlusses.
- Untersucht die Erzähltechnik Aichingers genauer. Hilfen erhaltet ihr dafür in dem Werkzeugkasten auf S. 50. Arbeitet dabei auch heraus, wie der Erzähler die Figuren und ihr Verhalten bewertet. Belegt eure Ergebnisse mit Textstellen.

5 Weist nach, dass es sich bei dem Text um eine Kurzgeschichte handelt. Ihr könnt dazu mit dem Infokasten auf S. 49 arbeiten.

6 Der Titel dieses Unterkapitels lautet „Alltägliche und andere Katastrophen“. Erläutert, worin die alltägliche Katastrophe in der Kurzgeschichte Aichingers besteht.

7 Legt die Ergebnisse eurer Untersuchung der Kurzgeschichte in Form einer Textinterpretation dar. Geht dabei so vor, wie es in dem Werkzeugkasten auf S. 50 beschrieben wird.

8 **So könnt ihr weiterarbeiten:**

a Erzählt die Geschichte aus einer anderen Perspektive, z. B. aus der Innensicht der Frau oder des Mannes (innerer Monolog, vgl. S. 51) oder aus der Außensicht einer unbeteiligten Figur. Vergleicht die Wirkung dieser Erzählweise mit der, die Aichinger gewählt hat.

b Stellt euch vor, ihr steht am Fenster und beobachtet „eine alltägliche Katastrophe“. Schildert die Situation (vgl. S. 256), eure Eindrücke und Gefühle. Schreibt in der Ich-Perspektive und nutzt anschauliche Adjektive sowie ausdrucksstarke Verben.

Das brauchst du immer wieder. ◆ So gehst du vor.

Zwei Arten der Textinterpretation verfassen

Bei einer Textinterpretation geht es darum, einen Text genau zu beschreiben und zu deuten. Dabei kann man seine Untersuchungsergebnisse im Hauptteil (vgl. S. 50) nach einer kurzen Inhaltszusammenfassung auf zwei verschiedene Arten darlegen.

a) Die lineare Textinterpretation

Bei der linearen Interpretation geht man von einer **Gliederung des Textes** aus. Dabei werden die einzelnen Textabschnitte nacheinander beschrieben und gedeutet, d. h. dass man auf der Grundlage der Analyse Sinnzusammenhänge erschließt und unter Einbeziehung der Wechselwirkung zwischen Inhalt, Form und Sprache zu einer Deutung kommt. Dabei soll stets ein Bezug zur Deutungshypothese hergestellt werden, so dass sich diese Deutungshypothese wie ein roter Faden durch den Text zieht und einen Zusammenhang zwischen den Einzelaspekten der Interpretation herstellt. Im Einzelnen werden folgende Fragen beantwortet:

- Worum geht es inhaltlich in dem Abschnitt? (Im ersten Textabschnitt (Z. xxx – xxx) erfährt die Leserin/der Leser/geht es um ...)
- Welche Deutungen ergeben sich hinsichtlich der Figuren, ihrer Beziehungen zueinander, des Handlungsortes, einzelner Gegenstände und Motive usw.? (Auffällig ist in diesem Abschnitt das Verhalten von ... – Deutlich wird, dass die beiden ...)
- Was fällt an der sprachlichen Gestaltung auf? Welche Wirkung geht davon aus? In welcher Weise unterstützt diese die Deutungsaussagen? (Die mehrmalige Wiederholung des Adverbs „dann“ (Z. xxx, xxx, xxx) unterstützt die Deutung, dass ... – Auffällig sind in diesem Abschnitt die vielen kurzen Sätze, die verdeutlichen, wie ...)

b) Die aspektorientierte Textinterpretation

Bei einer aspektorientierten Interpretation legt man vorab fest, welche **Schwerpunkte die Interpretation** haben soll (z. B. das Verhalten einer Figur bzw. deren Charakter, die Beziehung einzelner Figuren zueinander, der Handlungsort, die Bedeutung einzelner Gegenstände oder Motive, die Erzähltechnik, die Bedeutung der Überschrift usw.). Häufig ist es so, dass in der Aufgabenstellung bereits die zu bearbeitenden Aspekte genannt werden. (Interpretiere den Text, indem du ...)
Wichtig ist, dass Analyse und Deutung in der Interpretation immer sinnvoll miteinander verknüpft werden. Unabhängig von der Art der Textinterpretation muss immer mit Textbelegen gearbeitet werden (vgl. S. 309 f.).

1 Beschreibt mit eigenen Worten die beiden Formen der Textinterpretation.

2 Nennt mögliche Vor- und Nachteile der beiden Methoden.

Heinrich Böll (1917 – 1985)

Monolog eines Kellners

Ich weiß nicht, wie es hat geschehen können; schließlich bin ich kein Kind mehr, bin fast fünfzig und hätte wissen müssen, was ich tat – und hab's doch getan, noch dazu, als ich schon Feierabend hatte und mir eigentlich nichts mehr hätte passieren können. Aber es ist passiert, und so hat mir der Heilige Abend die Kündigung beschert. Alles war reibungslos verlaufen: Ich hatte beim Dinner serviert, kein Glas umgeworfen, keine Soßenschüssel umgestoßen, keinen Rotwein verschüttet, mein Trinkgeld kassiert und mich auf mein Zimmer zurückgezogen, Rock und Krawatte aufs Bett geworfen, die Hosenträger von den Schultern gestreift, meine Flasche Bier geöffnet, hob gerade den Deckel von der Terrine und roch: Erbsensuppe. Die hatte ich mir beim Koch bestellt, mit Speck, ohne Zwiebeln, aber sämig, sämig. Sie wissen sicher nicht, was sämig ist; es würde zu lange dauern, wenn ich es Ihnen erklären wollte: Meine Mutter brauchte drei Stunden, um zu erklären, was sie unter sämig verstand. Na, die Suppe roch herrlich, und ich tauchte die Schöpfkelle ein, füllte meinen Teller, spürte und sah, dass die Suppe richtig sämig war – da ging meine Zimmertür auf, und herein kam der Bengel, der mir beim Dinner aufgefallen war, klein, blass, bestimmt nicht älter als acht, hatte sich den Teller hoch füllen und alles, ohne es anzurühren, wieder abservieren lassen: Truthahn und Kastanien, Trüffeln und Kalbfleisch, nicht mal vom Nachtisch, den doch kein Kind vorübergehen lässt, hatte er auch nur einen Löffel gekostet, ließ sich fünf halbe Birnen und 'nen halben Eimer Schokoladensoße auf den Teller kippen und rührte nichts, aber auch nichts an und sah doch dabei nicht mäkelig aus, sondern wie jemand, der nach einem bestimmten Plan handelte. Leise schloss er die Tür hinter sich und blickte auf meinen Teller, dann mich an: „Was ist denn das?", fragte er. „Das ist Erbsensuppe", sagte ich. „Die gibt es doch nicht", sagte er freundlich, „die gibt es doch nur in dem Märchen von dem König, der sich im Wald verirrt hat." Ich hab's gern, wenn Kinder mich duzen; die Sie zu einem sagen, sind meistens affiger als die Erwachsenen. „Nun", sagte ich, „eins ist sicher: Das ist Erbsensuppe." – „Darf ich mal kosten?" – „Sicher, bitte", sagte ich, „setz dich hin." Nun, er aß drei Teller Erbsensuppe, ich saß neben ihm auf meinem Bett, trank Bier und rauchte und konnte richtig sehen, wie sein kleiner Bauch rund wurde, und während ich auf dem Bett saß, dachte ich über vieles nach, was mir inzwischen wieder entfallen ist; zehn Minuten, fünfzehn, eine lange Zeit, da kann einem schon vieles einfallen, auch über Märchen, über Erwachsene, über Eltern und so.

Schließlich konnte der Bengel nicht mehr, ich löste ihn ab, aß den Rest der Suppe, noch einein-halb Teller, während er auf dem Bett neben mir saß.

Vielleicht hätte ich nicht in die leere Terrine blicken sollen, denn er sagte: „Mein Gott, jetzt habe ich dir alles aufgegessen." – „Macht nichts", sagte ich, „ich bin noch satt geworden. Bist du zu mir gekommen, um Erbsensuppe zu essen?" – „Nein, ich suchte nur jemand, der mir helfen kann, eine Kuhle zu finden; ich dachte, du wüsstest eine." Kuhle, Kuhle, dann fiel mir's ein, zum Murmelspielen braucht man eine, und ich sagte: „Ja, weißt du, das wird schwer sein, hier im Hause irgendwo eine Kuhle zu finden."

„Können wir nicht eine machen", sagte er, „einfach eine in den Boden des Zimmers hauen?"

Ich weiß nicht, wie es hat geschehen können, aber ich hab's gemacht, und als der Chef mich fragte: Wie konnten Sie das tun?, wusste ich keine Antwort. Vielleicht hätte ich sagen sollen: Haben wir uns nicht verpflichtet, unseren Gästen jeden Wunsch zu erfüllen, ihnen ein harmonisches Weihnachtsfest zu garantieren? Aber ich hab's nicht gesagt, ich hab geschwiegen. Schließlich konnte ich nicht ahnen, dass seine Mutter

Wolfdietrich Schnurre (1920 – 1989)

Beste Geschichte meines Lebens

Beste Geschichte meines Lebens. Anderthalb Maschinenseiten vielleicht. Autor vergessen; in der Zeitung gelesen. Zwei Schwerkranke im selben Zimmer. Einer an der Türe liegend, einer am Fenster. Nur der am Fenster kann hinaussehen. Der andere keinen größeren Wunsch, als das Fensterbett zu erhalten. Der am Fenster leidet darunter. Um den anderen zu entschädigen, erzählt er ihm täglich stundenlang, was draußen zu sehen ist, was draußen passiert. Eines Nachts bekommt er einen Erstickungsanfall. Der an der Tür könnte die Schwester rufen. Unterlässt es; denkt an das Bett. Am Morgen ist der andere tot; erstickt. Sein Fensterbett wird geräumt; der bisher an der Tür lag, erhält es. Sein Wunsch ist in Erfüllung gegangen. Gierig, erwartungsvoll wendet er das Gesicht zum Fenster. Nichts; nur eine Mauer. (1978)

1 Tauscht euch aus: Was war die beste Geschichte in eurem Leben?

2 Hört euch den Lesevortrag an (Webcode **SNG-28054-020**). Erklärt den Schlusssatz des Textes.

3 Lest nun die Geschichte und beschreibt den Stil und die Sprache dieser Skizze. Welche Wirkung erreicht Schnurre damit bei der Leserin/beim Leser?

4 Untersucht das Verhalten und die Eigenschaften der beiden Männer genauer und vergleicht die beiden miteinander. Legt eine Tabelle an.

5 Deutet den Titel der Geschichte. Sammelt Gründe, warum die Überschrift „Beste Geschichte meines Lebens" lautet.

6 In dem Werkzeugkasten auf S. 59 sind allgemeine Untersuchungsaspekte und Leitfragen zusammengestellt, mit deren Hilfe ihr kurze Erzähltexte untersuchen könnt. Bestimmt mithilfe des Werkzeugkastens, welche Aspekte und Fragen bei der Interpretation der Kurzgeschichten, die ihr bereits untersucht habt, besonders wichtig sind.

7 Markiert die Fiktionssignale in den Kurzgeschichten dieses Kapitels. Nutzt dazu die Informationen unten auf der Seite. Aus welchen Elementen sind diese fiktionalen Welten aufgebaut? Was ist euch bekannt, was ist fremd?

8 Sprecht darüber, warum es sich lohnt, solche Texte zu lesen. Was hat die Leserin bzw. der Leser davon? Nennt Beispiele.

Das musst du lernen und wissen.

Fiktionssignale kennen

Fiktion (lat.: fictio = Gestaltung, Erdichtung) bezeichnet die Schaffung einer eigenen Welt in der Literatur, der Malerei, des Films usw. Fiktionssignale in der Literatur können sein:

- Untertitel (z. B. „Roman", „Gedicht" usw.)
- Wechsel von der Außensicht zur Innensicht; Perspektivwechsel
- Leerstellen (gemeint ist, was „zwischen den Zeilen" steht, also das Unausgesprochene)
- Erwartungsbrüche
- Alterität (Anderssein, Verschiedensein)
- Mehrdeutigkeit
- sprachliche Mittel (z. B. Rhythmus, Bildsprache, uneigentliches Sprechen, d. h. Sprache, die nicht wortwörtlich, sondern im übertragenen Sinn zu verstehen ist)

Kurze Erzähltexte erschließen und deuten

Um das eigene Textverständnis zu vertiefen und einen Erzähltext genau zu untersuchen, sollte man ihn nach dem ersten Lesen noch ein- oder zweimal gründlich lesen. Danach kann man mithilfe der folgenden allgemeinen Texterschließungsfragen am Text arbeiten. Unterstreicht zu den einzelnen Fragen Textstellen (mit Folie arbeiten), macht euch Stichwörter am Rand und haltet eure Ergebnisse auf einem Stichwortzettel oder im Heft fest. Zu folgenden Punkten und Leitfragen kann man arbeiten:

- **Thema:** Um welches Thema, Problem oder welchen Konflikt geht es? Was löst die Handlung aus? Oft gibt der Titel hier wichtige Hinweise.
- **Aufbau der Handlung:** In welche Abschnitte lässt sich der Text gliedern? Welche sind die entscheidenden Handlungen oder Ereignisse? Haben Anfang und Ende eine besondere Wirkung bzw. Bedeutung?
- **Figuren:** Welche Figuren kommen vor? Lassen sich Haupt- und Nebenfiguren unterscheiden? Welche Eigenschaften haben sie? Wie verhalten sie sich? Warum verhalten sie sich so (Beweggründe/Motive, Ziele)? Verändern sie sich im Verlauf der Handlung (Entwicklung)? (Weitere Hinweise erhältst du in dem Werkzeugkasten auf S. 57.)
- **Ort/Zeit:** Wie lautet der Ort des Geschehens? Wie ist die Atmosphäre? Besitzen die Handlungsorte eine symbolische Bedeutung? Wann ereignet sich das Erzählte? Über welchen Zeitraum erstreckt sich das Geschehen?
- **Sprache:** Lassen sich Auffälligkeiten in der Wortwahl feststellen, z. B. beim Einsatz von Verben und Adjektiven? Welche Wirkung ist damit verbunden? Verwendet die Autorin / der Autor bildhafte Sprache (Metaphern, Personifikationen, Vergleiche)? Welche Bedeutung haben diese Sprachbilder? Enthält der Text Schlüsselwörter/-sätze oder besitzt er Auffälligkeiten beim Satzbau bzw. Wiederholungen, die zur Deutung hilfreich sind? Wird durch den Satzbau eine besondere Wirkung erzielt, z. B. durch Ellipsen (= verkürzte Sätze), Parataxen (= Satzreihen) oder Hypotaxen (= Satzgefüge)?

  Weitere Informationen und Hilfen erhaltet ihr auf S. 32.

- **Symbole:** Kommen in dem Text z. B. auffällige Gegenstände oder Farben vor, die symbolisch verstanden werden müssen und die zur Deutung der Erzählung wichtig sind? Was bedeuten sie?
- **Erzähltechnik:** Handelt es sich um eine Ich- oder Er-/Sie-Erzählung? Ist der Erzählerstandort die Außen- oder Innenperspektive? Ist das Erzählverhalten auktorial, neutral oder personal? Welche Wirkung ist damit verbunden? Gibt es Nebenhandlungen oder wird einsträngig (= linear) erzählt? Arbeitet die Autorin/der Autor mit Rückblenden oder Vorausdeutungen?
- **Textart:** Welche Textsortenmerkmale weist der Text auf (z. B. Merkmale einer Kurzgeschichte)?
- **Titel:** Wie lässt sich der Titel deuten? Welche Zusammenhänge bestehen zwischen der Überschrift und der eigentlichen Geschichte?

Wolf Wondratschek (geb. 1943)

Mittagspause

Sie sitzt im Straßencafé. Sie schlägt sofort die Beine übereinander. Sie hat wenig Zeit.

Sie blättert in einem Modejournal. Die Eltern wissen, dass sie schön ist. Sie sehen es nicht gern. Zum Beispiel. Sie hat Freunde. Trotzdem sagt sie nicht, das ist mein bester Freund, wenn sie zu Hause einen Freund vorstellt.

Zum Beispiel. Die Männer lachen und schauen herüber und stellen sich ihr Gesicht ohne Sonnenbrille vor.

Das Straßencafé ist überfüllt. Sie weiß genau, was sie will. Auch am Nebentisch sitzt ein Mädchen mit Beinen.

Sie hasst Lippenstift. Sie bestellt einen Kaffee. Manchmal denkt sie an Filme und denkt an Liebesfilme. Alles muss schnell gehen. Freitags reicht die Zeit, um einen Cognac zum Kaffee zu bestellen. Aber freitags regnet es oft.

Mit einer Sonnenbrille ist es einfacher, nicht rot zu werden. Mit Zigaretten wäre es noch einfacher. Sie bedauert, dass sie keine Lungenzüge kann.

Die Mittagspause ist ein Spielzeug. Wenn sie nicht angesprochen wird, stellt sie sich vor, wie es wäre, wenn sie ein Mann ansprechen würde. Sie würde lachen. Sie würde eine ausweichende Antwort geben. Vielleicht würde sie sagen, dass der Stuhl neben ihr besetzt sei. Gestern wurde sie angesprochen. Gestern war der Stuhl frei. Gestern war sie froh, dass in der Mittagspause alles sehr schnell geht.

Beim Abendessen sprechen die Eltern davon, dass sie auch einmal jung waren. Vater sagt, er meine es nur gut. Mutter sagt sogar, sie habe eigentlich Angst. Sie antwortet, die Mittagspause ist ungefährlich.

Sie hat mittlerweile gelernt, sich nicht zu entscheiden. Sie ist ein Mädchen wie andere Mädchen. Sie beantwortet eine Frage mit einer Frage.

Obwohl sie regelmäßig im Straßencafé sitzt, ist die Mittagspause anstrengender als Briefe schreiben. Sie wird von allen Seiten beobachtet. Sie spürt sofort, dass sie Hände hat.

Der Rock ist nicht zu übersehen. Hauptsache, sie ist pünktlich.

Im Straßencafé gibt es keine Betrunkenen. Sie spielt mit der Handtasche. Sie kauft jetzt keine Zeitung.

Es ist schön, dass in jeder Mittagspause eine Katastrophe passieren könnte. Sie könnte sich sehr verspäten. Sie könnte sich sehr verlieben. Wenn keine Bedienung kommt, geht sie hinein und bezahlt den Kaffee an der Theke.

An der Schreibmaschine hat sie viel Zeit, an Katastrophen zu denken. Katastrophe ist ihr Lieblingswort. Ohne das Lieblingswort wäre die Mittagspause langweilig.

(1969)

1 Hört euch den Lesevortrag der Geschichte an (Webcode **SNG-28054-021**). Wie verhält sich das Mädchen in dem Straßencafé? Entwickelt Pantomimen dazu.

2 Lest nun die Kurzgeschichte von Wolf Wondratschek.

Lernaufgabe

Ihr habt jetzt Interpretationen zu mehreren Kurzgeschichten verfasst, nachdem ihr den jeweiligen Erzähltext untersucht hattet.
Im Folgenden sollt ihr nun diese Vorarbeiten selbstständig leisten und danach die Aufgaben bearbeiten.
Informiert in einem informierenden Text jemanden, der die Kurzgeschichte „Mittagspause" von Wolf Wondratschek (S. 60) nicht kennt, mithilfe der Interpretation über diese Kurzgeschichte.

- Verschafft euch zunächst Klarheit über die Textart, das Thema und den Aufbau der Handlung. Beschreibt, was im Leben des Mädchens während der Mittagspause im Straßencafé, beim Abendessen mit den Eltern und bei der Arbeit passiert. Formuliert eine Deutungshypothese.
- Führt anschließend eine aspektorientierte Interpretation durch. Hierbei solltet ihr das Mädchen charakterisieren und sprachliche Auffälligkeiten herausarbeiten. Beachtet auch mögliche Symbole und die Erzähltechnik. Zudem solltet ihr Ort und Zeit des Geschehens sowie das Erscheinungsdatum der Geschichte in den Blick nehmen. Untersucht die Bedeutung der Metapher „Katastrophe" in der Kurzgeschichte.
- Verfasst dann die Interpretation.
- Überarbeitet euren Text abschließend. Orientiert euch dabei an den Informationen auf den Seiten 50, 51 und 59. Überarbeitet ausgewählte Texte noch einmal in Gruppen.
- Berichtet euch gegenseitig, ob ihr Schwierigkeiten hattet, den Text zu verfassen. Wenn ja, dann sprecht über mögliche Ursachen der Schwierigkeiten und wie ihr sie bewältigt habt bzw. wie man sie bewältigen könnte.

Walter Helmut Fritz (1929 – 2010)

Augenblicke

Kaum stand sie vor dem Spiegel im Badezimmer, um sich herzurichten, als ihre Mutter aus dem Zimmer nebenan zu ihr hereinkam, unter dem Vorwand, sie wolle sich nur die Hände waschen. Also doch! Wie immer, wie *fast* immer.

Elsas Mund krampfte sich zusammen. Ihre Finger spannten sich. Ihre Augen wurden schmal. Ruhig bleiben!

Sie hatte darauf gewartet, dass ihre Mutter auch dieses Mal hereinkommen würde, voller Behutsamkeit, mit jener scheinbaren Zurückhaltung, die durch ihre Aufdringlichkeit die Nerven freilegt. Sie hatte – behext, entsetzt, gepeinigt – darauf gewartet, weil sie sich davor fürchtete.

„Komm, ich mach dir Platz", sagte sie zu ihrer Mutter und lächelte ihr zu. „Nein, bleib nur hier, ich bin gleich so weit", antwortete die Mutter und lächelte.

„Aber es ist doch so eng", sagte Elsa und ging rasch hinaus, über den Flur, in ihr Zimmer. Sie behielt einige Augenblicke länger als nötig die Klinke in der Hand, wie um die Tür mit Gewalt zuzuhalten. Sie ging auf und ab, von der Tür zum Fenster, vom Fenster zur Tür. Vorsichtig öffnete ihre Mutter. „Ich bin schon fertig", sagte sie. Elsa tat, als ob ihr inzwischen etwas anderes eingefallen wäre, und machte sich an ihrem Tisch zu schaffen.

„Du kannst weitermachen", sagte die Mutter.

„Ja, gleich."

Die Mutter nahm die Verzweiflung ihrer Tochter nicht einmal als Ungeduld wahr.

Wenig später allerdings verließ Elsa das Haus, ohne ihrer Mutter Adieu zu sagen.

Mit der Tram[1] fuhr sie in die Stadt, in die Gegend der Post. Dort sollte es eine Wohnungsvermittlung geben, hatte sie einmal gehört. Sie hätte zu Hause im Telefonbuch eine Adresse nachsehen können. Sie hatte nicht daran gedacht, als sie die Treppen hinuntergeeilt war.

In einem Geschäft für Haushaltungsgegenstände fragte sie, ob es in der Nähe nicht eine Woh-

---

[1] **Tram:** Staßenbahn

nungsvermittlung gäbe. Man bedauerte. Sie fragte in der Apotheke, bekam eine ungenaue Auskunft. Vielleicht im nächsten Haus. Dort läutete sie. Schilder einer Abendzeitung, einer Reisegesellschaft, einer Kohlenfirma. Sie läutete umsonst.

Es war später Nachmittag, Samstag, zweiundzwanzigster Dezember.

Sie sah in eine Bar hinein. Sie sah den Menschen nach, die vorbeigingen. Sie trieb mit. Sie betrachtete Kinoreklamen.

Sie ging Stunden umher. Sie würde erst spät zurückkehren. Ihre Mutter würde zu Bett gegangen sein. Sie würde ihr nicht mehr Gute Nacht zu sagen brauchen.

Sie würde sich, gleich nach Weihnachten, eine Wohnung nehmen. Sie war zwanzig Jahre alt und verdiente. Kein einziges Mal würde sie sich mehr beherrschen können, wenn ihre Mutter zu ihr ins Bad kommen würde, wenn sie sich schminkte. Kein einziges Mal.

Ihre Mutter lebte seit dem Tod ihres Mannes allein. Oft empfand sie Langeweile. Sie wollte mit ihrer Tochter sprechen. Weil sich die Gelegenheit selten ergab (Elsa schützte Arbeit vor), suchte sie sie auf dem Flur zu erreichen oder wenn sie im Bad zu tun hatte. Sie liebte Elsa. Sie verwöhnte sie. Aber sie, Elsa, würde kein einziges Mal mehr ruhig bleiben können, wenn sie wieder zu ihr ins Bad käme. Elsa floh.

Über der Straße künstliche, blau, rot, gelb erleuchtete Sterne. Sie spürte Zuneigung zu den vielen Leuten, zwischen denen sie ging.

Als sie kurz vor Mitternacht zurückkehrte, war es still in der Wohnung. Sie ging in ihr Zimmer und es blieb still. Sie dachte daran, dass ihre Mutter alt und oft krank war. Sie kauerte sich in ihren Sessel und sie hätte unartikuliert schreien mögen, in die Nacht mit ihrer entsetzlichen Gelassenheit.

(1964)

1 „Ich kann Elsa gut verstehen." – „Sie reagiert total überzogen." Dies sind zwei Äußerungen von Schülern nach der ersten Lektüre der Geschichte. Wem stimmt ihr zu? Begründet eure Entscheidung. Formuliert anschließend eine Deutungshypothese.

2 Untersucht die Kurzgeschichte näher. Arbeitet in Kleingruppen zu einem Aspekt und stellt eure Ergebnisse der Klasse vor. Zu folgenden Punkten könnt ihr arbeiten:

- Erstellt eine inhaltliche Gliederung. Überlegt, nach welchem Gesichtspunkt der Text strukturiert werden kann. Legt eine Tabelle an und verschafft euch auf diese Weise einen Überblick.
- Sucht Textstellen heraus, in denen man etwas über die Mutter und die Tochter erfährt, und charakterisiert die beiden Figuren. Berücksichtigt die Hinweise im Werkzeugkasten auf S. 57.
- Verdeutlicht die Einstellung Elsas zu ihrer Mutter in einem Schaubild.
- Analysiert die Sprache und ihre Wirkung. Wo wird z. B. mithilfe von Adjektiven eine bestimmte Atmosphäre erzeugt? An welchen Stellen findet ihr Interjektionen (= Ausrufe), Ellipsen (= verkürzte Sätze), Parataxen (= Reihungen von Aussagesätzen) oder Wiederholungen? Was bedeutet die Personifizierung „in die Nacht mit ihrer entsetzlichen Gelassenheit" (Z. 80 f.) am Ende? Klärt bei eurer Untersuchung den Zusammenhang zwischen der sprachlichen Gestaltung und dem Inhalt des Textes.

- Untersucht die Erzähltechnik. Beschreibt z. B., wo die Erzählerin/der Erzähler aus der Außen- oder aus der Innenperspektive erzählt und welche Gedanken und Gefühle der Figuren vermittelt werden. Welche Wirkungen sind mit dem jeweiligen Standort und Verhalten der Erzählerin/des Erzählers verbunden? Achtet auch darauf, wo sich Vorausdeutungen und Rückblenden finden und welche Funktion sie besitzen. Hinweise findet ihr auf S. 51 und in dem Werkzeugkasten auf S. 59 unten.
- Welche Bedeutung haben die verschiedenen Orte und die Zeit, in der die Geschichte spielt?

3 Besprecht auf der Grundlage eurer Untersuchungen abschließend folgende Punkte:

- Welche Bedeutung besitzt der Titel?
- Deutet das Ende der Geschichte (Z. 76 – 81).
- Entwickelt mögliche Aussage- und Wirkungsabsichten des Textes.
- Beurteilt abschließend die Geschichte, insbesondere das Verhalten der beiden Figuren.

4 **So könnt ihr weiterarbeiten:**

a Schreibt den ersten Teil (Z. 1 – 32) aus der Perspektive der Mutter um.

b Verfasst einen möglichen Brief von Elsa an ihre Mutter.

Die Schülerinnen und Schüler der Klasse 9a haben ihre Beschreibung und Deutung der Kurzgeschichte in Form einer schriftlichen Textinterpretation festgehalten. Dabei haben sie folgende Einleitungen formuliert:

In der Kurzgeschichte „Augenblicke" aus dem Jahr 1964 beschreibt Walter Helmut Fritz die schwierige Situation zwischen einem Mädchen und ihrer Mutter, deren Mann gestorben ist. Sie haben sich aufgrund des Erwachsenwerdens der Tochter über die Jahre hinweg voneinander entfremdet. Darauf reagiert die Mutter immer wieder mit aufdringlichen Kontaktversuchen zu ihrer Tochter. Die Tochter, Elsa, ist darüber so verärgert, dass sie sich vornimmt, auszuziehen und sich eine eigene Wohnung zu nehmen, um vor ihrer Mutter zu fliehen. Letztendlich tut sie dies aber dann doch nicht. (Alexander)

In der Kurzgeschichte „Augenblicke" von Walter Helmut Fritz aus dem Jahr 1964 geht es um eine gestörte Mutter-Tochter-Beziehung. Die zwanzig Jahre alte Elsa wohnt noch bei ihrer Mutter, will aber ausziehen. Es ist anzunehmen, dass Elsa dies jedoch nicht schafft, weil sie Mitleid mit ihrer Mutter hat und sie sich gegenüber ihrer Mutter verpflichtet fühlt. (Zoe)

Es geht in der Kurzgeschichte um typische Eltern-Kind-Probleme. Diese werden am Beispiel von Elsa und ihrer Mutter aufgezeigt. Elsa ist von ihrer Mutter genervt und will ausziehen. Die Kurzgeschichte wird im Folgenden unter der Deutungshypothese, dass Elsa dafür zu feige ist, interpretiert. (Marius)

5 Beschreibt die Inhalte der jeweiligen Einleitungen und beurteilt, was gelungen ist und was eurer Meinung nach verbessert werden müsste.

6 Verfasst eine eigene Einleitung zu einer Textinterpretation. Seht euch vorher die Informationen zur Einleitung in dem Werkzeugkasten auf S. 50 an.

Ein Schüler der 9a hat folgenden Hauptteil einer Textinterpretation zu der Kurzgeschichte „Augenblicke“ verfasst:

Die Kurzgeschichte lässt sich in vier Sinnabschnitte gliedern. Im ersten Abschnitt (Z. 1–32) wird einer der vielen Alltagskonflikte zwischen Elsa und ihrer Mutter beschrieben. Elsa verlässt anschließend die Wohnung, um in die Stadt zu fahren und sich dort eine Wohnung zu suchen. Ihr gelingt es aber nicht, eine Wohnungsvermittlung zu finden. Dies wird im zweiten Abschnitt (Z. 33–48) erzählt. Im dritten Abschnitt (Z. 49–75) erfährt der Leser, wie Elsa den Rest des Tages damit verbringt, ziellos in der Stadt herumzuziehen, damit sie erst nach Hause kommt, wenn ihre Mutter schon im Bett liegt. Die Kurzgeschichte endet damit, dass Elsa nach Mitternacht nach Hause kommt und sich verzweifelt über ihre Situation in einen Sessel kauert (Z. 76–81).

Im ersten Abschnitt (Z. 1–32) wird eine typische Konfliktsituation zwischen Elsa und ihrer Mutter geschildert. Die Erzählung springt unvermittelt in die Situation hinein. Elsa macht sich morgens im Bad fertig. Die Mutter kommt nach Elsas Meinung „unter dem Vorwand, sie wolle sich nur die Hände waschen“ (Z. 3 f.), herein. Dieser Gedanke Elsas zeigt, dass die Mutter bemüht ist, irgendwie mit Elsa zu reden, die Tochter aber die Nähe der Mutter nicht wünscht. Die Körpersprache Elsas zeigt, wie sehr sie der Kontaktversuch ihrer Mutter stört. Ihr Mund „krampft[.] sich zusammen“ (Z. 6) und ihre Augen werden „schmal“ (Z. 7). Jedoch versucht Elsa, sich nichts anmerken zu lassen und den Schein zu wahren, und zieht sich äußerlich freundlich aus dem Bad zurück (vgl. Z. 15 f.). Aufgrund des personalen Erzählverhaltens wird der Leser aber über die wahren Gefühle Elsas ins Bild gesetzt. Im Gegensatz zu der Mutter weiß er, dass Elsa verzweifelt über die ständigen Versuche ihrer Mutter ist (vgl. Z. 31 f.).

Im zweiten Abschnitt der Geschichte (Z. 33–48) wird deutlich, dass Elsa die häusliche Situation nicht mehr ertragen kann. Sie verlässt die Wohnung und fährt in die Stadt. Dort nimmt sie sich vor, so schnell wie möglich auszuziehen und sich eine Wohnung zu suchen (vgl. Z. 36 f.). Allerdings gelingt es Elsa dann nicht, die „Wohnungsvermittlung“ (Z. 36 f.) zu finden. Sie beschließt deshalb, das Weihnachtsfest abzuwarten und „sich, gleich nach Weihnachten, eine Wohnung [zu] nehmen“ (Z. 58 f.). Wie sehr Elsa nur mit sich selbst beschäftigt ist, wird sprachlich durch die häufige Wiederholung des Personalpronomens „sie“ am Satzanfang verdeutlicht. Elsa sieht nur noch sich selbst. Ihre Mutter spielt keine Rolle bei ihren Plänen. Dies wirkt sehr hart, weil dem Leser jetzt in einer Rückblende die Gründe für die Anhänglichkeit der Mutter verraten werden. Seit dem „Tod ihres Mannes“ (Z. 64) fühlt sich die Mutter oft einsam und empfindet „Langeweile“ (Z. 65).
Deshalb versucht sie, mit ihrer Tochter zu sprechen, die ihr aber nur selten Gelegenheit dazu gibt. Elsa ist das aber in diesem Moment gleichgültig. Sie nimmt sich vor, nach Weihnachten auszuziehen, weil sie es nicht mehr aushalten wird, „wenn ihre Mutter zu ihr ins Bad kommen würde, wenn sie sich schminkte. Kein einziges Mal“ (Z. 61–63).

Den Rest des Tages verbringt Elsa damit, ziellos in der Stadt herumzuziehen. Kurz nach Mitternacht kehrt sie in die Wohnung zurück. In ihrem Zimmer setzt sie sich in einen Sessel und denkt über ihre Mutter und ihre Situation nach.

Die Kurzgeschichte endet damit, dass Elsa als Reaktion auf diese Einsichten „sich in ihren Sessel [kauert] und sie […] unartikuliert [hätte] schreien mögen, in die Nacht mit ihrer entsetzlichen Gelassenheit“ (Z. 79–81). Dieser Wunsch zeigt, wie es Elsa am Ende geht und wie konfliktreich die Beziehung zwischen Mutter und Tochter ist.

(Till)

1 Beschreibt, wie der Schüler methodisch vorgegangen ist. Lest gegebenenfalls noch einmal im Werkzeugkasten auf S. 50 nach.

2 Welche Teile dieses Hauptteils einer Textinterpretation erscheinen euch gut gelungen und welche müssten überarbeitet werden? Tauscht euch mit einer Lernpartnerin / einem Lernpartner aus.

3 Seht euch an, wie der Schüler zitiert. Welche Regeln zum Zitieren lassen sich daraus ableiten?

Näheres zum Zitieren erfahrt ihr auf S. 309 f.

4 Überarbeitet die letzten beiden Abschnitte des Schülerbeispiels (Z. 67 – 71 und 72 – 78). Sammelt vorher Vorschläge, was ergänzt und verändert werden sollte.

5 Wie hätte der Schüler methodisch anders vorgehen können? Entwerft eine mögliche Gliederung für einen Hauptteil.

Die Schüler der 9a haben ihre Textinterpretation unterschiedlich abgeschlossen:

Diese Kurzgeschichte verdeutlicht, wie schwierig es für Kinder sein kann, wenn ein Elternteil stirbt. Die Mutter oder der Vater haben dann niemanden mehr und konzentrieren all ihre Fürsorge und Liebe auf das Kind. Dieses denkt dann möglicherweise wie Elsa, dass es für den alleinstehenden Elternteil verantwortlich ist bzw. es ihm schuldig ist, bei ihm zu leben. Meiner Meinung nach machen Elsa und ihre Mutter beide Fehler. Elsa hat Schuldgefühle bei dem Gedanken auszuziehen. Dabei hat sie aber ein Recht auf ein eigenes Leben. Die Mutter kümmert sich zu viel um Elsa und nicht um sich selbst. Sie als die Erwachsene müsste für sich selbst Verantwortung übernehmen und versuchen, Elsa ihren Weg gehen zu lassen. Sie überträgt ihre Verantwortung für ihr Leben einfach auf Elsa. (Zoe)

Ich denke, dass es Fritz gelungen ist, die Problematik dieser Situation zwischen Mutter und Tochter deutlich zu machen. Außerdem denke ich, dass die Kurzgeschichte durchaus realistisch ist. (Alexander)

Insgesamt steht die Beziehung zwischen Elsa und ihrer Mutter für alle Situationen, in denen die Kinder sich gegenüber den Eltern verpflichtet fühlen, dass sie so leben, wie sie es eigentlich nicht wollen. Die eingangs genannte Eltern-Kind-Problematik kommt hierbei deutlich zum Vorschein. Sie fühlen sich z. B. aufgrund von Einsamkeit und Krankheit ihrer Eltern verpflichtet, nicht von zu Hause auszuziehen. Elsa sollte aber ausziehen und keine Schuldgefühle dabei haben. Sie muss ein eigenes Leben anfangen. Dies schließt doch nicht aus, dass sie sich weiter um ihre Mutter kümmert, sie besucht oder Feste wie Weihnachten und Geburtstage mit ihr zusammen feiert. (Marius)

6 Lest euch die Beispiele durch. Tragt zusammen, wie ein Schlussteil inhaltlich gestaltet werden kann.

7 Beurteilt, was an den jeweiligen Schlussteilen gelungen ist und was verbessert bzw. ergänzt werden muss.

8 Verfasst selbst einen Schlussteil.

Jenny Erpenbeck (1967)

Haare

Im Bauch meiner Mutter sind mir lange schwarze Haare gewachsen, die zu Berge stehen, als ich auf die Welt komme. Es ist Frühling, und die Welt ist sehr hell. Ein schwarzes Haar nach dem andern kapituliert, fällt aus, fliegt davon, und überlässt blonden Geschwistern die Nachfolge auf meinem Kopf. Als ich drei Jahre alt bin, steckt mein Vater mir noch Zöpfe aus Gras an, aber bald kann man meine Haare schon in zwei Büscheln zusammenfassen. Rechts und links über den Ohren stehen diese Büschel in einem Bogen von mir ab, wie Wasser, das aus einem Rohr kommt, entspringen sie einem Zopfhalter, der aussieht wie eine Kreuzung aus Margaritenblüte und Kronkorken. Bis ich fünf Jahre alt bin, werden meine Haare also gewaschen, gebürstet und gebüschelt, manchmal sogar schon geflochten. Warum es meiner Mutter ausgerechnet am Vorabend eines ersten Mai einfallen muss, sie kurz zu schneiden, weiß inzwischen niemand mehr. Heraus zum ersten Mai! Im Radio spielen sie Blasmusik. Den abgeschnittenen Zopf steckt meine Mutter zur Erinnerung in ein durchsichtiges Etui. Ich muss heraus zur Maidemonstration[1], aber zu Hause liegen fünfzehn Zentimeter von mir im gläsernen Sarg! An diesem Morgen defilieren[2] Tausende an meinem kurzgeschorenen Kopf vorüber, sie zeigen mir ihre Zähne, sie lachen, nein, sie lachen mich aus, die ganze Stadt beugt sich über mich und streicht mir über den Kopf und lacht mich aus, selbst die Fahnen lachen, sie neigen sich über mich und lassen in einzigartiger Bosheit ihr langes rotes Haar in Wellen auf mich herabfallen.

Von diesem ersten Mai an will ich mindestens so dicke Zöpfe haben wie meine Cousine Heike. An deren Zöpfe kann sich rechts und links je ein Kind anhängen, dann dreht sie sich, und die Kinder fliegen. Meine Cousine Heike ist ein Karussell, ich will auch ein Karussell werden. Zu dieser Zeit sind die Haarbürsten mit den vielen einzelnen Borsten aus Plaste[3] noch nicht erfunden, und einige Jahre später, als sie im Westen schon erfunden sind, erfahren wir nichts davon. Mit einem Kamm dauert das Auskämmen nach dem Haarewaschen zwei Stunden. Zwei Stunden sitze ich auf einem Hocker im Bad, ein Handtuch um die Schultern, und halte meiner Mutter den nassen Kopf hin, während diese ihre schwere Maischuld abbüßt, mein Haar in Strähnen unterteilt und Strähne für Strähne entfilzt. Einmal pro Woche geben wir uns auf diese Weise der Wiederherstellung der Pracht hin, zum Glück ist zu dieser Zeit die tägliche Haarwäsche noch nicht erfunden, und als sie im Westen schon erfunden ist, erfahren wir nichts davon. Während eines knappen Jahrzehnts gehören nun zwei blonde Zöpfe zu mir, die in Schlangenlinien in der Luft herumfliegen, wenn ich auf dem Schulweg renne, weil ich schon wieder zu spät bin. Mit deren Enden ich die Schallplatten[4] abputzte, wenn ich den Lappen nicht finden kann. Aus denen ich im Sommer nach dem Baden das Wasser sauge. Ich knote die Zöpfe hinten ineinander, damit sie mir nicht über die frische Tinte wischen, klemme sie manchmal aus Versehen ein, wenn ich meine Tür zu schnell hinter mir zumache, und ich gehe mit diesen zwei Zöpfen zu meinem ersten Rendezvous. Der mir gefällt, trägt eine Lederjacke, die über und über mit Sicherheitsnadeln besteckt ist.

---

[1] Der 1. Mai war „Kampf- und Feiertag" der Arbeiterklasse in der DDR. Jeder Bürger hatte die Pflicht, an den Maidemonstrationen teilzunehmen. Dabei handelte es sich nicht um die Einforderung besserer Lebensverhältnisse, sondern um die zur Schau gestellte Verbundenheit des Volkes mit seiner Regierung. Die Demonstranten marschierten an Tribünen vorbei, auf deren Rängen die Regierenden standen. Es gab militärische Paraden und es sollte das Bild eines angeblich stabilen sozialistischen Staates gezeigt werden.

[2] **defilieren:** parademäßig oder feierlich an jemandem, besonders an einer hochgestellten Persönlichkeit, vorbeiziehen

[3] **Plaste:** Kunststoff

[4] **Schallplatte:** Die Schallplatte ist ein mit Daten bespielter und kreisförmiger Tonträger.

Die Punks[1] sind erfunden, aber ich habe nichts davon erfahren. Ich wickle mir die Quaste[2] vom Zopf um den Zeigefinger und weiß nicht, was ich sagen soll. Der Punk ruft kein zweites Mal an, meine Haare geraten in Auflösung. Die Revolution auf meinen Kopf sieht nicht rot oder lila aus wie bei meinen Altersgenossinnen – mich emanzipiert sie zum Weihnachtsengel. Offene Haare! Was bisher Feiertagsfrisur war, erlaube ich mir jetzt für immer, natürlich muss ich nun selber kämmen. Und was bei Botticelli[3] paradiesisch aussieht, verklemmt sich unter den Riemen meines Schulranzens, lädt sich elektrisch auf, wenn ich einen Pullover über den Kopf ziehe, verzwirbelt sich in unruhigen Nächten zu einem Filz. Für fünf selige Minuten im Fahrtwind hinten auf einem Moped reiße ich mir hinterher eine halbe Stunde am Schopf herum, und die ganz und gar unauflösbaren winzigen Knoten schneide ich schließlich nach klassischem Vorbild einfach ab. Einmal werde ich im Sommerurlaub ohnmächtig, als ich bei über dreißig Grad mit schiefem Kopf und einem wie der Hebel einer Maschine auf- und abfahrenden Arm an der allmorgendlichen Herrichtung meiner Frisur arbeite. Hin und wieder verwünsche ich diese Haare inbrünstig, aber so inbrünstig, wie man nur Dinge verwünscht, auf die man sich verlassen kann. Keinen Moment lang vergesse ich, dass meine Haare mein Schatz sind, in dem meine ganze Lebenszeit aufbewahrt ist, und bin geradezu besessen von der Idee, dass jemand sie mir im Schlaf abschneiden könnte. In blutigen Fantasien male ich mir aus, wie ich den Schändling martern würde.

Als ich sechzehn bin, verfängt sich der erste Mann in meinem Haar, und da, wie es scheint, haben die Fangschnüre ihren Zweck endlich erfüllt. Es wandelt mich eine Lust an, die ich bis dahin nicht kannte: diesen Flachs, der mir als Mädchen gewachsen ist, von mir zu trennen. Zum ersten Mal in meinem Leben gehe ich zu einem Friseur, der Friseur schneidet über einen halben Meter ab, das Haar fällt zu Boden, der Friseur kehrt es zusammen und wirft es in den Mülleimer. Als ich mit meinem Freund in den Herbstferien nach Hiddensee[4] übersetze, bläst mir der Wind um den Kopf. Es gibt aber nichts mehr, das sich verwirren könnte.

---

[1] **Punks:** Punk ist eine Art Kultur von Jugendlichen. Sie entstand um das Jahr 1970 in New York in den USA. Punks sind meistens für Erwachsene provozierend gekleidet, um sie zu ärgern: bunt gefärbte Haare und zerschlissene Klamotten, Tätowierungen und Piercings. Die Punks lehnen es ab zu arbeiten oder zu wählen.

[2] **Quaste:** Büschel Haare

[3] Sandro Botticelli war einer der bedeutendsten italienischen Maler und Zeichner der frühen Renaissance.

[4] **Hiddensee:** Insel in Mecklenburg-Vorpommern

1 Lest die Geschichte und verschafft euch einen Überblick über die Handlung.
- Seht euch die roten Markierungen an und erklärt, warum die Abschnitte jeweils so gewählt worden sind.
- Gebt den einzelnen Abschnitten eine Überschrift.

2 Formuliert eure Deutungshypothese zur Geschichte.

3 Benennt die Figuren, die in der Kurzgeschichte vorkommen, und beschreibt deren Beziehung zueinander. Euer Ergebnis könnt ihr in Form von Standbildern (vgl. S. 220) oder einer Grafik präsentieren.

4 Untersucht die Rolle der Haare in der Kurzgeschichte.
- Erstellt einen Zeitstrahl zur Kurzgeschichte. Sucht die Textstellen heraus, in denen das Wort „Haare" vorkommt, und tragt die jeweilige Länge der Haare in den Zeitstrahl ein.
- Untersucht genau, welche Bedeutung die Haare für die Ich-Erzählerin haben. Geht dabei auf die Entwicklung der Figur im Laufe der Geschichte ein. Ergänzt den Zeitstrahl entsprechend.

5 Untersucht die Erzähltechnik des Textes (vgl. S. 51) und ihre Wirkung. Seht euch dazu insbesondere das Tempus an.

6 Schreibt eine Einleitung, mit der eine Textinterpretation zu der Kurzgeschichte beginnen könnte (vgl. S. 50).

7 Verfasst den Hauptteil einer aspektorientierten Textinterpretation. Geht dabei auf folgende Aspekte ein:

- Beschreibt die Erzähltechnik und ihre Wirkung.
- Erklärt die Bedeutung des Motivs der Haare. Deutet in diesem Zusammenhang den Schlusssatz ausführlich.

Info: Motive

Motive können als Teile (Ereignisse) der Handlung verstanden werden, die – im Gegensatz zum Stoff – gerade nicht durch Zeit, Ort und bestimmte Figuren festgelegt sind. Je nach Bedeutung und inhaltlichem Bezug lassen sich verschiedene **Arten von Motiven** unterscheiden:

- Haupt- und Nebenmotive,
- Raum- und Zeitmotive (z. B. Höhle, Wald; Frühling, Mitternacht) sowie
- Situationsmotive (z. B. Abschied).

Handelt es sich bei einem Motiv um eine formelhaft sich wiederholende symbolische Wort- oder Bildfolge, so spricht man von **Leitmotiv**. In einer Erzählung können Motive darüber hinaus verschiedene Funktionen haben:

- Sie können die Erzählung strukturieren, indem sie mehrmals oder immer wieder auftauchen und das Erzählte miteinander in Beziehung setzen.
- Sie können ein Geschehen veranschaulichen und damit gewissermaßen illustrieren.
- Sie können Spannung erzeugen.
- Sie können eine allgemeine und abstrahierte Richtung vorgeben, wie der Text verstanden und interpretiert werden kann.

8 Wählt eine Textstelle aus und schreibt dazu einen inneren Monolog (vgl. S. 51). Nutzt auch die folgende Checkliste:

- Wird die Ausgangssituation aus Sicht der Figur verständlich dargestellt?
- Kann man sich gut in die Gefühlswelt der Figur hineinversetzen?
- Entspricht die Gefühlslage der ausgewählten Textstelle?
- Passt der Sprachstil zur Figur?
- Kommen unvollständige Sätze und Ausrufe vor?
- Ist der innere Monolog insgesamt nachvollziehbar?

Peter Bichsel
(geb. 1935)

Die Tochter

Abends warteten sie auf Monika. Sie arbeitete in der Stadt, die Bahnverbindungen sind schlecht. Sie, er und seine Frau, saßen am Tisch und warteten auf Monika. Seit sie in der Stadt arbeitete, aßen sie erst um halb acht. Früher hatten sie eine Stunde eher gegessen. Jetzt warteten sie täglich eine Stunde am gedeckten Tisch, an ihren Plätzen, der Vater oben, die Mutter auf dem Stuhl nahe der Küchentür, sie warteten vor dem leeren Platz Monikas. Einige Zeit später dann auch vor dem dampfenden Kaffee, vor der Butter, dem Brot, der Marmelade.

Sie war größer gewachsen als sie, sie war auch blonder und hatte die Haut, die feine Haut der Tante Marie. „Sie war immer ein liebes Kind", sagte die Mutter, während sie warteten.

In ihrem Zimmer hatte sie einen Plattenspieler, und sie brachte oft Platten mit aus der Stadt und sie wusste, wer darauf sang. Sie hatte auch einen Spiegel und verschiedene Fläschchen und Döschen, einen Hocker aus marokkanischem Leder, eine Schachtel Zigaretten.

Der Vater holte sich seine Lohntüte auch bei einem Bürofräulein. Er sah dann die vielen Stempel auf einem Gestell, bestaunte oft das sanfte Geräusch der Rechenmaschine, die blondierten Haare des Fräuleins, sie sagte freundlich „Bitte schön", wenn er sich bedankte.

Über Mittag blieb Monika in der Stadt, sie aß eine Kleinigkeit, wie sie sagte, in einem Tearoom. Sie war dann ein Fräulein, das in Tearooms lächelnd Zigaretten raucht.

Oft fragten sie sie, was sie alles getan habe in der Stadt, im Büro. Sie wusste aber nichts zu sagen.

Dann versuchten sie wenigstens, sich genau vorzustellen, wie sie beiläufig in der Bahn ihr rotes Etui mit dem Abonnement aufschlägt und vorweist, wie sie den Bahnsteig entlanggeht, wie sie sich auf dem Weg ins Büro angeregt mit Freundinnen unterhält, wie sie den Gruß eines Herrn lächelnd erwidert.

Und dann stellten sie sich mehrmals vor in dieser Stunde, wie sie heimkommt, die Tasche und ein Modejournal unter dem Arm, ihr Parfum; stellten sich vor, wie sie sich an ihren Platz setzt, wie sie dann zusammen essen würden.

Bald wird sie sich in der Stadt ein Zimmer nehmen, das wussten sie, und dass sie dann wieder um halb sieben essen würden, dass der Vater nach der Arbeit wieder seine Zeitung lesen würde, dass es dann kein Zimmer mehr mit Plattenspieler gäbe, keine Stunde des Wartens mehr. Auf dem Schrank stand eine Vase aus blauem schwedischem Glas, eine Vase aus der Stadt, ein Geschenkvorschlag aus dem Modejournal.

„Sie ist wie deine Schwester", sagte die Frau, „sie hat das alles von deiner Schwester. Erinnerst du dich, wie schön deine Schwester singen konnte."

„Andere Mädchen rauchen auch", sagte die Mutter.

„Ja", sagte er, „das habe ich auch gesagt."

„Ihre Freundin hat kürzlich geheiratet", sagte die Mutter.

Sie wird auch heiraten, dachte er, sie wird in der Stadt wohnen.

Kürzlich hatte er Monika gebeten: „Sag mal etwas auf Französisch." – „Ja", hatte die Mutter wiederholt, „sag mal etwas auf Französisch." Sie wusste aber nichts zu sagen.

Stenografieren kann sie auch, dachte er jetzt. „Für uns wäre das zu schwer", sagten sie oft zueinander.

Dann stellte die Mutter den Kaffee auf den Tisch. „Ich habe den Zug gehört", sagte sie.

(1964)

1 Hört euch den Lesevortrag an (Webcode **SNG-28054-022**). Was haltet ihr von Monika und ihren Eltern?

2 Lest nun die Kurzgeschichte und verdeutlicht die Figurenbeziehungen mithilfe einer Grafik. Ihr könnt auch verschiedene Situationen in Form von Standbildern (z. B. Monika im Zug; die Eltern zu Hause am Tisch; Monika betritt die Wohnung.) darstellen und diese auswerten (vgl. S. 220).

3 Bestimmt mithilfe des Werkzeugkastens auf S. 59 Untersuchungsaspekte und Leitfragen, mit deren Hilfe ihr die Kurzgeschichte beschreiben und deuten könnt. Arbeitet dann zu diesen Punkten und Fragen in Kleingruppen und stellt euch eure Ergebnisse gegenseitig vor. Haltet eure Untersuchungsergebnisse fest. Mögliche Untersuchungsaspekte findet ihr unter: **SNG-28054-023**.

4 **So könnt ihr weiterarbeiten:**

a Entwickelt einen Dialog zwischen dem Vater und der Mutter, in dem sie sich offen über ihr Familienleben und die Situation mit Monika unterhalten. Bedenkt dabei, dass die Geschichte bereits 1964 erschienen ist.

b Schreibt die Kurzgeschichte aus der Sicht von Monika, die im Zug sitzt und von der Arbeit nach Hause fährt. Baut an einer Stelle bei Monika erlebte Rede ein.

Das musst du lernen und wissen.

Erzähltechnik untersuchen: erlebte Rede

Zwischen der direkten und indirekten Rede steht die **erlebte Rede**. Sie ist eine **Mischform** aus Bericht und Monolog (= Selbstgespräch). Die erlebte Rede steht im **Indikativ** der 3. Person. Die Gedanken einer Figur werden hier nicht von ihr selbst, sondern **von der Erzählerin / vom Erzähler** geschildert. Dennoch sieht es von der Wortstellung so aus, als handle es sich um direkte Rede (aber ohne Anführungszeichen!), aber es wird die 3. Person und häufig das Präteritum beibehalten. Die Erzählerin / Der Erzähler mischt sich also hier ein, **schlüpft in die Figur** und gibt die Gedanken und Gefühle der Figur wieder.

Eine Textinterpretation zu der Kurzgeschichte „Die Tochter“ von Peter Bichsel

In der Kurzgeschichte „Die Tochter“ von Peter Bichsel aus dem Jahr 1964 geht es darum, wie ein Elternpaar auf das Erwachsenwerden und die Loslösung ihrer Tochter vom Elternhaus reagiert. Die Mutter und der Vater sitzen wie jeden Abend am gedeckten Tisch und warten auf die Heimkehr ihrer Tochter Monika, die in der Stadt arbeitet. Während des Wartens unterhalten sie sich über Monika. Sie stellen sich auch Monikas Leben in der Stadt und im Büro vor. Die Eltern wissen, dass Monika bald in die Stadt ziehen und heiraten wird. Die Kurzgeschichte lässt sich in vier Abschnitte gliedern.

Im ersten Abschnitt (Z. 1 – 12) wird erzählt, wie die Eltern zu Hause auf Monika warten. Der zweite Abschnitt (Z. 13 – 46) hat die Gedanken, Erinnerungen und Gespräche der Eltern über ihre Tochter zum Inhalt. Im dritten Abschnitt (Z. 47 – 72) erfährt der Leser von der zukünftigen Heirat Monikas und ihrem Auszug. Es wird auch über die Schwierigkeit der Eltern, mit ihrer Tochter zu reden, informiert. Das Ende (Z. 73 f.) besteht darin, dass die Mutter den Kaffee auf den Tisch stellt, als sie den Zug hört, mit dem die Tochter immer nach Hause kommt.

In dem ersten Abschnitt (Z. 1 – 12) wird beschrieben, wie die Eltern abends am gedeckten Tisch auf ihre Tochter warten, um mit ihr gemeinsam zu essen. Es wird deutlich, dass das Leben der Eltern ohne die Tochter leer und unausgefüllt ist. Die Lebensweise der Eltern ist geprägt von Starrheit, Unbeweglichkeit und dem Festhalten an der vergangenen Dreisamkeit mit der Tochter. Dass dies Vergangenheit ist, erkennt der Leser schon an den ersten Sätzen. Die Tochter arbeitet in der „Stadt“ (Z. 2), die im Gegensatz zu dem überschaubaren Leben der Eltern steht. Mit der Berufstätigkeit ist die Tochter aus dem festen Rhythmus des Familienlebens ausgetreten. Die Eltern wollen dies aber nicht wahrhaben, sondern tun so, als habe sich nichts geändert. So verlegen sie das gewohnte Essensritual um „eine Stunde“ (Z. 5 f.). Diese Zeit vermögen sie aber nicht sinnvoll zu nutzen, sondern verbringen sie mit dem Warten auf ihre Tochter. Wie wichtig den Eltern die Heimkehr ihrer Tochter ist, verdeutlicht die mehrfache Wiederholung der Verbform „warten“ (vgl. Z. 1, 3 f., 6, 9). Dass die Berufstätigkeit der Tochter eine Lücke im Leben der Eltern hinterlassen hat, wird durch den „leeren Platz Monikas“ (Z. 9 f.) am gedeckten Tisch symbolisiert.

Der Starrheit der erzählten Situation entspricht der monotone parataktische Satzbau.

Während im ersten Abschnitt das häusliche Leben der Eltern vorgestellt worden ist, geht es im folgenden Abschnitt (Z. 13 – 46) darum, dass die Eltern und ihre Tochter in verschiedenen Welten leben und sie sich fremd geworden sind. Diese Entfremdung klingt schon in der ersten Bemerkung – „Sie war immer ein liebes Kind“ (Z. 15) – der Mutter an. Hier schwingt mit, dass die Mutter über die Gegenwart und über die Entwicklung ihrer Tochter unglücklich ist. Monika arbeitet anscheinend in einem Büro in der Stadt. Diese modern-städtische Welt ist den Eltern fremd. Die Fremdheit zwischen der Welt der Eltern und der Tochter wird durch die Gegenstände, die den Lebensstil der Tochter prägen, verdeutlicht. Die Eltern wissen nicht, wer auf den Platten der Tochter singt (vgl. Z. 18 f.). Die Modeartikel wie die „Tasche“ (Z. 43) oder das „Etui“ (Z. 37) sind ihnen genauso fremd wie das hochwertige „Parfum“ (Z. 44), das Monika benutzt, die „Modejournal[e]“ (Z. 44), die sie liest, oder die Welt der schicken Cafés (vgl. Z. 29 – 32), in der ihre Tochter ihre Freizeit in der Stadt verbringt. Das schickmoderne Milieu, in dem ihre Tochter lebt, ist den Eltern nicht nur unbekannt, sie bringen ihm auch eine fast schon ängstliche Ehrfurcht entgegen. Der Vater vergleicht seine Tochter mit dem „Bürofräulein“ (Z. 24), von dem er – der Vater ist anscheinend ein einfacher Arbeiter – seine „Lohntüte“ (Z. 23) abholt. Wie das Bürofräulein hält er auch seine Tochter für etwas Besseres. […]

1 Beschreibt, wie der Verfasser dieser Textinterpretation bei der Beschreibung und Deutung des Textes vorgegangen ist.

2 Untersucht, wie die Textinterpretation aufgebaut ist und welche Inhalte die einzelnen Abschnitte besitzen.

3 Beschreibt, welche Möglichkeiten des Zitierens der Verfasser verwendet. Erklärt dabei auch die eckigen Klammern in dem Zitat in Z. 73. Formuliert abschließend, welche Regeln man beim Zitieren beachten muss. Haltet diese Regeln z. B. in Form eines Werkzeugkastens schriftlich fest (vgl. S. 309).

4 Vervollständigt die Textinterpretation für den zweiten Abschnitt. Versucht dabei, wie der Verfasser der obigen Ausführungen, möglichst vollständig und genau zu arbeiten. Besprecht und überarbeitet eure Textinterpretationen in kleinen Gruppen und stellt besonders gelungene der Klasse vor.

Hinweise findet ihr im Werkzeugkasten „Texte überarbeiten“ auf S. 118.

5 Schreibt die Textinterpretation zu Ende oder arbeitet mit der folgenden Aufgabe 6 weiter.

6 Verfasst mithilfe des Schreibplans eine eigene aspektgeleitete Interpretation. Beschränkt euch dabei auf drei oder vier von euch als besonders wichtig angesehenen Gesichtspunkte. Ergänzt den folgenden Schreibplan einer Schülerin und arbeitet mit den Werkzeugkästen im Kapitel.

Eine Schülerin hat sich entschieden, die Kurzgeschichte aspektorientiert zu interpretieren, und einen kleinen Schreibplan erstellt:

1. Einleitung (Autor, Titel, Erscheinungsjahr, Deutungshypothese ...)
2. Kurze Inhaltszusammenfassung
3. Aspekte, die erarbeitet werden sollen:
- *Die Sicht der Eltern auf ihre Tochter (Bewunderung ...)*
- *Die Beziehung der Eltern zueinander (auffälliges Gesprächsverhalten ...)*
- *Gegenstände mit symbolischer Bedeutung (Glasvase/Zerbrechlichkeit, Plattenspieler/1964 etwas Modernes ...)*
- *Erzähltechnik (Er-/Sie-Erzählung, personales Erzählverhalten/Sichtweise/Innensicht der Eltern ...)*
- *Die Bedeutung der Überschrift (Warum nicht „Monika"? Sicht der Eltern)*
- *Merkmale der Textart „Kurzgeschichte"*

4. Schluss

Das brauchst du immer wieder. ◆ So gehst du vor.

Den Schreibplan für eine Textinterpretation verfassen

Bei einer Textinterpretation geht es darum, einen Text genau zu beschreiben und zu deuten. Zur Erstellung des Schreibplans kann man sich an folgenden Hinweisen orientieren:

- Man sollte den Text **genau lesen** und **untersuchen**. Hilfen gibt der Werkzeugkasten auf S. 59. Die Ergebnisse der Beschäftigung mit dem Text sollte man in **Stichworten** festhalten. Aus diesen Stichworten kann anschließend der **Schreibplan** erstellt werden.
- In der **Einleitung** sollte man auf die **Textart** hinweisen und den **Titel, Autorin/Autor** und – falls bekannt – das **Erscheinungsjahr** nennen. Danach geht man auf **das Thema** des Textes ein und formuliert eine Deutungshypothese.
- Anschließend legt man im **Hauptteil** nach einer knappen Inhaltszusammenfassung die Ergebnisse der Textuntersuchungen, z. B. zu den Figuren, der Erzähltechnik, der Sprache oder dem Handlungsaufbau, genau dar. Die eingangs formulierte Deutungshypothese dient als roter Faden. Formuliere in deinem Schreibplan zu allen Aspekten Stichworte, die du z. B. als Liste oder in Form einer Mindmap gliedern kannst. Lege die Reihenfolge durch Nummerierung der einzelnen Aspekte für deinen Hauptteil fest.
- Die Deutungen sollte man bei den Verfahren durch **Textverweise und Zitate** belegen und absichern. Hinweise zum Zitieren findest du auf der Seite 309 f.
- Im **Schlussteil** kann man darauf eingehen, was einem z. B. an dem Text gefällt, nicht gefällt oder nachdenkenswert erscheint. Hier kann man auch das Verhalten der Figuren und das erzählte Geschehen **werten und beurteilen**. Auch sollte man auf die eingangs aufgestellte Deutungshypothese eingehen.

3. Lernfortschritte im Blick

Einleitungen von Textinterpretationen beurteilen ➡ S. 50, 63, 72

1 Entscheide, welche der beiden Einleitungen einer Textinterpretation zu Ilse Aichingers Kurzgeschichte „Das Fenstertheater" besser ist. Begründe deine Entscheidung.

A In der Kurzgeschichte „Das Fenstertheater" geht es um eine Frau, die von einem Mann getäuscht wird und deshalb die Polizei ruft, die den Irrtum schließlich aufklärt.

B In der Kurzgeschichte „Das Fenstertheater" von Ilse Aichinger aus dem Jahr 1954 geht es um eine Frau, die das Verhalten eines älteren Mannes im Fenster des gegenüberliegenden Hauses falsch deutet und deshalb die Polizei holt, die das Missverständnis aufklärt. Es ist zu vermuten, dass im Zentrum der Kurzgeschichte das Problem der Vereinsamung und Beziehungslosigkeit von Menschen steht.

Erzähltechnik prüfen ➡ S. 51

2 Schreibe stichwortartig auf, was man unter Erzählform und Erzählperspektive versteht.

3 Nenne die drei Arten des Erzählverhaltens und beschreibe sie kurz.

4 Bestimme das Erzählverhalten in dem folgenden Ausschnitt aus Ilse Aichingers Kurzgeschichte „Das Fenstertheater".

„Die Frau blieb am Fenster. Der Alte öffnete und nickte herüber. Meint er mich?, dachte die Frau. Die Wohnung über ihr stand leer, und unterhalb lag eine Werkstatt, die um diese Zeit schon geschlossen war."

5 Schreibe den folgenden Auszug aus der Kurzgeschichte „Ja, das ist machbar" von Gabriele Wohmann in dein Heft und unterstreiche die Formulierungen, die besonders deutlich machen, dass es sich um ein personales Erzählverhalten handelt.

„Das Telefon klingelte! Ganz sicher Gerd Wagner, endlich! Maxi nahm auf der Treppe ins Parterre zwei Stufen auf einmal, wobei sie sich am Geländer abstützte. Beim Blick auf den unteren Flur bremste sie Schwung und Tempo und gab sich Mühe, einen gleichmütigen Eindruck zu erwecken."

6 Erkläre in einem kurzen informierenden Text den Unterschied zwischen einer linearen und einer aspektorientierten Interpretation.

Annette von Droste-Hülshoff (1797 – 1848)

Annette von Droste-Hülshoff (1797 – 1848) – oft nur in einer Kurzform „die Droste“ genannt – ist die wohl bedeutendste deutsche Dichterin des 19. Jahrhunderts. Auf viele moderne Schriftstellerinnen und Schriftsteller hat sie großen Einfluss ausgeübt. Ihr selbst habt vielleicht schon die Ballade „Der Knabe im Moor“ kennengelernt oder von der Erzählung „Die Judenbuche“ gehört. Beide Texte gehören zu den bekanntesten der deutschen Literatur.

In diesem Kapitel erfahrt ihr nicht nur Wissenswertes über die Schriftstellerin und ihr Werk, sondern auch über ihr Leben vor dem Hintergrund der damaligen Zeit. Dabei werdet ihr sowohl Lesestrategien und Methoden der Textanalyse und -interpretation üben als auch Einblicke in die Lebensweise der Menschen damals und insbesondere in die Rolle der Frau im 19. Jahrhundert gewinnen können.

Das Rüschhaus bei Münster in Westfalen – hier hat die Droste viele Jahre ihres Lebens verbracht.

1 Untersucht in den Äußerungen der Schülerinnen und Schüler auf der rechten Seite, was diese an der Person der Droste und ihrem Werk besonders hervorheben. Überlegt, welche Erwartungen ihr an eine Beschäftigung mit der Autorin habt.

2 Die beiden Porträts zeigen die Droste im letzten Jahrzehnt ihres Lebens. Vergleicht das Ölbildnis mit der Daguerreotypie (frühe Form der Fotografie). Welche Gemeinsamkeiten und Unterschiede in der Darstellung gibt es? Versucht, aus euren Beobachtungen Schlüsse auf die Person der Droste und darauf, wie andere sie gesehen haben, zu ziehen.

3 Überlegt gemeinsam, was an Leben und Werk einer Autorin des 19. Jahrhunderts euch besonders interessieren könnte. Notiert Fragen.

Eine Autorin und ihre Zeit verstehen

Daguerreotypie (1845)

Meine Lieder werden leben,
Wenn ich längst entschwand:
Mancher wird vor ihnen beben,
Der gleich mir empfand.
Ob ein andrer sie gegeben
Oder meine Hand:
Sieh, die Lieder durften leben,
Aber ich entschwand!
(Annette von Droste-Hülshoff, 1820)

Ölbildnis von Johann Joseph Sprick (1838)

Auf den Porträts sieht die Droste irgendwie traurig aus. War sie ein trauriger Mensch?
(Jana, Schülerin)

Früher habe ich noch an Gespenster geglaubt. Ich finde es spannend, wie die Droste mit diesem Thema umgeht, zumal ja viele Menschen heute immer noch abergläubisch sind.
(Luca, Schüler)

Natürlich, es ist schwierig, diese alten Texte überhaupt zu verstehen, aber irgendwie macht es auch Spaß, wenn man den Sinn der Wörter herausbekommen hat.
(Philipp, Schüler)

Mich faszinieren die Naturbilder in diesen Gedichten. Ich kann mir das sehr gut vorstellen. Vor allem Moorlandschaften haben ja so etwas Geheimnisvolles.
(Juliane, Schülerin)

1. Warum die Droste? – Annäherungen an eine ungewöhnliche Schriftstellerin

Annette von Droste-Hülshoff wird in der Öffentlichkeit vielfach nur als Autorin von Gedichten aus einer vergangenen Zeit wahrgenommen. Dabei sind ihre Persönlichkeit und ihr Werk um einiges vielschichtiger und aktueller, als es den Anschein hat.

1 Überfliegt die beiden Texte, ohne sie gründlich zu erfassen, und versucht, einen globalen Überblick über ihren Inhalt zu gewinnen (sogenanntes diagonales oder kursorisches Lesen, vgl. S. 79). Tauscht euch über eure Ergebnisse aus.

Peter Braun (geb. 1960)

Das Leben der Annette von Droste-Hülshoff

Stichworte zum Leben der Annette von Droste-Hülshoff. Am Anfang das Ende. Zeit: Frühjahr 1848. Ort: Berlin. Schüsse fallen, Barrikaden werden gebaut. Das Volk kämpft gegen den Adel und zwingt den preußischen König, sich vor den Gefallenen zu verneigen. In den deutschen Ländern sind Tausende auf den Straßen. Für Versammlungsfreiheit, für Pressefreiheit, für die lang erstrebte Verfassung.

Szenenwechsel. Selbe Zeit. Ort: Meersburg, Bodensee. Vor der Burg: Eine aufgebrachte Menschenmenge, die Waffen fordert. In der Burg: Annette von Droste-Hülshoff, die erschrocken die Aufständischen sieht. Den Sieg der bürgerlichen Revolutionäre erlebt sie nicht mehr. Eine Woche nach Einberufung der verfassunggebenden Versammlung in der Frankfurter Paulskirche am 18. Mai 1848 ist Annette von Droste-Hülshoff tot.

Noch einmal Szenenwechsel. Rückblende auf die 20 Jahre zuvor. Der Ort diesmal: das Rüschhaus bei Münster, halb Bauernhof, halb Herrenhaus, in dem die Droste ihr bescheidenes, fast ärmliches Leben fristete. Wochen zu früh geboren, war sie zeitlebens kränkelnd. Klein und zierlich, litt sie an Kopfschmerzen, der Magen machte ihr zu schaffen. Sie lebte von Pellkartoffeln, mittags Suppe, abends warmes Bier, Butterbrot, Käse. Sie schlief unruhig, sah schlecht. Schreiben konnte sie nur dicht übers Blatt gebeugt. Von früh an wurde ihr deshalb alles untersagt, was sie hätte aufregen können. Noch mit fünfzehn wurde ihr streng verboten, Schiller zu lesen. Und doch: Annette von Droste-Hülshoff war ein aufgewecktes Mädchen. Zu aufgeweckt. Sie galt als überspannt, denn sie las viel, dichtete, schrieb Musik, aber das gehörte sich nicht für ein Fräulein von Adel. Ein Lied am Klavier gesungen für Gäste – gut, ein Gedicht am Kamin artig vorgetragen – auch gut, aber selber schreiben, das rief argwöhnischen Spott hervor, der sie verschlossen machte, bissig und scharfzüngig. Die Droste war unbeliebt. Heiraten, eine eigene Familie, ein eigener Haushalt

Haus Rüschhaus, „Schneckenhäuschen", Wohnraum der Droste

wären ein Ausweg gewesen, doch das wurde hintertrieben. [...]
Ihre Not, ihre Ohnmacht, Trostlosigkeit und Trauer klingen in *Geistliche Lieder*[1] an, die erst nach ihrem Tod erschienen und für die sie zur einfältigen Glaubensdichterin abgestempelt wurde. Annette von Droste-Hülshoff war alles andere als das. Sie lebte zurückgezogen in ihren winzigen Kammern, die ihr im Rüschhaus zugewiesen waren, die alten Gebrechen quälten sie, die Bewirtschaftung des Guts, das zum Rüschhaus gehörte, forderte sie. Das Land aber, das sie umgab, regte sie zum Schreiben an. Die gespenstischen Eichen im dämmrigen Licht vor ihren Fenstern, der Nebel, der über die Heide zog, das alles verschluckende Moor, über das sie ihr berühmtestes Gedicht schrieb, *Der Knabe im Moor*. Zeile für Zeile rang sie sich mühselig in ihrer nicht enden wollenden Einsamkeit ab. Nur wenige Reisen brachten Abwechslung und den schreibensnotwendigen Schwung, denn die holpernden Kutschen auf den schlechten Wegen strengten die Droste an, Dampfeisenbahnen waren erst im Bau und die noch ungewohnten Schaufelraddampfer auf den Flüssen waren teuer. Sie lebte von einer dürftigen Rente, die ihr aus ihrem Erbe angewiesen wurde, ein Versuch, an ihren Gedichten zu verdienen, scheiterte. [...]
Jahre reimte sie erfolglos in Abgeschiedenheit und Krankheit, und lange wurde in Annette von Droste-Hülshoff eine kreuzbrave Heimatdichterin gesehen, die über Moor, Heide und Maria mit dem Jesulein schrieb, doch wie schon bei Mörike[2] gilt auch bei ihr, dass sie nichts Argloses hinkritzelte. Ihre Erzählung *Die Judenbuche*, die sie 1841 beendete, wenige Jahre vor ihrem Tod, zeigt das überdeutlich. [...] Nachdem sie die Erzählung abgeschlossen hatte, schleppte sie sich erschöpft zu Verwandten auf die Meersburg.
Einmal noch kehrte sie ins Rüschhaus zurück, in dem sie einsam litt, dann quälte sie sich wiederum an den Bodensee, in der vergeblichen Hoffnung, sich zu erholen. 24. Mai 1848: Bluthusten, Erbrechen, das Herz hörte auf zu schlagen. Das einundfünfzigjährige Leben der Annette von Droste-Hülshoff war vorbei. „Ich mag und will jetzt nicht berühmt werden, aber nach hundert Jahren möchte ich gelesen werden“, hatte sie vor dem nahenden Ende noch geschrieben. Ihr Wunsch hat sich erfüllt. (2006)

[1] **Geistliche Lieder:** Gedichte mit christlich-religiösen Themen

[2] Eduard Mörike (1804 – 1875), Pfarrer und Dichter

Bernd Haunfelder (geb. 1951)

Blüten im Verborgenen. Der Lyrikerin erster Gedichtband erschien 1838 im Verlag Aschendorff

■ Die Geschichte der ersten Buchveröffentlichung (1838) der Annette von Droste-Hülshoff offenbart die Schwierigkeiten, mit denen die Autorin als Adlige und Frau ihrer Zeit zu kämpfen hatte. An dieser Geschichte kann man zugleich die Stellung der Frau in der Gesellschaft des 19. Jahrhunderts und speziell im Literaturbetrieb ablesen. ■

Was in den Kreisen ihrer männlichen Kollegen selbstverständlich war, blieb der bedeutendsten Frau unter Deutschlands Literaten lange Zeit vorenthalten, nämlich die Herausgabe eigener Werke. Bis zu ihrem 41. Geburtstag hat Annette von Droste-Hülshoff warten müssen, ehe ihr Erstlingswerk der Öffentlichkeit zugänglich wurde. Bis dahin lebte sie in einer literarischen Isolation. Die Eltern und später der Bruder hatten für ihre schriftstellerische Tätigkeit wenig Verständnis und wollten ein Bekanntwerden ihrer Werke verhindern. Dabei hatte die Familie wohl am meisten Angst vor einer Blamage und einer damit einhergehenden Schädigung ihres guten Rufes innerhalb des westfälischen Adels. Dass ein

Fräulein von Stand literarischen Neigungen nachging, war für den Familienkreis, aber nicht für die Öffentlichkeit bestimmt.

Annette von Droste-Hülshoff war schon vor der Herausgabe ihres ersten Bandes im Jahr 1838 in der Aschendorff'schen Verlagsbuchhandlung darum bemüht gewesen, einen Verleger zu finden. [...]

Als ein hoffnungsvoller Beginn kann ihre Erstveröffentlichung in dem heimischen Verlag jedoch nicht angesehen werden. Wären ihre Gedichte in Köln oder Leipzig erschienen, hätte sie es leichter gehabt.

So aber musste sie sich ihren literarischen Namen von Münster aus verschaffen, fraglos ein schwieriges Unterfangen, zählte doch die westfälische Hauptstadt nicht gerade zu den Verlagszentren in Deutschland. Auch einige Vertraute der Dichterin rieten von einem münsterischen Verlag ab [...].

Nachdem schließlich die Mutter der Dichterin ihre Zustimmung zur Drucklegung gegeben hatte, stand der Veröffentlichung nichts mehr im Wege. Gleichwohl nahm Annette auf ihre Familie Rücksicht, erschien doch ihr Familienname nur mit den Initialen des Nachnamens, also Annette Elisabeth v. D... H... Das war freilich allzu durchsichtig, denn in ihren Kreisen wusste man sofort, wer sich dahinter verbarg. [...]

Von den 500 Exemplaren gingen aber nur ganze 74 über die Ladentheke. Über den Verkauf ihres ersten Buches scheint die Dichterin aber nicht informiert gewesen zu sein, denn als sie 1844 auf Vermittlung Levin Schückings einen Vertrag über einen weiteren Gedichtband mit Cotta[1] in Stuttgart einging, hielt sie ihr Erstlingswerk für verkauft. Diese Ansicht hat sie auch bewogen, dem Stuttgarter Verlag Gedichte aus ihrem Erstlingswerk bei Aschendorff anzubieten.

Dass von ihrem ersten Gedichtband so wenige Exemplare verkauft wurden, hat zu allerlei Missdeutungen Anlass gegeben und bedarf näherer Erläuterung. Hätten nämlich tatsächlich alle 500 gedruckten Bände einen Abnehmer gefunden, so wäre das nach den damaligen Vorstellungen durchaus ein Erfolg gewesen. Von Eduard Mörikes erster Gedichtausgabe[2] waren in zehn Jahren auch nur 600 Exemplare abgesetzt worden.

Die Resonanz innerhalb der Familie auf das Erstlingswerk war alles andere als erfreulich. Ein erwartungsgemäß positives Echo schlug ihr dagegen aus ihrem Freundeskreis entgegen. Auf geteilte Meinung stieß das Werk bei der Kritik, Wohlwollendes und Negatives hielten sich die Waage. (1997)

(Westfälische Nachrichten, 11./12. Januar 1997, Verlagsbeilage zum 200. Geburtstag der Dichterin aus dem Münsterland, S. 4, orthografisch modernisiert)

[1] **Cotta:** Cotta'sche Verlagsbuchhandlung, ein unter dem Verleger Johann Friedrich Cotta (1764 – 1832) sehr erfolgreicher Verlag, in dem fast alle führenden Autoren seiner Zeit (u. a. Goethe und Schiller) ihre Werke veröffentlichten

[2] Eduard Mörike gilt heute als einer der bedeutendsten Lyriker in der ersten Hälfte des 19. Jahrhunderts.

1 Teilt die folgenden Themen unter euch auf und sucht in den beiden voranstehenden Sachtexten und den folgenden Kurzbiografien gezielt nach Informationen zu diesen Punkten (selektives Lesen): biografische Daten, Konflikte mit der Familie, Situation der Droste als schreibende Frau, wichtige Werke und Gattungen, Freundeskreis und Bekannte, Einflüsse auf ihr Werk, Veröffentlichungen und Erfolge. Erarbeitet anschließend eine Präsentation der Ergebnisse.

2 Vergleicht den Eindruck, den die beiden voranstehenden Sachtexte von der Autorin vermitteln, mit euren Erwartungen (vgl. S. 74, Aufgabe 1).

3 Lest die Kurzbiografien genau und gründlich und entwerft dann eine grafische Darstellung der Beziehungen der Personen mit der Autorin in der Mitte.

Das brauchst du immer wieder. ◆ So gehst du vor.

Lesetechniken unterscheiden und anwenden

Je nachdem, mit welcher Absicht man einen Text liest, kann man unterschiedliche Lesetechniken anwenden.

Kursorisches Lesen versucht, die wesentlichen Aussagen eines Textes zu erfassen, ohne sich mit allen Einzelheiten zu befassen.

Diagonales Lesen bedeutet, einen Text rasch zu überfliegen, um einen groben Überblick zu gewinnen, der dir sagt, worum es in dem Text geht und ob der Text überhaupt Informationen zu deinem Thema bietet. Dabei kann man sich an Zwischenüberschriften und den Anfängen von Absätzen orientieren.

Selektives Lesen wird dann eingesetzt, wenn man nach bestimmten Informationen oder vorher ausgewählten Aspekten in einem Text sucht. Deshalb ist es wichtig, dass man beim selektiven Lesen im Blick behält, wonach man sucht.

Beim **punktuellen Lesen** liest man den Text nur teilweise. Bei dieser Lesetechnik will man wichtige Informationen aus einem Text entnehmen. Beim punktuellen Lesen unterbricht man den Lektürevorgang immer wieder und setzt ihn an anderer Stelle fort.

Intensives Lesen zielt auf das genaue und vollständige Erfassen eines Textes. Dabei liest man einen Text langsam und gründlich, manchmal auch mehrfach. Häufig wendet man dabei Lesestrategien wie zum Beispiel das Unterstreichen von Textstellen oder Einkreisen von Schlüsselwörtern an.

Wegbegleiter der Droste – Kurzbiografien

Therese von Droste-Hülshoff, geb. von Haxthausen (1772 – 1853): Die Mutter der Droste heiratet 1793 Clemens-August II. von Droste-Hülshoff. Annette ist ihr zweites Kind. Sie ist die erste Lehrerin ihrer vier Kinder (neben Annette: Jenny, geb. 1795, Werner-Constantin, geb. 1798, und Ferdinand, geb. 1802) und übt einen großen Einfluss auf die Dichterin aus. Mit starkem Willen dominiert sie ihre Tochter, die sich zeit ihres Lebens zu Gehorsam verpflichtet fühlt. Nach dem Tod ihres Mannes zieht Therese 1826 mit den Töchtern in das Rüschhaus bei Münster. Der schriftstellerischen Tätigkeit Annettes steht sie skeptisch gegenüber.

Jenny von Laßberg, geb. von Droste-Hülshoff (1795 – 1859): Die Schwester Annettes heiratet spät (1834) den Sammler und Mittelalterforscher Joseph von Laßberg (1770 – 1855). Mit ihm bezieht sie 1838 das Alte Schloss in Meersburg am Bodensee, wo die Droste sie dreimal für längere Zeit besucht. Während dieser Aufenthalte – weit entfernt von der Enge ihrer Heimat – entstehen viele bedeutende Gedichte. Kurz vor ihrem Tod will sich die Dichterin sogar für immer in Meersburg niederlassen. Jenny steht ihrer Schwester Annette sehr nahe und ist deren Vertraute, auch weil sie deren dichterische Leistung anerkennt.

Anton Matthias Sprickmann (1749 – 1833): Der Dichter und Gelehrte ist der erste literarische Förderer der Droste. 1778 wird er Professor für Deutsche Reichsgeschichte in Münster. Er lernt die junge Annette 1811 kennen. Für die junge Frau ist er ein väterlicher Freund, der durch seine vielfältigen Verbindungen zur deutschen Literatur zum Vorbild wird. Bis 1819 stehen beide in engem brieflichen Kontakt, ihm legt die Droste ihre ersten literarischen Werke zur Begutachtung vor.

Sibylle Mertens-Schaaffhausen, geb. Schaaffhausen (1797 – 1857): Sie ist eine enge Freundin Adele Schopenhauers, lebt in Bonn und hat gute Kontakte zu bedeutenden Wissenschaftlern der dortigen Universität. Während einer ihrer Rheinreisen wird sie mit Annette von Droste-Hülshoff bekannt (seit 1825). Ab 1835 macht sie mehrere Italienreisen. Die Droste findet in der lebenslustigen und gebildeten Frau eine Freundin, mit der sie viele Interessen verbinden und von der viele Impulse für ihr Werk ausgehen.

Adele Schopenhauer (1797 – 1849): Sie ist die Schwester des Philosophen Arthur Schopenhauer (1788 – 1860). Sie wächst in Weimar in der Umgebung Goethes auf und siedelt 1829 nach Bonn um. Seit 1830 verbindet sie mit der Droste eine Freundschaft. Sie veröffentlicht später selbst eigene schriftstellerische Arbeiten. Aufgrund ihres Kontakts zu bedeutenden Autoren ihrer Zeit vermittelt Adele der Droste viele Anregungen.

Christoph Bernhard Schlüter (1801 – 1884): Der seit früher Kindheit fast erblindete Philosoph ist seit 1826 Professor in Münster. Mit der Droste ist er seit 1834 befreundet und fördert ihre dichterische Arbeit seither intensiv. Er steht ihr vor allem in ihren Glaubenszweifeln bei und ist insbesondere von ihren religiösen Gedichten begeistert. Die erste Buchveröffentlichung verdankt die Droste u. a. seiner Vermittlung.

Elise Rüdiger, geb. von Hohenhausen (1812 – 1899): Die Schriftstellerin und Literaturkritikerin wohnt seit 1820 in Berlin, wo sie vielen Dichtern der Zeit begegnet. 1833 zieht sie mit ihrem Mann nach Münster und gründet dort die „Hecken-Schriftsteller-Gesellschaft“, wo sie 1837 mit der Droste bekannt wird. In diesem Kreis von Gleichgesinnten im provinziellen Münster findet die Dichterin ein Publikum, das ihren Werken aufgeschlossen gegenübersteht.

Levin Schücking (1814 – 1883): Der freie Schriftsteller und Journalist ist Sohn der Droste-Freundin Catharina Schücking. Seit 1839 ist er eng mit der Droste befreundet, die ihn als Vertraute fördert. Den Winter 1841/42 verbringen sie gemeinsam auf dem Alten Schloss der Laßbergs in Meersburg. Allein 54 Gedichte entstehen in dieser Zeit. Schücking wirkt wie ein Jungbrunnen auf die ältere Freundin und treibt sie regelrecht zur schriftstellerischen Arbeit an. Als er 1843 heiratet, kühlt das Verhältnis merklich ab. 1846 kommt es dann zum offenen Bruch zwischen den beiden. Schücking ist der erste Biograf der Dichterin.

Annette von Droste-Hülshoff

Am Turme

Ich steh' auf hohem Balkone am Turm,
Umstrichen vom schreienden Stare[1],
Und lass' gleich einer Mänade[2] den Sturm
Mir wühlen im flatternden Haare;
O wilder Geselle, o toller Fant[3],
Ich möchte dich kräftig umschlingen,
Und, Sehne an Sehne, zwei Schritte vom Rand
Auf Tod und Leben dann ringen!

Und drunten seh' ich am Strand, so frisch
Wie spielende Doggen, die Wellen
Sich tummeln rings mit Geklaff und Gezisch,
Und glänzende Flocken schnellen.
O, springen möcht' ich hinein alsbald,
Recht in die tobende Meute,
Und jagen durch den korallenen Wald
Das Walross, die lustige Beute!

Und drüben seh' ich ein Wimpel wehn
So keck wie eine Standarte[4].
Seh' auf und nieder den Kiel sich drehn
Von meiner luftigen Warte[5].
O, sitzen möcht' ich im kämpfenden Schiff,
Das Steuerruder ergreifen
Und zischend über das brandende Riff
Wie eine Seemöwe streifen.

Wär' ich ein Jäger auf freier Flur,
Ein Stück nur von einem Soldaten,
Wär' ich ein Mann doch mindestens nur,
So würde der Himmel mir raten[6]!
Nun muss ich sitzen so fein und klar,
Gleich einem artigen Kinde,
Und darf nur heimlich lösen mein Haar,
Und lassen es flattern im Winde!

(1842)

---

1 **Star:** ein Vogel
2 **Mänade:** berauschte Dienerin des Weingottes Dionysos
3 **Fant:** junger, unreifer Mann
4 **Standarte:** kleine Fahne, zumeist Hoheitszeichen
5 **Warte:** Beobachtungsort, hier: der Turmbalkon
6 So wäre der Himmel mein Beistand.

Die Burg Meersburg am Bodensee. Hier schrieb die Droste das Gedicht „Am Turme".

1 Hört euch das Gedicht an (Webcode **SNG-28054-024**) und vergleicht dann die wenigen Informationen über das Aussehen des lyrischen Ichs mit dem Ölbild von der Droste auf S. 75.

2 Erarbeitet die Situation des lyrischen Ichs. Arbeitet die einzelnen Wünsche des lyrischen Ichs heraus und erklärt den Kontrast zwischen diesen Wünschen mit dem Ende des Gedichts. Welche Rollenbilder der Geschlechter werden deutlich? Hilfen findet ihr unter: Webcode **SNG-28054-025**.

3 Untersucht den Aufbau des Gedichts. Berücksichtigt dabei vor allem sprachliche Signale wie die Verwendung von Konjunktivformen oder von Interjektionen (Ausrufen).
Welche Funktion haben insbesondere die erste und letzte Strophe?

4 Bereitet einen Vortrag des Gedichts vor.

5 **So könnt ihr weiterarbeiten:**

„Am Beispiel einer mutigen und begabten Frau wie Annette von Droste-Hülshoff können sich heutige Frauen und heutige Leser wiedererkennen." (Cornelia Froboess, Schauspielerin, 1997)
Diskutiert am Beispiel von „Am Turme", welche Bedeutung das Werk der Droste auch für heutige Leserinnen und Leser haben könnte.

Person und Werk der Annette von Droste-Hülshoff faszinieren auch heute noch viele Menschen, nicht zuletzt Schriftstellerinnen. Eine dieser Autorinnen war die Lyrikerin Sarah Kirsch, die zu den wichtigsten Vertretern der zeitgenössischen deutschen Lyrik gerechnet wird. In ihrem Gedicht „Der Droste würde ich gern Wasser reichen“ (1973) verleiht sie ihrer besonderen Beziehung zur Dichterin aus dem westfälischen Münster Ausdruck.

Sarah Kirsch (1935 – 2013)

Der Droste würde ich gern Wasser reichen

Der Droste würde ich gern Wasser reichen
In alte Spiegel mit ihr sehen, Vögel
Nennen, wir richten unsre Brillen
Auf Felder und Holunderbüsche, gehn
Glucksend übers Moor, der Kiebitz balzt[1]
Ach, würde ich sagen, Ihr Lewin –
Schnaubt nicht schon sein Pferd?

Die Locke etwas leichter – und wir laufen
Den Kiesweg, ich die Spätgeborne
Hätte mit Skandalen aufgewartet – am Spinett[2]
Das kostbar in der Halle steht
Spielen wir vierhändig Reiterlieder oder
Das Verbotne von Villon[3]
Der Mond geht auf – wir sind allein

Der Gärtner zeigt uns Angelwerfen
Bis Lewin[4] in seiner Kutsche ankommt
Schenkt uns Zeitungsfahnen[5], Schnäpse
Gießen wir in unsre Kehlen, lesen
Beide lieben wir den Kühnen, seine Augen
Sind wie grüne Schattenteiche, wir verstehen
Uns jetzt gründlich auf das Handwerk Fischen

(1973)

---

[1] **balzen:** werben (für die Paarung)
[2] **Spinett:** kleines Cembalo (Tasteninstrument)
[3] **François Villon** (1431 – nach 1463): französischer Schriftsteller, u. a. bekannt für seine erotischen Gedichte und Balladen
[4] vgl. S. 80
[5] **Zeitungsfahne:** hier Korrekturabzug einer Zeitungsausgabe (Levin Schücking war Journalist)

1 Das Gedicht beschreibt die fiktive Begegnung der beiden Dichterinnen. Wie wird dabei ihr Verhältnis zueinander dargestellt?

2 Sarah Kirsch benennt in ihrem Gedicht zentrale Themen des Werks der Droste sowie wichtige persönliche Details ihres Lebens. Haltet diese Anspielungen mit Versangaben in Form einer Tabelle in eurem Heft fest. Versucht, auf Grundlage eurer Ergebnisse zu klären, welches Bild von Annette von Droste-Hülshoff in diesem Gedicht entworfen wird.

3 Untersucht die sprachliche Gestaltung des Gedichts. Berücksichtigt dabei auch die Bedeutung des Titels und der Enjambements.

Informationen zum Enjambement findet ihr auf S. 28.

4 Macht eine Bestandsaufnahme eurer bisherigen Arbeit: Welches Bild habt ihr von der Autorin gewonnen? Wie verhält es sich zu euren Erwartungen, die ihr am Anfang der Beschäftigung mit ihr formuliert habt?

2. Mensch, Aberglaube und Natur – Themen der Droste

Im Folgenden untersucht ihr wichtige Themen des literarischen Werks von Annette von Droste-Hülshoff – die Beschäftigung mit Land und Menschen sowie das Verhältnis von Ich und Natur – näher.

Annette von Droste-Hülshoff

Westfälische Schilderungen aus einer westfälischen Feder (Auszug)

■ 1845 veröffentlichte Annette von Droste-Hülshoff anonym den Aufsatz „Westfälische Schilderungen aus einer westfälischen Feder" in einer Zeitung. Darin schildert die Autorin die Menschen und Landschaften Westfalens, zum Beispiel die Münsterländer und ihren Aberglauben, den die Droste selbst eher belächelt. ■

Der Münsterländer ist überhaupt sehr abergläubisch, sein Aberglaube aber so harmlos wie er selber. Von Zauberkünsten weiß er nichts, von Hexen und bösen Geistern wenig, obwohl er sich sehr vor dem Teufel fürchtet, jedoch meint, dass dieser wenig Veranlassung finde, im Münsterlande umzugehen. – Die häufigen Gespenster in Moor, Heide und Wald sind arme Seelen aus dem Fegfeuer[1], deren täglich in vielen Tausend Rosenkränzen[2] gedacht wird, und ohne Zweifel mit Nutzen, da man zu bemerken glaubt, dass die „Sonntagsspinnerin" ihre blutigen Arme immer seltener aus dem Gebüsche streckt, der „diebische" Torfgräber nicht halb so kläglich mehr im Moore ächzt und vollends der „kopflose Geiger" seinen Sitz auf dem Waldstege gänzlich verlassen zu haben scheint. – Von den ebenfalls häufigen Hausgeistern in Schlössern und großen Bauernhöfen denkt man etwas unklar, aber auch nicht schlimm, und glaubt, dass mit ihrem völligen Verschwinden die Familie des Besitzers aussterben oder verarmen werde. – Diese besitzen weder die häuslichen Geschicklichkeiten noch die Tücke anderer Kobolde, sondern sind einsamer, träumerischer Natur, schreiten, wenn es dämmert, wie in tiefen Gedanken, langsam und schweigend, an irgendeiner verspäteten Milchmagd oder einem Kinde vorüber und sind ohne Zweifel Münsterländer, da man kein Beispiel hat, dass sie jemanden beschädigt oder absichtlich erschreckt hätten. [...] (1845)

---

1 **Feg(e)feuer:** in traditioneller katholischer Vorstellung eine Art Vorhölle

2 **Rosenkranz(gebet):** traditionelle katholische Gebetsform, bei der mithilfe einer Zählkette in einer bestimmten Abfolge das Vaterunser und mehrfach das Ave-Maria gebetet werden

1 Erläutert den Begriff Aberglaube und seine Bedeutung.

2 Erarbeitet aus dem Text, welche „Gespenster" der Aberglaube der Münsterländer kennt. Überlegt, wie und warum diese Gestalten Furcht einflößen könnten.

3 Untersucht, woran man erkennt, dass die Autorin den Gespensterglauben distanziert betrachtet. Nennt Beispiele.

Annette von Droste-Hülshoff

Der Knabe im Moor

■ Die Schauerballade „Der Knabe im Moor“ habt ihr bereits in „P.A.U.L. D. 7“ kennengelernt. Jetzt habt ihr Gelegenheit, diesen Text auf eine andere Weise neu zu verstehen. In ihrem wohl berühmtesten Gedicht knüpft die Autorin an die Beschreibung des Aberglaubens in den „Westfälischen Schilderungen“ an und verbindet sie mit der Naturbeschreibung der unheimlichen Moorlandschaft, wie es sie damals im Münsterland noch reichlich gab. ■

O schaurig ist's, übers Moor zu gehn,
Wenn es wimmelt vom Heiderauche[1],
Sich wie Phantome[2] die Dünste drehn
Und die Ranke häkelt[3] am Strauche,
Unter jedem Tritte ein Quellchen springt,
Wenn aus der Spalte es zischt und singt,
O schaurig ist's, übers Moor zu gehn,
Wenn das Röhricht[4] knistert im Hauche!

Fest hält die Fibel[5] das zitternde Kind
Und rennt, als ob man es jage;
Hohl über der Fläche sauset der Wind –
Was raschelt drüben am Hage[6]?
Das ist der gespenstische Gräberknecht,
Der dem Meister die besten Torfe verzecht;
Hu, hu, es bricht wie ein irres Rind!
Hinducket das Knäblein zage.

Vom Ufer starret Gestumpf hervor,
Unheimlich nicket die Föhre[7],
Der Knabe rennt, gespannt das Ohr,
Durch Riesenhalme wie Speere;
Und wie es rieselt und knistert darin!
Das ist die unselige Spinnerin,
Das ist die gebannte[8] Spinnlenor',
Die den Haspel[9] dreht im Geröhre[10]!

Voran, voran! nur immer im Lauf,
Voran, als woll es ihn holen!
Vor seinem Fuße brodelt es auf,
Es pfeift ihm unter den Sohlen
Wie eine gespenstige Melodei;
Das ist der Geigenmann ungetreu,
Das ist der diebische Fiedler Knauf,
Der den Hochzeitheller[11] gestohlen!

---

1 **Heiderauche:** Rauch, der beim Abbrennen der Heideflächen entstand
2 **Phantome:** Trugbilder
3 **häkelt:** hängt
4 **Röhricht:** Schilfdickicht
5 **Fibel:** Schulbuch, Lesebuch für Anfängerinnen/Anfänger
6 **Hag:** Hecke, Gebüsch
6 **Föhre:** Kiefer
7 **gebannt:** aus der Gemeinschaft ausgeschlossen
8 **Haspel:** Garnwinde, die für das Spinnrad benötigt wird
9 **Geröhre:** Schilfrohr
10 **Hochzeitheller:** Im 19. Jahrhundert wurden anlässlich einer Hochzeit als besonderes Geschenk Münzen mit dem Bild des Hochzeitspaares geprägt.

Moorlandschaft

Da birst das Moor, ein Seufzer geht
Hervor aus der klaffenden Höhle;
Weh, weh, da ruft die verdammte Margret:
„Ho, ho, meine arme Seele!"
Der Knabe springt wie ein wundes Reh;
Wär nicht Schutzengel in seiner Näh,
Seine bleichenden Knöchelchen fände spät
Ein Gräber im Moorgeschwele[1].

Da mählich gründet der Boden sich,
Und drüben, neben der Weide,
Die Lampe flimmert so heimatlich,
Der Knabe steht an der Scheide[2].
Tief atmet er auf, zum Moor zurück
Noch immer wirft er den scheuen Blick:
Ja, im Geröhre war's fürchterlich,
O schaurig war's in der Heide! (1842)

[1] **Moorgeschwele:** Dunst über dem Moor

[2] **Scheide:** Grenze zwischen Moor und festem Boden

1 Hört euch die Ballade an (Webcode **SNG-28054-026**) und sprecht darüber, wie die Droste eine unheimliche Stimmung erzeugt.

2 Neue Einsichten über die Ballade erhaltet ihr, wenn ihr das Gedicht im Zusammenhang mit dem übrigen Werk der Dichterin betrachtet. Vergleicht dazu den Text mit dem Auszug aus den „Westfälischen Schilderungen" auf S. 83. Untersucht, welche inhaltlichen Elemente sich wiederfinden lassen.

3 Untersucht die Beschreibung des Moores. In welchem Zusammenhang stehen die Natur und das Angsterleben des Knaben?

4 Diskutiert am Beispiel des Gedichts, welchen Hintergrund die Vorstellung von Moorgespenstern gehabt haben könnte. Betrachtet dazu im Einzelnen die Aussagen über die Angst einflößenden Gestalten und wie sie mithilfe von Adjektiven und Gliedsätzen/Nebensätzen näher charakterisiert werden.

5 Verfasst eine Interpretation zu diesem Gedicht. Geht dabei wie auf den S. 30 und 35 beschrieben vor.

6 Erarbeitet eine „Vertonung" der Ballade. Ihr könnt dazu den Vortrag des Gedichts mit Musik oder selbst produzierten Klängen unterlegen. Überlegt, wie ihr die schaurige Atmosphäre des Gedichts am besten umsetzen könnt. Beachtet bei der Verwendung von Musik mögliche Urheberrechte.

Annette von Droste-Hülshoff

Die Judenbuche (Auszug)

■ Friedrich ist der Sohn von Margret und Hermann Mergel. Der Alkoholismus des Vaters führt zur Verwahrlosung der häuslichen Verhältnisse, die Ehe ist unglücklich. ■

Friedrich stand in seinem neunten Jahre. Es war um das Fest der Heiligen Drei Könige[1], eine harte, stürmische Winternacht. Hermann war zu einer Hochzeit gegangen und hatte sich schon beizeiten auf den Weg gemacht, da das Brauthaus dreiviertel Meilen entfernt lag. Obgleich er versprochen hatte, abends wiederzukommen, rechnete Frau Mergel doch umso weniger darauf, da sich nach Sonnenuntergang dichtes Schneegestöber eingestellt hatte. Gegen zehn Uhr schürte sie die Asche am Herde zusammen und machte sich zum Schlafengehen bereit. Friedrich stand neben ihr, schon halb entkleidet, und horchte auf das Geheul des Windes und das Klappen der Bodenfenster.

„Mutter, kommt der Vater heute nicht?“, fragte er. „Nein, Kind, morgen.“ – „Aber warum nicht, Mutter? Er hat's doch versprochen.“ – „Ach Gott, wenn der alles hielte, was er verspricht! Mach, mach voran, dass du fertig wirst.“

Sie hatten sich kaum niedergelegt, so erhob sich eine Windsbraut[2], als ob sie das Haus mitnehmen wollte. Die Bettstatt bebte und im Schornstein rasselte es wie ein Kobold. „Mutter – es pocht draußen!“ – „Still, Fritzchen, das ist das lockere Brett im Giebel, das der Wind jagt.“ – „Nein, Mutter, an der Tür!“ – „Sie schließt nicht; die Klinke ist zerbrochen. Gott, schlaf doch! Bring mich nicht um das armselige bisschen Nachtruhe.“ – „Aber wenn nun der Vater kommt?“ – Die Mutter drehte sich heftig im Bett um. „Den hält der Teufel fest genug!“– „Wo ist der Teufel, Mutter?“ – „Wart, du Unrast[3]! Er steht vor der Tür und will dich holen, wenn du nicht ruhig bist!“

Illustration von Max Unold zur Erzählung „Die Judenbuche“, 1919

Friedrich ward still; er horchte noch ein Weilchen und schlief dann ein. Nach einigen Stunden erwachte er. Der Wind hatte sich gewendet und zischte jetzt wie eine Schlange durch die Fensterritze an seinem Ohr. Seine Schulter war erstarrt; er kroch tief unters Deckbett und lag aus Furcht ganz still. Nach einer Weile bemerkte er, dass die Mutter auch nicht schlief. Er hörte sie weinen und mitunter: „Gegrüßt seist du, Maria!“ und: „Bitte für uns arme Sünder!“ Die Kügelchen des Rosenkranzes[4] glitten an seinem Gesicht hin. – Ein unwillkürlicher Seufzer entfuhr ihm. – „Friedrich, bist du wach?“ – „Ja, Mutter.“ – „Kind, bete ein wenig – du kannst ja schon das halbe Vaterunser – dass Gott uns bewahre vor Wasser- und Feuersnot.“

---

[1] Im Volksglauben galten die Nächte zwischen Weihnachten und dem Dreikönigsfest als sogenannte Raunächte, in denen angeblich Geister umherzogen. Die Nacht zum 6. Januar wurde als besonders bedrohlich angesehen.

[2] **Windsbraut:** Wirbelwind

[3] **Unrast:** hier: unruhiges Kind

[4] **Rosenkranz(gebet):** traditionelle katholische Gebetsform, bei der mithilfe einer Zählkette in einer bestimmten Abfolge das Vaterunser und mehrfach das Ave-Maria gebetet werden

Friedrich dachte an den Teufel, wie der wohl aussehen möge. Das mannigfache Geräusch und Getöse im Hause kam ihm wunderlich vor. Er meinte, es müsse etwas Lebendiges drinnen sein und draußen auch. „Hör, Mutter, gewiss, da sind Leute, die pochen." – „Ach nein, Kind; aber es ist kein altes Brett im Hause, das nicht klappert." – „Hör! Hörst du nicht? Es ruft! Hör doch!" Die Mutter richtete sich auf; das Toben des Sturms ließ einen Augenblick nach. Man hörte deutlich an den Fensterläden pochen und mehrere Stimmen: „Margret! Frau Margret, heda, aufgemacht!" – Margret stieß einen heftigen Laut aus: „Da bringen sie mir das Schwein wieder!"

Der Rosenkranz flog klappernd auf den Brettstuhl, die Kleider wurden herbeigerissen. Sie fuhr zum Herde, und bald darauf hörte Friedrich sie mit trotzigen Schritten über die Tenne[1] gehen. Margret kam gar nicht wieder; aber in der Küche war viel Gemurmel und fremde Stimmen. Zweimal kam ein fremder Mann in die Kammer und schien ängstlich etwas zu suchen. Mit einem Male ward eine Lampe hereingebracht. Zwei Männer führten die Mutter. Sie war weiß wie Kreide und hatte die Augen geschlossen. Friedrich meinte, sie sei tot; er erhob ein fürchterliches Geschrei, worauf ihm jemand eine Ohrfeige gab, was ihn zur Ruhe brachte, und nun begriff er nach und nach aus den Reden der Umstehenden, dass der Vater von Ohm[2] Franz Semmler und dem Hülsmeyer tot im Holze gefunden sei und jetzt in der Küche liege.

(1842)

---

[1] **Tenne:** Diele; breiter, gepflasterter Mittelraum im Bauernhaus

[2] **Ohm:** Oheim, Onkel (Bruder der Mutter)

1 Rekonstruiert aus den Hinweisen des Textes, was genau in dieser unheimlichen Winternacht geschieht.

2 Untersucht die Atmosphäre der Erzählung und wie sie sprachlich hergestellt wird. Welche Wirkung hat sie auf die Leserin / den Leser? Nennt Belege.

3 Bestimmt die Rolle, die der Aberglaube in dem erzählten Geschehen spielt, indem ihr Querverbindungen zu den bereits behandelten Texten zieht.

4 **So könnt ihr weiterarbeiten:**

a Stellt Vermutungen darüber an, wie die Erzählung weitergehen und enden könnte. Besorgt euch, falls eure Klasse die „Judenbuche" nicht als Ganzes liest, eine Inhaltsangabe und vergleicht diese mit euren Vermutungen. Besprecht Gemeinsamkeiten und Unterschiede und überlegt, welche Gründe die Droste für das Handlungsgerüst der „Judenbuche" gehabt haben könnte.

b **Eine Ausstellung zu Leben und Werk der Droste gestalten**
Sichtet eure Arbeitsergebnisse zu diesem Kapitel und entscheidet euch, welche ihr davon der Schulöffentlichkeit präsentieren wollt. Gestaltet dann arbeitsteilig Ausstellungsplakate, die ihr auch mit Bildmaterial und anderen anschaulichen Dingen (z. B. einem Büchertisch) ergänzen könnt. Vielleicht kann diese Ausstellung auch mit einem kleinen Vortragsabend mit Werken der Dichterin eröffnet werden.

3. „Die Judenbuche“ einmal anders – Graphic Novel

Graphic Novels sind Comics im Buchformat mit einem gewissen ästhetischen Anspruch. Wie bei Comics ist die Kombination von Schrift und Bild zentrales Merkmal.

1 Seht euch die Graphic Novel auf dieser und der nächsten Seite an. Welche Stelle aus dem Erzähltext wird hier bildlich dargestellt?

2 Tauscht euch darüber aus, wie die Gestaltungsweise der Graphic Novel auf euch wirkt.

3 Analysiert Farbgebung und grafische Gestaltungsweise (vor allem Zeichenstil, Perspektive, Bildausschnitte, Zusammensetzung der Bildfolgen).

4 Untersucht die Beziehung zwischen Text und Bild.

5 Beurteilt abschließend, wie die Umsetzung der Textpassage als Graphic Novel gelungen ist. Verfasst dazu einen kurzen argumentierenden Text (z. B. eine Stellungnahme).

Info: Graphic Novel

Graphic Novels gehören der literarischen Gattung der **Comics** an und erzählen ihre Geschichten mit den Mitteln desselben (z. B. Zeichnungen, Sprechblasen). Graphic Novels sind längere, komplexere Geschichten. Sie sind aber anders als Comics, die auf eine serielle Erscheinungsweise angelegt sind, **in sich abgeschlossen**. Immer mehr bekannte Texte der Literatur werden in Graphic Novels umgesetzt und dabei teilweise neu interpretiert. Bei der Untersuchung von Graphic Novels muss man **Bild- und Textelemente** sowie das Zusammenspiel von beiden im Auge behalten.

Streitfälle – Argumentieren und Erörtern

Um am demokratischen Prozess innerhalb und außerhalb der Schule aktiv teilnehmen zu können, müsst ihr euch zu strittigen Themen eine Meinung bilden oder zu einem Problem argumentativ Stellung nehmen.

In diesem Kapitel lernt ihr, verschiedene Formen anzuwenden, argumentative Texte zu verfassen: die lineare und die dialektische Erörterung, auch antithetische Erörterung genannt. Dazu werdet ihr angeleitet, Argumente zu einem strittigen Thema zu sammeln, zu gewichten und mit Beispielen und Belegen auszubauen. Diese Kenntnisse nutzt ihr dann, um einen argumentativen Text zu verfassen bzw. einen mündlichen Vortrag zu halten oder eine Diskussion zu führen.

Nur im Widerstreit gegensätzlicher Meinungen wird die Wahrheit entdeckt und an den Tag gebracht.

Claude Adrien Helvétius (1715 – 1771), frz. Philosoph

Eine Diskussion ist unmöglich mit jemandem, der vorgibt, die Wahrheit nicht zu suchen, sondern schon zu besitzen.

Romain Rolland (1866 – 1944), frz. Schriftsteller und Nobelpreisträger für Literatur

Demokratie lebt vom Streit, von der Diskussion um den richtigen Weg. Deshalb gehört zu ihr der Respekt vor der Meinung des anderen.

Richard von Weizsäcker (1920 – 2015), dt. Politiker (CDU), 1984 – 1994 Bundespräsident

1 Wählt eines der Zitate aus, das euch besonders gefällt. Erläutert es der Klasse und begründet eure Wahl.

Seinen Standpunkt mündlich und schriftlich vertreten

Soll es ein Verbot von Smartphones an der Schule geben?

Soll die Mittagspause verpflichtend an der Schule verbracht werden?

Sollen sich alle an der Schule duzen?

Sollen Lehrkräfte durch ihre Schülerinnen und Schüler benotet werden?

Sollen Schulen mit Videokameras überwacht werden?

Soll jeder zum Spielen eines Instruments verpflichtet werden?

2 Bildet kleine Gruppen zu den Themen, die euch interessieren, und einigt euch auf einen Standpunkt zu dem jeweiligen Thema. Formuliert für jeden Standpunkt ein vollständiges Argument aus. Entwickelt einen kurzen Vortrag, in dem ihr euren Standpunkt darlegt und mit dem ihr die anderen Gruppen von eurer Meinung überzeugen wollt.

3 Tauscht euch darüber aus, welche Vorträge besonders überzeugend wirkten. Begründet dabei eure Bewertungen.

1. Was meinst du: Sollen Schulnoten im Sportunterricht abgeschafft werden? – Eine Erörterung verfassen

Sich dem Thema nähern

1 Könnt ihr die Empörung über die Sportnote nachvollziehen? Nehmt Stellung.

2 Erläutert den Unterschied zwischen streiten und erörtern.

Um einem Thema, über das gestritten oder das erörtert werden soll, gerecht zu werden, ist es zunächst wichtig, sich über Teilaspekte dieses Themas klar zu werden. Dazu kann es hilfreich sein, die Streitfrage in Teilfragen zu zerlegen und diese dann inhaltlich gesondert zu beantworten.

Was sind „Noten“?

Eine Schulnote (lat. *nota*, „Merkmal, Schriftzeichen“) oder Zensur (lat. *censura*) ist eine Leistungsbeurteilung von Schülern in der Regel durch die Lehrer einer Schule. Sie soll die Leistungen [...] vergleichbar machen und die Leistungsbereitschaft fördern. Grundlage für diese Beurteilung sollte nach der derzeit (2004) am weitesten verbreiteten, in zahlreichen Richtlinien niedergelegten Auffassung nur die erbrachte Leistung sein, nicht das Leistungsvermögen [...] [oder] der Leistungswille [...].

(Wikipedia-Eintrag zum Begriff Schulnote)

Was heißt „Sportunterricht“?

Der Sportunterricht bildet den Kernbereich des Schulsports. Hier werden – durch die verpflichtende Teilnahme der Schülerinnen und Schüler – notwendige Impulse für die Entwicklung aller Kinder und Jugendlichen gegeben und Grundlagen für deren Teilnahme am Bewegungsleben und am Sport in unserer Gesellschaft geschaffen.
Mit seinen spezifischen Aufgaben und Möglichkeiten kann der Sportunterricht einen besonderen Beitrag zur Erfüllung wichtiger überfachlicher Erziehungsaufgaben der Schule (z.B. zur Gesundheitsförderung, zum sozialen Lernen, zur Erziehung zur Leistungsbereitschaft, zur Werteerziehung) leisten. In der Zusammenarbeit mit anderen Fächern und Lernbereichen eröffnen sich Möglichkeiten des fachübergreifenden und Fächer verbindenden Lernens.

(Aus einem Beschluss der Kultusministerkonferenz zum Schulsport aus dem Jahr 2004)

3 Welche verschiedenen Aspekte, die mit der Streitfrage einhergehen, werden deutlich? Haltet diese in Form von Aussage- oder Fragesätzen fest.

4 Viele Sportlehrer beurteilen aufgrund der genannten überfachlichen Zielsetzungen auch das Bemühen und Verhalten der Schülerinnen und Schüler, sodass diese trotz körperlicher Defizite eine Drei oder Vier erreichen können. Diskutiert, ob ihr darin einen Widerspruch zur Definition einer „Note“ seht.

5 Erläutert an diesem Beispiel, warum es von Bedeutung ist, sich über Teilaspekte des Streitthemas klar zu werden.

Was spricht dafür, was spricht dagegen? – Pro- und Kontra-Argumente sammeln

JULE: Na gut, wir sind dagegen, dass im Sportunterricht Noten verteilt werden. Aber was können wir dagegen tun?

MARIUS: Viel sicher nicht. Aber wenn wir uns nicht zu Wort melden, passiert gar nichts.

JULE: In unserer Schülerzeitung gibt es doch regelmäßig die Möglichkeit, zu einem strittigen Thema eine Stellungnahme zu verfassen. Das wäre doch ein Anfang.

JAN: Wie sollen wir denn vorgehen? Ich meine, wir müssen doch erst einmal Argumente sammeln, oder? Und vielleicht gibt es ja doch auch gute Gründe für die Noten?

JULE: Genau. So aus dem Bauch heraus können wir die Frage nach den Noten nicht entscheiden.

MARIUS: Lasst uns doch mal im Internet schauen, ob wir Material finden, auf das wir uns beziehen können!

1 Beschreibt, welche Schwierigkeiten die Schülerinnen und Schüler haben und wie sie vorgehen wollen.

Chancengleichheit

2 Am nächsten Tag tragen die Schülerinnen und Schüler ihre Rechercheergebnisse zusammen. Verschafft euch einen Überblick über das recherchierte Material.

„Im Sinne einer gerechten Auslese lautet die Prüfungsaufgabe für Sie alle gleich: Klettern Sie auf den Baum!“ (Illustration von Hans Traxler)

Wunschaktivitäten im Sportunterricht

Die Wunschaktivitäten für den Sportunterricht (Einzelaktivitäten) auf den ersten zehn Rängen im Vergleich von Mädchen und Jungen

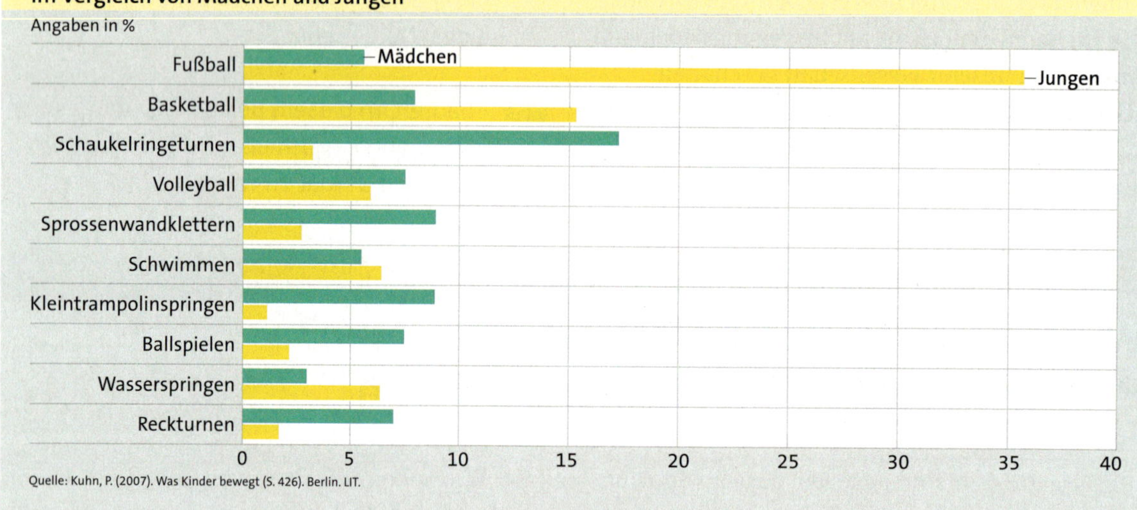

Hans Gert Wengert
Funktionen der Notengebung

1. Berechtigungs-, Zuteilungs- und Selektionsfunktion

[Dies ist die ursprüngliche (älteste) Funktion der Schulnoten:] Jahres- und Abschlusszeugnisse sind maßgeblich für die Versetzung in die nächsthöhere Klasse, für den Übergang zu weiterführenden Schulen, für Hochschulzugang, für den Eintritt in eine qualifizierte Berufsausbildung. [...] Es ist also festzuhalten, dass diese Berechtigungs-, Zuteilungs- und Selektionsfunktion der Ausgangspunkt des gesamten Notenwesens war.

2. Sozialisierungsfunktion

Schulnoten haben zudem eine wichtige Sozialisierungsfunktion. Mit dem Schuleintritt lernen die Kinder neue Leistungsnormen kennen, die sich von denen der Familie, der Spielgruppe und des Kindergartens deutlich unterscheiden: Nicht die gute Absicht, das Bravsein oder Sympathie und Liebe bestimmen die Noten, sondern einzig die Handlungsresultate. Die Einsicht entsteht erst allmählich, dass Leistungen selbst verursacht sind und dass es beispielsweise als gerecht gilt, wenn unterschiedliche Leistungsergebnisse auch unterschiedlich bewertet werden. [...] Im weiteren Verlauf der Schulzeit haben die Schulnoten immer größeren Einfluss auf die Entwicklung und Stabilisierung des Leistungsselbstbildes und des Selbstwertgefühls.

3. Rückmeldefunktion

Natürlich werden den Schulnoten auch pädagogische Funktionen im engeren Sinne zugeschrieben. Von besonderer Bedeutung ist die Rückmeldefunktion für Schüler und Lehrer: Der Schüler bekommt durch die Noten Auskunft über den Stand seiner Lernbemühungen und indirekt erhält auch der Lehrer Informationen über Qualität und Erfolg seines Unterrichts.

4. Berichtsfunktion

Für die Eltern schließlich haben Zensuren eine wichtige Berichtsfunktion: Sie bekommen durch Noten Mitteilungen über den momentanen Leistungsstand ihrer Kinder, die in gewisser Weise Hochrechnungen hinsichtlich des zu erwartenden Jahres- oder Abschlusszeugnisses und der mit ihm verbundenen rechtlichen Folgen (Versetzung, Abitur) erlauben.

5. Anreiz- und Disziplinierungsfunktion

Neben der Aufgabe der Information haben Noten natürlich auch eine Anreiz- und Disziplinierungsfunktion: Durch die Aussicht auf Belohnung durch gute bzw. die Furcht vor Bestrafung durch schlechte Noten sollen die Schüler dazu gebracht werden, sich mit dem Lernstoff auseinanderzusetzen. Aber Vorsicht ist geboten, die Sache selbst tritt oft in den Hintergrund: Grundsätzlich ergibt sich bei der Motivierung durch Ziffernnoten die Gefahr, dass das Streben nach der guten Note über das Streben nach der guten Leistung gestellt wird. (2004)

Nehmt nun die einzelnen Materialien in den Blick.

3 Betrachtet die Karikatur auf S. 96. Welche Aussage über „Notengebung“ und über „Chancengleichheit“ lässt sich ableiten?

4 Die Grafik „Wunschaktivitäten im Sportunterricht “ zeigt die von Schülerinnen und Schülern favorisierten Sportarten im Hinblick auf den Schulunterricht.

- Arbeitet heraus, was sich über die Interessenlagen aussagen lässt.
- Die Statistik ist aus dem Jahr 2007. Diskutiert, ob sich heute etwas an den Interessenlagen von Mädchen und Jungen geändert hat.
- Beurteilt: Bei welchen der genannten Sportarten lässt sich Leistung in Form einer Note messen und beurteilen? In welcher Sportart erscheint euch dies eher als schwierig?

5 Erläutert in eigenen Worten die unterschiedlichen Funktionen der Schulnoten, wie sie in dem Text von Hans Gert Wengert dargelegt werden. Hilfreich ist es, wenn ihr zunächst eine Mindmap anlegt.

Nun wertet ihr eure Ergebnisse aus.

6 Diskutiert, welche der im Text genannten Funktionen ihr im Hinblick auf das Fach Sport für wichtig haltet. Überlegt auch im Umkehrschluss, welche Folgen die Abschaffung der Noten im Sport haben könnte.

7 Formuliert aus euren bisherigen Überlegungen heraus je ein Argument für und gegen die Abschaffung der Notengebung im Fach Sport.

Das musst du lernen und wissen.

Unterschiede zwischen überreden und überzeugen

Gutes Argumentieren zeichnet sich dadurch aus, dass das Gegenüber nicht überredet, sondern überzeugt wird.

Man **überredet** jemanden, indem man z. B. Mitleid, Bewunderung oder Angst hervorruft. Man will einen anderen Menschen durch Beeinflussen seiner Gefühle dazu bewegen, sein Verhalten zu ändern.

Im Unterscheid dazu setzt das **Überzeugen** auf die Kraft einleuchtender und vernünftiger Argumente, also das gemeinsame Prüfen und Abwägen einer Sachfrage im Gespräch. Überzeugen beruht darauf, dass die Gesprächspartner ihre unterschiedlichen Positionen gegenseitig respektieren und einen Meinungsunterschied klären, um so zu vertieften Einsichten zu gelangen.

Ihr habt bisher über die Vor- und Nachteile von Schulnoten – insbesondere im Fach Sport – nachgedacht. Dabei habt ihr geprüft, ob Argumentationen überzeugend sind oder nicht.

Auch der britische Philosoph Stephen Toulmin (1922 – 2009, ausgesprochen: Tulmin) hat sich Gedanken darüber gemacht, was eine gute Argumentation ausmacht und wie sie sich genauer beschreiben lässt. Dafür hat er ein Schema entwickelt, mit dem sich eine Argumentation darstellen lässt. Es ist nach ihm benannt und heißt „Toulmin-Schema". Das Schema kann euch dabei helfen, eine Argumentation zu ordnen und zu untersuchen.
Stellt euch zum Beispiel vor, Jules Klassenlehrer würde sagen:

Stephen Toulmin

„Jule arbeitet im Unterricht gut mit. Deshalb wird sie ihr Studium vermutlich gut abschließen, wenn sie sich nicht zu sehr ablenken lässt. Wer als Schülerin und Schüler aktiv mitarbeitet, hat auch im Studium in der Regel weniger Schwierigkeiten." Das hat sich in Gesprächen, die ich mit Lehrenden an den Universitäten geführt habe, herausgestellt.

Das Toulmin-Schema

Das Toulmin-Schema unterscheidet zwischen **Behauptung**, **Begründung** und der sogenannten **Schlussregel**. Die These des Klassenlehrers besteht darin, dass er vermutet, Jule werde ihr Studium gut abschließen. Das Argument, das er als Begründung heranzieht, bezieht sich auf die Tatsache, dass Jule im Unterricht gut mitmacht:

Jule arbeitet im Unterricht gut mit.	→	Deshalb wird sie ihr Studium vermutlich gut abschließen.
Begründung (Argument)		**Behauptung (These)**

Behauptung und Begründung werden durch die Schlussregel wie durch eine Brücke miteinander verknüpft. Der Zusammenhang zwischen Behauptung und Begründung stimmt und ist nachvollziehbar, wenn die Schlussregel beides sinnvoll miteinander verbindet. Hier ist es die Feststellung, dass aktive Schüler auch im Studium in der Regel weniger Schwierigkeiten haben. Das Schema sieht dann wie folgt aus:

Jule arbeitet im Unterricht gut mit.	→	Deshalb wird sie ihr Studium vermutlich gut abschließen.
Begründung (Argument)		**Behauptung (These)**

Wer als Schüler aktiv mitarbeitet, hat auch im Studium in der Regel weniger Schwierigkeiten, was die Rückmeldungen der Lehrenden an den Universitäten bestätigen.

Schlussregel

Im alltäglichen Gespräch wird die Schlussregel oft nicht ausgesprochen, sondern nur mitgedacht bzw. vorausgesetzt. Sie aufzudecken kann aber dabei helfen, die **Stichhaltigkeit einer Argumentation** genau zu prüfen.

1 Überlegt, welche zusätzliche Funktion die Aussage des Klassenlehrers „wenn sie sich nicht zu sehr ablenken lässt" in diesem Schema haben könnte.

2 Übertragt eines eurer Argumente in ein Toulmin-Schema bestehend aus Begründung, Behauptung und Schlussregel und prüft die Stichhaltigkeit der Argumentation.

Die Leserin / Den Leser in ein Thema einführen – Eine Einleitung gestalten

Jule, Valerie und Jan haben je eine Einleitung zu einem Beitrag für die Schülerzeitung verfasst.

> Das Problem kennen viele von euch: Am Ende des Halbjahres gibt es Noten im Fach Sport und ihr seid unzufrieden mit der Bewertung eures Lehrers. Auch im Internet finden sich viele Beiträge, die den Sinn der Zensuren im Fach Sport anzweifeln. Ich werde im Folgenden meine Gründe darlegen, warum ich die Abschaffung der Zensuren im Fach Sport fordere.
>
> (Jule)

> In den Medien wird immer wieder darüber berichtet, dass sich die deutschen Schüler zu wenig bewegen. Deshalb nimmt der Sportunterricht eine wichtige Rolle in der Schule ein und damit auch die Notengebung. Ich werde hier dafür plädieren, die Bewertung im Fach Sport beizubehalten.
>
> (Valerie)

> Ein lateinisches Sprichwort lautet: „mens sana in corpore sano" – „ein gesunder Geist in einem gesunden Körper". Von daher gibt es keine Zweifel, dass der Sportunterricht wichtig ist. Aber muss das wirklich unbedingt mit einer Notengebung verbunden sein? Ich meine, nicht.
>
> (Jan)

1 Untersucht die Einleitungen. Auf folgende Punkte könnt ihr dabei achten:

- Worüber informieren sie?
- Wie sind sie aufgebaut?
- Wie versuchen sie, den Leser bzw. die Leserin für das Thema zu interessieren?
- Was haltet ihr von den Einleitungen?
- An welchen Stellen könnten die Verfasser ihre Einleitung verbessern?

2 Legt euch nun selbst fest: Seid ihr für oder gegen die Abschaffung von Schulnoten im Schulunterricht?

3 Schreibt selbst Einleitungen zu dem Thema „Sollen Schulnoten im Sportunterricht abgeschafft werden?".
Arbeitet dabei mit dem folgenden Werkzeugkasten.

Das brauchst du immer wieder. ◆ So gehst du vor.

Die Einleitung einer Erörterung verfassen

Die Einleitung einer Erörterung dient dazu, die Leserinnen und Leser mit wenigen Sätzen mit dem Thema vertraut zu machen, sie in das Thema einzuführen und neugierig zu machen. Dabei hat man verschiedene Möglichkeiten. Der Hinführung zum Thema kann z. B. dienen:

- ein persönliches Erlebnis,
- eine aktuelle Diskussion oder Nachricht aus den Medien,
- eine Tatsache (z. B. Umfragen oder Statistiken),
- eine beobachtbare aktuelle Tendenz (z. B. Bewegungsmangel),
- ein Zitat, eine Redewendung, ein Sprichwort, ein Slogan o. Ä.,
- eine Forderung (z. B. Abschaffung der Bewertung),
- ein Vergleich zwischen früher und heute,
- ...

3 Überarbeitet eure Einleitungen gemeinsam mithilfe der Informationen aus dem Werkzeugkasten.

Valerie, die sich für Noten im Sportunterricht ausspricht, hat im Internet eine vollständige Erörterung zu dem Thema „Sollen im Fach Sport Noten verteilt werden?“ gefunden.

Ich finde es nicht sinnvoll, im Sportunterricht die Noten abzuschaffen. Warum sollte man sich dann überhaupt noch anstrengen? Ohne Noten würden die Schüler das Fach nicht mehr ernst nehmen, daher fordere ich die Beibehaltung der bisherigen Regelung.
Hier sind meine Argumente: Wenn man auf Noten im Sportunterricht verzichtete, würde man damit aussagen, dass die Ausbildung körperlicher Fähigkeiten weniger wichtig ist als die Bildung in den „geistigen“ Fächern. Wenn man sich mal überlegt, wie viele Kinder und Jugendliche heutzutage übergewichtig und unsportlich sind, dann wäre dies eine falsche Botschaft. Viele würden sich dann nicht mal mehr in der Schule sportlich betätigen und also würde alles immer noch schlimmer. Durch den Schulsport haben viele, die sonst nur vor dem Fernseher oder Computer hocken, immerhin ein bisschen Druck, auch mal den Hintern hochzukriegen. Man hat sogar festgestellt, dass man sich besser konzentrieren und auch besser lernen kann, wenn man Sport macht.
Außerdem muss man sich auch mal die Frage stellen, was passieren würde, wenn es in Sport keine Noten mehr gäbe. Das Fach würde vielleicht nicht nur von den Schülern als „Pillepalle“ angesehen, sondern auch von den Lehrern und Eltern. Man könnte ja auch dann sagen, dass man ohne die Notengebung gar keine Lehrer mehr braucht, sondern einfach auch Trainer einstellen könnte, die mit den Schülern ein bisschen rumturnen. Und dann könnte man auch gleich in einen Verein gehen und das Schulfach ganz abschaffen. Und wenn man Sport abschafft, kann man bei Musik und Kunst gleich weitermachen. Auch in diesen Fächern kann es keine fairen Noten geben, weil manche vielleicht ein Instrument spielen und also von vornherein bessere Karten haben als diejenigen, die erst im Unterricht „bei null“ anfangen müssen.
Am wichtigsten aber finde ich das Argument, dass Noten auch im Sportunterricht sehr fair sein können und somit eigentlich auch jeder mindestens eine Vier erreichen kann, wenn er sich anstrengt. Damit, dass sich Dicke oder Unsportliche auch dadurch retten können, dass sie sich anstrengen und sich um Verbesserungen bemühen, hat sich doch eigentlich auch das Problem erledigt. Eine Vier auf dem Zeugnis kann man ja auch mal verkraften, besonders wenn man überall sonst ein Streber ist. In Mathe ist das so gesehen viel unfairer: Wenn da Leute den Stoff einfach nicht rallen, gibt’s keine Vier mehr. Die Sportnote ist für viele Schüler außerdem wichtig, um ihren Schnitt hochzuziehen.
Zusammenfassend bin ich dafür, dass es auch weiterhin im Fach Sport eine Note geben sollte.

(Dennis)

4 Sprecht darüber, welchen Eindruck ihr von Dennis’ Erörterung habt. Was ist gelungen, wo seht ihr noch Probleme?

5 Überarbeitet die Erörterung mithilfe des Werkzeugkastens auf S. 105, indem ihr ...

- die Einleitung untersucht und verbessert,
- die Argumente auf ihre Stichhaltigkeit hin überprüft und sie ggf. dann streicht, ersetzt oder überarbeitet,
- die sprachliche Form kritisch untersucht und Alternativen für umgangssprachliche Formulierungen findet,
- den Schlussteil ausführlicher gestaltet.

6 Welchen Standpunkt vertretet ihr selbst? Legt diesen mithilfe des Werkzeugkastens (S. 105) und eurer Vorarbeiten in einer linearen Erörterung für die Schülerzeitung dar.

7 Erarbeitet mithilfe des Werkzeugkastens auf S. 105 eine Checkliste für das lineare Erörtern.

8 Besprecht eure Texte in kleineren Gruppen und überarbeitet sie anschließend.

Das brauchst du immer wieder. ◆ So gehst du vor.

Eine lineare Erörterung verfassen

Bei der **linearen Erörterung** vertritt man seinen Standpunkt zu einem strittigen Thema und begründet ihn. Die Pro- und Kontra-Argumente werden nicht wie bei der dialektischen Erörterung (vgl. S. 117) gegenübergestellt, sondern die **eigenen Argumente** werden möglichst **überzeugend ausgeführt**. Die Form der linearen Erörterung bietet sich z. B. an, wenn man bei der Diskussion um ein Thema seinen Standpunkt eindeutig einbringen will oder man zu einem Zeitungsartikel in Form eines Leserbriefs Stellung bezieht. Hierbei ist es wichtig, dass man die Adressatin/den Adressaten, also wen man überzeugen möchte, im Blick hat.

Der **Aufbau** einer linearen Erörterung kann folgendermaßen aussehen:

- In der **Einleitung** (vgl. auch S. 103) kann man, je nachdem, wie weit das Thema den Adressatinnen und Adressaten bekannt ist,
  a) die Aktualität und Bedeutsamkeit des Problems hervorheben oder
  b) kurz auf die Fragestellung und den Anlass der Stellungnahme eingehen.
- Der **Hauptteil** wird dann mit der **Formulierung des eigenen Standpunktes** zu der Fragestellung **(= These) eingeleitet**. Dann folgt die Argumentation. Die **Argumente werden – durch Beispiele und Belege gestützt – dargelegt**. Es empfiehlt sich, die Argumente steigernd darzustellen, d. h. vom schwächsten zum stärksten Argument. Durch diese Steigerung hält man das Interesse der Adressatin / des Adressaten wach und verleiht der Argumentation Nachdruck. Dabei sollten die einzelnen Argumente sprachlich, z. B. durch Konjunktionen, Ein- und Überleitungen und Adverbien, sinnvoll verknüpft werden. Im Werkzeugkasten auf S. 115 findet ihr Hilfen, wie ihr Argumente verbinden könnt.
- Der **Schluss** rundet die Argumentation durch eine zusammenfassende und abschließende Stellungnahme ab. Manchmal bietet es sich an, einen Ausblick oder einen Appell zu formulieren.

Oft ist es sinnvoll, sich zur Vorbereitung **als Schreibplan eine Gliederung** anzufertigen.
Mögliche Gliederungen:

Überschrift: Thema
1 Einleitung
2 These/Standpunkt
2.1 Argument 1
2.2 Argument 2
2.3 Argument 3
2.4 ...
(2 – 2.4: Hauptteil)
3 Schluss

A Überschrift: Thema
I Einleitung
II These/Standpunkt
a. Argument 1
b. Argument 2
c. Argument 3
d. ...
(II – d.: Hauptteil)
III Schluss

2. Dürfen wir Tiere essen? – Die dialektische Erörterung verfassen

1 Tauscht euch darüber aus, was ihr bereits über den Fleischkonsum und sich daraus ergebende Probleme wisst.

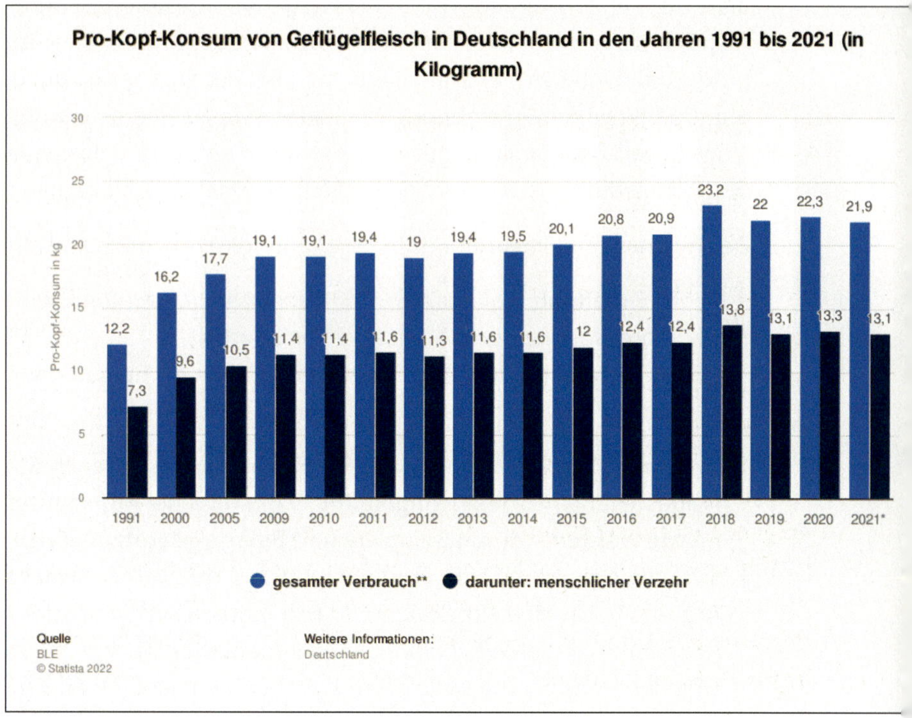

„Ich ernähre mich seit einiger Zeit vegan und vermisse Fleisch überhaupt nicht. Die Fleischtheke in unserem Supermarkt kommt mir mittlerweile wie ein Friedhof vor."

„Ich mache viel Fitnesssport. Für den Muskelaufbau ist der Fleischverzehr nahezu unumgänglich."

„Ich finde, das muss einfach nicht sein. Wozu haben wir Tierschutzgesetze?"

„Der hohe Fleischkonsum schadet der Umwelt und dem Klima. Das muss uns allen bewusst sein. Zum Beispiel entstehen durch die Viehhaltung Emissionen, vor allem Methan und Lachgas durch Rinderhaltung."

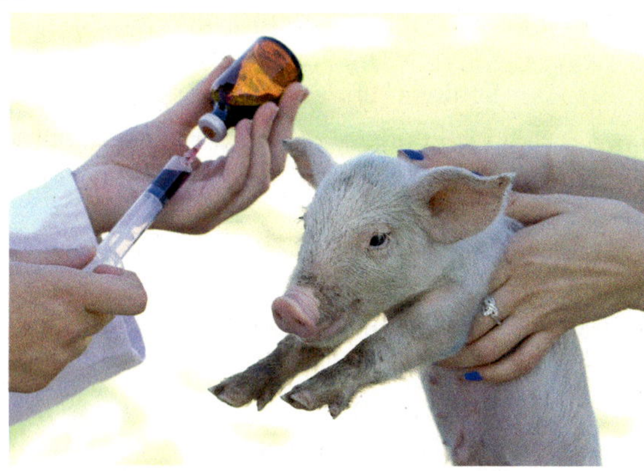

„Ich esse gerne Fleisch, aber ich finde es schlimm, dass die Tiere gequält oder getötet werden."

2 Betrachtet die Bilder und die Grafik und lest die Zitate. Leitet daraus weitere Aussagen über die eingangs genannte Streitfrage ab.

Materialien zur Streitfrage recherchieren und sichten

1 Lest die Materialien und verschafft euch einen Überblick. Legt eine Tabelle oder Karteikarten (auch digital) an und fasst darin die wichtigsten Informationen zusammen.

Weitere Materialien zum materialgestützten Argumentieren findet ihr auf den Seiten 246 ff.

WWF: Mit weniger Fleisch das Klima retten

Nach einer Studie der Umweltstiftung WWF halten Menschen, die bewusst wenig Fleisch essen, die Welt eher im ökologischen Gleichgewicht als Fleisch-Fans. Die mit den Essgewohnheiten einhergehenden Auswirkungen auf die Erde werden häufig unterschätzt, heißt es in einer Studie im Auftrag des WWF. Die Berechnung geht von einer flexitarischen Ernährung mit einem durchschnittlichen Fleischkonsum von 470 Gramm pro Woche aus. Das entspricht in etwa zwei Buletten und zwei Bratwürsten. Eine vegetarische Ernährung schließt den Verzehr von Fleisch aus, während ein veganer Lebensstil rein pflanzenbasiert ist.

Halb so viel Fleisch würde schon helfen

Der bundesdeutsche Verbrauch von tierischen Lebensmitteln wie Fleisch und Wurst liegt im Schnitt laut WWF bei 817 Gramm pro Woche. Zusammen mit Milch und Milchprodukten verursache das aktuell rund 70 Prozent der ernährungsbedingten Treibhausgasemissionen. Halbiere sich der Fleischkonsum der Deutschen grob auf im Schnitt 470 Gramm pro Woche, sieht die Öko-Bilanz schon wesentlich besser aus. Die ernährungsbedingten Treibhausgasemissionen von derzeit rund 210 Millionen Tonnen CO_2-Äquivalenten pro Jahr könnten um 27 Prozent reduziert werden. Ein CO_2-Äquivalent von einer Tonne entspricht dem Erwärmungseffekt von einer Tonne Kohlendioxid. (2021)

ZDF.de/dpa

Wolf vs. Asche: Dürfen wir Tiere essen?

■ Millionen Tiere werden getötet, um als Schnitzel oder Filet auf unseren Tellern zu landen. Man könne Tiere nicht töten, ohne ihnen Leid zuzufügen, sagt die Philosophin Ursula Wolf im Deutschlandfunk. Der Jäger und Autor Florian Asche findet Fleischkonsum hingegen durchaus vertretbar. Ursula Wolf und Florian Asche im Gespräch mit dem Redakteur Manfred Götzke. ■

Götzke: Bevor wir in den Austausch der Argumente gehen, haben Sie beide eine knappe Minute Zeit, Ihre Position darzulegen. Frau Wolf, Sie haben das Wort!

Wolf: Ja, also, ganz kurz: Ethisches Handeln heißt, dass man nicht egoistisch handelt, sondern auch das Wohl der anderen berücksichtigt. Die Frage ist: Welche anderen? Nun, alle anderen, die ein Wohl haben, und das heißt, die empfinden und leiden können. Das können auch Tiere. Die Tiere, die wir essen, stammen großenteils aus der Massentierhaltung, die auf das Leiden der Tiere keine Rücksicht nimmt. Dann lässt es sich nicht rechtfertigen, dass wir so gezüchtete Tiere essen. Die andere Frage ist, ob wir Tiere essen dürfen, die anders erlegt wurden, die ein freies Leben hatten, vielleicht auch durch Jagd erlegt wurden. Das muss man diskutieren.

Götzke: Und das können wir heute definitiv machen. Herr Asche, Ihre Entgegnung?

Asche: Ja, wir müssen uns als Erstes einmal die Frage stellen: Wollen wir dem Tier Leben nehmen, um es zu essen, um es zu nutzen? Und da stellen wir sehr schnell fest, dass das Prinzip von fressen und gefressen werden eigentlich ein Naturprinzip ist. Lediglich der Mensch hat das unter sich durch gesetzliche Regeln abbedungen. Aber diese Übertragung so eines innerartlichen Friedensanspruchs auf die Tiere, die sehe ich nicht. Also, wir können auch im Übrigen dem Tierleid durch eine vegane Ernährung allein nicht vorbeugen, denn auch dort, wo wir vegane, tierfreie Produkte gewinnen, da sterben natürlich Tiere. Sie sterben in Wiesen, sie sterben im Getreidefeld, das lässt sich letztendlich nicht ausschließen.

Götzke: Zwei ganz klare Positionen. Frau Wolf, Ihre Antwort auf unsere Frage, die ist ein fast eindeutiges Nein. Und Sie begründen das damit, dass Tiere Wesen sind, die ihr Wohl suchen. Was meinen Sie konkret damit?

Wolf: Meine Antwort ist eigentlich kein eindeutiges Nein. Meine Antwort ist ein eindeutiges Nein, was die Haltung von Tieren bedeutet, die Leiden mit sich bringt wie in der Massentierhaltung. Die Grundlage in der Ethik ist für mich die Leidensfähigkeit. Wenn man das so sieht, gibt es erst mal kein eindeutiges Argument, was das Töten von Tieren ausschließt. Und das heißt, ich kann nur sagen, wir dürfen Tiere nicht töten, wenn sie entweder so gehalten werden oder so transportiert werden oder so getötet werden, dass dabei Leiden entsteht. [...]

Asche: [...] Aber das ist ja völlig legitim zu sagen, wir fühlen uns abgestoßen und auch ethisch abgestoßen durch das Thema Massentierhaltung. Da würde ich allerdings um eins bitten, ich sage es Ihnen ganz ehrlich: Für mich ist Massentierhaltung als Begriff ein bisschen ein Schlagwort, muss ich ganz offen zugeben. Und zwar, wenn man sich zum Beispiel die Anzahl der Großtiereinheiten, der Großvieheinheiten vor 120 Jahren anschaut, dann gab es in Deutschland mehr Großvieheinheiten als heute, oder sogar 1989 gab es mehr Großvieheinheiten als heute. Und die Haltungsbedingungen, die Schlachtungsbedingungen waren zum Teil so, dass sie schlaflos würden, wenn Sie das sehen. Stickig untergebracht und, und, und. (2017)

Deutschlandfunk

Barbara Garde

Du bist, was du isst: Warum wir Fleisch essen

■ Ein Gespräch mit dem Ernährungspsychologen Professor Christoph Klotter darüber, wie sich unser heutiger Fleischkonsum entwickelt hat. ■

Planet Wissen: Wir essen gern und viel Fleisch. Aber wir haben große Schwierigkeiten, Tiere selbst zu schlachten, zu zerlegen oder auch nur dabei zuzuschauen. Warum ist das so?

Christoph Klotter: Das sind zwei Stränge. Der Soziologe und Zivilisationsforscher Norbert Elias hat gesagt, dass der zivilisatorische Prozess den Akt des Tötens hinter die Kulissen verschieben lässt: Wir metzeln unseren Kriegsgegner nicht mehr persönlich nieder, wir töten unser Suppenhuhn nicht mehr selbst. Und der zweite Strang: Wenn wir etwas essen, wenn wir etwas zwischen unseren Zähnen zermalmen, dann machen wir uns objektiv schuldig. Etwas wird getötet, zerstört, damit wir es essen. Und das wollen wir eigentlich nicht wahrhaben. Wir wollen gute, moralische Menschen sein. [...]

Warum essen wir dann trotzdem Fleisch?

Fleischessen wird seit jeher mit Macht, Ansehen, Wohlstand gleichgesetzt. In früheren Zeiten durften nur Adlige jagen und regelmäßig Fleisch essen. Erst seit rund 200 Jahren haben hier bei uns alle Menschen Zugang zu Fleisch. Seitdem haben wir uns an unsere tägliche Portion Wurst, Ragout und Steak gewöhnt. Wir wachsen damit auf und wir verbinden mit dem Fleischessen gute Erinnerungen: das Weihnachtsessen in der Familie, die Kinderwurst-Scheibe an der Metzgertheke, der erste Burger.

Fleischessen ist weitgehend positiv besetzt – Gemüseessen nicht. Und: Fleisch ist bei uns ein sehr billiges Lebensmittel, das darüber hinaus auch immer verfügbar ist in Form von Fast-Food [...]. Als sich in den 1970er-Jahren die Fast-Food-Ketten ausbreiteten, war der Fleischkonsum erst einmal sprunghaft angestiegen. (2018)

WDR

2 Recherchiert ggf. weitere Materialien und ergänzt eure Tabelle oder Karteikarten.

Im Streit um Meinungen – Argumentative Beiträge in einem Internetforum untersuchen

Nach einer angeregten Diskussion in der Klasse wollen die Schülerinnen und Schüler genauer erkunden, welche Meinung zu dem Thema Fleischkonsum ihre Mitschülerinnen und Mitschüler überhaupt vertreten. Sie eröffnen deshalb ein Diskussionsforum auf der Schulhomepage zu dem Thema „Darf man Tiere essen?“, zu dem Schülerinnen und Schüler aus der ganzen Schule eingeladen werden. Sie sind aufgefordert, ihre Meinungen darzulegen und sich auch über die Meinungen der anderen Teilnehmerinnen und Teilnehmer auszutauschen.

1 Habt ihr selbst schon einmal eine Diskussion in einem Internetforum verfolgt? Berichtet von euren Erfahrungen.

Bald melden sich die ersten Diskussionsteilnehmer:

Schnitzeljäger

Tiere zu töten, um sie zu essen, ist grundsätzlich kein Unrecht und sollte daher weiterhin den Menschen ermöglicht werden. Andernfalls müsste man ja auch den Löwen moralisch dafür verurteilen, dass er Antilopen reißt und sie frisst. Ebenso wie der Löwe aber nicht anders kann, weil er sonst seine Existenz aufs Spiel setzt, hat auch der Mensch keine Wahl: Als Teil der Natur und als ein Wesen, das nun einmal Fleisch und pflanzliche Nahrung verträgt, ist er eingebunden in die natürliche Nahrungskette. Letztlich ist es auch nur seinem Verstand zu verdanken, dass er in dieser ganz oben steht und nur in Ausnahmefällen selbst zum Futter von tierischen Räubern, wie z. B. Wildkatzen oder Haien, wird. Hätte die Natur uns als Vegetarier geschaffen, würden unsere Instinkte uns doch nur zu Obst und Gemüse hintreiben und wir hätten gar nicht das Verlangen nach Fleisch. Ich denke nicht, dass Millionen Fleischesser sich irren. Und jetzt gehe ich los und esse eine Bratwurst.

Tierfreund

@ Schnitzeljäger

So einfach, wie du dir die Sache machst, ist es sicher nicht. Wenn es so wäre, dann könnte man als Vegetarier oder Veganer ja wie auch der Löwe nicht ohne Fleisch überleben. Das kann man aber, und es geht sogar sehr gut. Viele Vegetarier leben viel gesünder als Fleischesser, die ja immerhin heutzutage auch damit rechnen müssen, dass das Fleisch durch die Massentierhaltung und die Profitgier vieler Menschen verunreinigt ist.

Und jetzt mal ehrlich: Spürst du wirklich den Instinkt eines Jagdtieres, wenn du irgendwo ein Schwein herumlaufen siehst? Treibt dich deine „Natur“ dazu, dem Tier hinterherzurennen und es mit Händen und Zähnen zu reißen und roh aufzuessen? Wohl kaum, ansonsten möchte ich dir niemals persönlich begegnen. Die Tatsache, dass du im Gegenteil das rohe Fleisch gar nicht vertragen würdest und unter „natürlichen“ Gegebenheiten viel eher zur Brombeere oder Nuss greifen würdest, spricht doch viel eher dafür, dass wir von Natur aus gar nicht unbedingt klassische Fleischfresser sind, sondern dass Fleischgenuss eigentlich nur überflüssiger Luxus ist. Und selbst wenn wir es doch wären: Warum sollten wir ausgerechnet dem Trieb nach Fleisch nachgeben, wo es uns doch aus vernünftigen Gründen möglich ist, hierauf zu verzichten? Du hast doch selbst gesagt, dass Menschen Vernunft haben: Warum sollten wir dann nicht vernünftig sein und aus Einsicht und Mitleid auf Fleisch verzichten können? Wir sind doch immerhin auch schon so weit zivilisiert, dass wir uns nicht mehr gegenseitig in den Kochtopf stecken …

2 Klärt die Positionen der beiden Teilnehmer, indem ihr deren jeweilige These bzw. Antithese herausarbeitet. Beachtet dazu den folgenden Werkzeugkasten.

Das brauchst du immer wieder. ◆ So gehst du vor.

These und Antithese bestimmen

Zu einem strittigen Thema oder einer Problemfrage (z. B.: Sollte die Geschwindigkeit auf Autobahnen generell begrenzt werden?) kann man unterschiedliche Standpunkte einnehmen. Man spricht dabei von These und Antithese.

Die Behauptungen und Urteile, die den eigenen Standpunkt beschreiben, werden **Thesen** genannt (z. B.: Die Geschwindigkeit sollte begrenzt werden). **Antithesen** sind die Behauptungen, die die Gegenmeinung beschreiben (z. B.: Die Geschwindigkeit sollte nicht begrenzt werden).

Argumente nennt man alle Aussagen, die eine These oder Antithese stützen und überzeugend und einsichtig machen.
Die Argumente für die These sind die **Pro-Argumente**. Entsprechend heißen alle Argumente für die Antithese **Kontra-Argumente**.

3 Mit welchen Argumenten stützen die beiden Diskussionsteilnehmer auf S. 109 jeweils ihre Position? Ergänzt eure Tabelle oder Karteikarten (vgl. Aufgabe 1, S. 107).

4 In seinem Beitrag geht „Tierfreund“ auf den vorangegangenen Beitrag ein. Stellt heraus, auf welche Weise er sich auf die Aussagen von „Schnitzeljäger“ bezieht.

5 Prüft die Argumente auf ihre Stichhaltigkeit: Wo erscheint euch ein Argument besonders aussagekräftig? Welches ist schwach und vielleicht auch leicht widerlegbar?

6 Arbeitet heraus, wie die genannten Argumente von den Verfassern veranschaulicht werden. Orientiert euch dabei an dem Werkzeugkasten auf S. 105.

Schinkenspieker

Mich stört die Radikalität, mit der hier im Forum manchmal argumentiert wird. Wenn ihr Kritiker recht hättet und man Tiere weder nutzen noch essen dürfte, dann müsste man ja nicht nur vegetarisch, sondern gleich vegan leben. Und das ist wirklich kompliziert: kein Käse, kein Joghurt, auch kein Kuchen wegen der darin enthaltenen Eier ... ich will das gar nicht weiter ausführen. Das kann ich auch nicht. Fleisch schmeckt mir eben und gehört auch für mich zur Lebensqualität. Man ist immer wieder auch mal auf eine Feier eingeladen, auf der es z. B. nur Gulasch oder Schinkenpizza gibt. Und dann zu verlangen, dass alle auf einen Rücksicht nehmen und ein Alternativgericht anbieten müssen, finde ich auch ziemlich ungesellig und auch schwierig.
Vielleicht muss man aber auch nicht jeden Tag und nicht jedes Fleisch essen, von dem man nicht wissen kann, wo es herkommt. Ist das nicht auch ein Weg: den Kompromiss machen, aus moralischen Gründen weniger Fleisch zu essen und wenn möglich zuzusehen, dass dieses Fleisch von einem Tier stammt, das vorher zumindest mal auf einer Wiese gestanden und die Sonne gesehen hat? Darauf könnte ich mich einlassen. Ich habe sogar mal von einem Bauern gehört, der Fleisch aus dem eigenen Tierbestand im Internet verkauft und dem Kunden dann zusichern kann, dass den Tieren neun Monate lang ein gutes Leben vergönnt war. Wenn man dann Fleisch isst, das aus so einer Tierhaltung stammt, finde ich das okay.

Penny
@Schinkenspieker
Du hast ja vielleicht Vorstellungen! Klar hört sich das erst einmal ganz toll an: Aber hast du dir mal die Preise angeguckt? Du willst mir doch nicht erzählen, dass du für einen Braten um die 40 € bezahlen würdest, oder? Wenn man nur noch „ethisch vertretbares" Fleisch essen würde, könnten sich viele Menschen überhaupt kein Fleisch leisten. Und dann war's das auch mit der Bratwurst oder dem Schinkenbrötchen auf dem Rummel für günstiges Geld.
Stell dir mal vor, was passieren würde: Fleisch als Privileg der Reichen. Das ist doch unfair!

Schinkenspieker
@Penny
Du hast sicherlich recht, dass dann, wenn das Fleisch so teuer werden würde, viele Leute weniger davon essen würden. Aber: Erstens ist das Fleisch so viel Geld wert. Die Forderung nach billigem Fleisch für alle ist doch eigentlich das Problem! Und zweitens: Wir brauchen gar nicht so viel Fleisch, wie wir essen! Es reicht völlig aus, wenn wir ab und zu mal ein Stückchen davon haben können. Vielleicht sollte das Prinzip nicht sein: Jeder isst, so viel er will, sondern: Jeder isst so viel, wie er braucht. Dann wären auch nicht so viele Leute wegen des Fleisches so ungesund und übergewichtig!

7 Untersucht die Diskussion zwischen Schinkenspieker und Penny daraufhin, welcher Standpunkt (These/Antithese) jeweils vertreten wird, welche Argumente genannt werden und wie sie gestützt werden. Beurteilt die Beiträge hinsichtlich ihrer Überzeugungskraft. Ergänzt eure Tabelle oder Karteikarten.

8 Beurteilt auch die sprachliche Gestaltung der Beiträge. Berücksichtigt, dass es sich um ein Internetforum handelt.

Ein Thema erörtern – Eine dialektische Erörterung aufbauen

In der Schülerzeitung der Schule gibt es eine Rubrik „Streitfälle – Ein Thema, viele Meinungen". Rieke beschließt, einen Artikel zur Streitfrage „Darf man Tiere essen?" für die Schülerzeitung zu verfassen.

1 Sammelt gemeinsam Ideen, wie ein Artikel für die Schülerzeitung gestaltet sein müsste. Überlegt dabei:

- Was müsste der Text inhaltlich enthalten?
- Wie könnte der Aufbau des Artikels im Hinblick auf die dialektische Erörterung aussehen?
- Was sollte man sprachlich, auch mit Blick auf die Adressatinnen/Adressaten, beachten?
- ...

Rieke hat von ihrer Deutschlehrerin folgende Übersicht bekommen:

Der Hauptteil einer dialektischen Erörterung – Möglichkeiten des Aufbaus

Möglichkeit 1:

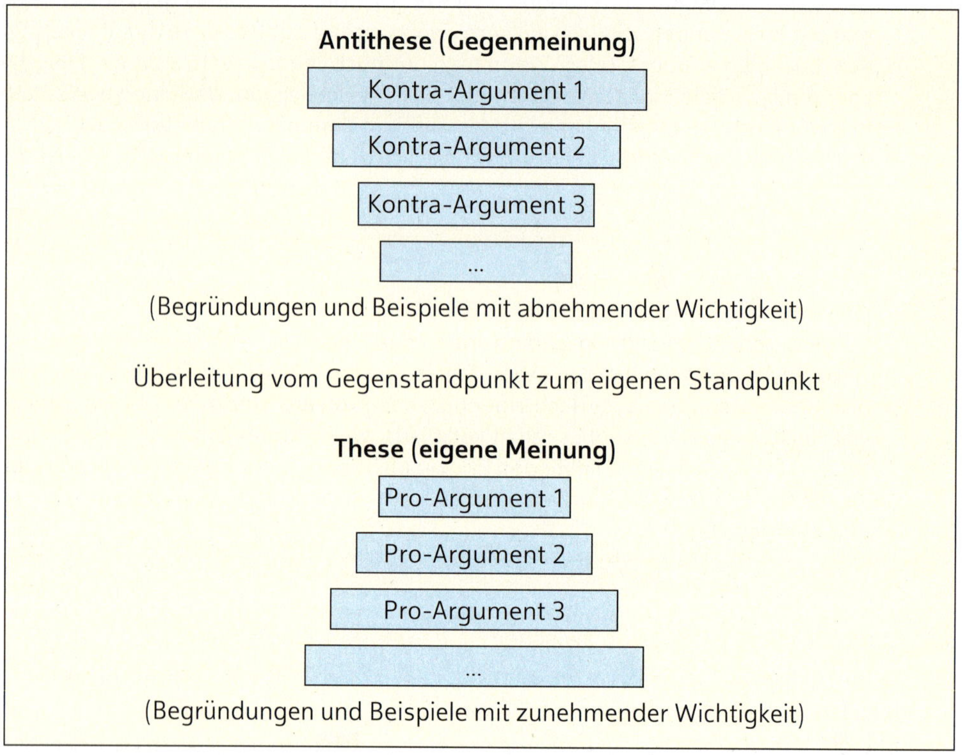

Möglichkeit 2:

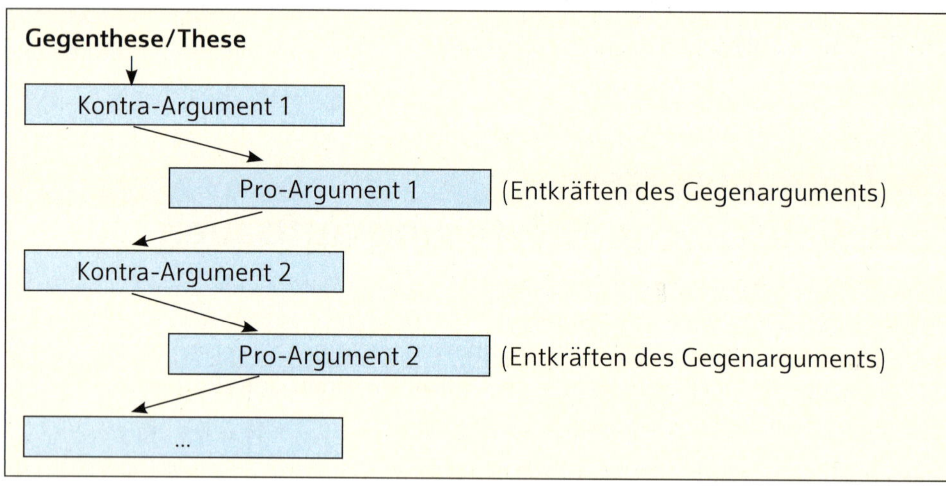

2 Beschreibt die beiden Möglichkeiten des Aufbaus einer dialektischen Erörterung und nennt Gründe, warum die jeweils vorgeschlagene Anordnung der Argumente sinnvoll sein könnte.

3 Überlegt, warum man bei dieser Form der Argumentation auch von einer „antithetischen" Erörterung spricht.

4 Welche der beiden Möglichkeiten, den Hauptteil aufzubauen, würdet ihr für den Artikel in der Schülerzeitung wählen? Begründet eure Entscheidung.

Um das Verfassen ihres Artikels vorzubereiten, hat Rieke folgende vorläufige Übersicht erstellt:

Dürfen wir Tiere essen?

1	**Einleitung**
2	**Hauptteil**
2.1	Antithese: ...
2.1.1	Kontra-Argument 1: Mensch als natürlicher Fleischfresser
2.1.2	Kontra-Argument 2: ...
2.1.3	Kontra-Argument 3: ...
...	
2.2	These: ...
2.2.1	Argument 1: ...
2.2.2	Argument 2: ...
2.2.3	Argument 3: ...
2.3	Fazit/Synthese
3	**Schluss**: abrundender oder weiterführender Gedanke

5 Beschreibt, wie Rieke vorgegangen ist. Begründet, woran man erkennen kann, welcher Position sie sich anschließen wird.

6 Erstellt mithilfe eurer gesammelten Argumente und des Musters von Rieke eine eigene Gliederung.

Eine Einleitung verfassen – Interesse wecken und die Streitfrage aufwerfen

Rieke hat in einem ersten Entwurf folgende Einleitung verfasst:

Wer heutzutage die Medienbeiträge verfolgt, dem vergeht immer mehr die Lust auf Fleisch. Immer wieder sehen wir gequälte Tiere auf Tiertransporten oder solche, die in riesigen Hallen eng aneinandergepresst nur das baldige Ende im Schlachthaus erwarten. Hinzu kommen die zahlreichen Skandale, die uns aufrütteln sollten. Weil wir den Tieren Antibiotika geben, entwickeln sich neue und aggressive Keime, die sich auf den Menschen übertragen und die nicht mehr mit Antibiotika bekämpft werden können, weil sich Resistenzen entwickelt haben. Angesichts des Leidens der Tiere und der Nachteile eines hohen Fleischkonsums auch für den Menschen und die Umwelt stellt sich die Frage, ob es moralisch gerechtfertigt ist, weiterhin Tiere in dieser Weise zu nutzen und sie zu essen.

1 Untersucht Riekes Entwurf. Wie geht sie in ihrer Einleitung vor? Schafft sie es, das Interesse der Leserinnen und Leser zu wecken? Was ist ihr noch nicht gelungen? Begründet eure Meinung.

2 Formuliert selbst eine Einleitung zu dem Streitthema. Orientiert euch dabei an dem Werkzeugkasten auf S. 103.

4 Verfasst auf der Grundlage eurer Sammlung von Pro- und Kontra-Argumenten einen Entwurf für einen Artikel in der Schülerzeitung zu dem Thema „Dürfen wir Tiere essen?“. Entscheidet euch dabei für eine der beiden Aufbaumöglichkeiten einer dialektischen Erörterung. Nutzt dazu die Hinweise in dem Werkzeugkasten auf der Seite 117.

Julian und Rieke haben bereits einen Schluss für ihren Artikel entworfen.

Schluss 1 (Julian):

> Die Gegenüberstellung und das Abwägen von Argumenten beider Positionen haben gezeigt, dass die Frage „Darf man Tiere essen?“ sehr schwer eindeutig zu beantworten ist. Trotz schwerwiegender Argumente auf der Seite der überzeugten Vegetarier bzw. Veganer halte ich es aber insgesamt für vertretbar, Tiere zu essen. Wäre Fleischverzehr wirklich ein Fehler bzw. ein Unrecht des Menschen, bliebe die Frage, warum uns die Natur nicht nur zum „Sammler“, sondern eben auch zum „Jäger“ bestimmt hat, ungeklärt. Mit Blick auf die Natur des Menschen komme ich zu dem Urteil: Tiere zu töten und sie zu essen ist normal. Niemand darf dafür moralisch verurteilt werden.

Schluss 2 (Rieke):

> Der Fleischkonsum hat weitreichende und negative Folgen – nicht nur für mich allein und meine Gesundheit, sondern auch für die Umwelt und für die Geschöpfe um mich herum. Nach genauerem Nachdenken finde ich keine Rechtfertigung mehr dafür, die Tiere, die wie ich selbst Leid empfinden können und die auch viele bewundernswerte Eigenschaften haben, für meine Zwecke auszunutzen und sie zu essen. Würden noch mehr Menschen erkennen, dass unsere Ernährungsgewohnheiten ein großes Unrecht darstellen, und sich dafür entscheiden, nicht mehr länger mitzumachen, würde sich die Situation für alle Lebewesen auf unserem Planeten verbessern. Darum fordere ich euch alle dazu auf: Verzichtet auf den Burger!

5 Vergleicht und beurteilt die Schlüsse von Julian und Rieke. Achtet dabei auf folgende Punkte:

- Was ist jeweils gelungen und was könnte verbessert werden?
- Welche Möglichkeiten, den Schluss einer Erörterung zu gestalten, wählen sie jeweils?
- Mit welchen sprachlichen Mitteln verdeutlichen sie, dass es sich um den Schluss ihrer Erörterung handelt?

6 Sammelt anhand der beiden Beispiele Tipps dafür, was man beim Schluss einer Erörterung beachten muss.

7 Verfasst den Text für einen Werkzeugkasten mit der Überschrift „Den Schluss einer Erörterung verfassen“.

8 Schreibt einen Schluss zu eurem Schülerzeitungsartikel zu dem Thema „Dürfen wir Tiere essen?“ bzw. überarbeitet den von euch schon verfassten Schluss.

Eine dialektische Erörterung verfassen

Beim **dialektischen Erörtern** ist verlangt, dass das Thema von zwei Seiten beleuchtet wird. Es wird also **dafür** und **dagegen** argumentiert (pro und kontra). Dialektische Themenstellungen werden oft als Entscheidungsfrage formuliert , die man mit ja oder nein beantworten kann . Wichtig ist bei jeder Themenstellung, dass man sich klarmacht, worüber man schreiben soll, und die Aufgabenstellung erfasst.

So geht man vor:

- Aus der Analyse der Materialien ergibt sich eine **Stoffsammlung** in Form von Stichwörtern. Diese werden bei der dialektischen Erörterung nach dem Pro und dem Kontra unterschieden. Hier ist es möglich, dass manche Aspekte auf beiden Seiten zugeordnet und zu Argumenten ausgebaut werden können. Aus den gesammelten Ideen und Stichwörtern lassen sich Gruppen von zusammengehörenden Begriffen und Beispielen herauslösen. Diese können unter Oberbegriffen gesammelt werden, die dann als Grundlage für die Gliederung dienen.
- Bei der **Gliederung** zu einer dialektischen Erörterung empfiehlt es sich, die gegensätzlichen Positionen mit unterschiedlichen Farben zu kennzeichnen.
- Die **Einleitung** zu einer dialektischen Erörterung besteht aus drei Teilen: der Einleitungsidee (z. B. persönliches Erlebnis, Zitat, Statistik, Ereignis), der Überleitung und dem Thema der Erörterung.

Im Allgemeinen wird man im **Hauptteil** einer dialektischen Erörterung die Argumente, getrennt nach Pro und Kontra, nacheinander in einem zusammenhängenden **Block** aufschreiben. Ob man im jeweiligen Argumentationsblock steigernd vorgeht oder für die Gegenposition eine zunächst fallende Argumentation wählt (vgl. S. 112), bleibt der Verfasserin / dem Verfasser überlassen. In beiden Fällen sollte jedoch **das wichtigste eigene Argument an den Schluss** gesetzt werden.

- In jedem Fall verbindet die Argumente der Pro- und Kontra-Seite jeweils eine **Überleitung**. Wichtig ist auch, dass die jeweiligen Argumentationsteile sprachlich sinnvoll miteinander verknüpft werden, sodass Begründungen, Beispiele, Erläuterungen oder Schlussfolgerungen als solche erkannt werden.
- Am Ende deiner Argumentation steht dein **Fazit** bzw. deine **Synthese**. Hier fasst du die wesentlichen Begründungen noch einmal kurz zusammen (Fazit ziehen) und stellst deine eigene Meinung dar. Hier sollte man nicht mehr neu argumentieren. Eventuell wird eine sinnvolle Lösung oder eine abschließende Forderung (Synthese) vorgestellt. Mögliche Konsequenzen, die sich aus dem Lösungsvorschlag ergeben, sollten auch dargestellt werden.
- Im Schluss deiner dialektischen Erörterung führst du einen weiterführenden oder einen abrundeten Gedanken an. In den Schluss gehören nicht hinein:
  - neue Begründungen,
  - eine Entscheidung ohne Zusammenhang zur Argumentation,
  - eine ausführliche Wiederholung der Begründungen aus dem Hauptteil.

Das brauchst du immer wieder. ◆ So gehst du vor.

Texte überarbeiten

Um selbst geschriebene Texte zu verbessern, ist es sinnvoll, sie **zusammen zu besprechen und zu überarbeiten**. Nutzt dazu den Werkzeugkasten auf der Seite 117. Bei der Textüberarbeitung könnt ihr folgendermaßen vorgehen:

- Jede/Jeder liest ihren/seinen Entwurf vor. Die anderen machen Vorschläge, an welchen Stellen etwas ergänzt, gestrichen oder umformuliert werden sollte. Diese Vorschläge notiert diejenige/derjenige, die/der vorgelesen hat, in ihrem/seinen Text und arbeitet sie später ein.
- Eine andere Möglichkeit ist, dass ihr die Textentwürfe in den Gruppen im Kreis weiterreicht. Die Verbesserungsvorschläge werden dann von jeder Schülerin / jedem Schüler direkt in den Text geschrieben. Wenn man das eigene Heft zurückerhält, kann man seinen Entwurf mithilfe der Notizen und Eintragungen der anderen überarbeiten.
- Es ist für die Gruppenarbeit hilfreich, wenn ihr beim Schreiben eurer Entwürfe von einer Doppelseite nur die linke Heftseite benutzt. So könnt ihr die Verbesserungsvorschläge übersichtlich auf der freien Seite notieren. Ihr könnt eure Entwürfe auch in den PC eingeben und den Seitenrand und Zeilenabstand des Dokuments entsprechend einrichten.
- Wenn ihr eure Entwürfe in den PC eingegeben habt, könnt ihr sie euch auch per E-Mail zuschicken. Die Entwürfe der anderen könnt ihr dann direkt im Text verbessern. Damit die Absenderin / der Absender weiß, was ihr an ihrem/seinem Entwurf ändern würdet, und sie/er eure Vorschläge nachvollziehen kann, müsst ihr das Dokument folgendermaßen einrichten: Im Menü findet ihr unter *Überprüfen* den Punkt *Änderungen nachverfolgen*. Wenn ihr diesen anwählt, werden alle Änderungen des Dokuments am Bildschirm und beim Ausdruck rot hervorgehoben. Kommentare zum Text könnt ihr mithilfe der Funktion „Neuer Kommentar“ einfügen.
- Nachdem ihr eure Entwürfe überarbeitet habt, könnt ihr sie wieder in den Gruppen besprechen. Besonders gelungene Texte können der Klasse vorgestellt werden, wobei die Gruppe ihre Auswahl genau begründen sollte.

1 Überarbeitet eure Entwürfe in kleinen Gruppen. Nutzt dazu die Informationen oben.

2 Erstellt eine Checkliste zum dialektischen Erörtern. Denkt an formale und inhaltliche Kriterien.

3 Ihr könnt das dialektische Erörtern weiter üben. Übungen findet ihr unter: Webcode **SNG-28054-029**.

3. Mündlich argumentieren

„Eine gute Rede soll das Thema erschöpfen, nicht die Zuhörer."

Winston Churchill, brit. Staatsmann, 1874 – 1965

„Eine Sprache mit Geschick handhaben heißt, eine Art Beschwörungszauber treiben."

Charles Baudelaire, frz. Schriftsteller, 1821 – 1867

(Porträt von Émile Deroy, 1843/44)

Aufwärmübungen – Stegreifreden

1 Was ist eine gute Rede/ein guter Diskussionsbeitrag? Erstellt in der Klasse einen Kriterienkatalog. Nutzt hierfür als Anregung die Zitate von Churchill und Baudelaire.

2 Seht euch die Liste der rhetorischen Figuren auf der Seite 32 an und besprecht, welche der genannten Stilmittel wirkungsvoll in Redebeiträgen eingebaut werden können. Nennt Beispiele.

Überzeugungskraft hängt offenbar einerseits von der thematischen Entfaltung eines Sachgebiets ab, andererseits aber auch von der Lust und vom Geschick der Rednerin / des Redners. Erprobt mithilfe der folgenden Übung, aus dem Stegreif eine Rede zu halten.

3 Bildet kleine Gruppen. Wählt ein „Nonsens-Thema" (natürlich sind auch eigene Vorschläge hier erwünscht!). Bereitet euch mittels eines knappen Stichwortzettels vor und haltet euch gegenseitig eure Reden, die 2 – 3 Minuten lang sein sollten.

4 Sprecht über eure Beiträge und kürt in der Kleingruppe die beste Rednerin / den besten Redner. Nutzt hierfür den Kriterienkatalog aus Aufgabe 1.

Nonsens-Reden – Themenpool

Es ist dringend notwendig, ...

- die Schule von außen pink zu streichen.
- aus dem Lehrerzimmer ein Feuchtbiotop zu machen.
- dass Schülerinnen und Schüler an ihrem Geburtstag die Schule nur mit Gummistiefeln betreten.
- die Bestellung im italienischen (chinesischen ...) Restaurant auf Italienisch (Chinesisch ...) aufzugeben.
- jederzeit ein Stofftier bei sich zu führen.
- zu lernen, wie man Fliegen dressiert.
- mindestens einmal am Tag Goethe zu zitieren.

...

Vorurteilen begegnen

Sicher habt ihr schon Situationen erlebt, in denen ihr euch gegen Vorurteile oder Meinungen durchsetzen wolltet, die falsch, verletzend oder menschenverachtend sind und denen deshalb widersprochen werden muss. Manchmal hattet ihr vielleicht das Gefühl, dass es schwer ist, hierauf richtig und entschieden zu reagieren. Dabei ist es wichtig, in derartigen Situationen nicht zu verstummen, sondern Strategien zu entwickeln, die vielleicht zum Nach- und Überdenken einladen und dabei helfen, festgefügte Denkmuster aufzubrechen.

Je mehr Facebook-Freunde und „Likes", umso einsamer ist der Nutzer in der realen Welt.

Die Jugend von heute ist dumm, gelangweilt und von ihrem Smartphone abhängig!

Einzelkinder sind verwöhnte Einzelkämpfer mit geringer sozialer Kompetenz.

Die Gesetze in unserem Land sind viel zu weich. Gegen steigende Kriminalitätsraten hilft nur eines: schärfere Gesetze und härteres Durchgreifen!

Die Forderungen von Frauen nach Gleichberechtigung sind vollkommen überzogen!

1 Habt ihr diese oder ähnliche Vorurteile schon einmal gehört? Wie erging es euch dabei? Tauscht euch untereinander aus.

2 Sammelt weitere häufig geäußerte Vorurteile, denen ihr im Alltag begegnet, und erstellt eine Liste.

3 Erklärt den Slogan „Fakten statt Vorurteile" und bringt ihn in einen Zusammenhang mit dem Thema „Diskutieren und Erörtern".

4 Seht euch die Karikatur zum Thema „Vorurteil" an und deutet diese, indem ihr folgende Fragen beantwortet:

- Auf welche Vorurteile wird angespielt?
- Wie geht der Karikaturist mit ihnen um?
- Welche Aussage soll dem Betrachter vermittelt werden?

Übungen zum mündlichen Argumentieren

Bildet für die Übungen zwei Gruppen: Die eine Gruppe besteht aus Spielerinnen und Spielern, die andere aus Beobachterinnen und Beobachtern. Die Beobachtungsgruppe kann einen Beobachtungsbogen (s. Muster unten) erstellen und für die Rückmeldungen nutzen. Tauscht nach einer Übung die Rollen.

Pingpong

Bildet Sechsergruppen. In jeder Gruppe muss je eine Person für und eine gegen einen der nachfolgenden Gesetzesvorschlage sein. Lost aus, wer aus eurer Gruppe welchen der Vorschlage befürwortet (Befürworten) und wer ihn ablehnt (Gegen). Ihr habt dann fünf Minuten Zeit, um eine Stellungnahme zu eurer Position vorzubereiten. Danach treten der Befürworter und der Gegner gegeneinander an und diskutieren über einen der Vorschläge. Zuerst stellt der eine Sprecher seine Position mit einem Argument dar, danach der andere, dann nennt der erste Sprecher sein zweites Argument usw. – wie beim Pingpong.
Am Ende entscheidet die Beobachtergruppe, wer am überzeugendsten war.
Vorschlag 1: Schulunterricht soll nur noch zu Hause durch Erklärvideos stattfinden.
Vorschlag 2: Statt Schuhen tragen alle Lappen, die sie sich um die Füße wickeln.

Preisverleihung

Ihr seid ein Dreier- oder Viererteam, das sich einer Jury stellt. Ein Mitglied eurer Gruppe soll einen Preis erhalten, z. B. für die schönste Kappe, das bezauberndste Lächeln, die originellste Frisur ... Jeder muss für jemand anderen in der Gruppe (nicht für sich selbst!) argumentieren und begründen, warum derjenige den Preis erhalten soll. Also: Einigt euch auf einen Preis, der verliehen werden soll, und auf die Person, für die ihr sprecht. Nach einer kurzen Vorbereitungszeit tritt jeder vor die Gruppe und preist seinen Bewerber in einem kurzen Vortrag an. Die Beobachtergruppe entscheidet, wer am überzeugendsten argumentiert hat und wem der Preis gebührt.

1 Führt die Übungen durch und sprecht über eure Erfahrungen: Welches Argumentationsverhalten hat euch in der jeweiligen Situation am meisten überzeugt?

Beobachtungsbogen

	überzeugend ++	gut +	akzeptabel o	wenig gelungen –	schlecht – –
Körpersprache (Mimik/Gestik)					
Argumentationsstrategien verwendet					
Sachlich argumentiert					

Debattieren oder Diskutieren?

Diskussionen und Debatten unterscheiden sich voneinander:

Debatte (franz.: *débattre* = (nieder-)schlagen	**Diskussion** (lat.: *discussio* = Streit)
Streitgespräch auf gehobenem Niveau, in dem genaue zeitliche Regeln und vorgegebene Formulierungen gelten	freies Gespräch, in dem gewöhnliche Gesprächsregeln gelten
Debattenredner versuchen, Zuhörer/-innen von ihren Argumenten zu überzeugen.	Mehrere Personen (Diskutanten) sprechen (diskutieren) über ein konkretes Thema.
Ziel: Gegenüberstellung von Pro- und Kontra-Argumenten, um eine Lösung für ein Problem zu finden.	Ziel: verschiedene Aspekte zusammentragen, verschiedene Meinungen hören
Zugrunde liegt eine Entscheidungsfrage, die mit Ja oder Nein beantwortet werden kann.	Gegenstand der Diskussion ist ein beliebiges Thema oder auch mehrere Themen.

1 Vergleicht die Spalten und erklärt in eigenen Worten den Unterschied zwischen einer Diskussion und einer Debatte.

2 Tauscht euch darüber aus, wo und über welche Themen diskutiert bzw. debattiert werden kann.

Wer kennt „Jugend debattiert"?

„Jugend debattiert" ist ein Wettbewerb, an dem jedes Jahr über 100 000 Schülerinnen und Schüler teilnehmen. Man kann sich einzeln oder mit der ganzen Klasse zum Wettbewerb anmelden. Das bringt dir eine Teilnahme:

1 Besprecht mit einer Partnerin/einem Partner, was unter den einzelnen Kompetenzen zu verstehen ist. Inwiefern könnt ihr von diesen Fähigkeiten profitieren?

Aufbau und Ablauf einer Debatte

Eröffnungs-runde: Position beziehen	Debattiert wird eine Soll-Frage (Beispiel: Sollen Mädchen und Jungen in bestimmten Fächern getrennt voneinander unterrichtet werden?). Zwei Personen sprechen pro, zwei Personen sprechen kontra. Jeder hat maximal zwei Minuten Redezeit, ohne Unterbrechung. Pro- und Kontra-Rednerinnen/Redner wechseln einander ab. Pro beginnt.	Debattanten
	Leitgedanken: – Was ist jetzt? Was soll sein? Was genau soll dazu geschehen? – Vorschlag (Pro) oder Kritik (Kontra), mit Bezugnahme auf Vorredner/-innen – Wenn man genug zu sagen hat: Redezeit ausschöpfen! – Zielsatz = Antwort auf die Streitfrage: [Deshalb] soll .../soll ... nicht (Beispiel für eine Soll-Frage: Sollen Mädchen und Jungen in bestimmten Fächern getrennt voneinander unterrichtet werden?)	
Freie Aus-sprache: Abgleich und Klärung	Zwölf Minuten, ohne Gesprächsleiter, in freiem Wechsel. Die Rednerinnen/Redner fassen sich kurz und gehen genau aufeinander ein. Die vorgebrachten Argumente werden (pro und kontra im Wechsel) ergänzt, präzisiert, notiert und abgewogen.	
	Leitgedanken: – Worüber sind wir uns einig? Worüber streiten wir? – Inwiefern geht die Streitfrage alle an? – Was soll in diesem Streit letztlich entscheiden? (Interessen-/Werte-/Güterabwägung, Kosten, Dringlichkeit)	
Schlussrunde: erneut Position beziehen	Jeder hat maximal eine Minute Redezeit, ohne Unterbrechung. Die Rednerinnen/Redner sprechen in der gleichen Reihenfolge wie in der Eröffnungsrunde. Sie beantworten die Streitfrage ein zweites Mal, jetzt mit dem für sie wichtigsten Argument aus der Debatte. Es werden keine neuen Argumente vorgetragen.	
	Leitgedanken: – Inwiefern hat diese Debatte meine Position bestätigt/verändert? – Was war für mich wichtig? Warum? – Zielsatz: „Deshalb (ausschlaggebender Grund) bin ich für/bin ich gegen ...“	
	Ein einmaliges Klingelzeichen kündigt die bald endende Redezeit an. Das Überschreiten der Redezeit wird durch zweimaliges Klingelzeichen angezeigt und anschließend durch dauerndes Klingelzeichen unterbunden.	Zeitnehmer
Bewertungs-kriterien:	Sachkenntnis: Wie gut weiß die Rednerin/der Redner, was sie/er sagt? Ausdrucksvermögen: Wie gut sagt sie/er, was sie/er meint? Gesprächsfähigkeit: Wie gut geht sie/er auf andere ein? Überzeugungskraft: Wie gut begründet sie/er, was sie/er meint?	Jury

2 Untersucht den Debattenablauf und besprecht die Vorteile der vorgegebenen Formulierungen.

3 Findet ein Thema für eine Debatte. Geht dabei so vor:

- Einzelarbeit: In einer Klasse oder in der Schule kommt es immer wieder zu Problemen und Konflikten. Über was habt ihr euch in letzter Zeit geärgert und mit welchen Maßnahmen möchtet ihr es gerne ändern? Entwickelt aus euren Überlegungen drei Sollfragen. (Mögliche Fragen: Sollen alle Schülerinnen und Schüler dazu verpflichtet werden, einen „Führerschein" für das richtige Verhalten in sozialen Netzwerken zu machen? Soll der Schulalltag mit einer Sportstunde beginnen? ...)
- Vergleicht und besprecht eure Sollfragen mit einer Partnerin / einem Partner. Einigt euch auf drei gemeinsame Fragen.
- Jeweils zwei Paare bilden eine Gruppe und wählen gemeinsam zwei Sollfragen als Debattenthema aus und schreiben sie einzeln auf einen Papierstreifen.
- Die Papierstreifen werden an die Tafel gehängt und von allen gelesen. Jeder markiert das Debattenthema, über das er sich gerne austauschen würde, mit einem Punkt.

4 Hängt die Papierstreifen der Rangfolge nach auf und nutzt sie als Themenspeicher.

Übungen zum Debattieren

Die Mikrodebatte

Eröffnungsrede (3 Sätze); Freie Aussprache (3 Sätze); Schlussrede (3 Sätze)
Für die Eröffnungsrede und die Schlussrede ist die Struktur festgelegt: Die Reden beginnen mit einer Frage und enden mit der Antwort auf diese Frage. Die Antwort wird durch eine Begründung vorbereitet.

Struktur der Eröffnungsrede	Struktur der Schlussrede
Frage: Wir stellen uns heute die Frage: Soll ...?	Frage: Wir haben uns gefragt: Soll ...?
Begründung: Dafür/Dagegen spricht ...	Begründung: Am wichtigsten für mich ist ...
Antwort: Deshalb bin ich dafür/dagegen, dass ...	Antwort: Deshalb sage ich: ...

Scherzfragen

Beim Üben macht es viel Spaß, hin und wieder auch eine Scherzfrage zu debattieren:

- Soll die Schulpflicht auch für Gummibärchen gelten?
- Sollen Fernsehnachrichten gesungen werden?
- Soll Frankreich mit Käse überbacken werden?

1 Führt eine Mikrodebatte unter Anwendung der dargestellten Regeln und Redewendungen durch.

Eine Streitfrage erfüllt folgende Kriterien: Sie fängt mit „Soll" an; sie enthält einen Vorschlag; sie kann nur mit „Ja" oder „Nein" beantwortet werden; es gibt für beide Seiten Gründe. Neben der Einigung auf eine der beiden Positionen kann am Ende auch ein Kompromiss formuliert werden.

Debatte im Uhrzeigersinn

Soll an unserer Schule der Verkauf von Süßigkeiten verboten werden?
Setzt euch zu viert zusammen und untersucht, ob es sich bei dieser Frage um eine Streitfrage handelt. Führt eine Debatte zu dieser Frage durch.
Nennt dabei abwechselnd Pro- und Kontra-Gründe.
Jede Rednerin/jeder Redner stellt zunächst seine Position vor. Dabei gliedert sie/er seinen Redebeitrag so:
Frage: Soll an unserer Schule der Verkauf von Süßigkeiten verboten werden?
Grund: Dafür/Dagegen spricht ...
Antwort: Deshalb soll ...
Sobald jede Rednerin/jeder Redner seine Eröffnungsrede gehalten hat, beginnt ihr mit der freien Aussprache. Haltet dabei die gleiche Reihenfolge ein.
Nach sechs Minuten beginnt ihr mit der Schlussrunde. Haltet euch dabei wieder an die Gliederung Frage – Begründung – Antwort.

Zum Punkt kommen

Mit dieser Übung lernt ihr, Position zu beziehen und nach einer einfachen Strukturvorlage frei zu sprechen. Setzt euch zu viert zusammen. Wählt ein Thema und führt eine Debatte durch. Haltet euch ganz genau an die Redevorgaben:

Redeteil	Formulierungsvorschlag
Eröffnungsrede: Fragestellung	Wir stellen uns die Frage: Soll ...?
Eröffnungsrede: Grund	Für/Gegen ... spricht, dass ...
Eröffnungsrede: Antwort	Deshalb bin ich dafür/dagegen, dass ...
Freie Rede: Anknüpfung	Du hast gesagt, dass ...
Freie Rede: Kommentar	Das kann man so sehen!
Freie Rede: Eigene Meinung	Ich bin der Meinung, dass ...
Schlussrede: Anknüpfung	Wir haben uns gefragt: Soll ...?
Schlussrede: Hauptgrund	Aus meiner Sicht ist entscheidend, dass ...
Schlussrede: Antwort	Deshalb sage ich: ...

2 Führt die Übungen durch und sprecht über eure Erfahrungen: Welches Debattierverhalten hat euch in der jeweiligen Situation am meisten überzeugt?

Eine Mitschrift verfassen

Damit man am Ende einer Debatte zu einem Thema auch noch weiß, wer was gesagt hat und zu welchem Ergebnis man gekommen ist, ist es sinnvoll, eine Mitschrift anzufertigen.

Hierzu gilt es einige Grundregeln des Mitschreibens zu beachten:

Notiert

- das Thema der Auseinandersetzung,
- die Teilnehmernamen, Datum und Uhrzeit sowie den Ort,
- wichtige Gesprächsbeiträge mit Namen der Sprecherinnen und Sprecher,
- Ergebnisse von Abstimmungen in Zahlen,
- ggf. könnt ihr euch auch die Erläuterungen zu den Kernaussagen mitschreiben.

Achtet auf ...

- eine übersichtliche Darstellung (Wichtiges hervorheben; optische Anordnung, z. B. über Pfeile/Symbole),
- eine Konzentration auf das Wesentliche,
- klare und kurze Formulierungen (Stichpunkte sind oft ausreichend).

Sinnvoll kann es sein, während des Hörens Schaubilder, Flussdiagramme, Schemata aus dem Gehörten zu entwickeln. Schreibt euch wichtige Namen, Daten, Zahlen auf.

Mitschrift über ... Datum: ... Zeit: ... Ort: ... Anwesend: ... Thema: ... Ablauf: ...	Kopf der Mitschrift
...	Hauptteil
Ort, Datum Unterschrift	Schluss

1 Begründet, warum die Informationen im Kopf der Mitschrift und im Schluss wichtig sind.

2 Erstellt zu einer eurer Debatten oder Vorträge eine Mitschrift.

4. Seinen Standpunkt mithilfe einer Präsentation vertreten

Sicherlich gibt es in eurer Klasse unterschiedliche Auffassungen bei einzelnen Themen. Oftmals unterscheiden sich die Standpunkte grundlegend von denen der Lehrerinnen und Lehrer. Manchmal kann es vorkommen, dass Schülerinnen und Schüler im Rahmen der SMV (Schülermitverantwortung) auch zu Themen im Schulforum gehört werden. In einem kurzen Vortrag solltet ihr dann euren Standpunkt zu diesem Thema zusammenfassen und eine Präsentation hierzu ausarbeiten, die ihr dann vor dem Gremium Schulforum vorstellt.
Stellt Überlegungen zu einem solchen Vortrag an und arbeitet folgendermaßen weiter:

1 Überlegt, warum und in welcher Weise dieser Vortrag anders gestaltet werden muss als die schriftlichen Stellungnahmen der einzelnen Schülerinnen und Schüler. Bedenkt hierzu, dass ihr einen anderen Adressaten habt: Das Schulforum will überzeugt werden!

2 Wählt eines der Themen von S. 93 aus: Notiert euch, auf welches Vorwissen ihr zurückgreifen könnt und welchen Standpunkt das Schulforum vertreten könnte.

3 Erarbeitet mithilfe des Infokastens Argumente, mit denen ihr das Schulforum überzeugen könnt.

Info: Argumenttypen

- Ein **Faktenargument** stützt sich auf eine Tatsache oder eine logische Verknüpfung. (Beispiel: „Bei der Umfrage in der Schule ist herausgekommen, dass 60 % …")
- Ein **normatives Argument** gebraucht einen Wertmaßstab (Norm). (Beispiel: „Kulturelle Werte, zum Beispiel das Lesen, sollten gefördert werden.")
- Beruft sich ein Argument auf einen Experten/eine Expertin oder eine akzeptierte Autorität, verwendet man ein **Autoritätsargument**. (Beispiel: „Wie der Experte … ausführt …")
- Überträgt man ein Beispiel aus einem anderen Bereich auf den neuen Sachverhalt, liegt an **analogisierendes Argument** vor. (Beispiel: „Ein gutes Drehbuch hilft bei schlechter schauspielerischer Umsetzung nicht viel: Das gilt auch für Diskussionen.")
- Bei einem **indirekten Argument** wird die gegenteilige Meinung entkräftet. So erscheint die eigene Meinung plausibel. (Beispiel: „Kritiker meinen, dass … Fakt ist jedoch …")

4 Erstellt stichwortartig eine Übersicht über den Aufbau und die Inhalte eines möglichen Vortrags vor dem Schulforum.

5 Verfasst erste Entwürfe und überarbeitet sie gemeinsam.

Fehler bei der digitalen Präsentation vermeiden

Die Gliederung und der Inhalt des Vortrags sind ausgearbeitet, der zeitliche Rahmen steht fest: Jetzt fehlt nur noch eine digitale Präsentation.

1 Diskutiert: Welche Aufgaben sollten digitale Folien bei einer Präsentation erfüllen? Notiert, wie und wofür man Folien einsetzen kann.

2 Lest euch die folgenden Standpunkte der Schülerinnen und Schüler durch und nehmt Stellung dazu: Würdet ihr euch diesen Meinungen anschließen?

Ich sehe eher die Gefahr, dass digitale Präsentationen schnell uninteressant werden – auf den Folien steht meist genau das, was der Referent dann sagt, und zum Schluss gibt es alles noch einmal als Kopie. Da muss man sich doch langweilen!

Ich glaube, man kann auch sehr gut ohne PC auskommen. Tafelbilder und Wandzeitungen sind viel persönlicher. Mir fällt kein Thema ein, das durch ein Präsentationsprogramm besser werden könnte.

Digitale Präsentationen bieten bei einem Vortrag so viele Möglichkeiten wie kein anderes Medium. Deswegen ist der PC für mich immer erste Wahl. Außerdem beeindrucken digitale Folien immer – selbst wenn sie nicht ganz so gut gestaltet sind.

Digitale Präsentationen lassen sich mithilfe von „Assistenten" oft in wenigen Schritten und relativ kurzer Zeit erstellen – doch Vorsicht: Gerade dadurch wächst die Verlockung, sich nicht auf das Wesentliche zu beschränken und auf eine gründliche Planung und Ausarbeitung der Präsentation zu verzichten. Hier seht ihr typische Fehler, die bei digitalen Präsentationen gemacht werden:

- Wiederholungen
- Bilder ohne Informationsgehalt
- ablenkende Animationen
- zu viel Text
- überflüssige Inhalte
- zu viele Informationen
- unleserlicher Text
- Fehler im Umgang mit der Technik (Computer, Programm)
- falsche Wahl von Farbe und Schrift

3 Besprecht, was im Hinblick auf Mimik, Gestik und Körperhaltung der/des Vortragenden zu beachten ist.

4 Erstellt eine kurze Handreichung, was bei einer digitalen Präsentation zu beachten ist. Gebt dabei auch praktische Tipps zur Seitengestaltung, Schriftgröße, Schriftfarbe und Verwendung von Bildern und Texten.

5 Entwerft eigene Folien für die Präsentation vor dem Schulforum. Ihr könnt dafür sowohl einen PC oder ein Tablet benutzen als auch Zeichnungen per Hand anfertigen.

Eine schriftliche Rückmeldung geben

Während einer Präsentation achten die Beobachterinnen/Beobachter genau darauf, was der Redner oder die Rednerin sagt und macht. Das schließt auch die Reaktionen der Beobachterinnen/Beobachter auf den Vortrag ein. Um eine hilfreiche Rückmeldung zu geben, kann man dabei einen Beobachtungsbogen ausfüllen:

Was nehme ich wahr?	Wie wirkt das auf mich?	Wie reagiere ich?
sehr schnelles und hastiges Reden, unvollständige Sätze	nervös ...	komme nicht mit, werde unruhig
viele hektische Bewegungen mit den Händen	...	achte nur noch auf die Bewegungen
ab und zu Pausen gemacht	überlegt und sicher	kann mir gut Notizen machen
liest vom Blatt ab	einschläfernd, ermüdend	...
schaut die Zuhörer an, lächelt manchmal	offen, freundlich,	
...	...	...

1 Übertragt den folgenden Beobachtungsbogen in euer Heft und vervollständigt ihn gemeinsam.

Gliederung	klar erkennbar, hilfreich für die Zuhörer/-innen	0 0 0 0	nicht nachvollziehbar, wirr, zufällig
Sachkenntnis	überzeugend, breites Wissen, Sicherheit bei Fragen	0 0 0 0	falsch, verwirrend, unsicher, nicht ausreichend vorbereitet
Vortragshaltung	offen, selbstbewusst, dem Publikum zugewandt	0 0 0 0	ängstlich, abgewandt, verloren, unmotiviert
Sprache	laut, deutlich, einfacher Satzbau, frei formuliert	0 0 0 0	leise, undeutlich, abgelesen, auswendig gelernt
Bezug zum Publikum	einladend, Interesse weckend, freundlich	0 0 0 0	distanziert, überheblich, abweisend
Medieneinsatz	routiniert, unterstützend, zielführend, gut erkennbar/lesbar	0 0 0 0	aufdringlich, Selbstzweck, überladen, ablenkend
...	...	0 0 0 0	...

2 Vergleicht die beiden Beobachtungsbögen oben und unten miteinander. Welcher gefällt euch besser? Begründet eure Wahl.

3 Setzt einen der beiden Beobachtungsbögen bei einem Vortrag eurer Wahl – nicht nur im Deutschunterricht – ein. Diskutiert über eure Erfahrungen.

5. Lernfortschritte im Blick

Lineare und dialektische Erörterung unterscheiden → S. 105, 117

1 Wie muss es richtig heißen? Verbessere die folgenden beiden Aussagen und schreibe sie in der richtigen Fassung in dein Heft.

- Bei einer linearen Erörterung werden Pro- und Kontra-Argumente gegenübergestellt.
- Bei einer dialektischen Erörterung wird nur der eigene Standpunkt möglichst ausführlich dargelegt.

2 Welche der beiden folgenden Aussagen ist richtig? Schreibe sie in dein Heft.

- Bei einer linearen Erörterung empfiehlt es sich, die Argumente steigernd darzustellen, d. h. vom stärksten zum schwächsten Argument.
- Bei einer linearen Erörterung empfiehlt es sich, die Argumente steigernd darzustellen, d. h. vom schwächsten zum stärksten Argument.

3 Beschreibe, welche beiden Möglichkeiten es gibt, eine dialektische Erörterung aufzubauen.

Argumente verbinden und gewichten → S. 115

4 Ordne entsprechend zu und übernimm dann die Tabelle in der richtigen Fassung in dein Heft.

Art der Verbindung/Gewichtung	Wörter und Wendungen
anreihend, evtl. auch steigernd	weil, da, denn, daher
einen Gegensatz herstellen, unterschiedliche Meinungen hervorheben	falls, unter der Bedingung, dass ..., wenn
begründen	außerdem, ferner, schwerer wiegt, besonders wichtig ist
Folgen angeben	aber, jedoch, allerdings, einerseits/andererseits
Bedingungen angeben	also, folglich, demzufolge

Unterschiedliche Arten, ein Argument zu belegen, erkennen ➡ S. 99

5 Ordne den Argumenten die entsprechende Belegart zu. Schreibe dazu die Buchstaben und die entsprechenden Zahlen in dein Heft.

A Wie schon Professor Meier in einem Interview hervorgehoben hat, ist es gerade für jüngere Schüler wichtig, motiviert zu werden, sich zu bewegen. Und die Notengebung dient auch der Motivierung.

B Ein wichtiges Prinzip der Notengebung ist die Gerechtigkeit. Keiner darf bevorzugt oder benachteiligt werden. Unsportliche Schülerinnen und Schüler werden aber bei der Notengebung benachteiligt.

C In der Presse wurde vor einiger Zeit über einen Modellversuch berichtet, in dem an einer Schule auf die Zensurengebung im Schulsport verzichtet wurde und die Schüler sich sehr zufrieden damit zeigten.

D Wie oft habe ich es schon selbst erlebt, dass ich sowohl meine eigenen Zensuren als auch die meiner Mitschülerinnen und Mitschüler im Fach Sport einfach nicht nachvollziehen konnte.

E Bei einer Auswertung von Internetforen habe ich festgestellt, dass sehr viele Schülerinnen und Schüler sich für eine Notengebung im Schulsport aussprechen, weil sonst die Motivation, sich aktiv zu beteiligen, sinkt.

1 Berufung auf eigene Erfahrungen

2 Anführen von Fallbeispielen

3 Anführen von nachweisbaren Tatsachen

4 Berufung auf anerkannte Normen und Werte

5 Berufung auf anerkannte Autoritäten

Jung und Alt

Jugendliche haben ihre eigenen Vorstellungen vom Leben, die mit den Vorstellungen der Erwachsenen, seien es Eltern oder Lehrerinnen/Lehrer, nicht immer übereinstimmen. Von diesem Konflikt handelt das Kapitel, in welchem ihr literarische Texte und Sachtexte zu diesem Problem findet.

Ihr lernt, wie die Verfasserinnen und Verfasser ihre Texte gestaltet haben, um die beabsichtigte Wirkung zu erreichen. Ihr lernt aber auch, euch kritisch mit den Vorstellungen der Erwachsenen auseinanderzusetzen.

Zum Schluss wird euch eine Möglichkeit vorgestellt, wie ihr Vorurteile gegen Jugendliche durch euer Handeln widerlegen könnt.

„Eltern erziehen gemeiniglich ihre Kinder nur so, dass sie in die gegenwärtige Welt, sei sie auch verderbt, passen. Sie sollten sie aber besser erziehen, damit ein zukünftiger besserer Zustand dadurch hervorgebracht werde."
Immanuel Kant, deutscher Philosoph (1724 – 1804)

„Die Kinder von heute sind Tyrannen. Sie widersprechen ihren Eltern, kleckern mit dem Essen und ärgern ihre Lehrer."
Sokrates, griechischer Philosoph (um 470 – 399 v. Chr.)

Texte vergleichen

„Denn wir können die Kinder nach unserem Sinn nicht formen: So wie Gott sie uns gab, so muss man sie haben und lieben, sie erziehen aufs Beste und jeglichen lassen gewähren."

Johann Wolfgang von Goethe, deutscher Dichter (1749 – 1832)

„Erziehung ist die organisierte Verteidigung der Erwachsenen gegen die Jugend."

Mark Twain, amerikanischer Schriftsteller (1835 – 1910)

1 Führt ein „Vier-Ecken-Gespräch" über die Aussagen der Philosophen und Schriftsteller. Schreibt dazu jede Aussage gut lesbar auf ein Blatt Papier und hängt die Aussagen jeweils in eine Ecke des Klassenzimmers. Teilt eure Klasse in vier Gruppen ein, die sich gruppenweise von Ecke zu Ecke bewegen. Diskutiert darüber, welche Auffassung von Erziehung jeweils deutlich wird.

2 Jede/Jeder entscheidet sich für eine Aussage, die ihr/ihm besonders zusagt, und begründet schriftlich ihre/seine Entscheidung.

1. Eigene Wege gehen

Reiner Kunze (geb. 1933)

Fünfzehn

■ Der Schriftsteller Reiner Kunze wurde in Oelsnitz im Erzgebirge (ehemalige DDR) geboren. Nach seinem Studium war er zunächst an der Universität in Leipzig angestellt, musste die Hochschule jedoch nach politischen Auseinandersetzungen verlassen und arbeitete als Hilfsschlosser im Schwermaschinenbau. Seit 1962 ist er freiberuflicher Schriftsteller, konnte seine Schriften jedoch nur unter großen Schwierigkeiten in der DDR veröffentlichen. 1977 siedelte Kunze in die Bundesrepublik über.
In seinem Buch „Die wunderbaren Jahre", das 1976 in der Bundesrepublik veröffentlicht wurde, schildert Kunze in Form von kurzen Prosatexten den konfliktbeladenen und keineswegs „wunderbaren" Alltag in der damaligen DDR. Die Texte basieren auf Gesprächserfahrungen mit Schülern, Lehrlingen, Arbeitern und Soldaten, vor allem aber auch mit seiner Tochter Marcela. Z. B. sind es deren Schwierigkeiten in der Schule, der erzwungene Anpassungsdruck und die Kritik der Lehrer an ihren Auffassungen und ihrem Äußeren, die Kunze in seinen Texten literarisch verarbeitet hat. ■

Sie trägt einen Rock, den kann man nicht beschreiben, denn schon ein einziges Wort wäre zu lang. Ihr Schal dagegen ähnelt einer Doppelschleppe: Lässig um den Hals geworfen, fällt er in ganzer Breite über Schienbein und Wade. (Am liebsten hätte sie einen Schal, an dem mindestens drei Großmütter zweieinhalb Jahre gestrickt haben – eine Art Niagara-Fall aus Wolle. Ich glaube, von einem solchen Schal würde sie behaupten, daß er genau ihrem Lebensgefühl entspricht. Doch wer hat vor zweieinhalb Jahren wissen können, daß solche Schals heute Mode sein würden.) Zum Schal trägt sie Tennisschuhe, auf denen jeder ihrer Freunde und jede ihrer Freundinnen unterschrieben haben. Sie ist fünfzehn Jahre alt und gibt nichts auf die Meinung uralter Leute – das sind alle Leute über dreißig.
Könnte einer von ihnen sie verstehen, selbst wenn er sich bemühen würde? Ich bin über dreißig.
Wenn sie Musik hört, vibrieren noch im übernächsten Zimmer die Türfüllungen. Ich weiß, diese Lautstärke bedeutet für sie Lustgewinn. Teilbefriedigung ihres Bedürfnisses nach Protest. Überschallverdrängung unangenehmer logischer Schlüsse. Trance. Dennoch ertappe ich mich immer wieder bei einer Kurzschlußreaktion: Ich spüre plötzlich den Drang in mir, sie zu bitten, das Radio leiser zu stellen. Wie also könnte ich sie verstehen – bei diesem Nervensystem?
Noch hinderlicher ist die Neigung, allzu hochragende Gedanken erden zu wollen.
Auf den Möbeln ihres Zimmers flockt der Staub. Unter ihrem Bett wallt er. Dazwischen liegen Haarklemmen, ein Taschenspiegel, Knautschlacklederreste, Schnellhefter, Apfelstiele, ein Plastikbeutel mit der Aufschrift „Der Duft der großen weiten Welt", angelesene und übereinandergestülpte Bücher (Hesse, Karl May, Hölderlin), Jeans mit in sich gekehrten Hosenbei-

nen, halb und dreiviertel gewendete Pullover, Strumpfhosen, Nylons und benutzte Taschentücher. (Die Ausläufer dieser Hügellandschaft erstrecken sich bis ins Bad und in die Küche.) Ich weiß: Sie will sich nicht den Nichtigkeiten des Lebens ausliefern. Sie fürchtet die Einengung des Blicks, des Geistes. Sie fürchtet die Abstumpfung der Seele durch Wiederholung! Außerdem wägt sie die Tätigkeiten gegeneinander ab nach dem Maß an Unlustgefühlen, das mit ihnen verbunden sein könnte, und betrachtet es als Ausdruck persönlicher Freiheit, die unlustintensiveren zu ignorieren. Doch nicht nur, daß ich ab und zu heimlich ihr Zimmer wische, um ihre Mutter vor Herzkrämpfen zu bewahren –, ich muß mich auch der Versuchung erwehren, diese Nichtigkeiten ins Blickfeld zu rücken und auf die Ausbildung innerer Zwänge hinzuwirken.

Einmal bin ich dieser Versuchung erlegen.

Sie ekelt sich schrecklich vor Spinnen. Also sagte ich: „Unter deinem Bett waren zwei Spinnennester."

Ihre mit lila Augentusche nachgedunkelten Lider verschwanden hinter den hervortretenden Augäpfeln und sie begann, „Iix! Ääx! Uh!" zu rufen, so daß ihre Englischlehrerin, wäre sie zugegen gewesen, von so viel Kehlkopfknacklauten – englisch „glottal stops" – ohnmächtig geworden wäre. „Und warum bauen die ihre Nester gerade bei mir unterm Bett?"

„Dort werden sie nicht oft gestört." Direkter wollte ich nicht werden, und sie ist intelligent. Am Abend hatte sie ihr inneres Gleichgewicht wiedergewonnen. Im Bett liegend, machte sie einen fast überlegenen Eindruck. Ihre Hausschuhe standen auf dem Klavier. „Die stelle ich jetzt immer dorthin", sagte sie. „Damit keine Spinnen hineinkriechen können."

(1976)

(Aus lizenzrechtlichen Gründen folgt dieser Text nicht der reformierten Rechtschreibung.)

1 Hört euch den Textvortrag an (Webcode **SNG-28054-030**). Beschreibt euren Eindruck von der Beziehung des Erzählers zu seiner Tochter.

2 Lest nun die Kurzgeschichte. Was erfährt die Leserin / der Leser über die Tochter? Gestaltet dazu ein Schaubild mit den aufgelisteten Einzelheiten und einem Resümee.

3 Untersucht genauer die Z. 21 – 30. Was stört den Erzähler am Verhalten seiner Tochter, wie reagiert er darauf? Achtet besonders auf das Wort „Dennoch" in Z. 26.

4 Untersucht in gleicher Weise die Z. 31 – 79. Klärt in dem Zusammenhang, welche Haltung der Erzähler zu dem Chaos einnimmt und warum er nicht erfolgreich ist.

5 Fasst zusammen, zu was für einem Menschen der Erzähler seine Tochter erziehen will.

6 **So könnt ihr weiterarbeiten:**

Schreibt einen Text, in dem der Vater aus der Sicht der Tochter charakterisiert wird.
Vielleicht gelingt es euch, ähnlich wie in der Erzählung von Reiner Kunze, Achtung und Toleranz gegenüber der anderen Generation zum Ausdruck zu bringen. Sinnvoll ist es, wenn ihr zunächst gemeinsam stichwortartig einige Informationen zum Äußeren, zu Gewohnheiten usw. festhaltet. So könnte euer Text beginnen:

Achtundvierzig
Zugegeben, die Brille, die er trägt, war schon vor zehn Jahren nicht mehr modern ...

Wolfgang Herrndorf

Tschick – Inhaltsangabe

Der Roman „Tschick“ von Wolfgang Herrndorf handelt von der Entwicklung der Freundschaft zweier 14-jähriger Jungen.

Maik Klingenberg, der als Ich-Erzähler auftritt, stammt aus einem zerrütteten Elternhaus, seine Mutter ist Alkoholikerin, die schon mehrmals in einer Entzugsklinik war, sein Vater ist ein ehemals erfolgreicher Immobilienhändler, der jetzt allerdings vor dem finanziellen Ruin steht. Er hat eine Affäre mit seiner jungen Sekretärin, für die er später die Familie verlassen wird. Beide Eltern sind so sehr mit sich selbst beschäftigt, dass sie nur wenig Zeit mit ihrem Sohn verbringen.

In der Schule gilt Maik als Außenseiter, als „Langweiler“, wie er genannt wird, weil er nur sehr wenig von sich selbst preisgibt. Er schließt Bekanntschaft mit einem neuen Klassenkameraden namens Andrej Tschichatschow, genannt Tschick. Tschick ist ebenfalls Außenseiter in der Klasse, und zwar wegen seines sozialen Status. Er stammt nach eigenen Angaben aus einer „jüdischen Zigeunerfamilie“, die, bevor sie nach Deutschland kam, in Russland gelebt hat. Er wohnt zusammen mit seinem Bruder und weiteren Verwandten auf engem Raum in großer Armut und hat schon einige Straftaten verübt. Trotz seiner schwierigen sozialen Lage hat er es geschafft, von einer Förderschule auf ein Gymnasium zu wechseln. Er fällt immer wieder durch sein unkonventionelles Handeln auf. In den Sommerferien, die Maik allein verbringen muss, weil seine Mutter wieder in eine Entzugsklinik gebracht wird und sein Vater mit seiner Geliebten „auf Geschäftsreise“ geht, macht er sich mit Tschick mit einem von diesem gestohlenen Lada[1] auf den Weg in die „Walachei“, wo Tschick einen Onkel von sich besuchen will. Beide haben jedoch keine Vorstellung davon, wo sich die „Walachei“ befindet.

Während dieser Fahrt erleben sie eine Reihe von abenteuerlichen Begegnungen, wodurch sich eine wirkliche Freundschaft zwischen ihnen entwickelt. Die Fahrt endet mit einem Unfall, bei dem sich beide verletzen und von der Polizei gefasst werden. Es kommt später zu einer Gerichtsverhandlung.

[1] **Lada:** Automarke

1 Sprecht darüber, welche Konfliktsituationen sich aus der hier beschriebenen Handlungsübersicht ergeben können.

2 Hört euch den Auszug aus „Tschick“ an (Webcode **SNG-28054-031**) und beschreibt euren ersten Eindruck.

Wolfgang Herrndorf (1965–2013)

Tschick (Auszug)

Die Auseinandersetzung mit dem Vater

■ Der folgende Textauszug stammt aus dem Ende des Romans. Das Gespräch zwischen Maik und seinem Vater findet am Tag vor der Gerichtsverhandlung statt. ■

„Er begreift es nicht.“ Mein Vater drehte sich zu meiner Mutter um und sagte: „Er begreift es nicht, er ist zu dumm!“

Ich saß auf einem Stuhl, und er saß mir gegenüber auf einem Stuhl und beugte sich so weit vor, dass sein Gesicht direkt vor meinem Gesicht war und seine Knie von außen gegen meine drückten, und ich konnte bei jedem Wort, das er schrie, sein

Rasierwasser riechen. Aramis. Geschenk von meiner Mutter, zum hundertsiebzigsten Geburtstag.

„Du hast mächtig Scheiße gebaut, ist dir das klar!“

Ich antwortete nicht. Was sollte ich antworten? Klar war mir das klar. Und er sagte es ja auch nicht zum ersten, sondern zum ungefähr hundertsten Mal heute, und was er jetzt noch von mir hören wollte, wusste ich nicht.

Er sah meine Mutter an, und meine Mutter hustete.

„Ich glaube schon, dass er's begreift“, sagte sie. Sie rührte mit dem Strohhalm im Amaretto rum. Mein Vater packte mich an den Schultern und schüttelte mich. „Weißt du, wovon ich rede? Sag gefälligst was!“

„Was soll ich denn sagen? Ich hab doch Ja gesagt, ja, es ist mir klar. Ich hab's verstanden.“

„Gar nichts hast du verstanden! Gar nichts ist dir klar! Er denkt, es geht um Worte. Ein Idiot!“

„Ich bin kein Idiot, nur weil ich zum hundertsten Mal –“

Zack, scheuerte er mir eine.

„Josef, lass doch.“ Meine Mutter versuchte aufzustehen, verlor aber sofort das Gleichgewicht und ließ sich zurück in den Sessel neben der Amarettoflasche sinken.

Mein Vater beugte sich ganz dicht zu mir vor. Er zitterte vor Aufregung. Dann verschränkte er die Arme vor der Brust, und ich versuchte mit meinem Gesicht eine Art Zerknirschung auszudrücken, weil mein Vater das vermutlich erwartete und weil ich wusste, dass er die Arme nur verschränkte, weil er kurz davor war, mir noch eine zu scheuern. Bis dahin hatte ich einfach nur gesagt, was ich dachte. Ich wollte nicht lügen. Diese Zerknirschung war die erste Lüge, die ich mir an diesem Tag leistete, um die Sache abzukürzen.

„Ich weiß, dass wir Scheiße gebaut haben, und ich weiß –“

Mein Vater holte mit dem Arm aus, und ich zog den Kopf ein. Diesmal brüllte er aber nur: „Nein, nein, nein! *Ihr* habt überhaupt keine Scheiße gebaut, du Vollidiot! Dein asiger Russenfreund hat Scheiße gebaut! Und du bist so dämlich, dich da reinziehen zu lassen. Du bist doch allein zu blöd, um an unserem Auto den Rückspiegel zu verstellen!“, rief mein Vater, und ich machte ein genervtes Gesicht, weil ich ihm schon ungefähr zehntausendmal erklärt hatte, wie es wirklich gewesen war, auch wenn er's nicht hören wollte.

„Glaubst du, du bist allein auf der Welt? Glaubst du, das fällt nicht auf uns zurück? Was meinst du, wie ich jetzt dasteh? Wie soll ich den Leuten Häuser verkaufen, wenn mein Sohn ihre Autos klaut?“

„Du verkaufst doch eh keine Häuser mehr. Deine Firma ist doch –“

Zack, krachte es in mein Gesicht, und ich fiel zu Boden. Alter Finne. Auf der Schule heißt es ja immer, Gewalt ist keine Lösung. Aber Lösung mein Arsch. Wenn man einmal so eine Handvoll in der Fresse hat, weiß man, dass das sehr wohl eine Lösung ist.

Meine Mutter schrie, ich rappelte mich auf, und mein Vater sah zu meiner Mutter und dann irgendwo in den Raum, und dann sagte er: „Klar. Ganz klar. Ist auch egal. Setz dich. Ich hab gesagt, setz dich, du Idiot. Und hör genau zu. Du hast nämlich gute Chancen, mit einem blauen Auge davonzukommen. Das weiß ich vom Schuback[1]. Außer du stellst dich so dämlich an wie jetzt und erzählst dem Richter, wie toll du ein Auto kurzschließen kannst mit der Dreißig auf die Fünfzig und holla-holla. Das machen die gern beim Jugendgericht, dass sie das Verfahren gegen einen einstellen, damit er als Zeuge gegen den anderen aussagen muss. Und normal bist du derjenige, gegen den das Verfahren eingestellt wird, außer du bist zu scheißedämlich. Aber verlass dich drauf: Dein asiger Russe ist nicht so dämlich wie du. Der kennt das schon. Der hat schon eine richtige kriminelle Karriere hinter sich, Ladendiebstahl mit seinem Bruder, Schwarzfahren, Betrug und Hehlerei. Ja, da guckst du. Die ganze asige Sippschaft ist so. Hat er dir natürlich nicht erzählt. Und der hat auch kein solches Elternhaus vorzuweisen, der lebt in der Scheiße. In seiner Sieben-Quadratmeter-Scheiße, wo er auch hingehört.

---

1 **Schuback:** Nebenfigur im Roman

Szenenfoto der Bühnenfassung (Schauspielhaus Salzburg)

Der kann froh sein, wenn er in ein Heim kommt. Aber die können den auch abschieben, sagt der Schuback. Und der wird morgen versuchen, um jeden Preis seine Haut zu retten – ist dir das klar? Der hat seine Aussage schon gemacht. Der gibt dir die ganze Schuld. Das ist immer so, da gibt jeder Idiot dem anderen die Schuld."

„Und das soll ich also auch machen?"

„Das sollst du nicht, das *wirst* du machen. Weil sie dir nämlich glauben. Verstehst du? Du kannst von Glück sagen, dass der Typ von der Jugendgerichtshilfe hier so begeistert war. Wie der das Haus gesehen hat. Wie der allein den Pool gesehen hat! Das hat er ja auch gleich gesagt, dass das hier ein Elternhaus ist mit den besten Möglichkeiten und allem Pipapo." Mein Vater drehte sich zu meiner Mutter um, und meine Mutter linste in ihr Glas. „Du bist da reingerissen worden von diesem russischen Asi. Und das erzählst du dem Richter, egal, was du der Polizei vorher erzählt hast, capisce? Capisce?"

„Ich erzähl dem Richter, was passiert ist", sagte ich. „Der ist doch nicht blöd."

Mein Vater starrte mich ungefähr vier Sekunden lang an. Das war das Ende. Ich sah noch das Blitzen in seinen Augen, dann sah ich erst mal nichts mehr. Die Schläge trafen mich überall, ich fiel vom Stuhl und rutschte auf dem Fußboden rum, die Unterarme vorm Gesicht. Ich hörte meine Mutter schreien und umfallen und „Josef!" rufen, und zuletzt lag ich so, dass ich zwischen meinen Armen heraus durchs Terrassenfenster sah. Ich spürte die Fußtritte immer noch, aber es wurden langsam weniger. Mein Rücken tat weh. Ich sah den blauen Himmel über dem Garten und schniefte. Ich sah den Sonnenschirm über der einsamen Liege im Wind. Daneben stand ein brauner Junge und fischte mit einem Kescher die Blätter aus dem Pool. Sie hatten den Inder wieder eingestellt.

„Ach Gott, ach Gott", sagte meine Mutter und hustete.

Den Rest des Tages verbrachte ich im Bett. Ich lag auf der Seite und zuppelte am Rollo rum, das über mir in der Nachmittagssonne schaukelte. Das Rollo war uralt. Ich hatte es schon gehabt, als ich drei Jahre war. Wir waren fünfmal damit umgezogen, und es war immer da gewesen. Das fiel mir jetzt zum ersten Mal auf, als ich daran rumzuppelte. Ich hörte aus dem Garten die Stimmen meiner Eltern. Der Inder kriegte auch noch was ab. Wahrscheinlich hatte er irgendein welkes Blatt im Pool übersehen. Es war der große Schreitag für meinen Vater. Später hörte ich die Vögel im Garten, dann setzte die Dämmerung ein, und es wurde ruhig.

Ich lag da, während es immer dunkler wurde, und betrachtete das Rollo und dachte darüber nach, wie lange alles noch so bleiben würde. Wie lange ich hier noch liegen könnte, wie lange wir noch in diesem Haus leben würden, wie lange meine Eltern noch verheiratet wären.

Und ich freute mich darauf, Tschick wiederzusehen. Das war das Einzige, worauf ich mich freute. Ich hatte ihn nicht mehr gesehen seit unserem Unfall auf der Autobahn, und das war jetzt schon vier Wochen her. Ich wusste, dass sie ihn in ein Heim gebracht hatten, aber es war ein Heim, wo man erst mal keinen Kontakt haben durfte, nicht mal Briefe bekam man da.

(2010)

1 Erklärt, welches Ziel der Vater in der Auseinandersetzung mit Maik verfolgt und wie er dieses Ziel begründet.

2 Untersucht und erläutert, wie der Vater sprachlich die Auseinandersetzung führt.

3 Überlegt, zu was für einem Menschen der Vater seinen Sohn erziehen möchte.

4 Wie verhält Maik sich in dieser Auseinandersetzung? Erklärt dazu seine folgenden beiden Aussagen:
„Diese Zerknirschung war die erste Lüge, die ich mir an diesem Tag leistete, um die Sache abzukürzen." (Z. 45 ff.)
„‚Ich erzähl dem Richter, was passiert ist [...]. Der ist doch nicht blöd.'" (Z. 120 f.)

5 Vergleicht den Textauszug aus dem Roman „Tschick" mit der Erzählung „Fünfzehn" von Reiner Kunze. Arbeitet dazu Gemeinsamkeiten und Unterschiede heraus. Beachtet für den Vergleich die Hinweise in dem Werkzeugkasten.

6 **So könnt ihr weiterarbeiten:**

Jemand von euch könnte den Roman „Tschick" von Wolfgang Herrndorf lesen und der Klasse in einem Referat vorstellen. Dabei sollte deutlich werden, wie der Ich-Erzähler Maik sich im Verlaufe der Handlung ändert und wodurch diese Veränderung ausgelöst wird.

Das brauchst du immer wieder. ◆ So gehst du vor.

Erzähltexte vergleichen

Die Besonderheiten der beiden Erzähltexte kann man gut erschließen, wenn man sie miteinander vergleicht und dabei herausfindet, welche Gemeinsamkeiten sie haben und was sie voneinander unterscheidet.
Bei einem solchen Vergleich kann man folgendermaßen vorgehen:

- Zuerst klärt man die Themen und Aspekte, anhand derer sich die beiden Texte vergleichen lassen (z. B. das Verhalten der Väter gegenüber ihren Kindern).
- Anschließend sucht man aus beiden Texten zu diesen Themen und Aspekten entsprechende Textstellen heraus und stellt sie gegenüber.
  Hilfreich ist es, eine Tabelle anzulegen, um die Beobachtungen im Überblick festzuhalten. Eine solche Tabelle könnte folgendermaßen aussehen:

Vergleichsgesichtspunkte	„Fünfzehn" von R. Kunze	„Tschick" von W. Herrndorf
Verhalten der Väter	...	...
Erziehungsziele der Väter	...	...
Verhalten der Jugendlichen	...	...
Erzählform	...	...

Hermann Hesse (1877 – 1962)

Brief an den Vater

■ Hermann Hesse wurde 1877 in Calw (heutiges Baden-Württemberg) geboren und starb 1962 in der Nähe von Lugano in der Schweiz. Nach dem Willen seines Vaters, der Missionsprediger war, sollte Hermann Hesse, der als sehr begabtes Kind galt, Theologie studieren. Aus diesem Grund besuchte er ab 1891 das Maulbronner Pfarrerseminar, aus dem er jedoch im März 1892 floh, weil er mit den strengen Regeln der Schule nicht zurechtkam. Auf Beschluss der Schulleitung wurde er deshalb von der Schule verwiesen. Hermann Hesses größter Wunsch war es, Dichter zu werden. Daraus resultierten große Konflikte mit seinen Eltern und schließlich ein Selbstmordversuch. Hesse wurde deshalb in eine Nervenheilanstalt in Stetten eingeliefert, wo sein Gemütszustand untersucht werden sollte. Es folgte der kurze Besuch des Gymnasiums in Cannstatt, Anstellungen bei einem Buchhändler und in einer Uhrenwerkstatt und schließlich ab 1895 eine Buchhändlerlehre, die Hesse vier Jahre später abschloss. 1904 gelang es Hermann Hesse, sich als freier Schriftsteller in Gaienhofen am Bodensee niederzulassen. ■

Die Familie Hesse (v. l. n. r.): Hermann, der Vater, die Schwester Marulla, die Mutter, die Geschwister Adele und Hans (1889)

[Ohne Anrede] *[13.6.1893]*

Um unnötige Erregung zu verhüten, wähle ich den umständlichen Weg des Schreibens; es hat sich so oft gezeigt, daß wir beide eben leider nicht miteinander sprechen können, da wir beide reizbar und in unsern Ansichten und Grundsätzen so verschieden sind. Doch zur Sache!

Im Seminar gefiel es mir nicht, ebenso wenig in Cannstatt und Esslingen. Daß ich ohne weiteres immer weggelaufen, galt Euch für krankhaft. Es war natürlich nicht das Richtige, aber ich fühlte zu allem, was Ihr aus mir machen wolltet, keine Lust, keine Kraft, keinen Mut. Wenn ich so ohne jedes Interesse an meiner Arbeit Stunde um Stunde im Geschäft oder Studium war, ergriff mich eben Ekel. Meine freien Stunden habe ich immer zur Privatausbildung verwendet; Ihr nanntet es brotlose Künste etc., ich aber hoffte und hoffe, davon zu leben. Nie hatte ich den Mut, meine Absichten und Wünsche Euch zu sagen, denn ich wußte, daß sie mit Euren nicht übereinstimmten, so kamen wir immer weiter auseinander. Ich versuchte es ja mit dem Buchhandel, hatte den Willen, wenn ich der Sache auch nur eine einzige freundliche Seite abgewänne, mich anzustrengen, etc. etc.; aber es ekelte mich an. Jetzt ist eine Entscheidung nötig: ich weiß, daß Du an Stetten u. ähnliches dachtest oder denkst, also muß es heraus. Mit *Euren* Plänen, zu denen ich ja gesagt, ist es nichts geworden; darf ich es, ehe ich ins Irrenhaus gehe oder Gärtner oder Schreiber werde, nicht doch einmal mit *meinen* Plänen versuchen? Meine Bitte geht dahin – ich weiß, daß Du Genauigkeit in solchen Dingen liebst: – Ich möchte versuchen, mit dem, was ich privatim[1] gelernt, mein Brot zu verdienen. Anfangen würde ich da,

[1] **privatim:** ganz persönlich

wo ich schon Boden habe, in Cannstatt, Esslingen, Stuttgart. Dazu brauche ich aber die nötigen Papiere der Polizei wegen, und zum Anfang einiges Geld. Ohne ein paar Mark könnte ich ja nicht einmal nach Esslingen kommen, angenommen, ich käme für den ersten Tag ungelegen, so hätte ich ja kein Brot. Für den Anfang *muß* ich also natürlich jemandes Hilfe in Anspruch nehmen. Später, d.h. in nächster Zeit schon, hoffe ich, einiges zu verdienen.

Du hast für mich viel ausgegeben, um Deine Pläne mit mir zu verwirklichen, wolltest Du nicht ein weniges daransetzen, mir Gelegenheit zu geben, die eigenen Pläne auf ihren praktischen Wert zu probieren. Mit nackten Worten also: Ich bitte Dich, (statt der 1000 M, die doch allermindestens nötig wären zum Kaufmann oder ähnlichem) mir *Freiheit* zu geben, d.h., mir für die nötigen Papiere sorgen zu helfen, mir einiges Geld zum Anfangen zu geben, und die Erlaubnis, in Sachen wie Wäsche, Stiefelflicken etc. mich in der allernächsten Zeit noch an Euch zu wenden. Geht es mir dann gut, dann um so besser! Geht es nicht, so ist ja die Wertlosigkeit meiner Hoffnung erwiesen, und ich mache nimmer Anspruch darauf, einen eigenen Willen zu haben, d.h. mit dem Irrenhaus verschont zu werden.

Hermann

(Aus lizenzrechtlichen Gründen folgt dieser Text nicht der reformierten Rechtschreibung.)

1 Arbeitet aus dem Brief heraus, in welcher Situation und Gefühlslage sich Hermann Hesse befindet und mit welcher Absicht er den Brief an seinen Vater schreibt.

2 Untersucht die einzelnen Abschnitte des Briefes daraufhin, wie Hermann Hesse vorgeht, um sein Ziel zu erreichen.

3 Beschreibt das Bild von der Beziehung Hermann Hesses zu seinem Vater, das in dem Brief vermittelt wird.

4 Schaut euch das Foto der Familie Hesse auf S. 140 an. Notiert, wodurch es sich von heutigen Familienbildern unterscheidet. Inwiefern gibt es Aufschluss über das grundlegende Problem Hermann Hesses mit seinem Vater?

5 Vergleicht das folgende Foto mit dem Foto der Familie Hesse auf S. 140. Kann man eurer Meinung nach von den Fotos auf ein verändertes Miteinander der Familienmitglieder schließen?

6 Stellt euch vor, ihr solltet die Beziehung Hermann Hesses zu seinem Vater bzw. die Beziehung der Tochter aus der Geschichte „Fünfzehn" (S. 134 f.) zu ihrem Vater fotografisch in Szene setzen. Wie würdet ihr das Foto gestalten?

7 **So könnt ihr weiterarbeiten:**

Stellt euch vor, die Tochter des Erzählers aus der Erzählung von Reiner Kunze (s. S. 134 f.), Maik aus „Tschick" (s. S. 136 ff.) und der junge Hermann Hesse könnten miteinander über ihre Vorstellung zu leben und über ihre Väter sprechen. Schreibt ein solches Gespräch auf und beurteilt anschließend das Verhalten der Väter.

Den ersten Abschnitt des Textes haben Schüler schon bearbeitet:

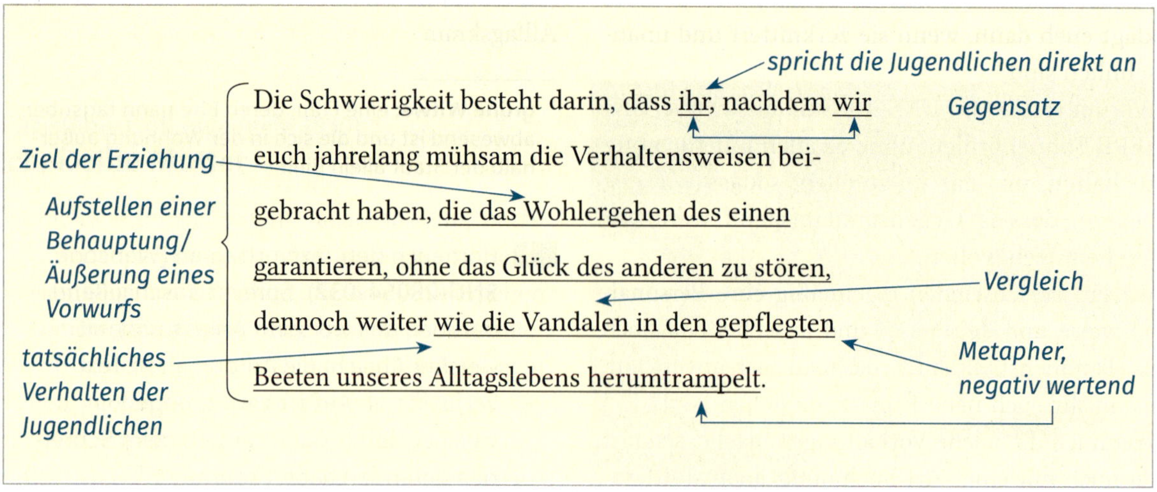

4 Erläutert, wie die Schüler bei der Bearbeitung des Abschnittes vorgegangen sind, und bearbeitet dann die weiteren Abschnitte auf ähnliche Weise. Ihr könnt dazu arbeitsteilig in Gruppen arbeiten und euch eure Ergebnisse gegenseitig vorstellen.

5 Fasst zusammen, wie die Verfasserin sich selbst darstellt und welche Grundhaltung sie Jugendlichen gegenüber einnimmt.

6 Der Text steht in etwas veränderter Form in einem Buch mit dem Titel „Ich, Deine Mutter. Was Eltern sich nicht zu sagen trauen – was Kinder nicht hören wollen". Erläutert diesen Titel und geht dabei der Frage nach, inwiefern Mut dazu gehört, wenn eine Mutter oder ein Vater öffentlich diese Gedanken äußert.

7 Findet in dem Text Beispiele für die verschiedenen Argumenttypen (vgl. S. 127).

8 Schaut euch noch einmal die Zitate auf der Auftaktdoppelseite (S. 132 f.) an: Welcher der Philosophen bzw. Schriftsteller würde wohl Christiane Collange eher zustimmen, wer würde Einwände erheben? Begründet eure Meinung.

Die Argumentationsstruktur im ersten Abschnitt des Textes hat ein Schüler folgendermaßen zusammengefasst:

Im ersten Abschnitt des Textes (Z. 1–10) äußert die Verfasserin den Vorwurf, dass das Verhalten der Jugendlichen mit Beginn der Pubertät immer „kindischer“ (Z. 9) werde. Als ihr Erziehungsziel gibt sie dabei Verhaltensweisen an, die die Wünsche oder Vorstellungen der anderen respektieren (vgl. Z. 2ff.). Tatsächlich aber sei das Verhalten der Jugendlichen von Rücksichtslosigkeit und Egoismus geprägt (vgl. Z. 5ff.). Den Gegensatz von Erziehungsziel und tatsächlichem Verhalten macht die Verfasserin durch die Metapher „in den gepflegten Beeten unseres Alltagslebens“ (Z. 6) und den Vergleich „wie die Vandalen“ (Z. 5) deutlich. Insbesondere das Verb „herumtrampeln“ (vgl. Z. 7) macht die Kritik an dem Verhalten der Jugendlichen deutlich.

9 Untersucht die Arbeitsergebnisse des Schülers. Wo geht er auf die Argumentationsweise ein, wo erläutert er den Inhalt und welche sprachlichen Mittel führt er an? Sprecht auch über Verbesserungsmöglichkeiten und Ergänzungen.

10 Nehmt zu dem Text „Ich, Deine Mutter“ (S. 142f.) Stellung, indem ihr euch mit den Vorwürfen auseinandersetzt. Wählt dazu die Form eines Briefes an die Autorin.

Die Auszüge aus dem Buch von Christiane Collange veranlassten eine Schülerin zu folgender Antwort.

Ich, eine Tochter

So sind wir? Wirklich? Habt ihr mal versucht, euch in uns hineinzuversetzen? Wisst ihr, wie es ist, jeden Morgen beim Frühstück Interesse für euren ach so schweren Arbeitsalltag zu heucheln? Freundlich zu lächeln und nichts von den eigenen Sorgen zu erzählen (die ihr eh nicht kapieren würdet). Klar, euer Chef ist nicht nett, ihr habt zu viel Arbeit ... Aber habt ihr die geringste Ahnung, wie es uns geht? In eurer Jugend gab's nicht mal Internet und samstags habt ihr „Wetten, dass ...“ geguckt. Klar, dass ihr unser Leben durch eine rosarote Brille seht.

Wir wollen nicht, dass ihr euch Sorgen macht. Also tun wir, was ihr von uns verlangt. Erscheinen brav zum Sonntagsfrühstuck, schreiben Postkarten an die Großeltern und melden pflichtschuldig, wo wir gerade sind. Betteln, dass wir noch ein halbes Stündchen länger bleiben dürfen. Machen wir das nicht, gibt's Handyverbot – oder gleich einen Polizeieinsatz.

Denkt ihr also wirklich, dass ihr die Kompromisse macht? Eigentlich sind wir es doch, die jeden Tag eine Doppelrolle spielen. Ihr zwingt uns dazu. Ihr wollt in uns nur weiter das brave kleine und hilfsbedürftige Kind sehen, das Mami und Papi immer um Rat fragt und tut, was man ihm sagt. Aber so sind wir nicht mehr. Wir haben uns weiterentwickelt und jetzt eigene Ziele und Wünsche für unser Leben. Aber das wollt ihr nicht wahrhaben, für euch müssen wir weiter die liebe Kleinen sein. Diese Doppelrolle zerreißt mich in zwei Hälften und fällt mir immer schwerer. Aber das fällt euch nicht mal auf. Stattdessen lest ihr Ratgeber über das schreckliche Leben mit „Halbwüchsigen“ und bittet uns regelmäßig zu Krisengesprächen.

Früher habt ihr über jeden kleinen Fortschritt von uns gejubelt, das erste Wort, der erste Schritt, der erste Schultag – alles in Millionen Bildern und Videos festgehalten. Eure Liebe war bedingungslos, für jedes kleine Problem hattet ihr eine Lösung. Doch ab einem bestimmten Punkt unserer Entwicklung war eure Zuneigung plötzlich nicht mehr selbstverständlich. Sie ist jetzt an Bedingungen geknüpft, ihr verlangt äußerst seltsame Liebesbeweise. Allen meinen Freunden ergeht es gleich: Nur wenn wir eure To-do-Listen abarbeiten, können wir noch halbwegs harmonisch in einem (eurem) Haus leben. Früher habt ihr alles für uns getan – jetzt sollen wir alles für euch tun. „Wenn du den Rasen nicht mähst, bleibst du heute zu Hause“, „Bis morgen ist dein Zimmer aufgeräumt, sonst war’s das mit Taschengeld“ – das sind noch die harmlosesten eurer kleinen Erpressungen. Tun wir etwas nicht oder nicht sofort, droht ihr mit Liebesentzug. Habt ihr euch überhaupt mal gefragt, ob es für uns Wichtigeres geben könnte als eine ordentlich gestutzte Hecke? Ein blitzblankes Haus? Gute Schulnoten? Ist das echt alles für euch?

Ach nein, eine Sache gibt es noch, die euch brennend interessiert. Der „richtige Umgang“. Am besten nur Freunde, deren Eltern ihr kennt. Und wenn wir in einer Beziehung sind, dreht ihr ganz durch. Jeden meiner Freunde wolltet ihr kennenlernen, um ihn dann beim Abendessen auszufragen. Bevor ich mich dieser Peinlichkeit nochmal aussetze, bleibe ich lieber Single. Obwohl – eines habe ich bei meinen großen Geschwistern gesehen: Egal, wie sehr wir uns mit euch streiten – wenn wir euch eines Tages Enkel präsentieren, ist alles vergeben und vergessen.

Liebe Erziehungsberechtigte, ich habe gerade mal nachgerechnet: noch zwei Jahre und fünf Monate bis zu meinem Schulabschluss. So lange halten wir noch durch, oder?

(Charlotte W., 16. Jahre)

1 Zeigt auf, woran ihr erkennen könnt, dass sich die Verfasserin auf den Text von Christiane Collange bezieht.

2 Untersucht den Text von Charlotte genauer:

- Was wirft sie den Eltern vor?
- Auf welche Vorwürfe von Christiane Collange reagiert sie?
- Erarbeitet so, wie ihr es an dem vorangegangenen Text gelernt habt, den Aufbau und die sprachliche Gestaltung des Textes. Vergleicht anschließend die beiden Texte: Welche Gestaltungsmerkmale hat Charlotte von Christiane Collange übernommen und welche Wirkung wird hierdurch erzielt?

3 Charlotte fühlt sich von ihren Eltern in eine „Doppelrolle“ (Z. 23 f.) gezwungen.

- Erläutert anhand von Textstellen, was sie damit meint.
- Diskutiert darüber, ob auch ihr von diesem Problem betroffen seid und ob es sich vielleicht um ein grundsätzliches Problem von Jugendlichen handelt.
- Schreibt Charlotte einen fiktiven Brief, in dem ihr von euren eigenen Erfahrungen berichtet.

Jan Weiler (geb. 1967)

Im Pubertier-Biotop

■ Jan Weiler ist Journalist und ein sehr erfolgreicher Schriftsteller, der schon mehrere Bestseller verfasst hat, z. B. den Roman „Maria, ihm schmeckt's nicht!" (2003), der auch verfilmt wurde. Der folgende Text entstammt seinem Buch „Das Pubertier", das im Jahr 2014 erschienen ist und sofort auf die vorderen Plätze der Bestsellerlisten rückte. Jan Weiler thematisiert in den einzelnen Texten die Schwierigkeiten eines Vaters, mit seiner pubertierenden Tochter zurechtzukommen. Die ersten Texte zu diesem Thema veröffentlichte Weiler 2011 im Rahmen seiner Kolumne in der Zeitschrift „Stern". ■

Nur der im Tierreich fehlenden Schulpflicht ist es zu verdanken, dass der Koalabär als faulstes Lebewesen der Welt gilt. Er hängt täglich zwanzig Stunden rum. Das würde unsere Tochter locker toppen, aber sie muss zwischendurch in die Schule.

Ihr aktuelles Idol heißt William Gaines. Das war der Herausgeber des Magazins „Mad"[1]. Von Gaines wird erzählt, er habe sich jahrelang in einem Rollstuhl herumschieben lassen, und zwar nicht, weil er gebrechlich gewesen sei, sondern aus reiner Faulheit. Das entspricht genau Carlas Vorstellung von einem perfekten irdischen Dasein. Unser Pubertier kann nicht aufräumen, weil es keinen Bock auf den Stress hat. Sie kann nicht ans Telefon gehen, weil sie das Klingeln unter Leistungsdruck setzt. Sie hätte gerne Salz in der Soße, akzeptiert diese aber auch ungesalzen, wenn sie das Salz selbst holen muss. Sie ist fauler als ein sardischer Esel im August um die Mittagszeit.

Heute Morgen steht sie abmarschbereit im Flur. Ich sage, dass es klug sei, eine Jacke anzuziehen. Antwort: „Meine Jacke ist oben, und bis ich die geholt habe, ist der Schultag vorbei." Wir wohnen keineswegs im Parlamentspalast von Bukarest (umbaute Fläche: 365 000 Quadratmeter). Man kann eine Jacke holen und innerhalb einer halben Minute zurück sein. Dies allerdings nur, wenn man sich beim Gehen bewegt. Und Pubertiere bewegen sich nicht, jedenfalls nicht sichtbar.

Carla ist sehr gut im Chillen, Relaxen, Entspannen, Ausruhen, Runterkommen, Zeittotschlagen und Einfach-mal-nix-Machen. Es handelt sich dabei übrigens nicht um dieselbe Tätigkeit in sieben Varianten, sondern laut Carla um unterschiedliche Verrichtungen, für die mein Verständnis jedoch allmählich schwindet. Carla ist aber der Meinung, dass nicht sie, sondern ich nicht ganz normal sei. Vielleicht hat sie recht. Ich werde mit zunehmendem Alter immer tüchtiger. Eigentlich schrecklich, denn ich kann mich durchaus an Gespräche mit meinen eigenen Eltern erinnern, in denen diese mir „sinnlose Faulheit", „mangelndes Interesse" und „pflanzenartiges Herumlungern" vorwarfen. Ich nahm dies 1980 müde zur Kenntnis und kochte mir einen Tee, um runterzukommen. Ich war mindestens so schlimm wie Carla. Aber das würde ich ihr gegenüber nie zugeben.

Natürlich weiß ich, dass das alles wieder mit den Hormonen und diesem ganzen Entwicklungsterror zu tun hat. Aber es ist momentan kaum vorstellbar, dass sich aus unserer lethargischen Amphibie eines Tages eine engagierte und flinke Person pellen soll, die der Gesellschaft zum Nutzen und der eigenen Natur zum Trotz Dinge anfängt und zu Ende führt.

Neulich teilte sie mit, sie könne kein Ei kochen, da sie nicht wisse, wann man es ins Wasser gebe. Ich sagte ihr, man könne es sowohl ins kalte als auch ins kochende Wasser legen. Nach einer Viertelstunde kam sie zurück und fragte, wann denn so 'n Wasser koche. Ich sah nach und stellte dann erst einmal den Herd an. Ich dachte eigentlich, wir wären schon mal weiter gewesen. Ein befreundeter Arzt klärte mich dann darüber auf, dass es sich um ein Paradebeispiel nicht mitein-

[1] **Mad:** bekanntes amerikanisches Satiremagazin, erscheint seit 1967 auch in einer deutschsprachigen Ausgabe

Rita Gockel-Gesterkamp

Begegnung zwischen Jung und Alt

Die Freude „Seit vierzig Jahren habe ich zum ersten Mal wieder getanzt!" und auch die Erwartung „Wann besucht ihr uns mal wieder?" zeigen, wie Jugendliche und Senioren zusammen Neues erlebten, Spaß miteinander hatten und Berührungsängste abbauten. Solche Begeisterung, ausgedrückt von Seniorinnen und Senioren, ist seit nunmehr drei Jahren am Ostendorf-Gymnasium keine Seltenheit mehr.

In diesem Jahr nahmen Schülerinnen und Schüler unterschiedlicher Jahrgangsstufen im Rahmen einer „Biografiewoche" im Josefsheim in Erwitte an unterschiedlichen Veranstaltungen teil und gestalteten diese aktiv mit. Ziel dieser Woche war es, die alten Menschen, die den Alltag nur noch mit fremder Hilfe bewältigen können, an ihre Lebensgeschichte zu erinnern und einzelne Lebensbereiche, die den Alltag geprägt haben, wieder wachzurufen.

Kreativ ging es zum Auftakt der „Biografiewoche" im Josefsheim zu, als 16 Schülerinnen und Schüler der Klassen 5, ausgerüstet mit Kleber, Filz und Schere, unter Leitung ihrer Lehrerin R. Gockel-Gesterkamp österliche Dekorationen bastelten. Und dabei konnte die ältere Generation der jüngeren – und umgekehrt – so manchen guten Tipp geben. Eine alte Dame geriet in einen „Bastelrausch" und bastelte gleich vier Haseneierwärmer. Mancher freute sich darüber, wie zielsicher sich die Schere noch führen ließ beim Basteln von Filzhasen, Eierwärmern, Mobiles und Fensterbildern.

Begeistert zeigten sich die alten Menschen auch, als 16 Schülerinnen und Schüler der Jahrgangsstufe 9 ihr Tanzbein schwangen und nach Musik der 40er- und 50er-Jahre keinen Tanz unversucht ließen. Neben Tango und Rumba bestimmten die Klänge des Walzers das Tanzfest. Besonderen Gefallen daran fand eine alte Dame im Rollstuhl, die an diesem Tag ihren 90. Geburtstag feierte und es sich nicht nehmen ließ, mit einem Schüler einen Ehrentanz – im Rollstuhl! – zu tanzen.

Den Höhepunkt der Projektwoche stellte eine Modenschau dar, bei der 15 Schülerinnen der Klassen 9 und 11 unter Leitung der ehemaligen Lehrbeauftragten des „Instituts für Textilgestaltung und Didaktik" der Uni Münster, Helma Trunschke, Kleider aus den 40er- bis 60er-Jahren des vergangenen Jahrhunderts vorführten. Vor ihrem großen Auftritt wurden die Mädchen professionell geschminkt und im Stil der jeweiligen Zeit frisiert. Bei passender, auf die jeweilige Mode abgestimmter Musik zeigten die Mädchen unter großem Beifall ihrer Zuschauer Kostüme, Abendgarderobe, Morgenmäntel und sogar ein Brautkleid aus dem Nachlass des Lippstädter Schneidermeisters Heinrich Heiermeier.

Ende Mai gestalteten Schülerinnen und Schüler der Klassen 5 einen Bibelnachmittag im Evangelischen Seniorenzentrum von Bodelschwingh. Im Mittelpunkt stand dabei ein Theaterstück, in dem es um „Blindheit" ging – im biblischen Beispiel um eine Wunderheilung – und parallel dazu um die soziale Blindheit einer Familie von heute, die sich intolerant gegenüber ihren älteren Angehörigen verhält. Die Kinder hatten das Stück während des Religionsunterrichts mit ihrer Lehrerin erarbeitet. Die Zahl der Schüler, die an einer solchen Veranstaltung mitwirken wollten, war so groß, dass sie diesmal nicht alle berücksichtigt werden konnten.

Neben den Veranstaltungen außerhalb der Schule kam es aber auch immer zu Begegnungen mit älteren Menschen in der Schule, die am Unterricht unterschiedlicher Fächer teilnahmen. In Zusammenarbeit mit der Familienbildungsstätte und Schülerinnen und Schülern der 10. Klassen entstand ein Projekt zum Thema „Umgang mit Ängsten". An dessen Ende zeigten sich junge wie ältere Teilnehmer überrascht darüber, wie offen sie ein so emotionales Thema miteinander besprechen konnten.

Die Erfahrungen mit diesem Projekt zeigen, dass zahlreiche junge Menschen – entgegen ihrem Ruf – immer noch bereit sind, sich in ihrer Freizeit unentgeltlich und sozial zu engagieren.

(2002/2003)

1 Welches Bild von Jugendlichen wird hier gezeichnet? Vergleicht mit den Texten von Christiane Collange und Jan Weiler auf den Seiten 142 f. und 147 f.

2 **So könnt ihr weiterarbeiten:**

Sammelt Ideen, bei welchen sozialen Einrichtungen eurer Stadt ihr im Rahmen eines Sozialpraktikums tätig werden könntet.

Ihr könnt euch auch im Internet über Projekte informieren, bei denen sich Schülerinnen und Schüler außerhalb der Schulzeit ehrenamtlich engagieren (Eingabe in die Suchmaschine könnte sein: Sozialpraktikum Gymnasium 9. Klasse).

Stellt zusammen, welche Gründe für ein solches Sozialpraktikum angeführt werden, und schaut euch auch die Erfahrungsberichte an, die z. T. auf den Internetseiten veröffentlicht sind. Führt anschließend eine Diskussion in der Klasse darüber, ob ihr ein solches Praktikum für sinnvoll erachtet oder nicht. Ihr könnt auch zuvor Meinungen anderer einholen, z. B. die eurer Lehrerinnen und Lehrer, der Schulleitung, eurer Eltern.

Projektideen

Text-Projekt zum Thema „Jung und Alt“

Rückblick: Welcher der ab S. 134 vorgestellten Texte hat euch besonders gefallen? Begründet, indem ihr die Texte miteinander vergleicht.
Sammelt Texte zum Thema „Jung und Alt“ – aus Zeitungen oder aus dem Internet, vielleicht auch in eurer Stadtbücherei. Es dürfen Erzähltexte und Sachtexte sein. Vielleicht möchtet ihr auch selbst einen kurzen Text dazu schreiben oder Bildmaterial mitbringen. Vergleicht diese Texte und Bilder nach Wirkung und Aussagekraft für das Thema, wählt zehn davon aus, die ihr für besonders gelungen haltet, und veröffentlicht sie in geeigneter Weise – z. B. als Ausstellung in eurem Klassenzimmer. Verfasst zu den ausgewählten Texten Buchpräsentationen in Form von kurzen Rezensionen (vgl. S. 294).

3. Lernfortschritte im Blick

Sprachliche Mittel in Erzähltexten erkennen S. 32, 134

1 Du findest im Folgenden einige Zitate aus der Erzählung „Fünfzehn“ von Reiner Kunze (s. S. 134 f.). Ordne den unterstrichenen Formulierungen ein sprachliches Mittel zu, das unten aufgelistet ist. Die Erklärung für die Fachbegriffe findest du in der Tabelle auf S. 32. Beschreibe auch kurz die Wirkung.

a) „Am liebsten hätte sie einen Schal, an dem mindestens drei Großmütter zweieinhalb Jahre gestrickt haben [...]“ (Z. 5 ff.).
b) „Wie also könnte ich sie verstehen – bei diesem Nervensystem?“ (Z. 29 f.)
c) „Ich weiß, diese Lautstärke bedeutet für sie Lustgewinn. Teilbefriedigung ihres Bedürfnisses nach Protest. Überschallverdrängung unangenehmer logischer Schlüsse. Trance.“ (Z. 22 ff.)
d) „Noch hinderlicher ist die Neigung, allzu hochragende Gedanken erden zu wollen.“ (Z. 31 f.)
e) „Die Ausläufer dieser Hügellandschaft erstrecken sich bis ins Bad und in die Küche.“ (Z. 43 f.)
f) „Sie fürchtet die Einengung des Blicks, des Geistes. Sie fürchtet die Abstumpfung der Seele durch Wiederholung!“ (Z. 46 ff.)

Aufzählung (Akkumulation) • rhetorische Frage • Metapher (zweimal) • Anapher/Parallelismus • Übertreibung (Hyperbel)

Argumentationsweisen näher kennzeichnen S. 143

2 Du findest im Folgenden einige Zitate aus dem Sachtext „Ich, Deine Mutter“ von Christiane Collange (s. S. 142 f.). Kennzeichne die Argumentationsweise durch die Wahl einer entsprechenden Formulierung unten.

a) „Die Schwierigkeit besteht darin, dass ihr [...] wie die Vandalen in den gepflegten Beeten unseres Alltagslebens herumtrampelt.“ (Z. 1 ff.)
b) „Hunderte von Eltern haben meine eigene Erfahrung mit ihren Berichten bekräftigt: [...]“ (Z. 23 f.).
c) „Ich weiß: Ich brauche nur die Tür geschlossen zu lassen [...]“ (Z. 31 f.).
d) „Allen Eltern ergeht es gleich: [...]“ (Z. 49).
e) „Diese Verachtung nehme ich dir übel, denn ich weiß doch, dass ich tausendmal mehr arbeite als du [...]“ (Z. 85 ff.).

Verallgemeinerung der eigenen Erfahrung • Behauptung/Vorwurf • Rechtfertigung der eigenen Position • Zugeständnis • Berufung auf Autoritäten

Textaussagen deuten S. 144

3 Im Folgenden findest du einige Ausschnitte aus dem Text von Jan Weiler: „Im Pubertier-Biotop“ (S. 147 f.). Entscheide, welche der Aussagen zu den einzelnen Textpassagen richtig sind. Lies dazu die Textpassagen noch einmal im Kontext.

1 „Nur der im Tierreich fehlenden Schulpflicht ist es zu verdanken, dass der Koalabär als faulstes Lebewesen der Welt gilt. Er hängt täglich zwanzig Stunden rum. Das würde unsere Tochter locker toppen, aber sie muss zwischendurch in die Schule.“ (Z. 1–6)

a) Der Verfasser vertritt die Ansicht, seine Tochter sei nicht faul, denn sie gehe ja zur Schule.
b) Der Verfasser meint, seine Tochter sei noch fauler als der Koalabär.
c) Der Verfasser will der Leserin/dem Leser die Faulheit seiner Tochter verdeutlichen, die noch größer wäre als die des Koalabärs, wenn sie nicht dadurch unterbrochen würde, dass die Tochter zur Schule muss.

2 „Wir wohnen keineswegs im Parlamentspalast von Bukarest (umbaute Fläche: 365 000 Quadratmeter).“ (Z. 25 ff.)

a) Der Verfasser beklagt sich, dass er in einer kleinen Wohnung lebt.
b) Der Verfasser ist froh, dass er nicht im Parlamentspalast von Bukarest wohnen muss, weil der so groß ist.
c) Der Verfasser will der Leserin/dem Leser verdeutlichen, dass es keine große Mühe macht, in das obere Stockwerk der Wohnung zu gehen, um eine Jacke zu holen.

3 „Carla ist sehr gut im Chillen, Relaxen, Entspannen, Ausruhen, Runterkommen, Zeittotschlagen und Einfach-mal-nix-Machen. Es handelt sich dabei übrigens nicht um dieselbe Tätigkeit in sieben Varianten, sondern laut Carla um unterschiedliche Verrichtungen, für die mein Verständnis jedoch allmählich schwindet.“ (Z. 32–38)

a) Der Verfasser bewundert, über wie viele Varianten des Nichtstuns seine Tochter verfügt.
b) Der Verfasser verdeutlicht das Ausmaß der Faulheit seiner Tochter, für das er das Verständnis verliert.
c) Der Verfasser ist sehr wütend auf seine Tochter, weil diese nichts tut.

Miteinander im Gespräch – Gelingende und misslingende Kommunikation untersuchen

Sicherlich kennt jeder von euch die Situation: Man sagt zu seinem Gesprächspartner etwas und dieser reagiert völlig anders, als man erwartet hat. Da möchte man jemandem nur einen Hinweis geben und der andere versteht dies als Belehrung oder Beleidigung. In der menschlichen Kommunikation kommt es immer wieder zu Missverständnissen. Da jeder Mensch auf seine spezielle Art und Weise verbal und nonverbal kommuniziert, können Gespräche gelingen oder auch scheitern. Wie man erkennen kann, warum einzelne Gespräche scheitern, und worauf man achten sollte, um das Gespräch wie gewünscht führen zu können, erfahrt ihr in den ersten Unterkapiteln. Im Anschluss daran findet ihr einen literarischen Text, der im Hinblick auf das Kommunikationsverhalten der Figuren untersucht werden soll, um so deren Handeln besser zu verstehen.

In diesem Kapitel werden euch grundlegende Einsichten in Prozesse verbaler und nonverbaler Kommunikation vermittelt. Dabei lernt ihr verschiedene Kommunikationsmodelle kennen und anzuwenden. Über die theoretische Kommunikation soll versucht werden, die Gestaltung von Kommunikation bewusst zu führen.

1 Auf den Fotos werden verschiedene Gesprächssituationen gezeigt.
Erklärt die Äußerungen der Gesprächspartner.

2 Benennt die Probleme, die aus den Gesprächen deutlich werden.

Kommunikation analysieren und beurteilen

1. Gespräche im Alltag – Das Gesagte, das Gemeinte, das Gehörte sind nicht immer dasselbe

Loriot (1923 – 2011)

Feierabend

Bürgerliches Wohnzimmer. Der Hausherr sitzt im Sessel, hat das Jackett ausgezogen, trägt Hausschuhe und döst vor sich hin. Hinter ihm ist die Tür zur Küche einen Spaltbreit geöffnet. Dort geht die Hausfrau emsiger Hausarbeit nach. Ihre Absätze verursachen ein lebhaftes Geräusch auf dem Fliesenboden.

SIE Hermann ...
ER Ja ...
SIE Was machst du da?
ER Nichts ...
SIE Nichts? Wieso nichts?
ER Ich mache nichts ...
SIE Gar nichts?
ER Nein ...
(Pause)
SIE Überhaupt nichts?
ER Nein ... ich sitze hier ...
SIE Du sitzt da?
ER Ja ...
SIE Aber irgendwas *machst* du doch?

ER Nein ...
(Pause)
SIE Denkst du irgendwas?
ER Nichts Besonderes ...
SIE Es könnte ja nicht schaden, wenn du mal etwas spazieren gingest ...
ER Neinnein ...
SIE Ich bringe dir deinen Mantel ...
ER Nein danke ...
SIE Aber es ist zu kalt ohne Mantel ...
ER Ich gehe ja nicht spazieren ...
SIE Aber eben wolltest du doch noch ...
ER Nein, du wolltest, daß ich spazieren gehe ...
SIE Ich? Mir ist es doch völlig egal, ob du spazieren gehst ...
ER Gut ...
SIE Ich meine nur, es könnte dir nicht schaden, wenn du mal spazieren gehen würdest ...
ER Nein, schaden könnte es nicht ...
SIE Also was willst du denn nun?
ER Ich möchte hier sitzen ...
SIE Du kannst einen ja wahnsinnig machen!
ER Ach ...
SIE Erst willst du spazieren gehen ... dann wieder nicht ... dann soll ich deinen Mantel holen ... dann wieder nicht ... was denn nun?
ER Ich möchte hier sitzen ...
SIE Und jetzt möchtest du plötzlich da sitzen ...
ER Gar nicht plötzlich ... ich wollte immer nur hier sitzen ... und mich entspannen ...
SIE Wenn du dich wirklich entspannen wolltest, würdest du nicht dauernd auf mich einreden ...
ER Ich sag ja nichts mehr ...
(Pause)

SIE Jetzt hättest du doch mal Zeit, irgendwas zu tun, was dir Spaß macht ...

ER Ja ...

SIE Liest du was?

ER Im Moment nicht ...

SIE Dann lies doch mal was ...

ER Nachher, nachher vielleicht ...

SIE Hol dir doch die Illustrierten ...

ER Ich möchte erst noch etwas hier sitzen ...

SIE Soll *ich* sie dir holen?

ER Neinnein, vielen Dank ...

SIE Will der Herr sich auch noch bedienen lassen, was?

ER Nein, wirklich nicht ...

SIE Ich renne den ganzen Tag hin und her ... Du könntest doch wohl einmal aufstehen und dir die Illustrierten holen ...

ER Ich möchte jetzt nicht lesen ...

SIE Mal möchtest du, mal nicht ...

ER Ich möchte einfach hier sitzen.

SIE Du kannst doch tun, was dir Spaß macht!

ER Das tue ich ja ...

SIE Dann quengle doch nicht so rum ...

ER (schweigt)

SIE Hermann!

ER (schweigt)

SIE Bist du taub?

ER Neinnein ...

SIE Du tust eben nicht, was dir Spaß macht ... stattdessen sitzt du da!

ER Ich sitze hier, weil es mir Spaß macht ...

SIE Sei doch nicht gleich so aggressiv ...

ER Ich bin doch nicht aggressiv ...

SIE Warum schreist du mich dann so an?

ER (schreit) ... Ich schreie dich nicht an!!

(Aus lizenzrechtlichen Gründen folgt dieser Text nicht der reformierten Rechtschreibung.)

© Loriot

1 Hört euch den Dialog an (Webcode **SNG-28054-033**) und beschreibt die Beziehung zwischen Hermann und seiner Frau.

2 Sucht aus dem Gespräch drei Stellen heraus und ergänzt die Gedanken von Hermann und seiner Frau in Form von inneren Monologen (vgl. S. 51). Reflektiert anschließend, was auf diesem Weg verdeutlicht werden kann.

3 Erläutert, warum Hermann seine Frau am Ende des Gesprächs anschreit. Inwiefern trägt das Verhalten der Frau zu dem Wutausbruch bei?

4 Loriot skizziert in seinen Sketchen immer wieder bestimmte Verhaltenstypen und Gesprächsmuster. Welche Typen und Muster verbergen sich hinter den Ehepartnern? Tauscht euch darüber aus.

5 Überlegt, in welchem Tonfall Mann und Frau miteinander sprechen könnten, welchen Gesichtsausdruck beide einnehmen könnten und durch welche Körpersignale ihre Haltung noch unterstrichen werden könnte. Spielt die Szene in eurer Klasse.

6 Beschreibt zusammenfassend die Kommunikation zwischen den beiden, indem ihr dazu ein paar Sätze formuliert.

Schwierigkeiten und Missverständnisse in Gesprächen, wenn auch nicht immer so wie bei Loriot, gehören zu unserem Alltag. Diese werdet ihr im Folgenden genauer kennenlernen und untersuchen.

1 Verfasst einen inneren Monolog (vgl. S. 51) des Mädchens und des Jungen, aus dem jeweils deutlich wird, was sie möglicherweise über den anderen denken.

2 Stellt Vermutungen darüber an, wie es zu der Reaktion des Mädchens gekommen sein könnte. Wie beurteilt ihr die Reaktion?

3 Sprecht die Äußerung des Jungen mit unterschiedlichen Betonungen und variierenden Gesten. Welche Reaktionen des Mädchens liegen dann jeweils nahe?

4 Welche Fortsetzung könnte das Gespräch nehmen? Schreibt einen kurzen Dialog und vergleicht eure Ideen miteinander.

5 Kennt ihr solche Situationen wie aus dem Bild oben? Beschreibt eure Empfindungen dabei.

6 Schreibt auf, wie die Tochter reagieren und wie das Gespräch sich weiterentwickeln könnte.

7 Vergleicht eure Dialoge miteinander und untersucht,

- worum es inhaltlich geht,
- wie die Beziehung zwischen Mutter und Tochter einzuschätzen ist,
- was die Gesprächspartnerinnen jeweils erreichen möchten.

In einem Gespräch gibt man immer auch etwas von sich preis, man zeigt z. B. Angst, Besorgnis oder Wut, auch wenn man dies nicht offen ausspricht. Wenn man etwas über sich selbst aussagt, nennt man das **Selbstoffenbarung**.

8 Erläutert, was die Mutter in dem oben angeführten Beispiel über sich aussagt.

9 Stellt die Besonderheiten mündlicher Kommunikation gegenüber schriftlicher Kommunikation heraus.

2. Der Körper meldet sich zu Wort – Körpersprache

1 Seht euch die Zeichnungen zur Szene „Feierabend“ (S. 156 f.) und die Fotos auf den vorangegangenen Seiten an: Beschreibt, was die Gesten der Personen und Figuren bedeuten, welche Gefühlslage sich aus ihnen ablesen lässt.

2 Erläutert auch, wie ihr jeweils den Gesichtsausdruck der Person deutet.

Im Folgenden findet ihr eine Reihe von Fotos. Die Schülerin wurde interviewt und erhielt die Aufgabe, nur mithilfe ihres Körpers auf die gestellten Fragen zu antworten.

- Was hieltest du davon, wenn ihr mit eurer Klasse regelmäßig (einmal im Monat) eine Party feiertet?

- Welchen Berufswunsch hast du?

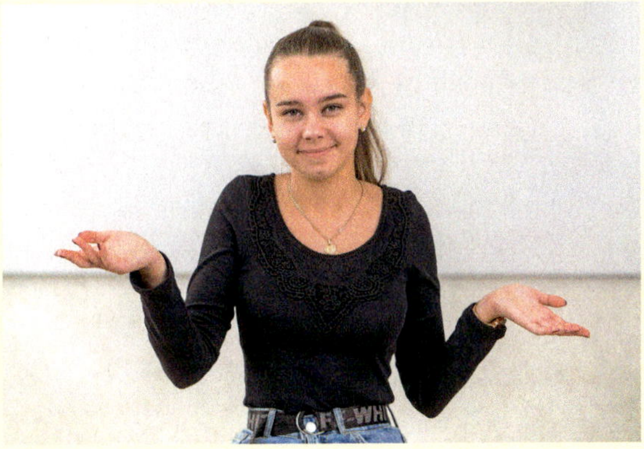

- Es besteht die Gefahr, dass du das Klassenziel nicht schaffst. Was machst du?

- Hast du deine Freundin schon mal angeschwindelt?

3 Welche Antworten gibt die Schülerin auf die Fragen? Notiert zunächst in euer Heft die Antworten, die ihr aus den Bildern ablest, und vergleicht sie anschließend mit denen eurer Sitznachbarin oder eures Sitznachbarn. Begründet mithilfe der Fotos, warum ihr die jeweilige Antwort vermutet habt. Nennt diese.

4 Beschreibt die körpersprachlichen Signale auf den Fotos, die euch helfen, die vermittelte Botschaft zu verstehen.

5 Nennt weitere Körpersignale, die etwas über die Einstellung von Gesprächspartnern verraten.

6 Ihr könnt ein „stummes Interview" auch in eurer Klasse ausprobieren: Stellt eurer Nachbarin oder eurem Nachbarn Fragen, die nur mithilfe des Körpers beantwortet werden dürfen. Formuliert dann in Worten die von euch verstandene Antwort.

Auch auf den folgenden Fotos geht es um das Sprechen mit dem Körper.

7 Worum könnte es auf den Fotos gehen? Begründet eure Vermutung, indem ihr die dargestellten Körpersignale deutet.

8 Entwickelt aus den drei Fotos jeweils eine Handlungsszene. Schreibt die Dialoge auf und vergleicht sie anschließend in der Klasse.

Zur Bedeutung der Körpersprache[1]

Für uns Menschen gibt es grundsätzlich zwei Möglichkeiten, mit anderen zu kommunizieren: Die eine erfolgt über das Wort (verbale Kommunikation), die andere über die Sprache unseres Körpers (nonverbale Kommunikation). Auch wenn wir nichts zum anderen sagen, treten wir über unseren Gesichtsausdruck (Mimik) und über unsere sonstige Körperhaltung (Gestik) mit dem anderen in eine Kommunikation ein, ob wir wollen oder nicht. Oft geben wir unsere Gefühle nicht mit Worten preis, sondern der andere erfährt durch unsere Körpersprache, wie wir empfinden. Deshalb ist es wichtig, dass man sowohl die verbale als auch die nonverbale Seite der Kommunikation berücksichtigt. Auch sollte man sich klarmachen, dass man selbst immer mit seinem Körper Botschaften an den anderen übermittelt. In dessen Reaktion zeigt sich vielleicht, wie er sie aufgenommen hat. Wenn man in einem Gespräch das Gefühl hat, das Gegenüber verhält sich distanziert, kann es auch daran liegen, dass man selbst eine Haltung der Distanz verkörpert, indem man beispielsweise die Arme verschränkt hält oder einen deutlichen Abstand zwischen sich und seinem Gegenüber wählt. Der andere versteht diese Signale und reagiert darauf.

Nicht immer sind die Körpersprache und das gesprochene Wort im Einklang. Dann kommt es zu widersprüchlichen Botschaften, die irritierend sind. Beispiel: Eine Frau sitzt mit verschränkten Armen, abwehrender Gesichtshaltung und leicht hochgezogenen Schultern einer anderen Frau gegenüber und sagt: „Ich find's immer richtig schön, wenn wir uns treffen!" Kann man dieser Frau wirklich glauben? Ihre Körpersprache signalisiert Distanz und Anspannung, also eher, dass sie sich nicht wohlfühlt, die Worte behaupten das Gegenteil. Dann besteht die Schwierigkeit, diese Widersprüche aufzulösen. Oftmals verrät der Körper mehr über die innere Haltung als das Wort. Denn wir haben gelernt, unsere Gefühle sprachlich zu kontrollieren; die Körperkontrolle ist zumeist nicht so perfekt.

[1] Die Ausführungen stammen von der Autorin Luzia Schünemann, die den Überlegungen von Samy Molcho aus seinem Werk „Körpersprache" folgt.

Samy Molcho

9 Fasst in eigenen Worten zusammen, was ihr im Text über die Bedeutung der Körpersprache erfahrt.

10 Seht euch noch einmal die Fotos auf S. 160 an und untersucht, welche Gefühle durch die Körpersprache der Personen ausgedrückt werden.

11 Könnt ihr euch auch Situationen vorstellen, in denen die Körpersprache nicht zum Gesagten passt? Entwerft in Kleingruppen Szenen, die einen Widerspruch zwischen verbaler und nonverbaler Botschaft enthalten. Spielt anschließend die Szenen und besprecht,

- inwiefern körpersprachliche Botschaften wichtig sind,
- welches Gefühl widersprüchliche Botschaften beim Gegenüber auslösen können.

3. Wer führt das Gespräch? – Beziehungen

Erich Rauschenbach (geb. 1944)

1 Beschreibt in eigenen Worten den Witz in der Bildgeschichte.

Wolfdietrich Schnurre (1920 – 1989)

Du bist un-mög-lich

„Mama, wer war'n der Mann, der dich da eben gegrüßt hat?"
„Welcher Mann?"
„Der mit dem Pickel auf der Backe."
„Egon hat nie einen Pickel auf der Backe gehabt, merk dir das."
„Ich merk mir lieber, dass er Egon heißt. Außerdem hat er doch 'n Pickel auf der Backe gehabt."
„Werd nicht frech."
„Wieso werd ich frech, wenn Egon 'n Pickel auf der Backe hat?"
„Für dich ist Egon immer noch Herr Prenzl."
„Wieso ist Egon für mich Herr Prenzl und für dich Egon?"

„Weil du ihn nicht kennst. Wen man nicht kennt, den redet man auch nicht mit dem Vornamen an."

„Du redest ihn aber mit 'm Vornamen an, stimmt's?"

„Ich rede Herrn Prenzl überhaupt nicht an, dass du's genau weißt."

„Aber er hat dich angeredet."

„Wann?"

„Eben."

„Er hat mich gegrüßt. Na und?"

„Und gezwinkert."

„Gewas?"

„Gezwinkert. Mit 'm Auge. So."

„Hör auf, solche Fratzen zu schneiden!"

„Das is' nich' meine Fratze, das is' Herrn Egon Prenzl seine."

„Wie kannst du so was sagen!"

„Das kann ich, weil ich's gesehn hab."

„Überhaupt nichts hast du gesehn!"

„Wieso kann ich überhaupt nichts sehn, wenn ich seinen Pickel und seine Fratze gesehn hab?"

„Du bist un-mög-lich."

[...] (1973)

1 Hört euch das Gespräch an (**SNG-28054-034**) und beschreibt anschließend die Gesprächssituation:

- Wer ist am Gespräch beteiligt?
- Wo findet es möglicherweise statt?
- Worüber wird gesprochen?
- Welches Ziel verfolgen die Gesprächspartner und wie versuchen sie, es umzusetzen?

2 Spielt die Szene. Achtet dabei auf Betonungen und auf die verwendeten Satzarten. Die übrigen Schülerinnen und Schüler beobachten die Szene:

- Wie schätzen sich Mutter und Kind gegenseitig ein?
- Wer führt das Gespräch?
- Entspricht der Verlauf des Gesprächs der üblichen Rollenbeziehung zwischen Erwachsenem und Kind?

3 Lest den Infokasten und nennt Beispiele für symmetrische und asymmetrische Kommunikation.

Info: Die Führung im Gespräch – soziale Rollen

Wie Menschen miteinander sprechen, hängt auch davon ab, in welchem **Verhältnis** die Gesprächspartner zueinander stehen. So wird ein Angestellter mit seinem Chef in der Regel anders sprechen als mit seinem Kollegen, ein Kind spricht mit seiner Mutter üblicherweise anders als mit seinen Klassenkameraden. Auch ein Arzt und sein Patient haben eine bestimmte Form der Kommunikation, die an die **soziale Rolle** gebunden ist. Würde eine Patientin zum Arzt gehen und diesen nach seinem gesundheitlichen Befinden fragen mit den Worten „Guten Tag, Herr Doktor, wie geht es Ihnen heute?", so wäre dies zumindest irritierend, die Patientin hätte ihre Rolle verlassen.

Es gibt aber auch Situationen, in denen die gesellschaftlichen Positionen bewusst verlassen werden oder eine untergeordnete Rolle spielen. Wenn z. B. ein Lehrer mit seinem Schüler nach dem Unterricht über ein Fußballspiel spricht, das beide gesehen haben, ist die soziale Beziehung nicht mehr von so großer Bedeutung.

Wenn zwei Menschen in einem Gespräch auf einer Ebene stehen, spricht man von einer Gleichrangigkeit, einer **symmetrischen** Kommunikation; gibt es aber eine übergeordnete und eine untergeordnete Person, nennt man das Gefüge **asymmetrisch** oder **komplementär**.

Symmetrisch oder komplementär

Kommunikation ist je nach dem zwischen den Beteiligten herrschenden Machtgleichgewicht „symmetrisch“ oder „komplementär“. In **symmetrischen Beziehungen** bewegen sich die Beteiligten auf Augenhöhe, z.B. zwei Schüler, die sich darüber unterhalten, wie sie am besten mit der Fülle an Arbeiten umgehen.

In einer **komplementären Beziehung** beruht die Kommunikation auf Unterschieden infolge von Status, Ausbildung, Hierarchie, Aussehen etc. Mögliche Beispiele sind ein Lehrer und ein Schüler.

Wenn die Kommunikation nicht funktioniert, spricht man auch von Störungen.

Mögliche Störungen können sein:

- Symmetrische Eskalation: Jeder versucht, den anderen zu übertrumpfen und eine überlegene Position einzunehmen.
- Komplementäre Trennung: Jeder betont seine eigene Position, einer in die eine Richtung und der andere in die entgegengesetzte.

Die Schülerin Lisa meldet sich und erzählt: „Ich arbeite nebenbei in einem Supermarkt. Die Leitung ist sehr direkt und wird häufig laut, wenn etwas nicht nach ihren Vorgaben verläuft. Sie betont die Dringlichkeit ihrer Arbeitsaufträge, indem sie z.B. in die Hände klatscht, ‚Zack-Zack‘ oder ‚Heute noch!‘, sagt. Nach ein paar Tagen wollte ich wegen eines Termins meinen Dienst tauschen. Ich bin zur Leitung gegangen und habe gesagt: ‚Schreib mich morgen in den Spätdienst!‘ Als die Leitung nicht sofort reagiert, wurde ich lauter, so wie sie eben auch immer: ‚Sag mal, hörst du mir zu. Ich hab nicht ewig Zeit!‘ Danach gab es riesigen Ärger.“

1 Findet mögliche Beispiele aus dem Alltag für derartige Störungen.

3 Erklärt, welche Störung in der Kommunikation zwischen Lisa und der Leitung vorliegt, und begründet eure Entscheidung.

4 Gebt Lisa Tipps, wie die Kommunikation zielführender verlaufen könnte.

5 Erklärt, auf welchen Bildern in der Geschichte die Kommunikation komplementär und auf welchen symmetrisch abgelaufen ist.

4. Sender und Empfänger – (nonverbale) Kommunikation untersuchen

Ihr habt nun die Komplexität zwischenmenschlicher Kommunikation kennengelernt. Die Kommunikation besteht nicht nur aus dem Inhalt des Gesagten (verbale Elemente), sondern auch aus ...

- die Sprache begleitenden (paraverbalen, auch vokalen nonverbalen) Elementen wie Tonhöhe, Lautstärke, Sprechtempo,
- nonverbalen Elementen wie Gestik, Mimik, Blick, Körperhaltung, Körperbewegung, Verhalten im Raum, Berührungen, Kleidung, Accessoires.

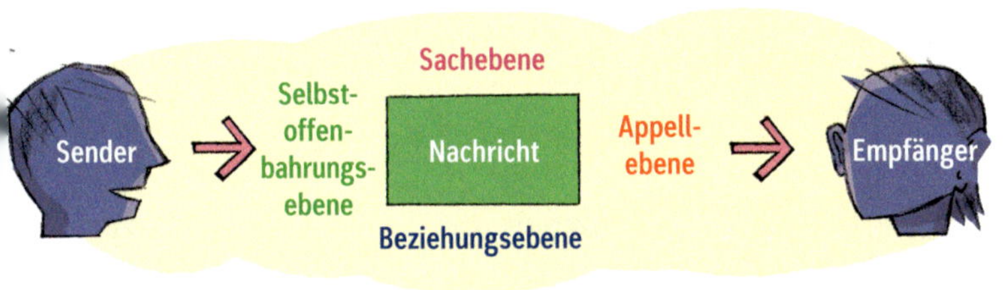

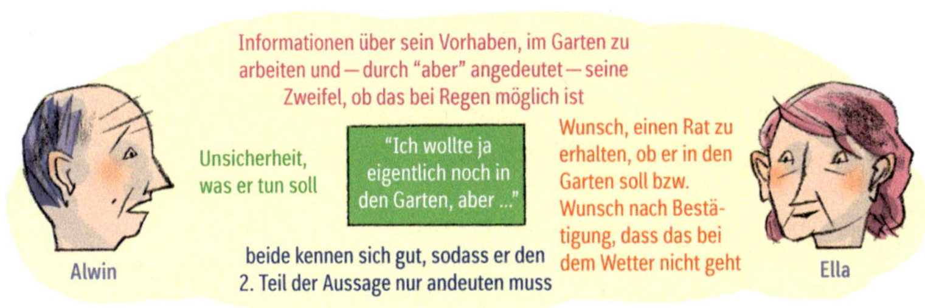

Das Grundmodell der Kommunikation sieht folgendermaßen aus:
Beispiel: Alwin sagt zu Ella: „Ich wollte ja eigentlich noch in den Garten, aber ...“
Theorie: 1. Sprecher (= Sender) → sagt etwas (= NACHRICHT) → einem 2. Sprecher (= Empfänger)
Nach dem Kommunikationswissenschaftler Friedemann Schulz von Thun hat aber jede Nachricht vier Seiten bzw. vom Empfänger aus gesehen hört der Empfänger die Nachricht mit vier Ohren:

1 Beschreibt das Vier-Ohren-Modell mit eigenen Worten.

2 Sucht euch einfache Sätze wie: „Das Essen schmeckt mir nicht.“ Legt Sender und Empfänger fest und wendet das Vier-Ohren-Modell darauf an.

3 **So könnt ihr weiterarbeiten:**

Wendet das Vier-Ohren-Modell auf den Dialog zwischen dem Jungen und dem Mädchen auf der Seite 158 an.

Das musst du lernen und wissen.

Das Vier-Ohren-Modell: Vier Seiten einer Nachricht

- **Sachebene:** worüber der Sender informiert
- **Appellebene:** was der Sender erreichen will
- **Beziehungsebene:** was der Sprecher vom Empfänger hält oder wie die beiden zueinander stehen
- **Selbstoffenbarungsebene:** was der Sender von sich preisgibt

Was tue ich, indem ich etwas sage?

Der deutsche Sprachpsychologe **Karl Bühler** (1879 – 1963) legte in seiner 1934 publizierten Schrift „Sprachtheorie" ein Modell für verbale menschliche Kommunikation vor. In dieser Abhandlung hat er grundlegende Einsichten über die Funktion der Sprache dargelegt.
Ihr seht hier ein Schaubild, das sich an seine Sprachtheorie anlehnt, und dazu Beschreibungen (A – C) sowie Beispiele (1 – 6).

A Das sprachliche Zeichen ist ein **Symbol** für Gegenstände und Sachverhalte. Es geht um die reine Information, die ein Sprecher mitteilen will (z. B. in Sachtexten, Anleitungen etc.). Man spricht von der **darstellenden** oder **deskriptiven** Funktion der Sprache.

B Das sprachliche Zeichen sagt etwas über den Sprecher aus, der ein Gefühl oder eine Meinung **ausdrücken** will. Man spricht von der **Ausdruck**- oder der **expressiven** Funktion der Sprache, dem **Symbol**.

C Das sprachliche Zeichen richtet sich an den Empfänger. Es soll den Empfänger zu etwas auffordern. Man spricht auch von dem **Signal**.

1 Hurra, wir leben noch!
2 Das Betreten des Rasens ist verboten.
3 Oh, wie ist das schön!
4 Fußball kann als Sport die Völker verbinden.
5 Durch die Klimaerwärmung häufen sich die Unwetter in der Welt.
6 Du sollst nicht töten.

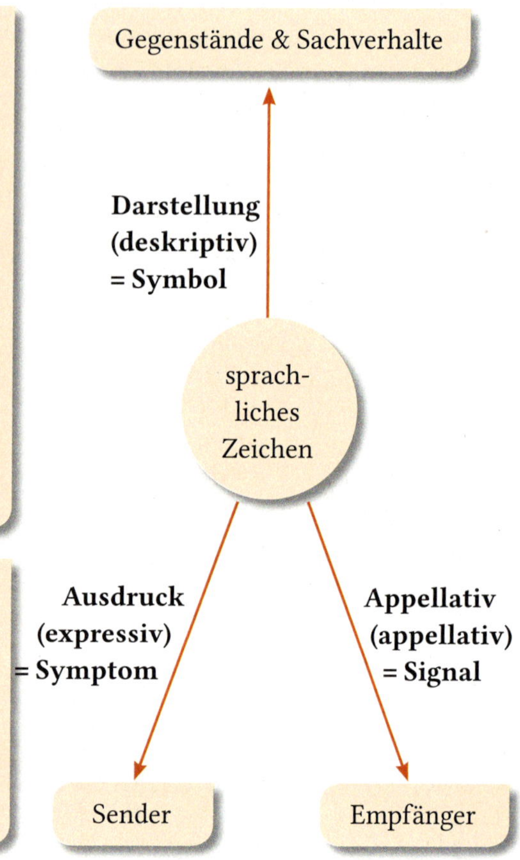

1 Ordnet die Beschreibungen (A – C) und die Beispiele (1 – 6) dem Schaubild zu. Diskutiert anschließend eure Zuordnung.

2 Findet weitere Beispiele aus dem Alltag zu den drei Sprachfunktionen (Darstellung, Ausdruck, Appell).

3 Sucht jeweils einen Beispieltext, der in erster Linie in der Funktion expressiv, appellativ oder deskriptiv ist.

Karl Bühler verstand das Sprachzeichen, das Wort, als ein Werkzeug, altgriechisch „**organon**". Das sprachliche Werkzeug gewinnt seine Bedeutung im zwischenmenschlichen Verkehr. Demnach ist das Wort aus Bühlers Sicht ein „Orientierungsgerät des Gemeinschaftslebens".

4 Erklärt, was Bühler mit „Orientierungsgerät des Gemeinschaftslebens" meint.

Die Aussage „es regnet" bezeichnet symbolisch einen Sachverhalt. Zugleich bringt der Sprecher durch den Tonfall seine innere Einstellung zum Ausdruck. Die Feststellung, dass es regne, kann freudig, traurig, nüchtern geäußert werden. In einem anderen Kontext könnte sie auch einen Appell an den Empfänger beinhalten. Dieses Signal könnte lauten: „Nimm deinen Schirm mit!" oder: „Was wird aus dem geplanten Ausflug?" Nach Karl Bühler übt jedes sprachliche Zeichen die drei Funktionen Symbol, Symptom und Signal gleichzeitig aus.

1 Stellt euch in Gruppen eine beliebige Situation vor, in der eine Sprecherin/ein Sprecher den Satz sagt: „Die Musik ist laut." Übt die der Situation angemessene Sprechweise. Lasst andere Gruppen den von euch beabsichtigten Ausdruck und Appell erkennen.

Bei der **Sprechakt-** und **Sprachhandlungstheorie** in der Sprachwissenschaft werden zum ersten Mal Sprechen und Kommunikation als Handeln in das Blickfeld genommen. Sprechen kommt meist aus nichtsprachlichem Handeln zustande und führt auch wieder dahin zurück (siehe Zeichnung).

Erklärung:
Ohne dass der Sprechakt „Gib mir mal den 12er-Schraubenschlüssel" ausgesprochen wird, reicht der Mechaniker den Schlüssel (= nichtsprachliches Handeln).

„Die Sprechakttheorie betont den Handlungscharakter einer Sprache."

2 Erklärt euch das Zitat gegenseitig.

Die Sprechakttheorie wurde von John L. Austin 1955 in einer Vorlesung entwickelt. Nach seinem Tod hat man eine Nachschrift dieser Vorlesung unter dem Titel „How to do things with words" herausgegeben. Dieses ist die Urschrift der Sprechakttheorie.

3 Erläutert den Titel von Austins Vorlesung. Benennt Faktoren, die eine Rolle spielen, wenn man mit seinen Worten etwas „macht".

Das musst du lernen und wissen.

Sprechakt und Sprechakttheorie

- Unter **Sprechakt** versteht man die kommunikative Handlung, mit der Sprecherinnen/Sprecher und Hörerinnen/Hörer sich verständigen und Handlungen koordinieren. Im Prinzip versteht man darunter also jede Handlung, die mit dem Hervorbringen eines sprachlichen Zeichens verbunden ist.
- Die **Sprechakttheorie** geht davon aus, dass jeder Sprechakt nicht nur eine sprachliche Handlung vollzieht, sondern auch eine Handlungsanweisung bereitstellt. Damit sind z. B. Befehle oder Versprechen Änderungen der Realität.
- Die **zentralen Fragen**, mit denen ein Sprechhandlungstheoretiker an sprachliche Phänomene herangeht, lauten: 1. Was tun wir, *wenn* wir sprechen? und 2. Was tun wir, *indem* wir sprechen? Für die Sprachhandlungstheorie gibt es also den Gegensatz zwischen „tun" und „sprechen" nicht, der im Alltagsbewusstsein besteht.

Wise Guys

Nonverbale Kommunikation

Zu mancher Zeit an manchem Ort ist jegliches gesproch'ne Wort
je ein gesproch'nes Wort zu viel.
Schweigen hat mehr Stil.

Lädt dich deine Traumfrau ein,
zum ersten Mal bei ihr zu sein
und zieht dich nach dem dritten Wein
am Hemd ins Schlafzimmer hinein,
dann kannst du große Reden schwingen,
kannst einen langen Vortrag bringen,
von Liebe und so schönen Dingen,
mit Worten, die fantastisch klingen.
Doch besser war in diesem Falle schon
die Wahl von

Nonverbaler Kommunikation.
Nonverbale Kommunikation.

Willst du in 'ne Kneipe gehn,
in der nur Fans aus Schalke stehn,
empfehle ich dir ganz extrem
von manchen Dingen abzuseh'n:
Sage nie, auch wenn 's so ist:

„Schalke spielt den letzten Mist!"
und dass du Fan von Dortmund[1] bist.
Es sei denn, du bist Masochist.
Denn sonst bekommst du garantiert als Lohn
'ne Ladung

Nonverbale Kommunikation ...
Ein Austausch ganz besondrer Sorte:
Gefühle zeigen ohne Worte!

Wenn du auf der Bühne bist
und denkst, dass es jetzt lässig ist,
aus Euphorie beim Singen
von vorn ins Publikum zu springen;
wenn dann die Leute, die da stehn,
plötzlich auseinandergehn,
und, anstatt schon mitzumachen,
laut über den Aufprall lachen.
Dann hast du Recht: Das ist 'ne Art von Hohn
in Form von

Nonverbaler Kommunikation ...
Schmeißt jemand nach dir mit 'ner Torte,
ist das ein Statement ohne Worte.

[1] **Schalke und Dortmund:** Hier sind die Fußballclubs FC Schalke 04 und Borussia Dortmund gemeint, die in der Region miteinander konkurrieren.

1 Erläutert den Titel des Liedes und den Stellenwert von nonverbaler Kommunikation, wie sie im Lied zum Ausdruck gebracht wird.

2 Erstellt eine Mindmap zum Begriff „nonverbale Kommunikation" mithilfe der Informationen auf den Seiten 159 ff. und der folgenden Seiten.

Wise Guys

Man kann nicht *nicht* kommunizieren

■ Die Psychologen Paul Watzlawick (Foto), Don D. Jackson und Janet H. Beavin prägten mit ihrer 1967 erschienenen Untersuchung „Menschliche Kommunikation. Formen, Störungen, Paradoxien" sowohl den Begriff Kommunikation im Deutschen als auch die in den 1970er-Jahren boomende Kommunikationsforschung. ■

„Verhalten hat vor allem eine Eigenschaft, die so grundlegend ist, dass sie oft übersehen wird: Verhalten hat kein Gegenteil, oder um dieselbe Tatsache noch simpler auszudrücken: Man kann sich nicht nicht verhalten. Wenn man also akzeptiert, dass alles Verhalten in einer zwischenpersönlichen Situation Mitteilungscharakter hat, d.h. Kommunikation ist, so folgt daraus, dass man, wie immer man es auch versuchen mag, nicht nicht kommunizieren kann. Handeln oder Nichthandeln, Worte oder Schweigen haben alle Mitteilungscharakter: Sie beeinflussen andere, und diese anderen können ihrerseits nicht nicht auf diese Kommunikation reagieren und kommunizieren damit selbst. Es muss betont werden, dass Nichtbeachtung oder Schweigen seitens des anderen dem eben Gesagten nicht widerspricht. Der Mann im überfüllten Wartesaal, der vor sich auf den Boden starrt oder mit geschlossenen Augen dasitzt, teilt den anderen mit, dass er weder sprechen noch angesprochen werden will, und gewöhnlich reagieren seine Nachbarn richtig darauf, indem sie ihn in Ruhe lassen. Dies ist nicht weniger ein Kommunikationsaustausch als ein angeregtes Gespräch."

(P. Watzlawick u. a.: Menschliche Kommunikation. Formen, Störungen, Paradoxien, S. 58 f.)

1 Fasst den Text von Paul Watzlawick, Janet H. Beavin und Don D. Jackson mit eigenen Worten zusammen.

2 Erläutert und diskutiert die Hauptthese.

Nonverbale Kommunikation

1. nonvokale nonverbale Kommunikaton:
- Gestik
- Mimik
- Verhalten im Raum
- olfaktorische Formen
- Blickverhalten
- Körperhaltung/-bewegung

2. vokale nonverbale (paraverbale) Kommunikaton:
- sprachbegleitende Formen: z. B. Betonung, Tempo, Lautstärke ...
- selbstständige Formen: z. B. Lachen, Seufzen, Gähnen ...

3. nonverbale Kommunikaton im weiteren Sinne:
(Artefakte, z. B. Kleidung, Frisur ...)

3 Erläutert die Grafik und ergänzt eure Mindmap (vgl. Aufgabe 2, S. 168).

4 Verfasst mithilfe eurer Mindmap eine Definition zum Begriff „nonverbale Kommunikation".

5. „Drei Mal Leben" – (nonverbale) Kommunikation in literarischen Texten untersuchen

1 Bei dem Bild handelt es sich um ein Szenenfoto aus einem Theaterstück. Deute die nonverbalen Elemente der Kommunikation und erarbeite das mögliche Konfliktpotenzial der Handlung.

Yasmina Reza (geb. 1959)

Drei Mal Leben

■ Bei dem Theaterstück „Drei Mal Leben", das (2000) von der französischen Schriftstellerin Yasmina Reza geschrieben wurde, handelt es sich um ein 4-Personen-Stück. In dem Stück wird das Treffen zweier Paare (im Alter zwischen 40 und 50 Jahren) zum gemeinsamen Abendessen thematisiert. Sonja und Henri, die wegen der Einschlafschwierigkeiten ihres sechsjährigen Sohnes Arnaud in Streit geraten, werden vom Besuch Hubert und Ines Finidoris überrascht, da diese einen Tag zu früh zu einer Einladung zum Abendessen kommen. ■

Abend.
Ein Wohnzimmer. So abstrakt wie möglich.
Weder Wände noch Türen: wie nach oben geöffnet.
Worauf es ankommt, ist die
Vorstellung des Wohnzimmers.
Sonja sitzt im Morgenrock da. Sie liest Akten. Henri erscheint.

Henri Er will einen Keks.
Sonja Er hat sich gerade die Zähne geputzt.
Henri Er verlangt einen Keks.
Sonja Er weiß genau, dass es im Bett keine Kekse gibt.
Henri Sag du ihm das.
Sonja Warum hast du's ihm nicht gesagt?
Henri Weil ich nicht weiß, dass es im Bett keine Kekse gibt.
Sonja Wieso weißt du nicht, dass es im Bett keine Kekse gibt? Es hat noch nie Kekse gegeben, es hat noch nie etwas Süßes im Bett gegeben.
Sie geht hinaus.
Kurze Pause.
Das Kind weint. Sie kommt zurück.
Henri Was hat er?
Sonja Er will einen Keks.
Henri Warum weint er?
Sonja Weil ich Nein gesagt habe. Er ist ein grässlicher Dickkopf.

Henri *(nach einer kurzen Pause)* Gib ihm einen halben Apfel.

Sonja Er will keinen halben Apfel, er will einen Keks, aber er bekommt sowieso nichts. Im Bett wird nicht gegessen, man isst bei Tisch und nicht im Bett, nach dem Zähneputzen, und jetzt möchte ich diese Akten durchsehen, ich habe morgen früh um zehn Uhr eine Aufsichtsratssitzung.

Das Kind weint immer noch.

Henri geht hinaus. Das Kind hört auf zu weinen. Henri kommt zurück.

Henri Er ist einverstanden mit dem halben Apfel.

Sonja Er bekommt weder Apfel noch sonst was, im Bett wird nicht gegessen, und damit Schluss.

Henri Sag du ihm das.

Sonja Hör auf.

Henri Ich hab zum Apfel Ja gesagt, ich glaubte, der Apfel sei möglich. Wenn du Nein sagst, dann geh und sag ihm das.

Sonja *(nach einer Weile)* Bring ihm einen halben Apfel und sag ihm, dass du es ohne mein Wissen tust. Sag ihm, dass ich dagegen bin und dass du es nur tust, weil du Ja gesagt hast, dass ich es aber nicht wissen darf, denn ich bin radikal dagegen, dass im Bett gegessen wird.

Henri Soll ich ihn schälen?

Sonja Ja.

Er geht hinaus.

1 Was tun die Figuren mit ihren einzelnen Aussagen?
Untersucht den Dialog (vgl. S. 187) indem ihr, ...

- zunächst den Inhalt des Dialogs zusammenfasst,
- die Beziehung der Figuren zueinander und ihre Gefühle beschreibt,
- die dargestellte die Situation umreißt.

3 Der hier abgedruckte Szenenauszug ist der Anfang des Theaterstücks „Drei Mal Leben" von Yasmina Reza. Fertigt in Gruppen ein Standbild (vgl. S. 220) zur markierten Stelle dieser Szene an. Vergleicht die Ergebnisse.

4 Das Szenenfoto auf der vorherigen Seite zeigt Henri und Sonja. Versucht, aus der Körpersprache der Figuren zu erschließen, zu welcher Stelle der abgedruckten Anfangsszene das Szenenfoto passt. Begründet eure Entscheidung.

5 Beurteilt die Kommunikation zwischen den beiden Figuren in den Dialogen der Szene. Bezieht ein Kommunikationsmodell eurer Wahl ein.

6 Erarbeitet ein positives Ende des Dialogs.

Das brauchst du immer wieder. ◆ So gehst du vor.

Nonverbale Elemente der Kommunikation in literarischen Texten untersuchen

Bei der Darstellung von Kommunikationssituationen in literarischen Texten werden häufig nur wenige oder auch keine Informationen zu den nonverbalen Elementen gegeben. Während z. B. bei der Umsetzung eines dramatischen Textes in eine Spielszene die Regisseurin / der Regisseur eine Füllung entsprechender Leerstellen der Textvorlage und damit eine Interpretation vornimmt, muss die Leserin / der Leser eines epischen Textes dies durch eine **eigene Inszenierung** einer Szene in seinem Kopf leisten. Die **szenische Ausgestaltung** von Passagen aus literarischen Texten (Standbilder, szenisches Spiel, szenische Interpretation) lässt Interpretationen, die sich aus dem Kontext des Gesamttextes ergeben, deutlich werden bzw. ist der Anlass, um sich bewusst damit auseinanderzusetzen.

„Wir gehen ins Theater!“

Die Ausgrenzung und Diskriminierung von Menschen ist ein ständig aktuelles Thema. Es kann um eine „andere“ Hautfarbe oder „andere“ Religion, um Menschen mit „anderer“ sexueller Orientierung gehen, um ein „falsches“ Smartphone oder eigenwillige Kleidung – oft genügen schon Kleinigkeiten, um solche Ausgrenzungsprozesse in Gang zu setzen. Max Frisch nimmt in seinem 1961 uraufgeführten Stück „Andorra“ den Antisemitismus als Beispiel für die Auswirkung von Vorurteilen und die Festlegung eines Menschen durch das Bild, das sich die anderen von ihm machen.

In diesem Kapitel lernt ihr, ein Drama zu untersuchen und zu verstehen. Dabei beschäftigt ihr euch sowohl mit gestalterischen wie analytischen Herangehensweisen an ein Drama und lernt, einen Dialog zu analysieren.

Max Frisch: Andorra, Westfälisches Landestheater 2011. Regie: Tatjana Fernau

Einen dramatischen Text untersuchen und deuten

Blitzlichter

Das Andorra dieses Stücks hat nichts zu tun mit dem wirklichen Kleinstaat dieses Namens, gemeint ist auch nicht ein andrer wirklicher Kleinstaat; Andorra ist der Name für ein Modell.
Max Frisch, Vorbemerkung in der Textausgabe des Stücks

Aber was heißt das eigentlich: Außenseiter? Wie „anders" muss man sein als alle anderen, um als Außenseiter zu gelten? Was ist „anders"? Braucht man Außenseiter? Wie wird man „anders" und ab wann ist man es? Frisch fragt danach, wie wir zu dem werden, wie wir sind. Und: Könnten wir nicht auch ganz anders sein?
Auszug aus der Ankündigung des Stücks am Berliner Ensemble (2005)

Der Andere – das ist nicht nur der „Jude"[1], das kann jeder sein. Es ist das Fremde, das man gar nicht erst bereit ist kennenzulernen.
Auszug aus der Ankündigung des Stücks am Westfälischen Landestheater (2011)

---

[1] **„Jude":** Max Frisch bringt in „Andorra", einem fiktiven Staat, eine Situation auf die Bühne in Analogie zu der Verfolgung und Diskriminierung der Juden in Deutschland in der NS-Diktatur. Daher verwendet er die Bezeichnung „Jude" oder „Jud" für Andri, das Opfer der Diskriminierung in diesem Stück, um die Abneigung und abschätzige Bezeichnung vieler Andorraner gegenüber Andri auch sprachlich zu verdeutlichen.

1 Beschreibt das Szenenbild auf der linken Seite und erklärt, inwiefern es zum Thema des Stückes passt.

2 Arbeitet aus den „Blitzlichtern" heraus, welche Problematik jeweils angesprochen wird, und überlegt, um welchen Konflikt es in dem Stück gehen könnte. Bestimmt die Themen der Äußerungen, indem ihr die sich wiederholenden Schlüsselbegriffe (wie z. B. „Andorra") beachtet.

3 Teilt die folgenden Fachbegriffe aus der Theaterwelt unter euch auf und erarbeitet jeweils eine kurze Erklärung dazu: Tragödie, Komödie, Regisseur, Inszenierung, Bühnenbild, Requisite, Monolog, Dialog, Akt, Szene.

1. Wie stehen Andri und Barblin zueinander? – Szenisches Interpretieren

Max Frisch (1911 – 1991)

Barblin und der Soldat (Erstes Bild[1], Auszug)

■ Vor einem andorranischen Haus. Barblin weißelt die schmale und hohe Mauer mit einem Pinsel an langem Stecken. Ein andorranischer Soldat, olivgrau, lehnt an der Mauer. Andri glaubt, dass er der adoptierte Sohn des Lehrers ist. In Wirklichkeit ist er dessen unehelicher Sohn, was aber sein Vater durch die angebliche Adoption vor allen verheimlicht hat. Barblin, die Tochter des Lehrers, ist daher seine Halbschwester. ■

BARBLIN: Wenn du nicht die ganze Zeit auf meine Waden gaffst, dann kannst du ja sehn, was ich mache. Ich weißle. Weil morgen Sanktgeorgstag ist, falls du das vergessen hast. Ich weißle das Haus meines Vaters. Und was macht ihr Soldaten? Ihr lungert in allen Gassen herum, eure Daumen im Gurt, und schielt uns in die Bluse, wenn eine sich bückt.
Der Soldat lacht.
Ich bin verlobt.

SOLDAT: Verlobt!

BARBLIN: Lach nicht immer wie ein Michelin-Männchen.

SOLDAT: Hat er eine Hühnerbrust?

BARBLIN: Wieso?

SOLDAT: Daß du ihn nicht zeigen kannst.

BARBLIN: Laß mich in Ruhe!

SOLDAT: Oder Plattfüße?

BARBLIN: Wieso soll er Plattfüße haben?

SOLDAT: Jedenfalls tanzt er nicht mit dir.
Barblin weißelt.
Vielleicht ein Engel!
Der Soldat lacht.
Daß ich ihn noch nie gesehen hab.

BARBLIN: Ich bin verlobt!

SOLDAT: Von Ringlein seh ich aber nichts.

BARBLIN: Ich bin verlobt,
Barblin taucht den Pinsel in den Eimer.
und überhaupt – dich mag ich nicht.
Im Vordergrund, rechts, steht ein Orchestrion. Hier erscheinen – während Barblin weißelt – der Tischler, ein behäbiger Mann, und hinter ihm Andri als Küchenjunge.

TISCHLER: Wo ist mein Stock?

ANDRI: Hier, Herr Tischlermeister.

TISCHLER: Eine Plage, immer diese Trinkgelder, kaum hat man den Beutel eingesteckt – *Andri gibt den Stock und bekommt ein Trinkgeld, das er ins Orchestrion[2] wirft, so daß Musik ertönt, während der Tischler vorn über die Szene spaziert, wo Barblin, da der Tischler nicht auszuweichen gedenkt, ihren Eimer wegnehmen muß. Andri trocknet einen Teller, indem er sich zur Musik bewegt, und verschwindet dann, die Musik mit ihm.*

BARBLIN: Jetzt stehst du noch immer da?

SOLDAT: Ich hab Urlaub.

BARBLIN: Was willst du noch wissen?

SOLDAT: Wer dein Bräutigam sein soll.
Barblin weißelt.
Alle weißeln das Haus ihrer Väter, weil morgen Sanktgeorgstag ist, und der Kohlensack rennt in allen Gassen herum, weil morgen Sanktgeorgstag ist: Weißelt, ihr Jungfrauen, weißelt das Haus eurer Väter, auf daß wir ein weißes Andorra haben, ihr Jungfraun, ein schneeweißes Andorra!

BARBLIN: Der Kohlensack – wer ist denn das wieder?

---

[1] **Bild:** Das Stück ist in 12 Szenen eingeteilt, die Frisch „Bild" nennt.

[2] **Orchestrion:** Musikautomat

Marie Leuenberger als Barblin, Thiemo Strutzenberger als Andri (r) und Jörn Knebel als Soldat bei Proben zur Inszenierung von Tina Lanik am Hamburger Schauspielhaus (2006)

SOLDAT: Bist du eine Jungfrau? *Der Soldat lacht.* Also du magst mich nicht.

BARBLIN: Nein.

SOLDAT: Das hat schon manch eine gesagt, aber bekommen hab ich sie doch, wenn mir ihre Waden gefallen und ihr Haar. *Barblin streckt ihm die Zunge heraus.* Und ihre rote Zunge dazu! *Der Soldat nimmt sich eine Zigarette und blickt am Haus hinauf.* Wo hast du deine Kammer? *Auftritt ein Pater, der ein Fahrrad schiebt.*

PATER: So gefällt es mir, Barblin, so gefällt es mir aber. Wir werden ein weißes Andorra haben, ihr Jungfraun, ein schneeweißes Andorra, wenn bloß kein Platzregen kommt über Nacht. *Der Soldat lacht.* Ist Vater nicht zu Haus?

SOLDAT: Wenn bloß kein Platzregen kommt über Nacht! Nämlich seine Kirche ist nicht so weiß, wie sie tut, das hat sich herausgestellt, nämlich seine Kirche ist auch nur aus Erde gemacht, und die Erde ist rot, und wenn ein Platzregen kommt, das saut euch jedesmal die Tünche herab, als hätte man eine Sau drauf geschlachtet, eure schneeweiße Tünche von eurer schneeweißen Kirche.

(1961)

(Aus lizenzrechtlichen Gründen folgt dieser Text nicht der reformierten Rechtschreibung.)

Personen

ANDRI	DER SOLDAT
BARBLIN	DER WIRT
DER LEHRER	DER TISCHLER
DIE MUTTER	DER DOKTOR
DIE SENORA	DER GESELLE
DER PATER	DER JEMAND

Stumm

EIN IDIOT
DIE SOLDATEN IN SCHWARZER UNIFORM
DER JUDENSCHAUER
DAS ANDORRANISCHE VOLK

1 Lest das Personenverzeichnis und formuliert Fragen, die sich daraus ergeben. Was fällt bei der Benennung der Figuren auf?

2 Bereitet eine szenische Lesung vor (vgl. S. 179). Führt mindestens zwei unterschiedliche Lesungen in der Klasse durch.

3 Besprecht die szenischen Lesungen im Hinblick auf das Bild, das von Barblin und dem Soldaten hierin vermittelt wird.

4 Besprecht, wie ihr Barblin und den Soldaten in einer Inszenierung auftreten lassen würdet. Denkt an Körperhaltung, Mimik, Gestik, Kleidung, Lichtverhältnisse, Bühnenbild und Requisiten.

5 Arbeitet heraus, welcher Konflikt des Dramas sich bereits in diesem ersten Bild abzeichnet (vgl. S. 184). Belegt mit geeigneten Textstellen.

Max Frisch (1911 – 1991)

Andri und der Soldat (Erstes Bild, Auszug)

Soldat: Wo ist sie?

Andri: Wer?

Soldat: Deine Schwester.

Andri: Ich hab keine Schwester.

Soldat: Wo ist die Barblin?

Andri: Warum?

Soldat: Ich hab Urlaub und ein Aug auf sie ...

Andri hat seine Jacke angezogen und will weitergehen, der Soldat stellt ihm das Bein, so daß Andri stürzt, und lacht.

Ein Soldat ist keine Vogelscheuche. Verstanden? Einfach vorbeilaufen. Ich bin Soldat, das steht fest, und du bist Jud.

Andri erhebt sich wortlos.

Oder bist du vielleicht kein Jud?

Andri schweigt.

Aber du hast Glück, ein sozusagen verfluchtes Glück, nicht jeder Jud hat Glück so wie du, nämlich du kannst dich beliebt machen.

Andri wischt sich seine Hosen ab.

Ich sage: beliebt machen!

Andri: Bei wem?

Soldat: Bei der Armee.

Andri: Du stinkst ja nach Trester[1].

Soldat: Was sagst du?

Andri: Nichts.

Soldat: Ich stinke?

Andri: Auf sieben Schritt gegen den Wind.

Soldat: Paß auf, was du sagst.

Der Soldat versucht den eigenen Atem zu riechen.

Ich riech nichts.

Andri lacht.

’s ist nicht zum Lachen, wenn einer Jud ist, ’s ist nicht zum Lachen, du, nämlich ein Jud muß sich beliebt machen.

Andri: Warum?

Soldat: *grölt*

„Wenn einer seine Liebe hat
und einer ist Soldat, Soldat,
das heißt Soldatenleben,
und auf den Bock
ab den Rock-“

Gaff nicht so wie ein Herr!

„Wenn einer seine Liebe hat
und einer ist Soldat, Soldat.“

Andri: Kann ich jetzt gehen?

Soldat: Mein Herr!

Andri: Ich bin kein Herr.

Soldat: Dann halt Küchenjunge.

Andri: Gewesen.

Soldat: So einer wird ja nicht einmal Soldat.

Andri: Weißt du, was das ist?

Soldat: Geld?

Andri: Mein Lohn. Ich werd Tischler jetzt.

Soldat: Pfui Teufel!

Andri: Wieso?

Soldat: Ich sage: Pfui Teufel!

Der Soldat schlägt ihm das Geld aus der Hand und lacht.

Da!

Andri starrt den Soldaten an.

So’n Jud denkt alleweil nur ans Geld.

Andri beherrscht sich mit Mühe, dann bückt er sich und sammelt die Münzen auf dem Pflaster.

Also du willst dich nicht beliebt machen?

Andri: Nein.

Soldat: Das steht fest?

Andri: Ja.

Soldat: Und für deinesgleichen sollen wir kämpfen? Bis zum letzten Mann, weißt du, was das heißt, ein Bataillon gegen zwölf Bataillone, das ist ausgerechnet, lieber tot als Untertan, das steht fest, aber nicht für dich!

Andri: Was steht fest?

Soldat: Ein Andorraner ist nicht feig.

(1961)

(Aus lizenzrechtlichen Gründen folgt dieser Text nicht der reformierten Rechtschreibung.)

---

[1] **Trester:** feste Rückstände, z. B. beim Auspressen von Saft

1 Lest das Gespräch mit verteilten Rollen.

2 Sucht euch eine Textstelle aus, die das Verhältnis zwischen Andri und dem Soldaten deutlich macht. Stellt sie als Standbild dar. Nutzt dazu die Informationen aus dem Werkzeugkasten unten und auf S. 220.

3 Untersucht, wie der Soldat mit Andri spricht, und bewertet seine Art des sprachlichen Umgangs mit ihm.

4 Arbeitet heraus, welche weiteren möglichen Konflikte in diesem Dialog im ersten Bild angedeutet werden. Belegt mit entsprechenden Zitaten.

5 Überlegt bei dieser Szene, wie eine Inszenierung der Szene in einem Theater und in einem Klassenzimmer aussehen könnte. Macht euch dazu Notizen.

6 Ergänzt die beiden Dialoge mit dem Soldaten um Regieanweisungen zum Standort und zur Sprechweise der Figuren und spielt die Dialoge mehrmals. Gebt den Darstellerinnen und Darstellern ein Feedback und tauscht euch über Unterschiede und Gemeinsamkeiten der Darstellungen aus.

Das brauchst du immer wieder. ◆ So gehst du vor.

Einen Dramentext szenisch interpretieren

- Bei einer **szenischen Lesung** wird ein dramatischer Text mit verteilten Rollen und meist auch im Raum verteilt vorgelesen. Zur Vorbereitung empfiehlt es sich, zunächst den Text still zu lesen und sich dann über seine Aussage zu verständigen. Im Text (oder auf einer darübergelegten Folie) sollten Leseanweisungen eingetragen werden. Eine Sprech- und Stellprobe im Raum schließt die Vorbereitungen ab.
- Ein **Standbild** hilft, die Beziehung von Dramenfiguren zueinander besser zu verstehen. Es zeigt eine Situation oder ein Gefühl als Momentaufnahme. Ein oder mehrere „Baumeister“ formen die Darstellerinnen und Darsteller zu einem Bild. Die Darstellerinnen und Darsteller frieren dann in ihrer Bewegung, Gestik und Mimik für etwa 30 Sekunden ein („Freeze“). Die Beobachter haben so die Möglichkeit, das Bild auf sich wirken zu lassen. Oft finden sich Angaben zu Gestik oder Mimik in den Regieanweisungen des Theatertextes.

Körperhaltung und Sprechweise

Nach dem Lesen des Dramenanfangs (Exposition, Erstes Bild) entstehen im Kopf erste Bilder zu den Figuren und ihren Beziehungen, zum Ort oder zu bestimmten Situationen. Die Figuren und ihr Verhältnis zueinander werden durch die Figurenrede (Haupttext) direkt charakterisiert. Ergänzt wird dies durch die Regieanweisungen (Nebentext).

Soldat *So'n Jud denkt alleweil nur ans Geld.*

Soldat *Ein Soldat ist keine Vogelscheuche. Verstanden?*

Soldat *Paß auf, was du sagst.*

Soldat *Ich bin Soldat, das steht fest, und du bist Jud.*

Soldat *So einer wird ja nicht einmal Soldat.*

Andri *Nein.*

Andri *Du stinkst ja nach Trester.*

Andri *Ich habe kein Wort gesagt.*

Andri *Was steht fest?*

Andri *Wieso bin ich feig?*

Max Frisch: Andorra. Andri und der Soldat. Aufführung in der Schauburg München, 1992. Regie: Ted Keijser

1 Beschreibt das Szenenbild.

2 Erläutert, welche Interpretation der Beziehung zwischen Andri und dem Soldaten hier deutlich wird.

3 Sprecht die Sätze, die die Figuren sagen, und nehmt dabei eine entsprechende Körperhaltung ein.

4 Untersucht, inwieweit das erste Bild (Texte auf den S. 176 – 179) die Funktion einer Exposition erfüllt.

Info: Exposition im Drama

Die Exposition soll in einem Drama die Zuschauerin / den Zuschauer in die Ausgangslage des Stückes einführen sowie Grundstimmung, Zeit und Ort, die wichtigsten Figuren und den Konflikt andeuten.

Max Frisch (1911 – 1991)

Barblin und Andri (Zweites Bild, Auszug)

Andri und Barblin auf der Schwelle vor der Kammer der Barblin.

BARBLIN: Andri, schläfst du?

ANDRI: Nein.

BARBLIN: Warum gibst du mir keinen Kuß?

ANDRI: Ich bin wach, Barblin, ich denke.

BARBLIN: Die ganze Nacht.

ANDRI: Ob's wahr ist, was die andern sagen. *Barblin hat auf seinen Knien gelegen, jetzt richtet sie sich auf, sitzt und löst ihre Haare.* Findest du, sie haben recht?

BARBLIN: Fang jetzt nicht wieder an!

ANDRI: Vielleicht haben sie recht. *Barblin beschäftigt sich mit ihrem Haar.* Vielleicht haben sie recht ...

BARBLIN: Du hast mich ganz zerzaust.

ANDRI: Meinesgleichen, sagen sie, hat kein Gefühl.

BARBLIN: Wer sagt das?

ANDRI: Manche.

BARBLIN: Jetzt schau dir meine Bluse an!

ANDRI: Alle.

BARBLIN: Soll ich sie ausziehen? *Barblin zieht ihre Bluse aus.*

ANDRI: Meinesgleichen, sagen sie, ist geil, aber ohne Gemüt, weißt du –

BARBLIN: Andri, du denkst zuviel! *Barblin legt sich wieder auf seine Knie.*

ANDRI: Ich lieb dein Haar, dein rotes Haar, dein leichtes warmes bitteres Haar, Barblin, ich werde sterben, wenn ich es verliere. *Andri küßt ihr Haar.* Und warum schläfst denn du nicht? *Barblin horcht.* Was war das?

BARBLIN: Die Katze. *Andri horcht.* Ich hab sie ja gesehen.

ANDRI: War das die Katze?

BARBLIN: Sie schlafen doch alle ... *Barblin legt sich wieder auf seine Knie.*

(1961)

1 Welchen Eindruck bekommt ihr von der Beziehung zwischen Andri und Barblin? Begründet am Text.

2 Probiert verschiedene Standbilder zu dieser Szene (vgl. S. 220). Begründet nach der Präsentation eure Anordnung der Figuren im Standbild.

Max Frisch: Andorra. Aufführung im Theater in der Josefstadt; Wien, 2006. Regie: Peter Lotschak

2. Andri im Streit – Erschließen einer Dramenszene

Max Frisch (1911 – 1991)

Der Tischler (Drittes Bild, Auszug)

■ Andri möchte Tischler werden, um später Barblin heiraten zu können. Er hat gerade seinen ersten Stuhl allein hergestellt und zeigt ihn stolz dem Tischlermeister. ■

Man hört eine Fräse, Tischlerei, Andri und ein Geselle je mit einem fertigen Stuhl.

[...] *Der Tischler nimmt einen Stuhl.*

ANDRI: Nicht dieser, Meister, der andere!

TISCHLER: Tischler werden ist nicht einfach, wenn's einer nicht im Blut hat. Nicht einfach. Woher sollst du's im Blut haben. Das hab ich deinem Vater aber gleich gesagt. Warum gehst du nicht in den Verkauf? Wenn einer nicht aufgewachsen ist mit dem Holz, siehst du, mit unserem Holz – lobpreiset eure Zedern vom Libanon, aber hierzuland wird in andorranischer Eiche gearbeitet, mein Junge.

ANDRI: Das ist Buche.

TISCHLER: Meinst du, du mußt mich belehren?

ANDRI: Sie wollen mich prüfen, meinte ich.

Tischler versucht ein Stuhlbein auszureißen.

Meister, das ist aber nicht meiner!

TISCHLER: Da – *Der Tischler reißt ein erstes Stuhlbein aus.*

Was hab ich gesagt?

Der Tischler reißt die andern drei Stuhlbeine aus.

– wie die Froschbeine, wie die Froschbeine. Und so ein Humbug soll in den Verkauf. Ein Stuhl von Prader, weißt du, was das heißt? – da,

Der Tischler wirft ihm die Trümmer vor die Füße.

schau's dir an!

ANDRI: Sie irren sich.

TISCHLER: Hier – das ist ein Stuhl!

Der Tischler setzt sich auf den andern Stuhl.

Hundert Kilo, Gott sei's geklagt, hundert Kilo hab ich am Leib, aber was ein rechter Stuhl ist, das ächzt nicht, wenn ein rechter Mann sich draufsetzt, und das wackelt nicht. Ächzt das?

ANDRI: Nein.

TISCHLER: Wackelt das?

ANDRI: Nein.

TISCHLER: Also!

ANDRI: Das ist meiner.

TISCHLER: – und wer soll diesen Humbug gemacht haben?

ANDRI: Ich hab es Ihnen aber gleich gesagt.

TISCHLER: Fedri! Fedri! [...]

Auftritt der Geselle.

Fedri, bist du ein Gesell oder was bist du?

GESELLE: Ich –

TISCHLER: Wie lang arbeitest du bei Prader & Sohn?

GESELLE: Fünf Jahre.

TISCHLER: Welchen Stuhl hast du gemacht? Schau sie dir an. Diesen oder diesen? Und antworte.

Der Geselle mustert die Trümmer.

Antworte frank und blank.

GESELLE: – ich ...

TISCHLER: Hast du verzapft oder nicht?

GESELLE: – jeder rechte Stuhl ist verzapft ...

TISCHLER: Hörst du's?

GESELLE: – nur was geleimt ist, geht aus dem Leim ...

TISCHLER: Du kannst gehn.

Gesell erschrickt.
In die Werkstatt, meine ich.
Der Geselle geht rasch.
Das laß dir eine Lehre sein. Aber ich hab's ja gewußt, du gehörst nicht in eine Werkstatt.
Der Tischler sitzt und stopft sich eine Pfeife.
Schad ums Holz.
Andri schweigt.
Nimm das zum Heizen.

ANDRI: Nein.
Tischler zündet sich die Pfeife an.
Das ist eine Gemeinheit!
Tischler zündet sich die Pfeife an.
... ich nehm's nicht zurück, was ich gesagt habe. Sie sitzen auf meinem Stuhl, ich sag es Ihnen, Sie lügen, wie's Ihnen grad paßt, und zünden sich die Pfeife an. Sie, ja, Sie! Ich hab Angst vor euch, ja, ich zittere. Wieso hab ich kein Recht vor euch? Ich bin jung, ich hab gedacht: Ich muß bescheiden sein. Es hat keinen Zweck, Sie machen sich nichts aus Beweisen. Sie sitzen auf meinem Stuhl. Das kümmert Sie aber nicht? Ich kann tun, was ich will, ihr dreht es immer gegen mich, und der Hohn nimmt kein Ende. Ich kann nicht länger schweigen, es zerfrißt mich. Hören Sie denn überhaupt zu? Sie saugen an Ihrer Pfeife herum, und ich sag Ihnen ins Gesicht: Sie lügen. Sie wissen ganz genau, wie gemein Sie sind. Sie sind hundsgemein. Sie sitzen auf dem Stuhl, den ich gemacht habe, und zünden sich Ihre Pfeife an. Was hab ich Ihnen zuleid getan? Sie wollen nicht, daß ich tauge. Warum schmähen Sie mich?

(1961)

(Aus lizenzrechtlichen Gründen folgt dieser Text nicht der reformierten Rechtschreibung.)

1 Lest die Szene mit verteilten Rollen.

2 Fasst den Inhalt des Gesprächs zusammen.

3 Sprecht darüber, wie Tischer und Geselle in dieser Szene dargestellt werden. Begründet am Text.

4 Deutet Andris letzte monologartige Äußerung.

5 Untersucht, welche Absicht die Sprecher jeweils mit dem Gesagten verbinden. Hilfen findet ihr unter: Webcode **SNG-28054-035**.

Max Frisch: Andorra, Westfälisches Landestheater 2011. Regie: Tatjana Fernau

Max Frisch (1911–1991)

Der Geselle

■ Vor der Szene, in der der Tischler den Stuhl, den angeblich Andri gemacht haben soll, zerlegt, lädt der Geselle Andri ein, bei seiner Mannschaft mitzuspielen. Der Geselle ist Kapitän einer Fußballmannschaft. Andri freut sich sehr darüber. ■

Vordergrund

Der Geselle, jetzt in einer Motorradfahrerjacke, tritt an die Zeugenschranke.

GESELLE: Ich geb zu; Es war mein Stuhl und nicht sein Stuhl. Damals. Ich wollte ja nachher mit ihm reden, aber da war er schon so, daß man halt nicht mehr reden konnte mit ihm. Nachher hab ich ihn auch nicht mehr leiden können, geb ich zu. Er hat einem nicht einmal mehr guten Tag gesagt. Ich sag ja nicht, es sei ihm recht geschehen, aber es lag auch an ihm, sonst wär's nie so gekommen. Als wir ihn nochmals fragten wegen Fußball, da war er sich schon zu gut für uns. Ich bin nicht schuld, daß sie ihn geholt haben später. (1961)

(Aus lizenzrechtlichen Gründen folgt dieser Text nicht der reformierten Rechtschreibung.)

1 Arbeitet heraus, wie der Geselle sein Verhalten gegenüber Andri und seine Beziehung zu ihm darstellt.

2 Diskutiert, inwieweit euch diese Darstellung als nachvollziehbar und zutreffend erscheint.

3 Nach den meisten Szenen des Stücks wird eine kurze Szene „Vordergrund" eingeschoben, in der jeweils eine Figur aus der vorausgegangenen Szene in der Art und Weise auftritt wie hier der Geselle. Überlegt euch, was mit den Regieanweisungen „Vordergrund" und „tritt an die Zeugenschranke" gemeint sein könnte.

4 Untersucht, inwieweit diese Szene aus dem Handlungsablauf des Theaterstücks herausfällt. Denkt dabei auch an Voraus- und Rückblicke.

5 Überlegt, welche Absicht hinter dieser Art der Szenengestaltung liegen könnte und welche Wirkung auf das Publikum dadurch entsteht.

Das musst du lernen und wissen.

Konflikt und Aufbau bei einem Theaterstück

Die meisten Dramen leben von einem **Konflikt**, den die Hauptfiguren miteinander austragen oder eine Hauptfigur im Inneren mit sich klären muss. Bei vielen Dramen aus dem 18. und 19. Jahrhundert wird dieser Konflikt beginnend mit der **Exposition** am Anfang des Stückes über die **Steigerung** des Konflikts bis hin zu einem **Höhe- und Wendepunkt** entfaltet, auf den dann nach einem **Moment der Verzögerung**, in dem noch eine positive Lösung denkbar ist, das Geschehen auf die **Katastrophe** am Schluss zuläuft. Theaterstücke ab dem **20. Jahrhundert**, wie Max Frischs „Andorra", kennzeichnen sich oft durch einen **offeneren Aufbau**. Dabei wird der Hauptkonflikt in **jeder Szene** oder jedem Bild thematisiert. Außerdem soll das Publikum durch **Unterbrechungen in der Handlung und/oder direkte Ansprache** durch die Figuren der Bühne stärker zum Nachdenken über das Geschehen und das Verhalten der Protagonisten gebracht werden. Nicht die Spannung auf den Ausgang der Handlung, sondern die Beobachtung der Handelnden durch das Publikum steht im Mittelpunkt.

Max Frisch (1911–1991)

Andris Gespräch mit dem Pater (Siebtes Bild, Auszug)

■ Andri wird von dem Pater in die Sakristei einbestellt. Andris Pflegemutter hat den Pater gebeten, auf Andri einzuwirken. ■

Sakristei, der Pater und Andri [...]

PATER: Nimm Platz, Andri! *Andri schweigt.* Also du willst dich nicht setzen. *Andri schweigt.* Nun gut.

ANDRI: Stimmt das, Hochwürden, daß ich anders bin als alle?

Pause

PATER: Andri, ich will dir etwas sagen.

ANDRI: – ich bin vorlaut, ich weiß.

PATER: Ich verstehe deine Not. Aber du sollst wissen, daß wir dich gern haben, Andri, so wie du bist. Hat dein Pflegevater nicht alles getan für dich? Ich höre, er hat Land verkauft, damit du Tischler wirst.

ANDRI: Ich werde aber nicht Tischler.

PATER: Wieso nicht?

ANDRI: Meinesgleichen denkt alleweil nur ans Geld, heißt es, und drum gehöre ich nicht in die Werkstatt, sagt der Tischler, sondern in den Verkauf. Ich werde Verkäufer, Hochwürden.

PATER: Nun gut.

ANDRI: Ich wollte aber Tischler werden.

PATER: Warum setzest du dich nicht?

ANDRI: Hochwürden irren sich, glaub ich. Niemand mag mich. Der Wirt sagt, ich bin vorlaut, und der Tischler findet das auch, glaub ich. Und der Doktor sagt, ich bin ehrgeizig, und meinesgleichen hat kein Gemüt.

PATER: Setz dich!

ANDRI: Pater, stimmt das, Hochwürden, daß ich kein Gemüt habe?

PATER: Mag sein, Andri, du hast etwas Gehetztes.

ANDRI: Und Peider sagt, ich bin feig.

PATER: Wieso feig?

ANDRI: Weil ich Jud bin. (1961)

(Aus lizenzrechtlichen Gründen folgt dieser Text nicht der reformierten Rechtschreibung.)

1 Fasst den Inhalt des Gesprächs kurz zusammen.

2 Zeigt am Text, dass Andri nur widerwillig mit dem Pater spricht.

3 Klärt, welches Problem Andri hat. Belegt eure Befunde mit Textstellen.

4 Untersucht den Dialog genauer. Erstellt in eurem Heft eine Tabelle und notiert zu den Sprechhandlungen (vgl. S. 167) im Wortspeicher die passenden Textstellen und formuliert eine Deutung.

Sprechhandlung	Textstelle	Deutung
bitten	„Nimm Platz, Andri!" (Z. 2)	Der Pater bittet Andri, sich zu setzen.
...	...	...

Verständnis zeigen • eine Bestätigung einfordern • zustimmen • begründen • behaupten • ~~bitten~~ • verunsichert fragen • widersprechen • einlenken • nachfragen • auffordern

Fortsetzung: Andris Gespräch mit dem Pater

Sakristei, der Pater und Andri. [...]

ANDRI: Ich will mich nicht beliebt machen. Ich werde mich wehren. Ich bin nicht feig – und nicht gescheiter als die andern, Hochwürden, ich will nicht, daß Hochwürden das sagen.

PATER: Hörst du mich jetzt an?

ANDRI: Nein. *Andri entzieht sich.*
Ich mag nicht immer eure Hände auf meinen Schultern ... *Pause*

PATER: Du machst es einem wirklich nicht leicht. *Pause*
Kurz und gut, deine Pflegemutter war hier. Mehr als vier Stunden. Die gute Frau ist ganz unglücklich. Du kommst nicht mehr zu Tisch, sagt sie, und bist verstockt. Sie sagt, du glaubst nicht, daß man dein Bestes will.

ANDRI: Alle wollen mein Bestes!

PATER: Warum lachst du?

ANDRI: Wenn er mein Bestes will, warum, Hochwürden, warum will er mir alles geben, aber nicht seine eigene Tochter?

Max Frisch: Andorra. Andri und der Pater. Westfälisches Landestheater, 2011. Regie: Tatjana Fernau

PATER: Es ist sein väterliches Recht –

ANDRI: Warum aber? Warum? Weil ich Jud bin.

PATER: Schrei nicht! *Andri schweigt.*
Kannst du nichts andres mehr denken in deinem Kopf? Ich habe dir gesagt, Andri, als Christ, daß ich dich liebe – aber eine Unart, das muß ich leider schon sagen, habt ihr alle: Was immer euch widerfährt in diesem Leben, alles und jedes bezieht ihr nur darauf, daß ihr Jud seid. Ihr macht es einem wirklich nicht leicht mit eurer Überempfindlichkeit.
Andri schweigt und wendet sich ab.

PATER: Du weinst ja. *Andri schluchzt, Zusammenbruch.*
Was ist geschehen? Antworte mir. Was ist denn los? Ich frage dich, was geschehen ist. Andri! So rede doch. Andri? Du schlotterst ja. Was ist mit Barblin? Du hast ja den Verstand verloren. Wie soll ich helfen, wenn du nicht redest? So nimm dich doch zusammen. Andri! Hörst du? Andri! Du bist doch ein Mann. Du! Also ich weiß nicht.

ANDRI: – meine Barblin.
Andri läßt die Hände von seinem Gesicht fallen und starrt vor sich hin.
Sie kann mich nicht lieben, niemand kann's, ich selbst kann mich nicht lieben ... (1961)

(Aus lizenzrechtlichen Gründen folgt dieser Text nicht der reformierten Rechtschreibung.)

1 Untersucht den Text mit Hilfe folgender Fragen:

- Worum geht es in dem Dialog?
- Wer sagt was und wie sagt er es?
- Welche Absicht verbindet er mit dem Gesagten?
- Sind die Sprecher ehrlich zueinander?

2 Stellt Vermutungen für den weiteren Verlauf der Beziehung zwischen Andri und Barblin an.

3 Untersucht die Sprache des Paters und Andris genauer (Wortwahl, Satzbau, Sprechakte, vgl. S. 167).

Schülertext
Siebtes Bild: die Untersuchung eines Dialogs

Die Begegnung zwischen dem Pater und Andri wird beherrscht von dem Ort Sakristei, denn Andri ist einbestellt worden bei einer kirchlichen Autoritätsperson. Anlass für das Gespräch ist die Bitte der Pflegemutter, der Pater möge mit Andri reden. Dies ist eine von Eltern immer wieder mal praktizierte Form, nämlich eine Respektsperson zu beauftragen, alles wieder zu klären. Deshalb ist es nur allzu verständlich, dass Andri sich dem Pater „entziehen" möchte (vgl. Regieanweisung, Z. 7), als dieser versucht, fehlende Nähe im Gespräch durch körperliche Nähe zu kompensieren. Auf die Frage des Paters, ob er ihn jetzt anhören möchte, antwortet Andri mit einem knappen „Nein" (Z. 7), das beinahe trotzig klingt. Auffallend ist die Häufung des Satzbeginns mit „Ich" („Ich werde mich wehren", Z. 2f.). Andri wirkt sehr entschlossen, wenn er das sagt. Und seine Haltung scheint Wirkung zu zeigen beim Pater, der sich das Gespräch einfacher vorgestellt hat, wie seine Klage zeigt (vgl. Z. 10). Hier tritt ihm aber nun ein Andri entgegen, der widerspenstig und fordernd ist. Nach einer Panne setzt er neue an: Nach einer Pause setzt er neu an: Mit dem Hinweis auf die Mutter, die „ganz unglücklich" (Z. 13f.) ist, glaubt der Pater, ihn zur Vernunft zu bringen. Andri geht darauf nicht ein, verspottet vielmehr den Anspruch, nur „sein Bestes" zu wollen. Auf die Frage des Paters antwortet er mit einer Gegenfrage.

1 Untersucht, wie der Text aufgebaut ist. Gliedert ihn in Sinnabschnitte.

2 Schreibt die die Untersuchung des Dialogs zu Ende. Beachtet die Informationen im Werkzeugkasten.

Das brauchst du immer wieder. ◆ So gehst du vor.

Den Dialog in einer Szene untersuchen

Diese **Analyse eines Dialogs** kann einerseits mündlich erfolgen, andererseits auch als Teilbereich der schriftlichen Interpretation eines Dramenausschnitts.
Ein **Dramendialog** bedeutet ganz allgemein ausgedrückt, dass zwei oder mehr Figuren auf der Bühne miteinander kommunizieren. Daher ist bei der Untersuchung wichtig, dass die Sprechakte richtig benannt werden. **Sprechakte** sind sprachliche Handlungen, die eine bestimmte Absicht verfolgen (vgl. S. 167): Der Satz „Setz dich!" ist z.B. ein Sprechakt der Aufforderung. Sprechhandlungsverben wie *bitten, drohen, befehlen* usw. sind wichtig zur Benennung der Sprechakte.
Bei der Untersuchung eines Dialogs wird der **Inhalt des Gesprächs** in eigenen Worten wiedergegeben. Wichtige Aussagen können auch zitiert oder in indirekter Rede dargestellt werden. Zu beachten ist dabei, dass durch die Verwendung eines entsprechenden Verbs die Sprechakte deutlich werden.
Auch **Regieanweisungen**, die Bereiche der nonverbalen Kommunikation deutlich machen, sollten in die Analyse einbezogen werden. Die Untersuchung des Dialogs soll der Leserin / dem Leser sowohl die Befindlichkeit der Sprechenden erklären wie auch die Absicht, die sie verfolgen. Auch die Verteilung der **Redeanteile** zwischen den Protagonisten sollte angesprochen werden.

Lernaufgabe

Ihr habt jetzt mehrere Dramenauszüge gelesen, die Handlung zusammengefasst und die Dialoge untersucht. Nun geht es darum, den Dramenausschnitt zu erschließen und zu deuten. Bei dieser Aufgabenform entwickelt sich der Umgang mit dem Text von einer Wiedergabe und Zusammenfassung der Handlung über eine Untersuchung des Dialogs, die zu einer Erklärung und Deutung der Szene führt. Im Folgenden sollt ihr die Aufgaben zum Auszug „Der Doktor" selbstständig bearbeiten.

- Fasst die Handlung der Szene in wenigen Sätzen zusammen.
- Untersucht den Dialog in der Szene (vgl. S. 187). Geht dabei insbesondere darauf ein, wie die Vorurteile des Doktors in der Szene zum Ausdruck kommen (vgl. Z. 73 ff.).
- Verfasst abschließend einen kurzen Text, der unter der Verwendung der Begriffe „Vorurteil" und „Ausgrenzung" das Verhalten des Doktors und von Andri deutet.

Max Frisch (1911 – 1991)

Der Doktor (Viertes Bild, Auszug)

Stube beim Lehrer. Andri sitzt und wird vom Doktor untersucht, der ihm einen Löffel in den Hals hält, die Mutter daneben.

ANDRI: Aaaandorra.

DOKTOR: Aber lauter, mein Freund, viel lauter!

ANDRI: Aaaaaaandorra.

DOKTOR: Habt Ihr einen längeren Löffel?

Die Mutter geht hinaus.

Wie alt bist du?

ANDRI: Zwanzig. *Doktor zündet sich einen Zigarillo an.*

Ich bin noch nie krank gewesen.

DOKTOR: Du bist ein strammer Bursch, das seh ich, ein braver Bursch, ein gesunder Bursch, das gefällt mir, mens sana in corpore sano, wenn du weißt, was das heißt.

ANDRI: Nein.

DOKTOR: Was ist dein Beruf?

ANDRI: Ich wollte Tischler werden –

DOKTOR: Zeig deine Augen!

[...]

Eintritt die Mutter mit dem längeren Löffel.

Euer Sohn gefällt mir.

Die Untersuchung wird fortgesetzt.

Tischler ist ein schöner Beruf, ein andorranischer Beruf, nirgends in der Welt gibt es so gute Tischler wie in Andorra, das ist bekannt.

ANDRI: Aaaaaaaaaandorra!

DOKTOR: Nochmal.

ANDRI: Aaaaaaaaaandorra!

MUTTER: Ist es schlimm, Doktor?

DOKTOR: Was Doktor! Ich heiße Ferrer.

Der Doktor mißt den Puls.

Professor, genau genommen, aber ich gebe nichts auf Titel, liebe Frau. Der Andorraner ist nüchtern und schlicht, sagt man, und da ist etwas dran. Der Andorraner macht keine Bücklinge. Ich hätte Titel haben können noch und noch. Andorra ist eine Republik, das hab ich ihnen in der ganzen Welt gesagt: Nehmt euch ein Beispiel dran! Bei uns gilt ein jeder, was er ist. Warum bin ich zurückgekommen, meinen Sie, nach zwanzig Jahren?

Der Doktor verstummt, um den Puls zählen zu können.

Hm.

MUTTER: Ist es schlimm, Professor?

DOKTOR: Liebe Frau, wenn einer in der Welt herumgekommen ist wie ich, dann weiß er, was das heißt: Heimat! Hier ist mein Platz,

Titel hin oder her, hier bin ich verwurzelt.
Andri hustet.
Seit wann hustet er?

ANDRI: Ihr Zigarillo, Professor, Ihr Zigarillo!
[...]
Der Doktor steckt ihm nochmals den Löffel in den Hals.
Aaaaaaaa-Aaaaaaaaaaaaaaaaandorra.

DOKTOR: So ist's gut, mein Freund, so muß es tönen, daß jeder Jud in den Boden versinkt, wenn er den Namen unseres Vaterlandes hört.
Andri zuckt.
Verschluck den Löffel nicht!

MUTTER: Andri ...
Andri ist aufgestanden.

DOKTOR: Also tragisch ist es nicht, ein bißchen entzündet, ich mache mir keinerlei Sorgen, eine Pille vor jeder Mahlzeit –

ANDRI: Wieso – soll der Jud – versinken im Boden?

DOKTOR: Wo habe ich sie bloß.
Der Doktor kramt in seinem Köfferchen.
Das fragst du, mein junger Freund, weil du noch nie in der Welt gewesen bist. Ich kenne den Jud. Wo man hinkommt, da hockt er schon, der alles besser weiß, und du, ein schlichter Andorraner, kannst einpacken. So ist es doch. Das Schlimme am Jud ist sein Ehrgeiz. In allen Ländern der Welt hocken sie auf allen Lehrstühlen, ich hab's erfahren, und unsereinem bleibt nichts andres übrig als die Heimat. Dabei habe ich nichts gegen den Jud. Ich bin nicht für Greuel. Auch ich habe Juden gerettet, obschon ich sie nicht riechen kann. Und was ist der Dank? Sie sind nicht zu ändern. Sie hocken auf allen Lehrstühlen der Welt. Sie sind nicht zu ändern.
Der Doktor reicht die Pillen.
Hier deine Pillen!
Andri nimmt sie nicht, sondern geht.
Was hat er denn plötzlich?

MUTTER: Andri! Andri!

DOKTOR: Einfach rechtsumkehrt und davon ...

MUTTER: Das hätten Sie vorhin nicht sagen sollen, Professor, das mit dem Jud.

DOKTOR: Warum denn nicht?

MUTTER: Andri ist Jud. (1961)

(Aus lizenzrechtlichen Gründen folgt dieser Text nicht der reformierten Rechtschreibung.)

Max Frisch: Andorra. Andri und der Doktor. Altes Schauspielhaus Stuttgart, 1995

1 Schaut euch noch einmal die Fotos zu unterschiedlichen Inszenierungen des Dramas „Andorra" in diesem Kapitel an. Welches Foto spricht euch am meisten an? Begründet eure Einschätzung.

3. Andorra ist überall – Die Aktualität des Dramas untersuchen

1 Beschreibt Situationen aus eurem Alltag, die mit Vorurteilen zu tun hatten.

Werner Bergmann (1950)
Was sind Vorurteile?

Zur Orientierung in unserer Umwelt müssen wir Kategorien bilden, um die eintreffenden Informationen zu ordnen. So kategorisieren wir zum Beispiel eine Person nach ihrem Geschlecht, Alter oder ihrer Hautfarbe. Diese im Laufe der Erziehung gelernten Kategorien sind jedoch überwiegend nicht neutral, sondern schließen Wertungen ein, die sich auf die kategorisierten Objekte übertragen.
Die Beurteilung von Personen wird systematisch verzerrt, indem wir sie bestimmten Gruppen zuordnen. Die Mitglieder innerhalb einer Gruppe werden als ähnlicher beurteilt, als sie tatsächlich sind, während die Unterschiede zwischen den Angehörigen verschiedener Gruppen überbewertet werden. Insbesondere wenn der Urteilende selbst Mitglied einer der Gruppen ist, überschätzt er die Homogenität seiner Eigengruppe. Wenn ich also glaube, ein anderer Mensch habe ähnliche Überzeugungen wie ich, erscheint er mir sympathischer als jemand, bei dem ich von Differenzen ausgehe.
Stereotypes Denken wird auch dadurch befördert, dass wir Mitglieder der eigenen Gruppe differenzierter betrachten (auch wenn wir sie nicht besser kennen) als Mitglieder einer anderen Gruppe. Mitglieder fremder Gruppen werden jedoch nicht nur stereotyper, sondern im Positiven wie Negativen auch extremer beurteilt, da wir über sie weniger wissen als über die Eigengruppe. Die Verzerrungen zu Ungunsten der Fremdgruppe werden weiterhin dadurch verstärkt, dass das Verhalten ihrer Mitglieder eher inneren Veranlagungen als äußeren Faktoren zugeschrieben wird. Vorurteile werden häufig durch Vergleiche zwischen der eigenen und anderen Gruppen ausgebildet, wobei jede Gruppe ihr positives Selbstbild zum Maßstab der Bewertung macht. Merkmale werden also anderen Personen oder Gruppen nicht absolut zugeschrieben, sondern im Verhältnis zu anderen: Wenn die Deutschen sich als „fleißig“ und „ordentlich“ betrachten, dann sind andere Völker automatisch „faul und unordentlich“, also im Grunde „fauler“ als die Deutschen. Diese im Vergleich gewonnenen Fremdbilder werden nicht bei jedem Kontakt neu entwickelt, sondern sind als „Gruppenkonzept“ oder „Schema“ gespeichert. (2006)

Rüdiger Fleiter
Vorurteile

„Dass irgendein Mensch auf Erden ohne Vorurteil sein könne, ist das größte Vorurteil“, spottete schon August von Kotzebue (1761–1819). Mit diesem Ausspruch formulierte der umstrittene Dramatiker eine Einsicht, die bis heute gültig ist: Alle Menschen haben Vorurteile, denn diese sind in der Struktur des Denkens und Lernens angelegt. Vorurteile sind wie andere unbewusste Einstellungen zunächst nichts Verwerfliches, schließlich können sie in unvorhergesehenen Situationen eine erste Orientierungshilfe geben.
Es gibt jedoch eine problematische Kehrseite des Vorurteils. Vorgefasste Meinungen verstellen den Blick auf die Wirklichkeit und führen häufig zu bequemen Pauschalurteilen. Wer kennt nicht die landläufigen Auffassungen über „die Blondinen“, „die Schwulen“, „die Amerikaner“ oder „den Islam“? Spätestens wenn solche Gruppenvorstellungen auf eine individuelle Person übertragen werden, ist das nicht nur falsch, sondern unter Umständen auch gefährlich: Menschen werden oftmals allein aufgrund äußerer Merkmale einer Gruppe zugeordnet, ausgegrenzt, diskriminiert und – im Extremfall – sogar körperlich angegriffen. (2005)

2 Erarbeitet aus den beiden Texten die wichtigsten Aussagen zum Thema „Vorurteile".

3 Diskutiert, inwiefern diese Sachtexte zum Verständnis der Problematik in „Andorra" beitragen können.

Nadine Ehlert, Uta Schmidt

Positive Vorurteile – Beispiele

Jeder hat seine Vorurteile über gewisse Menschen und gewisse Länder. Doch nicht jedes Vorurteil ist negativ, es gibt auch positive Vorurteile. [...] In Europa gelten Asiaten meist als höflich und zurückhaltend. Die Basis dieses Vorurteils ist schon in vielen asiatischen Sprachen verankert. Im Gegensatz zu europäischen Sprachen gibt es hier verschiedene Höflichkeitsformen, die zwischen dem Alter und dem Status der angesprochenen Person differenzieren.

Wenn einer Gruppe von Menschen bestimmte Verhaltensweisen zugeschrieben werden, bietet dies Stoff für Witze. In Filmen, die mit Stereotypen spielen, werden Vorurteile häufig extrem übertrieben oder aber in ihr Gegenteil verwandelt, wodurch ein lustiger Effekt entsteht. Würde in einem Film ein Asiate auftauchen, der ein besonders rüpelhaftes Verhalten an den Tag legt, wäre dies ein auf Vorurteilen basierender Gag, der die Erwartungshaltung des Zuschauers bewusst täuscht.

Beispiele für französische Klischees: Jemand, der es sich richtig gut gehen lässt, führt einem deutschen Sprichwort zufolge ein Leben wie „Gott in Frankreich". Dies bezieht sich auf die entspannte Mentalität, die Franzosen im Alltag nachgesagt wird. Franzosen überarbeiten sich dem Volksmund nach nicht, sondern achten darauf, sich selbst etwas Gutes zu tun. Darum unternehmen sie auch gerne etwas in Gesellschaft guter Freunde. Weitere Beispiele für positive Vorurteile über Franzosen sind ihr Gespür für Mode und ihre Vorliebe für gutes Essen. Die Stichworte „Haute Cuisine" und „Haute Couture" kommen hier zur Geltung. Wer in Deutschland in einem feinen Restaurant speisen möchte, wählt zu Recht häufig eines mit französischer Küche. Hier kommt nicht nur der Gaumen auf seine Kosten, sondern meist auch das Auge, das bekanntlich mitisst. [...]

Scheinheilige Vorurteile – Deutsche Pünktlichkeit

Einige positive Vorurteile haben sich schon so durchgesetzt, dass sie nicht mehr ausschließlich als Kompliment aufgefasst werden. Den Deutschen wird ein starker Hang zur Pünktlichkeit nachgesagt, neben weiteren sogenannten deutschen Tugenden wie Fleiß, Disziplin oder Ordnungsliebe. Nicht selten erhält dieses Vorurteil jedoch einen subtilen Beigeschmack, der besonders im Vergleich mit anderen Ländern eher wie eine versteckte Kritik wirkt. Pünktlichkeit und Ordnungsliebe werden dann oft gleichgesetzt mit Strenge, Steifheit oder fehlender Spontanität. Auf diese Weise zeigt sich, dass positive und negative Vorurteile oft dicht beieinanderliegen.

4 Arbeitet heraus, welche Klischees in diesem Text dargestellt werden, und ergänzt sie um weitere stereotype Vorstellungen.

5 Erklärt das Zustandekommen dieser Klischees mithilfe der beiden Sachtexte auf S. 190.

6 Viele der im Text genannten Vorurteile werden sprachlich durch die stereotype Kombination von Adjektiven und Nomen ausgedrückt: z. B. der „ordentliche Deutsche", der „feurige Spanier". Recherchiert weitere solche sprachlichen Klischees im Zusammenhang mit Nationalitäten und reflektiert die Nutzung solcher Klischees kritisch.

Eine Schule ergreift Initiative

■ *Schule ohne Rassismus – Schule mit Courage* ist ein Projekt des gemeinnützigen Vereins Aktion Courage e. V. Über 2700 Schulen gehören bereits zum Schulnetzwerk. Dabei haben sich jeweils mindestens 70 % der jeweiligen Schulgemeinschaft mit ihrer Unterschrift verpflichtet, sich künftig gegen jede Form von Diskriminierung an ihrer Schule aktiv einzusetzen, bei Konflikten einzugreifen und regelmäßig Projekttage zum Thema durchzuführen. ■

Unsere Schule, die BOS[1] Sozialwesen, ist ein Ort, an dem Angehörige verschiedener Kulturkreise und unterschiedlicher Nationalitäten aufeinandertreffen. Damit die Atmosphäre der Schule weiter so offen bleibt, bemühen sich drei Schüler seit dem Frühjahr 2011 darum, alle, die in der Schule lernen und arbeiten, für das bundesweite Projekt „Schule ohne Rassismus. Schule mit Courage" zu gewinnen. [...] In der Schule selbst soll im Rahmen von Projekttagen und Expertengesprächen sowie durch die Bereitstellung von Informationsmaterial über das Phänomen Rassismus aufgeklärt und das Handlungsvermögen aller Beteiligten gestärkt werden.

---

[1] **BOS:** Berufsoberschule

Grundgesetz, Artikel 3

Niemand darf wegen seines Geschlechtes, seiner Abstammung, seiner Rasse, seiner Sprache, seiner Heimat und Herkunft, seines Glaubens, seiner religiösen oder politischen Anschauungen benachteiligt oder bevorzugt werden. Niemand darf wegen seiner Behinderung benachteiligt werden. (Art. 3, Abs. 3 GG)

7 Sprecht über die Problematik von Vorurteilen – auch von positiven.

8 Diskutiert, ausgehend von diesen beiden Texten, Möglichkeiten, Vorurteile abzubauen bzw. zu verhindern.

9 Verfasst eine Begründung, warum ihr auch gut fünfzig Jahre nach der Uraufführung von „Andorra" einen Besuch einer Aufführung des Stücks empfehlen würdet.

10 **So könnt ihr weiterarbeiten:**

- **a** Entscheidet, ob ihr den Gesamttext von „Andorra" als Lektüre im Unterricht besprechen wollt.
- **b** Recherchiert den weiteren Verlauf des Dramas und sprecht insbesondere über die Rolle des Lehrers, das Verhalten von Andri und den Ausgang des Dramas.
- **c** Informiert euch über den Autor Max Frisch und weitere wichtige Werke von ihm.

4. Lernfortschritte im Blick

Sprechhandlungen erkennen S. 185, S. 187

1 Suche die passenden Sprechhandlungswörter zu folgenden Aussagen Andris und forme die Aussagen in indirekte Rede um:

- „Ich habe den Stein nicht geworfen!"
- „Ich bin nicht dein Sohn."
- „Was du getan hast, tut kein Vater."
- „Ich bin verloren."

Einen Dialog erschließen S. 187

2 Untersuche, welche Einstellungen und Absichten im folgenden Dialog deutlich werden.

Max Frisch (1911 – 1991)

Der Lehrer und Andri (Zehntes Bild)

Der Lehrer, der Andri sein Leben lang als jüdisches Pflegekind ausgegeben hat, sucht verzweifelt das Gespräch mit Andri, um ihm zu gestehen, dass er sein leiblicher Vater ist.

Platz von Andorra [...]
LEHRER: Mein Sohn –
ANDRI: Fang jetzt nicht wieder an!
LEHRER: Du bist verloren, wenn du mir nicht glaubst.
ANDRI: Ich bin nicht dein Sohn.
LEHRER: Man kann sich seinen Vater nicht wählen. Was soll ich tun, damit du's glaubst? Was noch? Ich sag es ihnen, wo ich stehe und gehe, ich hab's den Kindern in der Schule gesagt, daß du mein Sohn bist. Was noch? Soll ich mich aufhängen, damit du's glaubst? Ich geh nicht weg von dir. *Er setzt sich zu Andri.*
Andri – *Andri blickt an den Häusern herauf.*
Wo schaust du hin?
Eine schwarze Fahne wird gehißt.
ANDRI: Sie können's nicht erwarten.
LEHRER: Woher haben sie die Fahnen?
ANDRI: Jetzt brauchen sie nur noch einen Sündenbock.
Eine zweite Fahne wird gehißt.
LEHRER: Komm nach Haus!
ANDRI: Es hat keinen Zweck, Vater, daß du es nochmals erzählst. Dein Schicksal ist nicht mein Schicksal, Vater, und mein Schicksal ist nicht dein Schicksal. (1961)

(Aus lizenzrechtlichen Gründen folgt dieser Text nicht der reformierten Rechtschreibung.)

„'s ist Krieg! 's ist Krieg!"

Leider trifft dieser Vers aus dem „Kriegslied" von Matthias Claudius, mit dem diese Einheit beginnt, auf alle Jahrhunderte der Geschichte zu, besonders aber auf die Geschichte des 20. Jahrhunderts mit zwei Weltkriegen, dem Nahostkonflikt (Konflikt im Nahen Osten zwischen Israel und den arabischen Staaten, besonders zwischen Israel und den Palästinensern), dem Bürgerkrieg in Syrien seit 2011 und vielen anderen bewaffneten Auseinandersetzungen.
Die vergangenen und gegenwärtigen Kriege beeinflussen unser Denken, Fühlen und damit auch unsere politischen Überzeugungen. Sie sind immer präsent: in Bildern und Filmen, in Mahnmalen[1], aber auch in vielen Textarten wie Gedicht, Roman, Kurzgeschichte, Brief usw.

In dieser Einheit wird zunächst das Leiden der Menschen im Krieg und an seinen Folgen dargestellt – damals wie heute. Die Erfahrungen der von den Kriegen betroffenen Kinder, die sich durch die Kriegshandlungen in einer psychischen Ausnahmesituation befinden, spielen dabei eine besondere Rolle. In den ersten Kapiteln werden dabei Texte aus der Epoche „Barock" genauer betrachtet.

Das letzte Teilkapitel enthält Texte und bildliche Darstellungen, in denen der Appell für den Frieden zum Ausdruck kommt.

Die Texte und Abbildungen eignen sich dazu, in engem Zusammenhang gelesen, betrachtet und interpretiert zu werden. Ihr untersucht Texte anhand geeigneter Kriterien und formuliert Deutungshypothesen. Hierbei geht ihr auf gattungsspezifische Gestaltungsmerkmale ein. Daneben bekommt ihr aber auch Anregungen und Hilfen, wie ihr eigene Texte zum Thema Krieg verfassen könnt.

Ostpreußen 1944

[1] **Mahnmal:** Denkmal, das etwas im Gedächtnis halten soll, von dem zu hoffen ist, dass es sich nicht wieder ereignet.

1 Der Krieg hat viele Gesichter. Schreibt in Stichworten auf, welche Wirkungen die Bilder auf euch ausüben.

Thema und Texte in ihrem Zeitkontext verstehen

Juni 2007: Clowns demonstrieren in Rostock für den globalen Frieden und gegen die Armut.

Raubende Soldaten im Dreißigjährigen Krieg 1618–1648, kolorierter Holzstich, 1643

Opfer des Holocaust im Konzentrationslager Auschwitz 1945

Syrischer Junge in einem Flüchtlingscamp, 2019

1. Was Menschen im Krieg erleiden – damals ...

Matthias Claudius (1740 – 1815)

Kriegslied

's ist Krieg! 's ist Krieg! O Gottes Engel wehre,
Und rede Du darein!
's ist leider Krieg und ich begehre
Nicht schuld daran zu sein!

Was sollt ich machen, wenn im Schlaf mit Grämen
Und blutig, bleich und blass,
Die Geister der Erschlagenen zu mir kämen,
Und vor mir weinten, was?

Wenn wackre Männer, die sich Ehre suchten,
Verstümmelt und halb tot
Im Staub sich vor mir wälzten und mir fluchten
In ihrer Todesnot?

Wenn tausend, tausend Väter, Mütter, Bräute,
So glücklich vor dem Krieg,
Nun alle elend, alle arme Leute,
Wehklagten über mich?

Wenn Hunger, böse Seuch' und ihre Nöten
Freund, Freund und Feind ins Grab
Versammelten und mir zu Ehren krähten
Von einer Leich herab?

Was hülf' mir Kron' und Land und Gold und Ehre?
Die könnten mich nicht freun!
's ist leider Krieg – und ich begehre
Nicht schuld daran zu sein!

Doch Frieden schaffen, Fried' im Land' und Meere:
Das wäre Freude nun!
Ihr Fürsten, ach! Wenn's irgend möglich wäre!!
Was könnt ihr Größers tun?

(1779)

1 Tragt das Gedicht in der Klasse vor. Bereitet euch darauf vor, indem ihr die Stellen kennzeichnet, die ihr mit besonderer Lautstärke und mit einer bestimmten Betonung sprechen wollt. Achtet auch auf die Satzzeichen; sie sind bei diesem Gedicht für euren Vortrag sehr wichtig. Für den Vortrag eines Gedichtes findet ihr hier Hilfen unter: Webcode **SNG-28054-036**.

2 Erläutert, wie die erste und vorletzte Strophe gestaltet sind und welche Einstellung des lyrischen Ichs gegenüber dem Krieg hier deutlich wird. Informiert euch hierzu im Infokasten über den Dreißigjährigen Krieg.

3 Beschreibt die Ängste, welche die Vorstellung vom Krieg beim lyrischen Ich weckt. Mit welchen sprachlichen und formalen Mitteln werden sie dargestellt?

4 Erklärt den Appell in den beiden letzten Strophen.

5 Versucht gemeinsam, den Titel des Gedichts „Kriegslied" zu deuten.

Info: Der Dreißigjährige Krieg

Hinter der Bezeichnung „Dreißigjähriger Krieg" verbirgt sich **eine ganze Kette von Kriegen, die zwischen 1618 und 1648** v. a. auf deutschem Boden ausgetragen wurden. Diese Kriege hinterließen ein erschöpftes, ausgeblutetes Land. In 30 Kriegsjahren hatte Deutschland – wenn auch regional sehr unterschiedlich ausgeprägt – enorme Bevölkerungsverluste erleiden müssen. Ungefähr ein Drittel der Menschen war entweder Opfer von unmittelbaren Kriegseinwirkungen oder von Seuchen, Hunger und Heimatverlust geworden.

Hans Jakob Christoffel von Grimmelshausen (um 1620 – 1676)

Der abenteuerliche Simplicissimus Teutsch

■ Hans Jakob Christoffel von Grimmelshausen stammte aus Gelnhausen in Hessen und geriet schon als Junge unter die Soldaten im Dreißigjährigen Krieg. Seinen großen Roman, der in der Zeit des Dreißigjährigen Krieges spielt, schrieb er zwischen 1665 und 1673.
Der Ich-Erzähler wächst auf einem Bauernhof im Spessart ohne alle Erziehung und sonstige Unterweisung auf. Nicht einmal einen richtigen Namen hat er, denn man nennt ihn nur „Bub“. Er muss Schafe hüten und er kann auch ganz gut „Sackpfeife[1]“ blasen; sonst weiß er nichts von der Welt und auch nichts von dem langen Krieg, der in Deutschland seit dem Jahre 1618 tobt. Darum wird er später im Roman Simplicius, der „Einfältige“, genannt. Als Simplicius gerade zehn Jahre alt ist, kommt es zu der folgenden Episode, die sein Leben völlig verändern soll. Der Hof, auf dem er bisher gelebt hat, wird von einem Reitertrupp überfallen. ■

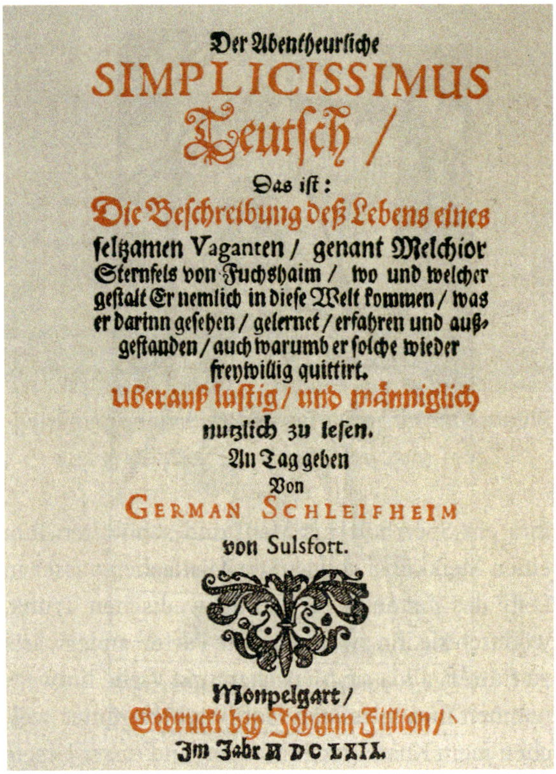
Der Abentheurliche
SIMPLICISSIMUS
Teutsch /
Das ist:
Die Beschreibung deß Lebens eines
seltzamen Vaganten / genant Melchior
Sternfels von Fuchshaim / wo und welcher
gestalt Er nemlich in diese Welt kommen / was
er darinn gesehen / gelernet / erfahren und auß-
gestanden / auch warumb er solche wieder
freywillig quittirt.
Überauß lustig / und männiglich
nutzlich zu lesen.
An Tag geben
Von
GERMAN SCHLEIFHEIM
von Sulsfort.
Mompelgart /
Gedruckt bey Johann Fillion /
Im Jahr MDCLXIX.

Vagant: Abenteurer
quittieren: hier: sich von der Welt der Abenteuer und des Lebensgenusses wieder abwenden

Das Erste, das diese Reuter[2] täten, war, dass sie ihre Pferd einstelleten, hernach hatte jeglicher seine sonderbare Arbeit zu verrichten, deren jeder lauter Untergang und Verderben anzeigte; denn obzwar etliche anfiengen zu metzgen, zu sieden und zu braten, dass es sahe, als sollte ein lustiges Pankett gehalten werden, so waren hingegen andere, die durchstürmten das Haus unden und oben, ja das heimlich Gemach war nicht sicher, gleichsam ob wäre das gülden Fell von Kolchis[3] darinnen verborgen; andere machten von Tuch, Kleidungen und allerlei Hausrat große Päck zusammen, als ob sie irgends ein Krempelmarkt anrichten wollten, was sie aber nicht mitzunehmen gedachten, wurde zerschlagen; etliche durchstachen Heu und Stroh mit ihren Degen, als ob sie nicht Schaf und Schwein genug zu stechen gehabt hätten, etliche schütteten die Federn aus den Betten und fülleten hingegen Speck, andere dürr Fleisch und sonst Gerät hinein, als ob alsdann besser darauf zu schlafen gewesen wäre; andere schlugen Ofen und Fenster ein, gleichsam als hätten sie ein ewigen Sommer zu verkündigen, Kupfer und Zinnengeschirr schlugen sie zusammen und packten die gebogene und verderbte Stuck ein, Bettladen, Tisch, Stuhl und Bänk verbrannten sie, da doch viel Klafter dürr Holz im Hof lag, Häfen[4] und Schüsseln musste endlich alles entzwei, entweder weil sie lieber Gebraten aßen, oder weil sie bedacht waren, nur eine einzige Mahlzeit allda zu halten; unser Magd ward im Stall dermaßen traktiert[5], dass sie nicht mehr daraus gehen konnte, welches zwar eine Schand ist zu melden! Den Knecht legten sie gebunden auf die Erd, stecketen

1 **Sackpfeife:** anderes Wort für Dudelsack
2 **Reuter:** mundartlich für Reiter
3 **Kolchis** ist ein Land am Schwarzen Meer. Dort spielt die Sage von einem Widder mit einem kostbaren goldenen Fell.
4 **Häfen:** Töpfe
5 **traktiert:** hier: misshandelt

Bißher sind wir todt gewesen/ kan nun Fried ein Leben geben/
Ach so lass uns Friedens König durch dich froh und friedlich leben/
Wo du Leben uns versprochen.

(1650)

1 Hört euch den Gedichtvortrag an (Webcode **SNG-28054-037**). Beschreibt, welche Wirkung der nach dem Dreißigjährigen Krieg geschriebene Text auf euch hat.

2 Lest nun das Gedicht und benennt die Erfahrungen und Eindrücke des lyrischen Ichs im Krieg.

3 Beschreibt auffällige sprachliche Mittel, mit denen der Dichter so eindrucksvolle Vorstellungen von der erlebten Zeit bei der Leserin / beim Leser weckt.

4 Gryphius zeichnet den Krieg als Ursache des Chaos im Leben der Menschen, und doch benutzt er dabei die strenge Gedichtform des Sonetts. Erklärt diesen Zusammenhang und benutzt dabei die folgenden Informationen zum Sonett. Führt hierzu eine formale und inhaltliche Analyse durch.

Das musst du lernen und wissen.

Das Sonett im Zeitalter des Barock

Das Sonett (von dem italienischen Wort *sonetto*, „kleiner Ton“, abgeleitet) ist eine aus Italien kommende Gedichtform mit einem strengen Aufbau. Es besteht aus 14 Versen. Auf zwei vierzeilige Strophen – **Quartette** –, meist mit dem Reimschema abba/abba, folgen zwei dreizeilige Strophen – **Terzette**. Die beiden Terzette werden durch das **Reimschema** miteinander verbunden. Dabei benutzen die Dichter viele Varianten: ccd/eed oder cde/cde oder ccd/dee usw.
Quartette und Terzette unterscheiden sich nicht nur nach ihrem Aufbau, sondern in der Regel auch nach ihrem Inhalt: In den Quartetten wird ein Zustand oder eine Situation dargestellt, in den Terzetten erfolgt eine gedankliche Zusammenfassung oder Pointe.
Das **Metrum** besteht oft aus sechshebigen Jamben mit einem Einschnitt (Zäsur) in der Mitte des Verses (Alexandriner).
Das Sonett war die bevorzugte Gedichtform bei den Dichtern des **Barock**. In der Literaturgeschichte versteht man darunter die europäische Literatur etwa des 17. Jahrhunderts. In Deutschland entsteht in dieser Zeit eine Dichtung, die immer wieder die Spannung zwischen der Lebensfreude auf der einen Seite und dem Bewusstsein des Todes auf der anderen Seite ins Zentrum rückt. Der Hintergrund des Dreißigjährigen Krieges, bei dem weite Teile des Reichs zerstört wurden und dem mehr als die Hälfte der Bevölkerung zum Opfer fiel, spielt bei diesem Lebensgefühl eine wichtige Rolle. Gleichzeitig besteht der Wunsch nach einer festen Ordnung und einem sicheren Leben.

Barockes Lebensgefühl in Zeiten des Krieges: An den Tod denken, doch das Leben lieben

1 Notiert spontan, welche Assoziationen euch zum Thema „Abend“ einfallen.

Paul Gerhardt (1607 – 1676)

Abendlied

Nun ruhen alle Wälder,
Vieh, Menschen, Städt und Felder,
es schläft die ganze Welt;
ihr aber, meine Sinnen,
auf, auf, ihr sollt beginnen,
was eurem Schöpfer wohlgefällt.

Wo bist du, Sonne, blieben?
Die Nacht hat dich vertrieben,
die Nacht, des Tages Feind.
Fahr hin; ein andre Sonne,
mein Jesus, meine Wonne,
gar hell in meinem Herzen scheint.

Der Tag ist nun vergangen,
die güldnen Sternlein prangen
am blauen Himmelssaal;
also werd ich auch stehen,
wenn mich wird heißen gehen
mein Gott aus diesem Jammertal.

Der Leib eilt nun zur Ruhe,
legt ab das Kleid und Schuhe,
das Bild der Sterblichkeit;
die zieh ich aus, dagegen
wird Christus mir anlegen
den Rock der Ehr und Herrlichkeit.

Das Haupt, die Füß und Hände
sind froh, dass nun zum Ende
die Arbeit kommen sei.
Herz, freu dich, du sollst werden
vom Elend dieser Erden
und von der Sünden Arbeit frei.

Nun geht, ihr matten Glieder,
geht hin und legt euch nieder,
der Betten ihr begehrt.
Es kommen Stund und Zeiten,
da man euch wird bereiten
zur Ruh ein Bettlein in der Erd.

Paul Gerhardt, Kupferstich aus dem 17. Jahrhundert

Mein Augen stehn verdrossen,
im Nu sind sie geschlossen.
Wo bleibt dann Leib und Seel?
Nimm sie zu deinen Gnaden,
sei gut für allen Schaden,
du Aug und Wächter Israel[1].

Breit aus die Flügel beide,
o Jesu, meine Freude,
und nimm dein Küchlein[2] ein.
Will Satan mich verschlingen,
so lass die Englein singen:
„Dies Kind soll unverletzet sein.“

Auch euch, ihr meine Lieben,
soll heute nicht betrüben
kein Unfall noch Gefahr.
Gott lass euch selig schlafen,
stell euch die güldnen Waffen
ums Bett und seiner Engel Schar.

Evangelisches Gesangbuch Nr. 477

[1] **Israel:** Hier wird Gott als Wächter vom Volk Israel gesehen.
[2] **Küchlein:** Küken

2 Der Titel des Gedichts ist „Abendlied". In welcher Beziehung stehen Titel und Inhalt zueinander? Zeigt dies an Textbelegen.

3 Vergleicht eure Assoziationen mit den Abendgedanken und -gefühlen des lyrischen Ichs.

4 Überlegt gemeinsam:

- Welche Rolle spielen Glaube und Religion für das lyrische Ich? Wie ist das Verhältnis des einzelnen Menschen zu Gott dargestellt?
- „Auch euch, ihr meine Lieben,/soll heute nicht betrüben/kein Unfall noch Gefahr." (Strophe 9). An welchen „Unfall" und welche „Gefahr" könnte hier gedacht sein?
- Welche Beurteilung von Leben und Tod wird im Gedicht sichtbar?

5 Analysiert und interpretiert das Gedicht in einem zusammenhängenden Text.

Ihr könnt dazu die Informationen aus dem Kapitel „Im Meer der Stadt" (S. 35) zu Hilfe nehmen.

Lebensgenuss und Vergänglichkeit

Pieter Claesz: Vanitas-Stillleben, 1653

Jacob Jordaens: Das Fest des Bohnenkönigs, um 1665

1 Beschreibt die beiden Gemälde genau. Achtet dabei auf die dargestellten Details, auf deren Anordnung im Bild und auf die Farbgestaltung.

2 Vergleicht die beiden Gemälde miteinander, insbesondere im Hinblick auf die Darstellung der Motive Leben und Tod.

3 Das scheinbar widersprüchliche Lebensgefühl der Epoche „Barock“ kommt in diesen Bildern zum Ausdruck. Die Menschen der damaligen Zeit fassten das in den Formulierungen „Memento mori!“ („Denke daran, dass du sterblich bist!“) und „Carpe diem!“ („Nutze den Tag!“) zusammen. Informiert euch mithilfe der untenstehenden Informationen über das Lebensgefühl der Menschen.

4 Diskutiert, ob das Lebensgefühl des Barocks im Widerspruch zu den zahlreichen kriegerischen Auseinandersetzungen steht.

5 **So könnt ihr weiterarbeiten:**

a) Informiert euch über die Epoche des „Barock“. Welcher Zeitraum ist ungefähr gemeint, durch welche Merkmale ist diese Epoche gekennzeichnet? Bereitet einen Stichwortzettel für einen Vortrag vor. Ihr könnt dabei auf folgende Aspekte eingehen: Motive in der Literatur und Bildenden Kunst, Architektur, Staatsform, politisches Geschehen.

b) Vergleicht in Gruppenarbeit eure Ergebnisse und präsentiert diese in einem Vortrag.

Info: Die Motive in der Barockliteratur

Es gibt drei Hauptmotive als Ausdruck des Lebensgefühls in der Epoche des Barock. Der Mensch erkennt, dass er ein sterbliches Wesen ist, **„Memento mori!“**, und sich nach dem Tod für die Lebensführung vor Gott rechtfertigen müsse.

Das zweite Motiv, **„Vanitas“**, bezieht sich auf die ursprüngliche Bedeutung „Misserfolg“ oder auch „Vergänglichkeit“ und stellt diese beiden Lebenseinstellungen in den Vordergrund. Es verweist darauf, dass das Leben vergänglich und die Welt zerbrechlich ist. Daraus resultiert ein pessimistisches Lebensgefühl mit der Überzeugung, dass das irdische und materielle Leben sinnlos sei. In dem Wissen um die Vergänglichkeit im Diesseits hofft der Mensch auf ein himmlisches Jenseits. Er kann aber auch einen intensiven Lebensgenuss anstreben.

Das letzte Motiv ist **„Carpe diem!“**, was übersetzt „Nutze den Tag!“ bedeutet. Man soll also den Tag leben, ihn genießen und sich auf die Gegenwart konzentrieren.

Paul Fleming (1609 – 1640)

An Anemonen

ANemone[1]/meine Wonne/
Meines Herzens stete Zier/
Meine Klarheit/meine Sonne
Kannst du dies denn glauben dir/
Dass/was dir mein Mund verspricht/
Meine mein Gemüte nicht.

Nicht so/Liebste. Lass dir sagen/
Es ist ein betrogner Wahn/
Der dich heißt um etwas klagen/
Das dir doch nicht fehlen kann.
Was betrübt dich Zeit und Ort.
Wahre Liebe hält ihr Wort.

Nacht/und Tag/und alle Blicke/
Gehn auf dein Gedächtnis[2] hin.
Was von Seufzen ich verschicke/
Heiß' ich alles zu dir ziehn.
Und die Tränen meiner Pein/
Send' ich/Schatz/zu dir allein.

Ach nun/Anemone/glaube/
Was du dir selb-selbst sagst zu.
Der ich eigen bin und bleibe/
Anemone/das bist du.
Anemone/meine Zier/
Du nur bist die Liebste mir.

Jacopo Ligozzi: Anemone, zwischen 1577 und 1591

[1] Verweis auf Anna Niehusen, die spätere Frau des Dichters
[2] **Gedächtnis:** hier Andenken

Andreas Gryphius (1616 – 1664)

Tränen in schwerer Krankheit

Ich bin nicht, der ich war/die Kräfte sind verschwunden/
Die Glieder sind verdorrt/als ein durchbrandter Graus:
Mir schaut der schwarze Tod zu beiden Augen aus/
Ich werde von mir selbst nicht mehr in mir gefunden.
Der Atem will nicht fort/die Zunge steht gebunden/
Wer sieht nicht/wenn er sieht, die Adern sonder Mauß[1]
Die Armen sonder Fleisch/dass dies mein schwaches Haus
Der Leib zerbrechen wird/noch inner[2] wenig Stunden.
Gleich wie die Wiesnblum lebt, wenn das Licht der Welt
Hervorbricht/und noch ehr der Mittag weggeht/fällt;
So bin ich auch benetzt mit Tränentau angekommen:
So sterb ich vor der Zeit. O Erden gute Nacht!
Mein Stündlein läuft zum End/jetzt hab ich ausgewacht
Und werde von dem Schlaf des Todes eingenommen.

(1640)

[1] **sonder Mauß:** ohne Muskeln
[2] **inner:** innerhalb

1 Lest die Gedichte laut und tauscht euch darüber aus, wie ihr Inhalt und Aussage jeweils versteht.

2 Ordnet die Gedichte den unterschiedlichen Motiven barocken Lebensgefühls und barocker Weltsicht zu. Nutzt dazu die Informationen auf S. 203.

3 Schreibt für eines der Gedichte eine Gedichtinterpretation. Berücksichtigt dabei, dass es sich um Gedichte des Barock handelt.

Hilfen zur Gedichtinterpretation findet ihr auf S. 35.

Einen Text von damals heute zum Nachdenken nutzen

Barockes Lebensgefühl ist nicht nur in Deutschland, sondern auch in vielen Teilen Europas in den unterschiedlichsten Ausprägungen zu beobachten, z. B. auch in Spanien.

Pedro Calderón de la Barca (1600 – 1681)

Das Leben ein Traum (Ausschnitt)

Was ist Leben? Raserei!
Was ist Leben? Hohler Schaum,
Ein Gedicht, ein Schatten kaum!
Wenig kann das Glück uns geben:
Denn ein Traum ist alles Leben
Und die Träume selbst ein Traum.

Porträt von Pedro Calderón de la Barca

1 Sammelt Informationen über Spanien im 17. Jahrhundert. Welche Rolle spielen Krieg und Frieden?

2 Versucht, euch in die Gedankenwelt des Textes hineinzuversetzen: Was könnte man erlebt haben, um solche Verse aufzuzeichnen? Charakterisiert das Lebensgefühl eines Menschen, der sein Leben als „Raserei", als „Schaum", als „Schatten", als „Traum" bezeichnet. Haltet ihr eine solche Denkweise auch heute noch für möglich? Fasst eure Gedanken vor dem Hintergrund des bisher erworbenen Epochenwissens schriftlich zusammen.

3 Schreibt ein Gegengedicht als Kommentar zu Calderóns Versen, das euer momentanes Lebensgefühl widerspiegelt.
Ein möglicher Vorschlag für die Form:

....

Was ist das Leben? ....
Was ist das Leben? ....
....
....
....
....

2. ... und in unserer Zeit: „Auf den Flügeln der Hoffnung“

Was der Krieg aus den Menschen macht

Kinder im Irak leiden unter Angst und Depressionen/ Helfer beklagen verheerende Lebensbedingungen

München (AP). Drei Kriege in 15 Jahren, mehr als zwei Jahrzehnte Diktatur und nach Ende der Saddam-Herrschaft[1] Gewalt, Zerstörungen und Plünderungen: Im Irak sind laut Experten unzählige Menschen traumatisiert[2]. „Die Familien leiden enorm darunter, dass ihr Leben nach dem Krieg unsicher geworden ist“, sagt Trauma-Berater Peter Klentzan von der kirchlichen Stiftung „Wings of Hope Deutschland“ (WoH).

Der evangelische Diakon, seine Frau Renate Heyden-Klentzan, Heilpädagogin und Kinder- und Jugendtherapeutin, sowie der Pädagoge Elvir Causevic aus Bosnien-Herzegowina[3] reisten zwei Wochen lang durch den Irak, um Therapien für traumatisierte Kinder und Jugendliche zu beginnen und ein Hilfsnetzwerk lokaler Experten aufzubauen. In zahlreichen Gesprächen mit Familien erfuhr das Helfertrio von den größten Problemen. Viele junge Menschen leiden demnach unter Angstzuständen, Unsicherheit, Depression und Aggressivität. Belastend sei außerdem, dass Frauen und Kinder oft nicht nach draußen könnten, weil die Straßen der Fünf-Millionen-Stadt Bagdad von Banditen beherrscht würden. Die Kinder erlebten ihre Eltern völlig hilflos angesichts der ständigen Gefahr: Einige Erwachsene sagten bereits: So schlimm wie jetzt war es unter Saddam nicht.

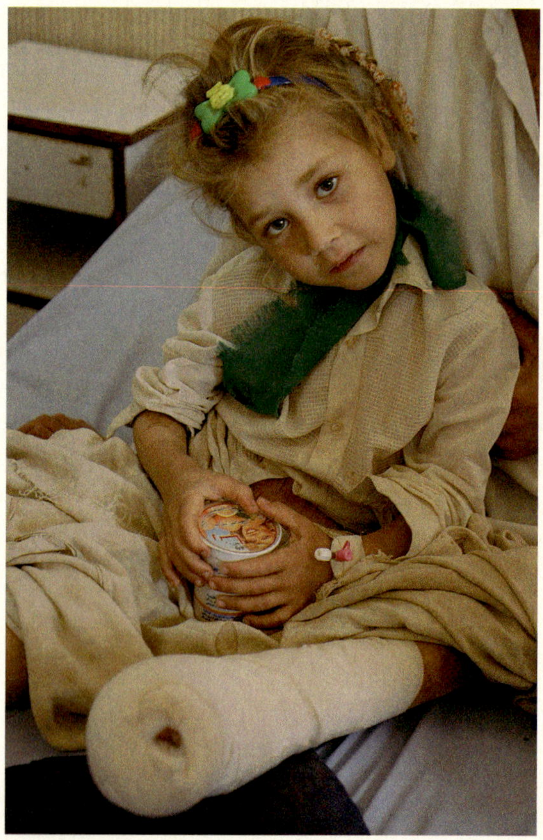

Sprechende Augen: Zeinab Hassan (9) wurde durch eine Tretmine schwer verletzt und liegt nun notdürftig versorgt im Hospital.

---

1 **Saddam Hussein:** Die Diktatur Saddam Husseins im Irak wurde im Frühjahr 2003 durch den Einmarsch amerikanischer und britischer Truppen gestürzt. Am Ende des Jahres 2006 wurde er wegen Kriegsverbrechen in Bagdad hingerichtet.

2 **Trauma:** starke seelische Erschütterung, die (im Unterbewusstsein) noch lange wirksam sein kann

3 **Bosnien-Herzegowina:** Anspielung auf den Krieg von 1992 bis 1995, in dem Bosnien-Herzegowina für seine Unabhängigkeit von Jugoslawien kämpfte

Der Zugang zu den Familien fiel den Helfern leicht. „Weil die Kinder im Mittelpunkt stehen, wollen die Eltern Hilfe", berichtet Renate Heyden-Klentzan, die viele Gespräche von Mutter zu Mutter führte. Causevic ist Muslim und war Soldat im Bosnien-Krieg. Zudem war ein irakischer Kinderarzt im Team.

Mit den Kindern und Jugendlichen absolvierten die Trauma-Experten Körperübungen und schickten sie auf Fantasiereisen mit einem Flugzeug, das keine Bomben abwirft, sondern zu einer schönen Insel fliegt. Zu den Heilungschancen sagt Klentzan, junge Menschen verfügten über große Selbstheilungskräfte und einen enormen Willen zum Leben und zum Überleben. „Wenn die Großfamilien intakt sind und kein Mitglied ums Leben kam, können die Kinder mehr verkraften", fügt seine Frau hinzu.

Die Lebensbedingungen im Irak sind den Helfern zufolge verheerend. „Es gibt zurzeit keine staatliche Ordnung", so Klentzan. Das Leitungswasser werde nicht mehr gechlort, wegen Verschmutzungen nähmen die Durchfallerkrankungen bei Kindern sprunghaft zu. Eine Flasche mit 1,5 Litern sauberem Wasser kostet laut Klentzan einen Dollar: „Das können sich die meisten nicht leisten." Auch die Helfer litten unter Magenproblemen, denn die Familien boten ihnen Leitungswasser an. „Das konnten wir nicht ablehnen." Nur in wohlhabenderen Häusern sei Limonade aufgetischt worden – mit Eiswürfeln.

Strom gebe es in vielen Stadtteilen nur stundenweise – oder gar nicht, wie in Saddam City, dem Armenviertel im Nordosten von Bagdad. In vielen Häusern hätten Plünderer selbst Stromkabel und Steckdosen herausgerissen, ehe sie Feuer legten. Viele Krankenhäuser wurden laut WoH geplündert. In den noch geöffneten Kliniken sei die Situation schrecklich: völlig erschöpfte Ärzte und Pfleger, mit Urin und Kot verdreckte Betten, keine Spezialmedikamente, unterernährte Kinder.

Die kirchliche Stiftung „Wings of Hope" wurde 1994 von einem Niederländer gegründet. Pieter de Loos hatte Bilder traumatisierter Kinder aus Bosnien-Herzegowina gesehen, die Klentzan von einer Reise mitgebracht hatte. Ein kleines Mädchen, das vertrieben worden war, verhalf der Stiftung zu ihrem Namen. „Schmetterlinge leben kurz" nannte das Kind seine Zeichnung. „Flügel der Hoffnung" wollen die Helfer von „Wings of Hope" verleihen. Die Stiftung unterhält Niederlassungen in Deutschland und Bosnien-Herzegowina. Im Irak steht die Gründung einer lokalen Hilfsorganisation kurz bevor. Irakische Mediziner, Pädagogen und Psychologen werden die Betreuung der Patienten übernehmen [...].

(Neue Westfälische, 21.5.2003)

1 Habt ihr schon einmal etwas von traumatisierten Menschen gehört oder gelesen? Vielleicht im Zusammenhang mit einem Verkehrsunfall, einer Naturkatastrophe, in Berichten von Kriegen oder aber auch nach einer Familientragödie oder einem Amoklauf? Was wisst ihr darüber?

2 Arbeitet aus dem Text heraus, unter welchen Lebensbedingungen Kinder im Irak leben und wie man versucht, ihre Probleme zu bewältigen.

3 Auf der Fotografie auf S. 209 seht ihr ein Kind, das einen schrecklichen Krieg erlebt hat. Beschreibt und deutet den Ausdruck in seinem Gesicht und gebt dann dem Bild eine eigene Bildunterschrift, die zu eurer Beschreibung passt.

4 Fasst in Stichworten zusammen, was an dem Text typisch für eine Zeitungsreportage ist. Nutzt dabei die Informationen zur „Reportage" auf S. 208.

Das musst du lernen und wissen.

Die Reportage

Die Reportage (lateinisch: reportare, „überbringen") kennt ihr vom Radio und vom Fernsehen als eine häufig verwendete Darstellungsform des Journalismus. Dabei muss man die **Radio- und Fernsehreportage** von der **Zeitungsreportage** unterscheiden, denn die Zeitungsreporterin / der Zeitungsreporter kann nicht mit Ton und Film arbeiten, sondern nur mit dem **geschriebenen Wort** und beigefügten **einzelnen Bildern**. Im Idealfall wird vor Ort recherchiert.

- Die Reportage informiert über ein **wirkliches Geschehen** mit genauer **Angabe des Ortes** und der **Zeit**.
- Dieses wird vermittelt aus der **Sicht der Reporterin / des Reporters**. Durch seine Sicht lässt sie/er die Leserin / den Leser das Geschehen miterleben. Dabei stützt sie/er sich nicht nur auf **Fakten**, sondern auch auf die **persönlichen Eindrücke** und **Wertungen**.
- Anders als im Zeitungsbericht erscheint in der Reportage das Geschehen viel detaillierter, um bei der Leserin / beim Leser das Ereignis gleichsam wie einen Film in der Vorstellung ablaufen zu lassen. Dazu gehört eine **lebendige Sprache**, viel **wörtliche Rede** und eine möglichst genaue Schilderung der zeitlichen Abfolge des Ereignisses.
- Die Reportage berichtet **überwiegend im Präsens**.

Frieden auf 50 dreckigen Quadratmetern

Eine syrische Familie flieht in die deutsche Provinz

Sie kamen in der Nacht und schlugen mit Fäusten an die Tür. „Bomben, Bomben", riefen die Nachbarn. Maria sprang aus dem Bett, ihre Eltern waren schon auf dem Weg in den Keller, einer nahm noch die kleine Schwester auf den Arm. Die Flugzeuge kreisten über ihrem Haus wie Geier. Im Keller hörte Maria, wie es pfiff, krachte und brannte, doch auch dieses Mal blieb ihr Heim wieder verschont. Sie hatten Glück gehabt. Wie lange noch?

Sie wollten weg. Raus aus Damaskus, das immer häufiger von der syrischen Armee angegriffen wurde oder von den gegnerischen Rebellen, niemand wusste noch genau, auf welcher Seite er stand. Der erste Fluchtpunkt war Jordanien, bis die Visa für Deutschland kamen. Sie packten ein halbes Dutzend Koffer, das meiste ließen sie zurück. Nach dreieinhalb Stunden landeten sie in Frankfurt, wo andere Familienmitglieder sie erwarteten. Endlich wieder zusammen, endlich wieder Frieden.

Auf der Fahrt in ihre neue Heimat schaute Maria aus dem Autofenster. Hier war alles so grün, dachte sie, überall standen Bäume, sogar rechts und links der Autobahn. Die Orte, durch die sie kamen, wurden immer kleiner, die Gassen immer enger. Dann ein Ortsschild, der Name war für Maria unaussprechbar. Fachwerkhäuschen, Backstein. Das hier war nicht Damaskus, das hier war baden-württembergische Provinz.

Bad Wimpfen. Maria stieg aus dem Auto. Alles so ruhig, so anders. Woran erinnert sie sich heute, ein halbes Jahr später, wenn sie an die Ankunft in Deutschland denkt? An den Geruch von Schnee in der Luft.

Sechs Monate später ist Maria angekommen. Der Name Bad Wimpfen geht ihr leicht über die Lippen genau wir die Nachbarorte Neckarsulm und Bad Rappenau, da wird das 14 Jahre alte Mädchen mit seiner Schulklasse bald zelten. Darauf freut sie sich. Sie will Abitur machen und einmal Apothekerin oder Dolmetscherin werden. Sie schläft wieder durch, keine Bomben bedrohen mehr ihr Haus. Maria weiß, wie gut es ihr geht. Trotzdem denkt sie noch oft an Damaskus, an die Gerüche, an die Sonne über der Stadt. Wo ist ihre Heimat? „Irgendwo in der Mitte."

In Damaskus hatte Maria ein eigenes Zimmer, jetzt muss sie sich ein paar Quadratmeter unter Dachschrägen mit ihren Eltern und der kleinen Schwester teilen. Es geht nicht anders. In den beiden unteren Etagen wohnen noch einmal neun ihrer Verwandten, auch sie haben kaum Platz. Matratzen ohne Lattenrost und Bettgestell quetschen sich zwischen Wäscheständern und Kochtöpfen. Nicht überall ist es sauber, wie sollte es auch. Aber keiner beschwert sich. Lieber Frieden auf 50 dreckigen Quadratmetern als Krieg auf sauberen 110. Längerfristig aber soll eine andere Unterkunft her [...]. In Damaskus lebt nun niemand mehr von der Familie. Und Bad Wimpfen hat 26 Einwohner mehr. In einem Ort mit 6700 Einwohnern fällt das auf. Vor allen Dingen in einer Stadt wie Bad Wimpfen, die ihr mitelalterliches Format behalten hat, über deren Altstadt mit Kopfsteinpflaster die alte Stauferpfalz[1] ragt, wo alles eng, klein, eben typisch deutsch erscheinen mag [...].

Und trotzdem ist es keine Idylle, denn es gab vorher Bedenken. Wenn die Bad Wimpfener erst sähen, welche Unterstützung die Flüchtlinge von ihrer Familie erhalten, wo doch auch manch Alteingesessener bedürftig ist, würden manche womöglich neidisch, so die Befürchtung. Doch so kam es nicht. Wurde Maria auf der Straße jemals ein blöder Spruch hinterhergerufen? Nein, ganz im Gegenteil. Die Hilfe kam schneller, als sie ihre Koffer auspacken konnte. Der Klassenlehrer in der Schule suchte für jedes Fach zwei Schüler, die Maria bei Stoff und Sprache helfen sollten. Nachbarn standen vor der Tür, gaben Mäntel, Hosen, Spielzeug und Stühle. Die Stadt stellte zu günstigen Konditionen zwei alte Häuser zur Verfügung, in denen die verwandten Familien bis heute wohnen. Die evangelische Kirche richtete ein Spendenkonto ein. Der ganze Ort half und tut es bis heute. Vielleicht auch deswegen, so vermuten viele Helfer, weil die Syrer Christen sind. „Man merkt schon, dass sie aus unserem Kulturkreis kommen", heißt es allenthalben.

(Frankfurter Allgemeine Zeitung, 14.7.2014, S. 3, gekürzt)

---

1 **Stauferpfalz:** Burg des mittelalterlichen Geschlechts der Staufer

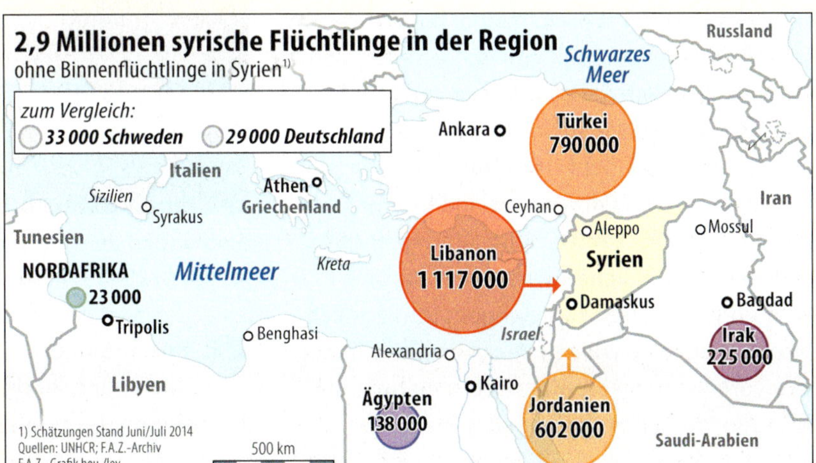

Die Situation der syrischen Flüchtlinge

1 Beschreibt die Bedingungen, unter denen Maria mit ihrer Familie in Damaskus leben musste.

2 Marias Schicksal ist nur eines unter vielen. Verfolgt die syrische Massenflucht anhand der Karte auf S. 209 und informiert euch über ihre Gründe. Recherchiert auch aktuelle Entwicklungen und Zahlen zum Krieg in Syrien.

3 Erklärt, inwiefern für Maria in Deutschland ein „neues Leben“ beginnt und warum dieser Text unter die Überschrift dieses Kapitels „Auf den Flügeln der Hoffnung“ passt.

4 Berichtet in der Klasse von ähnlichen oder gegebenenfalls ganz anders gearteten Beispielen der Aufnahme von Migrantenfamilien in Deutschland.

Myron Levoy (geb. 1930)

Der gelbe Vogel

■ Myron Levoy lässt den Roman „Der gelbe Vogel“ in seiner Heimatstadt New York in der Zeit des Zweiten Weltkriegs spielen. Dabei geht es um einen wichtigen Auftrag, den der zwölfjährige Alan Silverman von seinen Eltern erhält und den er nur äußerst widerwillig annimmt. Ausgerechnet er, der doch viel lieber mit anderen Jungen Schlagball spielt, soll fast täglich ein gleichaltriges, traumatisiertes Mädchen besuchen, um mit ihm zu sprechen und zu spielen und es so wieder zu einem normalen Leben zu führen. Naomi kommt wie Alan aus einer jüdischen Familie. Sie hat in dem von den Nationalsozialisten besetzten Frankreich mit ihrer Familie so Schreckliches erlebt, dass sie nach der Flucht nach New York nur noch still in ihrem Zimmer sitzt und immerzu Papier in kleine Fetzen zerreißt. Alan gelingt es nach vielen vergeblichen Versuchen, Naomi wieder zum Sprechen zu bewegen, und endlich scheint sie auch so weit zu sein, um mit ihm auf einem verlassenen Flugplatz selbst gebastelte Flugzeuge steigen zu lassen. ■

Szenenbild der Aufführung eines Deutschkurses an der Ecole d’Humanité (Schweiz)

1 Beschreibt die Abbildung und setzt sie in Beziehung zu den vorangestellten Informationen über den Roman.

2 Beschreibt die Wirkung, die von dem Szenenbild ausgeht.

Sie kamen zum Vorplatz und Naomi blieb vor der großen Glastür stehen. Was ist denn nur los. Wartete sie etwa, dass er ihr die Tür aufhielt? Mach sie ruhig selber auf! Aber sie rührte sich nicht. Alan setzte sein Flugzeug ab und öffnete die Tür, aber sie blieb stehen. Verängstigt sah sie auf die Straße, als wäre da ein Fluss, in den sie von hoch oben springen müsste.

„Komm nur, Naomi. Ich bin bei dir. Es ist nur ein blöder Gehsteig."

Naomi machte ein paar Schritte auf die Straße, hielt inne und schaute zu ihm zurück. Sie war wie ein kleines Kind, das auf seine Eltern wartete, und er benahm sich wie ein Schwein. Er sagte so freundlich wie möglich: „Also, Naomi, jetzt geht's zu meinem Lieblingsplatz, zum Holmes-Flugfeld. Es ist zwar kein Flugfeld mehr. Aber immer noch mein Lieblingsplatz."

Er merkte, dass sie beim Gehen immer einen halben Schritt hinter ihm blieb. Wenn er am Straßenrand anhielt, hielt sie auch an. Wenn er die Straße schnell überquerte, lief sie mit. Wie ein kleines Kind.

Ein paar Straßenzüge von den „Eichenterrassen"[1] entfernt ging Alan etwas langsamer. Unwahrscheinlich, dass einer der Jungen aus seinem Häuserblock sie hier sehen würde. Naomi richtete sich wieder nach seinem Tempo, immer etwas hinter ihm. Dann kamen sie zu dem Spielwarengeschäft, in dem Alan fast alle seine Modelle kaufte. Obwohl es Sonntag war, lief eine Spielzeugeisenbahn unermüdlich im Schaufenster ringsherum, verschwand unter einem Berg und tauchte vor einem Dorf wieder auf.

„Sieh mal!", rief Alan aus.

„Oh, *c'est joli*. Es ist ein ganz kleines Dorf", sagte Naomi und lehnte sich gegen das Fenster.

„Eines Tages werde ich auch so eine Eisenbahn haben", sagte Alan. „Aber sie ist sehr teuer."

„Ich habe einen Jungen gekannt, er hatte auch einen Zug, so wie –", sie unterbrach sich. „Ich habe keinen Jungen gekannt ... Nein, niemals, niemals ..." Sie trat vom Fenster zurück und drehte sich dann zu Alan um, als bitte sie ihn inständig mitzukommen.

Alan trat neben sie. „Was ist los?", fragte er. „Hat dich etwas erschreckt ...?"

„Es ist nichts. Bitte nicht fragen. Bitte." Sie ging einfach weiter.

Alan dachte sich, es könnte vielleicht mit Europa zusammenhängen. Solange sie zusammen gewesen waren, hatte sie nie über Europa gesprochen. Während sie so spazierten, schien Naomi tief in Gedanken, und Alan pfiff leise vor sich hin und nach einer Weile pfiff Naomi mit.

Es dauerte über eine Stunde, bis sie das Flugfeld erreichten, und dann noch einmal zehn Minuten, bis Alan einen Laden mit Telefon gefunden hatte. Er rief die Liebmans an und berichtete, dass alles in Ordnung sei. Naomi war offenbar überhaupt nicht mehr verängstigt. Er erwähnte auch nicht mehr die Eisenbahn, bei der sie so verschreckt gewirkt hatte. Wozu auch? Naomi schien jetzt völlig normal.

Dann lief Alan mit Naomi auf das weite, offene Feld hinaus. „Alan. Es ist *magnifique*. So weit. So viel Himmel über uns."

„Wettlauf, Naomi!", rief Alan. „Komm, bis zur Mitte vom Feld."

„Ich komme. Warte! Du bist zu schnell!"

„Wir sind da!", schrie Alan, als er schließlich anhielt. „Holmes-Flugfeld."

Naomi drehte sich und schaute in alle Richtungen, in einer Hand die Papiertasche, die andere Hand schützend über die Augen gehalten. Der Wind aus dem Westen wehte durch das hohe Gras.

„Es ist großartig ... Aber das Flugfeld? Ich sehe es nicht", sagte Naomi verwirrt.

„Hier. Hier ist es. Du stehst drauf. Holmes-Flugfeld."

„Aber das ist nur großes, weites, leeres Feld. Wo sind die Flugzeuge?"

„Alle weg. Aber das war einmal der größte Flugplatz der Stadt", sagte er. „Sieh mal da drüben. Der lange Streifen, wo stellenweise kurzes Gras wächst. Das war die Landebahn. Und da lassen wir unsere Piper Cub[2] fliegen. Komm."

---

[1] **Eichenterrassen:** Straße, in der Alan und Naomi wohnen

[2] **Piper Cub:** Flugzeugtyp

Sie gingen zur Mitte der Landebahn. Alan setzte seinen Werkzeugkasten auf dem Kies ab und Naomi stellte ihre Papiertasche daneben.

„Was ist da drin?“, fragte Alan.

„Überraschung“, sagte Naomi.

„Kann ich mal reingucken?“

„*Non.* Später. Etwas zu essen.“

„Wirklich? Was denn?“

Sein Magen verkrampfte sich richtig vor Hunger, andererseits wollte er jetzt das Flugzeug in die Luft bringen, denn der Wind war, wie er sein sollte.

„Also“, sagte er, „jetzt sieh zu. Ich drehe den Propeller auf. Siehst du's?“

Sie schaute zu, als er den Propeller mit dem Finger immer weiter herumdrehte. Er zählte die Drehungen laut mit: „... 301, 302, 303, 304 ...“

Bei 700 hörte er auf, prüfte den Wind und hob das Flugzeug über den Kopf, noch mit einer Hand auf dem Propeller, um ihn festzuhalten.

„Jetzt“, sagte er. „Es ist so weit. Start!“

Die Piper flog in weitem Bogen hoch, genau in die Sonne.

Naomi folgte ihr und lief die Landebahn entlang.

Sie rief hinauf: „Ho, gelber Vogel! Warte auf mich! Ho, *oiseau jaune*!“

Alan schaute dem Flugzeug nach, das nach der großen Aufstiegskurve jetzt nach Norden flog.

„Ich bin schneller, Alan ... Sieh her, Alan!“

Sie rannte über das Feld, rufend und springend, fast tanzte sie unter dem kreisenden Flugzeug. Einen Augenblick lang dachte Alan an die Naomi, die auf dem Bett Papier zerriss [...]. Sein Vater hatte recht – sie war nicht lebendig gewesen. Er wünschte, sein Vater könnte sie jetzt sehen. Und Mrs. Liebman und Mrs. Kirschenbaum.[1] Und jeder Mensch auf der Welt.

„Du machst mir Schwindel, verrücktes Flugzeug. Ho, komm zurück!“, rief Naomi.

Als das Flugzeug zur Landung ansetzte, winkte sie aufgeregt mit den Armen und schrie: „Ho, *oiseau jaune. Je suis ici.* Ich bin hier.“

Das Flugzeug setzte im Gras auf. Naomi raste dorthin und war noch vor Alan dort. Aber sie zögerte, es anzufassen. Alan kam hinzu und kniete sich neben das Flugzeug.

„Ist etwas kaputt?“, fragte Naomi ängstlich.

„Mal sehen ... Nein. Ein kleiner Riss im Flügel, das ist alles. Das werden wir gleich haben. Komm, ich brauch den Kasten.“

Alan klebte etwas Seidenpapier über die Rissstelle und nach einigen Minuten war das Flugzeug wieder betriebsbereit.

„So, Naomi. Jetzt kommst du dran.“

„Ich?“

„Klar. Hier, halt's fest.“ Er zeigte ihr, wie man den Propeller mit schnellen, gleichmäßigen Drehungen eines Fingers aufzieht, wie man sich hinstellt und das Flugzeug startet.

„Jetzt. Lass los!“

„Jetzt?“

„Jetzt!“

„*Bon voyage.*“ Sie entließ das Flugzeug, das schnell in einem großen Bogen aufstieg. Abermals rannte sie hinterher, hüpfend, wenn es zu geschwind zu sinken begann, und laut rufend, wenn es auf einer neuen Luftströmung höherkletterte. Diesmal machte es eine Bilderbuchlandung drei Meter vor Naomi, und sie sah, wie die Räder Staubwölkchen aufwirbelten, genau wie ein richtiges Flugzeug.

„Schau nur. *C'est épatant.* Schau, Alan, wie schön.“ Immer wieder ließen sie das Flugzeug fliegen, bis Naomi vor lauter Rufen heiser und Alan vom Hinterherrennen ganz erschöpft war. Woher hatte sie nur die Energie?

Sie setzte sich und bewunderte das Flugzeug, das alle Flüge so gut wie heil überstanden hatte.

„Du musst ihm einen Namen geben“, sagte Naomi.

„Zum Beispiel?“

„*Oiseau jaune.*“

„Was heißt'n das?“

„Gelber Vogel. Nenn ihn *oiseau jaune*.“

„Also gut. So heißt er jetzt. *L'oiseau jaune*. Shaun wird denken – na ja, der braucht das gar nicht zu wissen.“

„Wer ist Shaun?“

---

[1] Bei Mrs. Liebman wohnen Naomi und ihre Mutter, Mrs. Kirschenbaum.

„Och … ein Freund von mir.“

„Er wohnt im ersten Stock?“

„Genau. Woher weißt du das?“

„Ich sehe ihn, mit dir. Er hat auch ein Flugzeug, ja? Du weißt, unten in der Halle. Er nannte mich ‚Irre Ida‘. Er sagte: ‚Irre Ida im Anmarsch.‘“

Alan verschlug es die Sprache. Sie hatte es gehört. Es war gefährlich, im Vorplatz zu flüstern, es hallte von allen Wänden wider. Was konnte er jetzt sagen?

„Es ist mir egal“, sagte Naomi. „Alan, es ist egal. Es macht nichts.“

„Ach, weißt du, der sagt so Sachen … der erfindet Namen, sogar für mich. Aber er meint es nicht böse.“

„Es gibt auch eine Comicserie ‚Irre Ida‘, *oui*?“

„Ich glaub schon.“

„Es ist mir egal. Ich bin irre, weißt du.“

Irre? Sie? Nein. Aber wie kann sie so etwas sagen?

Als ob das bedeutungslos wäre. So wie Halsweh … Sie war nicht verrückt. Unmöglich. Verrückte wissen nicht, dass sie verrückt sind, das weiß doch jeder. Sie hatte viel zu viel Grips, zu viel Witz, zu viel alles Mögliche, um verrückt zu sein.

„Du bist in Ordnung. Bei dir stimmt alles … Also, sag mal, was ist in der Tasche da?“

„Ukay. Augen zu!“

Er hörte, wie die Papiertasche aufgemacht wurde. Naomi bereitete anscheinend etwas vor.

„Ukay. Augen auf!“

Auf einem großen roten Tuch war ein kleines Festmahl ausgebreitet. Da lag ein Dutzend kleiner Dreifach-Sandwiches, da stand ein Pappbecher mit Tomatenstückchen und Oliven. Darum herum: kleine Zitronen-, Erdbeer- und Schokoladenschnittchen mit Zuckerguss. Und dann war da noch eine kleine Milchflasche mit weiteren Pappbechern.

„Herrlich“, sagte Alan. „Donnerwetter, deine Mutter weiß aber, was zu einem anständigen Picknick gehört.“

„Nicht *ma mère*. Das habe ich gemacht.“

[…]

„[…] Ich habe oft Picknick gemacht, mit Freunden. Vor langer, langer Zeit. Wir spielten Picknick im Hof, mit Geschirr für Puppen … Meine Freunde sie sind alle tot jetzt, ja?“

„Nein“, sagte Alan, „ich meine: vielleicht nicht.“ Alan dachte an die Wochenschau und die Fotos: brennende Häuser in London, Nazitruppen auf dem Marsch, Menschen, die in Lastwagen verfrachtet werden, Paris gefallen, Frankreich gefallen. Naomi war dort gewesen. Was hatte sie wirklich gesehen?

[…]

Naomi legte die Arme um ihre Knie und starrte in Gedanken versunken auf den Boden. Der Wind blies ihr eine Haarsträhne über die Wange. Mit ihren schwarzen Augen und dem schmalen, dunkel getönten Gesicht sieht sie richtig schön aus, dachte Alan. Wo hatte er dieses Gesicht nur gesehen? Er konnte sich nicht daran erinnern.

„Ja, sie sind tot“, sagte Naomi nach einer langen Pause. „Ich glaube es.“

„Vielleicht siehst du sie wieder, weißt du, wenn der Krieg vorbei ist“, sagte Alan schnell.

„Der Krieg ist vorbei.“

„Nein … Ich meine, jetzt dauert’s nicht mehr lange. Unsere Truppen stehen schon auf deutschem Boden.“

„*Ah oui.*“ Sie sagte es völlig ausdruckslos.

„Sollen wir vielleicht über etwas anderes reden?“, fragte Alan.

„Ich habe meinen Vater getötet, weißt du.“ Die Wörter kamen auf ihn zu und umklammerten ihn wie eine giftige Schlange. Er hatte Angst, etwas zu sagen. In so einem Augenblick ist jedes Wort verkehrt.

„Ich … ich …“ Sein Denken setzte aus. Es war ihm klar, dass er stotterte. Sie war also doch verrückt.

„Ich … hab gedacht, es waren die Nazis?“

„*Ah oui.*“

„Stimmt’s nicht?“

„Aber ich habe geholfen.“

„Na … Naomi, das ist doch nicht wahr.“

„Ich lüge? Wie weißt du? Sag mir. Du warst dabei? Du warst dabei?“

„Nein … nein …“

„Alle die Pläne. Ich habe ihn getötet, mit den Plänen. Verstehst du? Alle die Pläne. Die Pläne.“ Mit aufgerissenen Augen saß sie da. Ihre Fäuste schlossen sich und öffneten sich, während sie sprach.

[...]

„Mein Vater. Er sagte: ‚Zerreißt alle Pläne!' Von der Kanalisation. Sie gingen durch die Kanäle. Die Soldaten der *Résistance*[1], vom Widerstand. Mein Vater machte die Pläne. Von den Kanälen in Paris. Er sagt: ‚Ihr müsst die Pläne zerreißen!' Ich ... ich ... Dann in der Nacht. Die Soldaten vom Widerstand. Sie greifen die Gestapo[2] an in der Nacht. Aber die Nazis, sie entdecken es. Mein Vater macht die Pläne. Sie entdecken es. Und sie kommen. Sie kommen. Sieh nur. Zwei Lastwagen in der Straße. Mein Vater sagt: ‚Zerreißt die Pläne. Naomi, zerreiße die Pläne. In die Toilette und ziehen! Zerreißt die Pläne!' Wir reißen. Wir reißen. Unsere Fingernägel, sie brechen. Unsere Hände – voll Blut. Ich reiße, ich kaue, ich esse Pläne. Es geht nicht mehr. Ich kann nicht. Ich kann nicht mehr. Aber die Nazis, sie sind vor der Tür. ‚*Vite! Vite!* Reißt! Reißt! Reißt! Schneller! Schneller!' Er stößt mich unter das Bett. Dann, sie schlagen an die Tür. Sie brechen durch die Tür ... Sieh nur. Sie schlagen ihn mit Knüppel. Sie schlagen ihn auf den Boden. Sein Kopf ist voll Blut. Überall Blut. Blut unter dem Bett. Überall. Überall. Blut ... Ich reiße. Ich reiße die Pläne. Ich reiße nicht genug. Nein. Nicht genug. Ich konnte nicht ... Sie gehen. Sie sind weg. Die Nazis sind weg. Hör nur ... So still. Pst. So still. Vielleicht, alles ist gut? Vielleicht, er schläft nur, mein Vater? ... Dann sagt er, ganz schwach: Naomi! Er sagt: Naomi. Naomi. Naomi. Und er schläft ein. Ich versuche, ihn zu wecken. Er ist tot. Er ist tot. Ich reisse, ich reisse, ich reisse. Nicht genug! Nicht genug! –"

„Naomi, hör auf! Du konntest doch nichts machen. Hör auf. Es waren die Nazis. Die Nazis. Naomi! Du kannst doch nichts dafür!"

„Sieh nur. Meine Hände sind rein. Mein Kleid ist rein. Er ist tot, das ist alles. So viel Blut ..."

„O Naomi. Naomi ..."

Alan legte seine Hand auf ihre Schulter, dann auf ihren Kopf, sanft wie sein Rabbi[3], als der ihm den Segen erteilte. Die alten Worte kamen ihm in den Sinn: Der Herr segne dich und beschütze dich. Er lasse sein Angesicht leuchten über dir und gebe dir seinen Frieden. Für sie, dachte Alan. Für sie.

(1977)

---

[1] **Résistance:** französische Widerstandsbewegung gegen die deutsche Besatzungsmacht

[2] **Gestapo:** Kurzbezeichnung für „Geheime Staatspolizei" des nationalsozialistischen Regimes in Deutschland

[3] **Rabbi:** Religionslehrer, Prediger und Seelsorger in jüdischen Gemeinden

3 Stellt einen Zusammenhang her zwischen dem Romanauszug und dem Bild (S. 210).

4 Verschafft euch einen Überblick über den Text, indem ihr ihn gliedert.

5 Erklärt Naomis Verhalten auf dem Holmes-Flugfeld.

6 Erläutert, wie Naomi es auffasst, dass sie von Alans Freund „Irre Ida" genannt wird.

7 Begründet, warum die Erzählung von Naomi so nachhaltig auf die Leserin / den Leser wirkt.

8 **So könnt ihr weiterarbeiten:**

a Beschreibt in Stichworten die Parallelen zwischen diesem Romanauszug und den vorausgehenden Sachtexten auf den Seiten 206 bis 209.

b Jemand aus eurer Klasse könnte den gesamten Roman lesen und ihn den anderen vorstellen.

c Manchmal wird der Roman schon in Klasse 7 gelesen. Diskutiert, ob man sich in diesem Alter bereits mit dieser Thematik beschäftigen kann und sollte.

Die Geschichte des 20. Jahrhunderts ist insbesondere geprägt durch die beiden Weltkriege. In den nachfolgenden Texten verarbeiten die Autorinnen und der Autor ihre Kriegserfahrungen.

■ **Mascha Kaléko (1907 – 1975):** Mascha Kaléko wurde in Chrzanów (in Westgalizien, dem damaligen Österreich-Ungarn) als Kind einer jüdischen Familie geboren. 1914, als der Erste Weltkrieg ausbrach, übersiedelte die Familie nach Deutschland. Mit sechzehn Jahren verließ sie, obgleich sie durch besonderes Talent auffiel und bereits früh Gedichte schrieb, die Schule mit der Mittleren Reife und begann eine Lehre im Büro. Im Jahre 1934 heiratete sie ihren ersten Mann, den Philologen Saul Kaléko. Mit ihrem dichterischen Talent fand sie schließlich Anschluss an die künstlerische Avantgarde in Berlin und erhielt die Möglichkeit, ihre Gedichte in Zeitungen zu veröffentlichen. Ihr erstes Buch erschien 1933. Die Tatsache, dass noch weitere Auflagen und sogar noch ein weiteres Buch erschienen, verdankte sie vor allem der Courage ihres Verlegers und ihrer Beliebtheit beim Berliner Publikum. 1935 wurde die Autorin aus der Reichsschrifttumskammer ausgeschlossen und erhielt Berufsverbot. Auch privat verschärfte sich ihre Lebenssituation dadurch, dass sie sich in einen anderen Mann, den Musiker Chemjo Vinaver, verliebte und 1937, nach der Geburt des gemeinsamen Sohnes, zu ihm zog, sich scheiden ließ und erneut heiratete. Ein Jahr später emigrierte die kleine Familie nach New York. In ihrer Lyrik thematisierte Mascha Kaléko neben dem Leben der Großstadt und ihrer Liebe zu ihrem Mann und Kind auch die Erfahrungen von Flucht und Emigration. ■

Mascha Kaléko (1907 – 1975)

Interview mit mir selbst

Anno Zwounddreißig

Ich bin als Emigrantenkind geboren
In einer kleinen, klatschbeflissnen Stadt,
Die eine Kirche, zwei bis drei Doktoren
Und eine große Irrenanstalt hat.

Mein meistgesprochnes Wort als Kind war „Nein".
Ich war kein einwandfreies Mutterglück.
Und denke ich an jene Zeit zurück –
Ich möchte nicht mein Kind gewesen sein.

Im Ersten Weltkrieg kam ich in die achte
Gemeindeschule zu Herrn Rektor May.
Ich war schon sechs, als ich noch immer dachte,
Daß, wenn die Kriege aus sind, Frieden sei.

Zwei Oberlehrer fanden mich begabt,
Weshalb sie mich, zwecks Bildung, bald entfernten.
Doch was wir auf der Hohen Schule lernten,
Ein Volk „Die Arier" ham wir nicht gehabt.

Beim Abgang sprach der Lehrer von den Nöten
Der Jugend und vom ethischen Niveau.
Es hieß, wir sollten jetzt ins Leben treten.
Ich aber leider trat nur ins Büro.

Acht Stunden bin ich dienstlich angestellt
Und tue eine schlechtbezahlte Pflicht.
Am Abend schreib ich manchmal ein Gedicht.
Mein Vater meint, das habe noch gefehlt.

Bei schönem Wetter reise ich ein Stück
Per Bleistift auf der bunten Länderkarte.
An stillen Regentagen aber warte
Ich manchmal auf das sogenannte Glück.

Post Scriptum[1]
Anno Fünfundvierzig

---

[1] **Dacapo:** Wiederholung

Inzwischen bin ich viel zu viel gereist,
Zu Bahn, zu Schiff, bis über den Atlantik.
Doch was mich trieb, war nicht Entdeckergeist,
Und was ich suchte, keineswegs Romantik.

Das war einmal. In einem andern Leben,
Doch unterdessen, wie die Zeit verrinnt,
Hat sich auch biografisch was ergeben:
Nun hab ich selbst ein Emigrantenkind.

Das lernt das Wörtchen „alien" buchstabieren
Und spricht zur Mutter: „Don't speak German, dear."
Muss knapp acht Jahr alt Diskussionen führen,
Dass er „allright" ist, wenn auch nicht von hier.

Grad wie das Flüchtlingskind beim Rektor May!
Wenn ich mir dies Dacapo[1] so betrachte ...
Er denkt, was ich in seinem Alter dachte:
Daß, wenn die Kriege aus sind, Frieden sei.

(aus dem Nachlass, erschienen 1977)

(Aus lizenzrechtlichen Gründen folgt dieser Text nicht der reformierten Rechtschreibung.)

1 Lest das Gedicht an und notiert strophenweise die Informationen, die ihr über das lyrische Ich erhaltet.

2 Beschreibt das Selbstbild, welches in dem „ersten" Gedicht (V. 1 – 29) zum Ausdruck kommt. Geht dazu auf die äußeren Lebensumstände sowie auf die Gedanken und Gefühle des lyrischen Ichs ein.

3 Stellt Vermutungen darüber an, aus welchen Gründen die Autorin noch ein „Post Scriptum" (V. 30 – 47) zu dem ursprünglichen Gedicht verfasst hat.

4 Erläutert, wie beide Teile in formaler und inhaltlicher Hinsicht zusammenhängen.

5 Interpretiert die letzten beiden Verse im Hinblick darauf, was sie über die Entwicklung des lyrischen Ichs in den Jahren zwischen 1932 und 1945 zeigen.

[1] **Dacapo:** Wiederholung

Mascha Kaléko (1907 – 1975)

Der kleine Unterschied

Es sprach zum Mister Goodwill
ein deutscher Emigrant[1]:
„Gewiß, es bleibt dasselbe,
sag ich nun land statt Land,
sag ich für Heimat homeland
und poem für Gedicht.
Gewiß, ich bin sehr happy:
Doch glücklich bin ich nicht."

(aus dem Nachlass, erschienen 1977)

(Aus lizenzrechtlichen Gründen folgt dieser Text nicht der reformierten Rechtschreibung.)

1 Benennt anhand des Gedichts die möglichen Probleme, die sich dem lyrischen Ich vor dem Hintergrund der Flucht und Emigrationserfahrung stellen.

2 Interpretiert die letzten beiden Verse, indem ihr den Gegensatz zwischen „happy" und „glücklich" herausstellt. Bezieht dabei die biografischen Informationen über die Autorin auf S. 215 ein.

3 Diskutiert, ob sich diese Erkenntnisse verallgemeinern lassen und welche weiteren Aspekte für das Empfinden von Fremdheit oder Heimat entscheidend sein können.

[1] **Emigrant:** Auswanderer

Rose Ausländer (1901 – 1988) wuchs in Czernowitz (Bukowina; früher „Buchenland“, eine Landschaft in der Ukraine und Rumänien) auf und stammte aus einer jüdischen Familie. Im Ersten Weltkrieg musste sie ihre Heimat verlassen und verbrachte die Jahre 1916 bis 1918 in Wien. Große Armut brachte sie dazu, 1921 nach Amerika auszuwandern. Dort arbeitete sie als Buchhalterin und publizierte erste Gedichte. Rose Ausländer war in erster Ehe mit Ignaz Ausländer aus Czernowitz verheiratet, von dem sie sich aber 1930 scheiden ließ. Es folgte eine Beziehung zu dem Kulturjournalisten Helios Hecht, die aber auch nur einige Jahre hielt. Sie kehrte 1931 nach Czernowitz zurück und pflegte ihre kranke Mutter. „Der Regenbogen“, Rose Ausländers erste Buchpublikation, erschien 1939 in Czernowitz. Im Juni 1940 besetzten sowjetische Truppen Czernowitz und die nördliche Bukowina. Rose Ausländer wurde unter dem Vorwurf der Spionage für die USA vier Monate lang in Haft gesetzt. Die Ermordung von ca. 55 000 Czernowitzer Juden durch die Nationalsozialisten überlebte sie gemeinsam mit ihrer Mutter in einem Kellerversteck. Im Ghetto in Czernowitz traf sie Paul Celan. Im Jahre 1946 emigrierte sie erneut in die USA, wurde dort aber nie wirklich heimisch. Nach einer Europareise und Begegnungen mit Celan kehrte sie 1965 endgültig nach Deutschland zurück und lebte ab 1970 bis zu ihrem Tod in einem jüdischen Seniorenheim in Düsseldorf.

Rose Ausländer (1901 – 1988)

Ich vergesse nicht

Ich vergesse nicht
das Elternhaus
die Mutterstimme
den ersten Kuss
die Berge der Bukowina
die Flucht im ersten Weltkrieg
das Darben[1] in Wien
die Bomben im zweiten Weltkrieg
den Einmarsch der Nazis
das Angstbeben im Keller
den Arzt, der unser Leben rettete
das bittersüße Amerika
Hölderlin Trakl Celan[2]
meine Schreibqual
meinen Schreibzwang noch immer.

1 Lest das Gedicht und formuliert in eigenen Worten, worum es in dem Gedicht geht.

2 Stellt zu den einzelnen Versen Verbindungen zu den biografischen Informationen her.

3 Benennt Gemeinsamkeiten mit den Erfahrungen, die Mascha Kaléko in ihren Gedichten (S. 215 f.) zum Ausdruck bringt.

4 Stellt Vermutungen dazu an, warum Rose Ausländer von „Schreibqual“ (V. 14) und „Schreibzwang“ (V. 15) heimgesucht wird.

5 Überlegt gemeinsam, welchen Wert die Kenntnis biografischer und historischer Kontexte für das Verständnis von Gedichten bzw. literarischen Texten hat.

---

[1] **darben:** Mangel (an Nahrung) leiden

[2] **Hölderlin Trakl Celan:** Ausländer benennt hier Dichter, die ihr wichtig waren: Friedrich Hölderlin (1770 – 1843), einer der bedeutendsten Dichter seiner Zeit, hatte als Leitbild seiner Dichtung die antike griechische Idee eines harmonischen Zusammenlebens von Göttern und Menschen. In seinen Gedichten brachte er die Kälte und Zweckrationalität seiner Zeit zum Ausdruck. **Georg Trakl** (1887 – 1914) war ein österreichischer Dichter des Expressionismus. Im Ersten Weltkrieg wurde er als Soldat einer Sanitätsstaffel eingesetzt. Nach einer Schlacht musste er fast 100 Schwerverletzte in einer Scheune betreuen, ohne ihnen wirksam helfen zu können, was ihn traumatisierte. **Paul Celan** (1920 – 1970) gilt als einer der bedeutendsten deutschsprachigen Dichter des 20. Jahrhunderts, der in seinen Gedichten die Erfahrung des Holocausts verarbeitete.

Wolfgang Borchert (1921 – 1947)

Die Küchenuhr

■ Wolfgang Borchert nimmt als Soldat am Zweiten Weltkrieg teil, erkrankt an der Front schwer an einer Gelbsucht und wird daher aus der Armee zunächst entlassen. Er arbeitet dann in Hamburg als Kabarettist und wird, als er Nazigrößen parodiert, zur Strafe an die Ostfront kommandiert, um sich „vor dem Feind zu bewähren". Nach dem Krieg arbeitet er als schwer kranker Mann am Hamburger Schauspielhaus und schreibt bis zu seinem frühen Tode Gedichte, Kurzgeschichten und ein Drama mit dem Titel „Draußen vor der Tür". Die Geschichte „Die Küchenuhr" entstand im Jahr 1946. ■

Sie sahen ihn schon von Weitem auf sich zukommen, denn er fiel auf. Er hatte ein ganz altes Gesicht, aber wie er ging, daran sah man, dass er erst zwanzig war. Er setzte sich mit seinem alten Gesicht zu ihnen auf die Bank. Und dann zeigte er ihnen, was er in der Hand trug.

Das war unsere Küchenuhr, sagte er und sah sie alle der Reihe nach an, die auf der Bank in der Sonne saßen. Ja, ich habe sie noch gefunden. Sie ist übrig geblieben.

Er hielt eine runde tellerweiße Küchenuhr vor sich und tupfte mit dem Finger die blau gemalten Zahlen ab.

Sie hat weiter keinen Wert, meinte er entschuldigend, das weiß ich auch. Und sie ist auch nicht so besonders schön. Sie ist nur wie ein Teller, so mit weißem Lack. Aber die blauen Zahlen sehen doch ganz hübsch aus, finde ich. Die Zeiger sind natürlich aus Blech. Und nun gehen sie auch nicht mehr.

Nein. Innerlich ist sie kaputt, das steht fest. Aber sie sieht noch aus wie immer. Auch wenn sie jetzt nicht mehr geht.

Er machte mit der Fingerspitze einen vorsichtigen Kreis auf dem Rand der Telleruhr entlang. Und sagte leise: Und sie ist übrig geblieben.

Die auf der Bank in der Sonne saßen, sahen ihn nicht an. Einer sah auf seine Schuhe, und die Frau sah in ihren Kinderwagen. Dann sagte jemand: Sie haben wohl alles verloren?

Ja, ja, sagte er freudig, denken Sie, aber auch alles! Nur sie hier, sie ist übrig. Und er hob die Uhr wieder hoch, als ob die anderen sie noch nicht kannten.

Aber sie geht doch nicht mehr, sagte die Frau.

Nein, nein, das nicht. Kaputt ist sie, das weiß ich wohl. Aber sonst ist sie doch noch ganz wie immer: weiß und blau. Und wieder zeigte er ihnen seine Uhr. Und was das Schönste ist, fuhr er aufgeregt fort, das habe ich Ihnen ja überhaupt noch nicht erzählt. Das Schönste kommt nämlich noch: Denken Sie mal, sie ist um halb drei stehen geblieben. Ausgerechnet um halb drei, denken Sie mal.

Dann wurde Ihr Haus sicher um halb drei getroffen, sagte der Mann und schob wichtig die Unterlippe vor. Das habe ich schon oft gehört. Wenn die Bombe runtergeht, bleiben die Uhren stehen. Das kommt von dem Druck.

Er sah seine Uhr an und schüttelte überlegen den Kopf. Nein, lieber Herr, nein, da irren Sie sich. Das hat mit den Bomben nichts zu tun. Sie müssen nicht immer von den Bomben reden. Nein. Um halb drei war etwas ganz anderes, das wissen Sie nur nicht. Das ist nämlich der Witz, dass sie gerade um halb drei stehen geblieben ist. Und

nicht um Viertel nach vier oder um sieben. Um halb drei kam ich nämlich immer nach Hause. Nachts, meine ich. Fast immer um halb drei. Das ist ja gerade der Witz.
Er sah die anderen an, aber sie hatten ihre Augen von ihm weggenommen. Er fand sie nicht. Da nickte er seiner Uhr zu: Dann hatte ich natürlich Hunger, nicht wahr? Und ich ging immer gleich in die Küche. Da war es dann fast immer halb drei. Und dann, dann kam nämlich meine Mutter. Ich konnte noch so leise die Tür aufmachen, sie hat mich immer gehört. Und wenn ich in der dunklen Küche etwas zu essen suchte, ging plötzlich das Licht an. Dann stand sie da in ihrer Wolljacke und mit einem roten Schal um. Und barfuß. Immer barfuß. Und dabei war unsere Küche gekachelt. Und sie machte ihre Augen ganz klein, weil ihr das Licht so hell war. Denn sie hatte ja schon geschlafen. Es war ja Nacht.
So spät wieder, sagte sie dann. Mehr sagte sie nie. Nur: So spät wieder. Und dann machte sie mir das Abendbrot warm und sah zu, wie ich aß. Dabei scheuerte sie immer die Füße aneinander, weil die Kacheln so kalt waren. Schuhe zog sie nachts nie an. Und sie saß so lange bei mir, bis ich satt war. Und dann hörte ich sie noch die Teller wegsetzen, wenn ich in meinem Zimmer schon das Licht ausgemacht hatte. Jede Nacht war es so. Und meistens immer um halb drei. Das war ganz selbstverständlich, fand ich, dass sie mir nachts um halb drei in der Küche das Essen machte. Ich fand das ganz selbstverständlich. Sie tat das ja immer. Und sie hat nie mehr gesagt als: So spät wieder. Aber das sagte sie jedes Mal. Und ich dachte, das könnte nie aufhören. Es war mir so selbstverständlich. Das alles. Es war doch immer so gewesen. Einen Atemzug lang war es ganz still auf der Bank. Dann sagte er leise: Und jetzt? Er sah die anderen an. Aber er fand sie nicht. Da sagte er der Uhr leise ins weiß-blaue runde Gesicht: Jetzt, jetzt weiß ich, dass es das Paradies war. Das richtige Paradies. Auf der Bank war es ganz still. Dann fragte die Frau: Und Ihre Familie?
Er lächelte sie verlegen an: Ach, Sie meinen meine Eltern? Ja, die sind auch mit weg. Alles ist weg. Alles, stellen Sie sich vor. Alles weg.
Er lächelte verlegen von einem zum anderen. Aber sie sahen ihn nicht an.
Da hob er wieder die Uhr hoch und lachte. Er lachte: Nur sie hier. Sie ist übrig. Und das Schönste ist ja, dass sie ausgerechnet um halb drei stehen geblieben ist. Ausgerechnet um halb drei.
Dann sagte er nichts mehr. Aber er hatte ein ganz altes Gesicht. Und der Mann, der neben ihm saß, sah auf seine Schuhe. Aber er sah seine Schuhe nicht. Er dachte immerzu an das Wort Paradies.

(1946)

1 Hört euch den Lesevortrag der Kurzgeschichte (Webcode **SNG-28054-038**).

2 Stellt die Situation des Gesprächs auf der Bank in Form eines Standbilds (vgl. S. 220) nach. Informationen zur Erstellung von Standbildern findet ihr in dem Werkzeugkasten auf der folgenden Seite. Probiert die verschiedenen Möglichkeiten aus und bewertet sie.

3 Erarbeitet die Parallelen zwischen der Verfassung des Mannes und dem Zustand der Küchenuhr.

4 Mehrfach wird im Text die Zeit erwähnt, wann die Uhr stehen geblieben ist. Erläutert, welche symbolische Bedeutung in der Geschichte die Uhr und der Zeitpunkt „halb drei" haben.

5 Erklärt, warum das letzte Wort der Geschichte „Paradies" lautet.

6 In der Erzählung des jungen Mannes gibt es Beschreibungen von seinen Gefühlen, die nicht zu der traurigen Situation zu passen scheinen. Versucht, dieses im Zusammenhang mit dem Text „Was der Krieg aus den Menschen macht" (S. 206 f.) zu erklären.

Mit Standbildern arbeiten

Die Beziehungen zwischen den Handlungsträgern in einem Text kann man sich oft durch Standbilder verdeutlichen. Darunter versteht man **„eingefrorene Personengruppen“**. Das Standbild stellt demnach Figuren einer Szene nach **Standort**, **Gesichtsausdruck** und **Gestik** so dar, wie es sich eine **Regisseurin**/ein **Regisseur** auf der Grundlage des jeweiligen Textes vorstellt. Beim „Bauen“ eines Standbilds gibt es mehrere Möglichkeiten:

1. Das stumme Standbild

- Um eine **Regisseurin**/einen **Regisseur** herum bildet sich eine Arbeitsgruppe von mehreren Schülern und Schülerinnen. Sie klären gemeinsam, nach intensiver Auseinandersetzung mit der Textvorlage, die **Rollenverteilung** für ihr **Standbild**.
- Die Regisseurin / Der Regisseur baut das Standbild. Sie/Er „modelliert“ wie mit Puppen die **Stellung der Figuren** auf der Bühne, ihre **Beziehungen zueinander**, ihren **Gesichtsausdruck** und ihre Gestik durch genaue Anweisungen. Die Figuren verhalten sich dabei passiv.
- Auf ein Kommando der Regisseurin/des Regisseurs „erstarren“ die Figuren für etwa 30 Sekunden in der ihnen angewiesenen Position. Am besten hält man das so „eingefrorene“ Standbild mit einem Foto fest.
- Die übrigen Schülerinnen und Schüler **beobachten, beschreiben** und **beurteilen** das Standbild auf der Basis der Textvorlage.
- Anschließend geben alle Beteiligten eine Stellungnahme ab.

2. Das sprechende Standbild

Man verfährt in fast allen Schritten wie beim stummen Standbild; aber dieses Mal erhält jede Darstellerin/jeder Darsteller den Auftrag, einen besonders bedeutsamen Satz aus dem Text zu sprechen.

3. Das angesprochene Standbild

Die Darstellerinnen und Darsteller werden von den übrigen Schülerinnen und Schülern auf ihre Befindlichkeit und ihre Haltung zu den anderen Personen angesprochen und geben über das, was in ihnen gerade vorgeht (Gedanken, Empfindungen), Auskunft.

4. Das mobile Standbild

Die Darstellerinnen und Darsteller bauen zuerst ein stummes Standbild. Anschließend bewegen sie sich ein oder mehrere Schritte von ihrem Ort fort und begründen ihre Bewegung.

5. Standbilder als Spiegel eines Prozesses

Mehrere Standbilder, jeweils dargestellt von wenigen Personen, verdeutlichen den Prozess/die Entwicklung in der Beziehung zwischen den Handlungsträgern.

7 So könnt ihr weiterarbeiten:

Ihr findet im Folgenden zwei Texte von Schülerinnen, in denen sie die Kurzgeschichte von Borchert zu Gedichten umgeformt haben. Erarbeitet in Gruppen, wie sie dabei vorgegangen sind, und versucht dann, anhand der Erzählung „Die Küchenuhr", der Reportagen (S. 206 – 209) oder des Romanauszugs von Myron Levoy (S. 210 – 214) ähnliche Gedichte zu verfassen. Ihr könnt dabei auf den Reim und auf ein bestimmtes Metrum verzichten. Bei der grafischen Anordnung der Verse habt ihr viele Möglichkeiten, indem ihr sie etwa wie eine geometrische Figur – z. B. als Kreis oder Dreieck – oder wie einen Baum formt. Auch durch das Variieren des Schrifttyps könnt ihr eindrucksvolle Effekte bewirken.

Die Küchenuhr

Alles ist weg,
nur du bist noch hier.
Teil meines Paradieses.
Erinnerung an diese Zeit.

Du bist geblieben
Unbedeutend, wie du bist.

Nein, bedeutend.
Wichtig.
Kannst mir mein kleines Paradies
noch einmal zeigen,
für einen Moment zurückholen.
Nur du
Weiß-blaue Küchenuhr.
(Verena)

Die Küchenuhr

Sie ist *ERINNERUNG*
 an das Leben vorher
Sie ist *ERINNERUNG*
 an die Ordnung vorher
Sie ist *ERINNERUNG*
 an das Paradies
Doch sie ist stehen geblieben
Und hält sie fest
 – die *ERINNERUNG*
(Annika)

Dietrich Herrmann (geb. 1939)

Guernica

In den Jahren 1936 bis 1939 tobte in Spanien ein blutiger Bürgerkrieg. Das Militär unter General Franco versuchte, die Republik zu beseitigen. Deutsche und italienische Einheiten unterstützten den Kampf Francos, und es gelang so dem General, in Spanien eine Diktatur zu errichten.
Am 26. April 1937, ein Jahr nach Beginn des Krieges, wurde Guernica, die älteste Stadt des Baskenlandes, durch einen Luftangriff deutscher und italienischer Flugzeuge völlig zerstört. Der Luftwaffenoberst Wolfram von Richthofen, der die Luftwaffe in Spanien kommandierte, schrieb in sein Tagebuch: „Guernica, Stadt von 5 000 Einwohnern, buchstäblich dem Erdboden gleichgemacht. Bombenlöcher noch auf den Straßen zu sehen, einfach toll." Die Entrüstung über diesen ersten Luftterror gegen Zivilisten war in der Welt groß. Schon am 1. Mai desselben Jahres begann Pablo Picasso (geb. 1881 in Málaga/Spanien – gest. 1973 in Mougins/Frankreich), sein großes Bild über die Vernichtung Guernicas zu malen, und stellte es im Sommer im spanischen Pavillon

anlässlich der Weltausstellung in Paris aus. Dort löste das fast acht Meter lange, nur in den Tönen schwarz, dunkelbraun, bläulich, grau und weiß gestaltete Bild auf die Betrachter aus aller Welt eine schockierende Wirkung aus. Nach der Weltausstellung ging das Bild nach New York, weil Picasso verfügt hatte, dass es nur dann in einem spanischen Museum untergebracht werden dürfe, wenn sein Heimatland wieder eine Demokratie geworden sei. So gelangte das berühmte Bild erst im Jahre 1981, d.h. acht Jahre nach Picassos Tod, nach Spanien und hängt seit dieser Zeit im Museo Reina Sofía in Madrid. Picasso hat sich nicht selbst zu seinem Bild geäußert, sondern nur gesagt: „Ich bin für das Leben, gegen den Tod; ich bin für den Frieden, gegen den Krieg." Damit drückt er den zentralen Appell seines Bildes „Guernica" aus. Um bei der Deutung der Elemente des Bildes Genaueres zu erfahren, zieht die Forschung andere Werke heran, die der Künstler ungefähr zur selben Zeit wie „Guernica" gemalt hat. Dabei fällt auf, dass Picasso sein Heimatland Spanien manchmal als Pferd zeichenhaft darstellt und der Stier als ein Zeichen für brutale Macht und Gewalt steht. Am besten geht man daher bei der Beschreibung des Bildes vom Bildzentrum aus. Was erkennt man alles um das Pferd herum? Warum streckt die Frau, die von rechts kommt, eine Dochtlampe in das Zentrum? Dann: Was wird am linken Bildrand um den Stier herum vorgestellt? Und zuletzt: Was erkennt man vom Krieg am rechten Bildrand?

1 Versucht, möglichst viele Einzelheiten des Bildes zu erkennen und sie im Zusammenhang mit Krieg zu deuten. Benutzt dabei die Informationen zur Deutung des Bildes im Text oben.

Pablo Picasso (1881 – 1973)
Guernica

2 Erklärt, welchen Appell Picasso mit seinem Bild bei der Ausstellung in Paris an die Weltöffentlichkeit richten wollte.

3. ... und morgen: „Wann ist denn endlich Frieden ...?“

Wolf Biermann (geb. 1936)

Wann ist denn endlich Frieden

Wann ist denn endlich Frieden
In dieser irren Zeit?
Das große Waffenschmieden
Bringt nichts als großes Leid.

ES blutet die Erde
ES weinen die Völker
ES hungern die Kinder
ES droht großer Tod
ES sind nicht die Ketten
ES sind nicht die Bomben
ES
ist ja der Mensch
der den Menschen bedroht

Die Welt ist so zerrissen
Und ist im Grunde so klein
Wir werden sterben müssen
Dann kann wohl Friede sein.

ES blutet die Erde
ES weinen die Völker
ES hungern die Kinder
ES droht großer Tod
ES sind nicht die Ketten
ES sind nicht die Bomben
ES
ist ja der Mensch
der den Menschen bedroht

(1968)

1 Lest das Gedicht. Beschreibt die Wirkung, die der Text auf euch hat. Welcher Appell kommt in ihm zum Ausdruck?

2 Lest nun das Gedicht. Nennt die sprachlichen Mittel, mit denen das „große Leid“ ausgedrückt wird.

3 Erläutert, wie ihr die zweite Strophe versteht:

„Wir werden sterben müssen
Dann kann wohl Friede sein.“
(V. 16 f.)

4 Woher kommt zuletzt alles Leid im Krieg? Nehmt Stellung zu der Aussage des Gedichts.

Wolfgang Borchert (1921 – 1947)

DANN GIBT ES NUR EINS!

Du. Mann an der Maschine und Mann in der Werkstatt.
Wenn sie dir morgen befehlen,
du sollst keine Wasserrohre und keine Kochtöpfe mehr machen – sondern Stahlhelme und Maschinengewehre,
dann gibt es nur eins:
Sag NEIN!

Du. Mädchen hinterm Ladentisch und Mädchen im Büro.
Wenn sie dir morgen befehlen,
du sollst Granaten füllen und Zielfernrohre für Scharfschützengewehre montieren,
dann gibt es nur eins:
Sag NEIN!

[...]

Du. Forscher im Laboratorium.
Wenn sie dir morgen befehlen,
du sollst einen neuen Tod erfinden gegen das alte Leben,
dann gibt es nur eins:
Sag NEIN!

Du. Dichter in deiner Stube.
Wenn sie dir morgen befehlen,
du sollst keine Liebeslieder, du sollst Hasslieder singen,
dann gibt es nur eins:
Sag NEIN!

Inschrift in Hamburg mit dem letzten Vers des Gedichts

[...]

Du. Mann auf dem Dorf und Mann in der Stadt.
Wenn sie morgen kommen und dir den Gestellungsbefehl[1] bringen,
dann gibt es nur eins:
Sag NEIN!

Du. Mutter in der Normandie und Mutter in der Ukraine,
du, Mutter in Frisco[2] und London,
du, am Hoangho[3] und am Mississippi,
du, Mutter in Neapel und Hamburg und Kairo und Oslo – Mütter in allen Erdteilen, Mütter in der Welt,
wenn sie morgen befehlen, ihr sollt Kinder gebären,
Krankenschwestern für Kriegslazarette und neue Soldaten für neue Schlachten,
Mütter in der Welt,
Dann gibt es nur eins:
Sagt NEIN! Mütter, sagt NEIN!

[...]

(1947)

[1] **Gestellungsbefehl:** veraltete Bezeichnung für die Aufforderung, sich zum Militärdienst einzufinden
[2] **Frisco:** Kurzform für San Francisco/USA
[3] **Hoangho:** Gelber Fluss, zweitgrößter Strom Chinas

1 Hört euch den Gedichtvortrag an (Webcode **SNG-28054-039**). An wen richtet sich Borchert mit seinem Appell?

2 Erarbeitet die besondere Bedeutung der letzten Strophe.

3 Verfasst nach dem Muster von Borcherts Gedicht weitere Strophen (z. B.: Pilot, Besitzer einer Fabrik ...).

4 Vergleicht das Gedicht von Borchert mit dem Plakat von Käthe Kollwitz.

Veranstaltungsplakat von Käthe Kollwitz zum mitteldeutschen Jugendtag, 2.–4. August 1924 in Leipzig

5 **So könnt ihr weiterarbeiten:**

a Entwerft ein Plakat zum Thema *Frieden* und lasst euch dabei von den Erkenntnissen aus diesem Kapitel anregen.

b „Krieg in verschiedenen Perspektiven und Zeiten – Krieg im Zeitalter des Barock, in der Moderne und unserer Gegenwart und Hoffnung auf die Zukunft“: Versucht, für eine Ausstellung in eurer Klasse mithilfe von Texten und Bildern Gemeinsamkeiten und Unterschiede des Krieges darzustellen. Verschiedene Fächer können sich an dem Projekt beteiligen.

In zwei Sprachen denken, schreiben, leben?

Es gibt immer wieder Situationen, in denen Menschen sich in einer Umwelt zurechtfinden müssen, in der nicht ihre Muttersprache gesprochen wird. Zu der Auseinandersetzung mit diesen Situationen gehört es in der Regel auch, sich mit einer neuen Sprache zu beschäftigen und diese zu erlernen. Dazu haben Menschen unterschiedliche Einstellungen und sie machen unterschiedliche Erfahrungen, z. B. wenn sie bemerken, dass sich die Bedeutung ihrer Muttersprache für sie verändert.

Vom Umgang mit diesen Situationen handeln die Texte in diesem Kapitel. Ihr lernt unterschiedliche Autorinnen/Autoren und Textarten kennen, die sich mit den verschiedenen Erfahrungen und Einstellungen der Menschen in diesem Zusammenhang beschäftigen. Ihr lernt, diese Texte einzeln zu bearbeiten und anschließend kriteriengeleitet zu vergleichen.

Außerdem lernt ihr, wie ihr mehreren Materialien zu einem Thema Informationen entnehmen, diese zusammenstellen und präsentieren könnt.

Hanefi Yeter: Wohin gehöre ich?, 1989

Nach einer Lesung in der Nähe von Leipzig stand einmal ein junger Lehrer auf und sagte fast wörtlich: „Als mein Freund mich hierher mitschleppte, war ich sehr skeptisch. Nachdem ich nun Ihre Gedichte hörte, muss ich sagen: Hut ab. Ich hätte nie gedacht, dass ein Ausländer, zumal ein Araber, solche Gedichte in deutscher Sprache schreiben könnte.“ Ich habe mich für diese Beleidigung natürlich herzlich bedankt und erwidert, dies liege vielleicht nur daran, dass ich bestimmt länger als er in Deutschland gelebt habe. (Adel Karasholi)[1]

[1] syrisch-deutscher Schriftsteller und Übersetzer

Informationen aus pragmatischen Texten entnehmen und nutzen

Du redest, denkst und träumst in zwei Sprachen, aber in keiner bist du zu Hause. Zwei Stiefmuttersprachen also, im Kopf-an-Kopf-Rennen, zwei Rabenmütter, verflucht noch mal. Reden ist vielleicht immer schon nicht meine Stärke gewesen. „Reden ist Silber, Schweigen ist Gold." Und dieses Schweigen beinhaltet vieles, z. B. Denken, Träumen und – Schreiben.

(Alev Tekinay)[1]

1971 siedelte ich in die Bundesrepublik über. Mit fünfundzwanzig Jahren, einem Koffer und vier deutschen Wörtern kam ich in Frankfurt an.

(Rafik Schami)[2]

1 türkische Sprachwissenschaftlerin und Schriftstellerin
2 syrisch-deutscher Schriftsteller und Chemiker

Zeichnung von Vangelis Pavlidis, 1982

1 Beschreibt und erklärt die Situationen und Erfahrungen, die in den Materialien auf dieser Doppelseite dargestellt werden.

2 Vergleicht, welche Erfahrungen und Gefühle die Bilder und Texte darstellen.

3 Fasst zusammen, wie die Materialien auf dieser Doppelseite die Situation des Ankommens bzw. Lebens in einem anderen Land und in einer anderen Sprache darstellen.

4 Welches der Materialien macht aus eurer Sicht das dargestellte Problem am besten deutlich? Begründet eure Meinung.

1. Ein-, zwei-, mehrsprachig?

Hatice Akyün (geb. 1969)

Sie sprechen aber gut Deutsch

■ Die Journalistin und Schriftstellerin Hatice Akyün wurde 1969 in einem kleinen Dorf in der Türkei geboren und zog 1972 mit ihren Eltern nach Deutschland. Nach mittlerer Reife und Ausbildung holte sie das Abitur nach, begann ein Studium und arbeitete bereits zu dieser Zeit als freie Journalistin. 2005 veröffentlichte sie ihren autobiografischen Roman „Einmal Hans mit scharfer Soße", der 2013 verfilmt wurde und aus dem der folgende Textauszug stammt. ■

Während meiner Studentenzeit hatte ich immer die besten Nebenjobs, denn für Personalchefs war ich ein Phänomen – eine perfekt Deutsch sprechende Türkin, die enge Röcke mit hohen Schuhen kombinierte. Ich habe nie verstanden, was daran so phänomenal war, aber ich habe auch nie gefragt. Es lebte sich schließlich finanziell sehr gut als Phänomen.

Schon damals hörte ich oft den Satz: „Sie sprechen aber gut Deutsch." Nach dem ersten Mal bedankte ich mich noch für das Kompliment, aber nachdem es sich häufte, ging mir der Satz allmählich auf die Nerven. Was ist schließlich so bemerkenswert daran, dass eine junge Frau, die seit über dreißig Jahren in Deutschland lebt, Dativ und Genitiv korrekt anwenden kann und auch noch den richtigen Artikel vor ein Substantiv stellt? „Danke, Sie aber auch!", war einer meiner bevorzugten Abwehrmechanismen. Oder wenn ich schlechte Laune hatte, sagte ich zynisch: „Wahnsinn, was das deutsche Bildungssystem doch alles hervorbringt."

Andererseits leben meine Eltern ebenso lange wie ich in Deutschland, sprechen aber kaum Deutsch. Wenn ich meine Mutter frage, warum sie kein Deutsch gelernt hat, legt sie die Stirn in Falten und sagt unwillig: „Sechs Kinder habe ich großgezogen. Seid ihr verhungert oder verdurstet, habt ihr gefroren oder gelitten?" Darauf kann ich ihr nichts entgegnen. Oder sie schimpft lautstark: „Dein Vater hat über dreißig Jahre Steuern bezahlt, ohne ein Wort Deutsch zu sprechen, und nun zahlen sogar meine Kinder schon Steuern."

Mit meinen Geschwistern spreche ich einen Mix aus beiden Sprachen. Wir können in Sekundenschnelle nicht nur von der einen Sprache in die andere wechseln, sondern mengen deutsche Wörter unter unsere muttersprachlichen Sätze, die wir der Grammatik und dem Satzbau des Türkischen anpassen, und erfinden so unsere eigene Sprache: „Ich muss noch akşam yemeği kochen", sagt Ablam vor dem Abendessen, oder ich frage: „Arabanın Schlüssellini geben yaparmısın" (kannst du mir bitte den Autoschlüssel geben)? Derlei Sprachkreationen lehnt wiederum meine Mutter strikt ab. Sie besteht darauf, dass in ihrem Haus nur Türkisch gesprochen wird. Wenn ich versuche, ihr zu erklären, dass es für meine Zunge nicht einfach sei, ganz auf Deutsch zu verzichten, faucht sie mich an: „Die Zunge hat keinen Knochen. Sie beherrscht die Muttersprache immer!" (2005)

1 Erklärt, welche Einstellungen und Gefühle sich in dem letzten Satz der Mutter der Ich-Erzählerin ausdrücken.

2 Vergleicht die Bedeutung der Muttersprache und des Deutschen für die verschiedenen Familienmitglieder.

3 Benennt die Klischees und Vorurteile, mit denen sich die Ich-Erzählerin auseinandersetzen muss.

1 Der Autor Rafik Schami beschreibt in dem folgenden Text bestimmte Stationen der Annäherung an die Frau Sprache als Geliebte. Hört euch den Textvortrag an (Webcode **SNG-28054-040**) und macht euch Notizen. Listet die Stationen anschließend auf. Hilfen, wie ihr einem Hörtext Informationen entnehmt, findet ihr auf S. 260.

Rafik Schami (geb. 1946)

Wie ich Frau Sprache verführte

■ Der Schriftsteller Rafik Schami wurde 1946 in Syrien geboren und lebt seit 1971 in Deutschland. In seiner Heimat wurde er von der damals dort herrschenden Regierung verfolgt, weshalb er Syrien verließ. Seine Bücher, die Schami in deutscher Sprache verfasst, handeln oft von seinen Erinnerungen an das Leben in Syrien und von den Erfahrungen, die orientalische Einwanderer mit der westlichen Kultur machen. Der folgende Text ist ein Auszug aus einer Rede, die der Autor 1990 aus Anlass der Verleihung des Rattenfänger-Literaturpreises der Stadt Hameln hielt. ■

Was erlebt ein Fremder beim Erlernen einer neuen Sprache?

Die Sprache ist eine wundersame Frau. Sie wohnt in einem Haus. Das Haus der Sprache kann alt und verfallen, ein Neubau der Sachlichkeit oder verspielt in Farbe und Form sein. Doch das Wundersame ist, so klein auch das Haus der Sprache sein mag, es kann die ganze Menschheit aufnehmen. Jeder, der Frau Sprache kennenlernen will, muss in das Haus hinein. Frau Sprache ist sehr eigenwillig, sie lässt die Kinder zu sich, bevor sie noch krabbeln können, doch nähert sich ein erwachsener Fremder ihrem Domizil, verschließt sie die Haustür mit sieben Siegeln. Hier resignieren viele, doch wer hineingeht, der wird reichlich belohnt. Er muss Geduld und List haben, bis sich die Siegel der Haustür aufbrechen lassen. Geht er hinein, so lernt er die Menschen, die darin wohnen, und ihre Kulturen kennen. Er lernt aber auch, die Dinge neu zu benennen und vor allem neue, ihm bis dahin unbekannte Klänge zu hören und danach auszusprechen, denn nur über das Ohr wird die Zunge klug. Er geht durch enge, manchmal dunkle Gänge. Oft stolpert er. Im Haus der deutschen Sprache etwa hängt ein Schild mit der Aufschrift „Vorsilbengang“ über einem Korridor: kommen, bekommen, verkommen, einkommen, auskommen, hin-, her-, an-, ab-, auf-, unterkommen, und der Fremde kann nicht entkommen. Viele dieser Gänge muss er bestehen. Für einen Araber beispielsweise ist der unangenehmste Gang der der Artikel: „der, die und das“. Im Arabischen gibt es nur „Al“ als Artikel, und wir kennen kein Neutrum. Nicht selten muss der Fremde im neuen Haus der Sprache Dinge maskulin verstehen, die er von Kind auf im Haus seiner Muttersprache als feminin gelernt und verstanden hat: Baum, Segen und Fuß sind im Arabischen weiblich. Und für einen Araber wird es wohl nie verständlich sein, warum er eine junge Frau *das* Mädchen nennen soll. Vom Gang der Wortverschmelzung brauche ich Ihnen nicht zu berichten. Für das Wort „Aufenthaltserlaubnisformular“ braucht ein Araber einen Satz. Um seinen Eltern in einem Brief von seiner Freundin, der Tochter des Oberweserdampfschifffahrtsgesellschaftsvorsitzenden, zu berichten, braucht er mehrere Zeilen.

Nicht minder übel ist der Korridor „P und B in einem Wort“. Das Arabische kennt kein P, und „Pablo probiert einen knusprig gebackenen Pumpernickel“ gleicht einer Folter. Aber auch wenn sich Ü und U in einem Wort treffen, brechen sie einem Araber die Zunge. Die arabische Sprache kennt kein Ü. Zuruck ist falsch, genauso wie zürack und zürück. Schafft der Fremde all diese Gänge, so hat er die wundersame Frau Sprache zu einer weiteren Annäherung verführt, denn ein Fremder darf nie die Illusion haben, die Sprache beherrschen zu wollen. So, wie die meisten Frauen, mag Frau Sprache nicht beherrscht werden. Man muss sie listig und mit der Gabe der Geduld verführen, dass sie freiwillig bei einem bleibt.

Erst dann nimmt sie einen an der Hand zum nächsten Stockwerk. Eine Treppe führt steil hinauf, und nicht selten kapituliert der Fremde und kehrt ins Erdgeschoss zu den Kindern zurück oder flüchtet in das vertraute Haus der Muttersprache. Gelangt der Fremde mit Geduld und List zu einer höheren Etage dieses Hauses, so kann er manch ein Fenster aufstoßen und eine zauberhafte Landschaft überblicken, die ihm im immer noch nahen Hause seiner Muttersprache nie sichtbar war. Er kann sich an die Fensterbank lehnen und amüsiert die Gärten der beiden Häuser vergleichen, ja in seiner Fantasie gar sonderbar exotische Blüten kreuzen. [...]

Doch zurück zum Haus der Sprache. Auf einem höheren Stockwerk sind die Gänge etwas heller, und ihr Boden ist mit einem weichen, dicken Teppich belegt, sodass der Fremde manchmal nicht einmal ahnt, dass er hingefallen ist, wenn nicht Freunde ihn aufklären. [...]

Vernarrt in seine Geliebte, fängt der Fremde gar an, im Traum mit ihrer Zunge zu reden. In meinen Träumen sprechen meine Nachbarn in Damaskus inzwischen Deutsch. Nur wenn meine Mutter Deutsch spricht, wache ich auf. Es wird mir im Traum klar, dass ich träume.

Abenteuerlich ist das Erlebnis des Fremden im Haus seiner neuen Sprache. Abenteuer kann auch sehr schmerzhaft sein, zu Zweifeln führen und doch unbekannte Ufer näher rücken. Doch je höher er im Haus der neuen Sprache steigt, umso ferner rückt das Haus seiner Muttersprache. Diese Entfernung geschieht auf leisen Sohlen, und irgendwann wundert sich der Fremde, wie weit weg das Haus seiner Muttersprache inzwischen ist. Er gerät in Konflikt mit seiner Erinnerung, also mit seiner Identität. Doch diese Identität wird nicht gespalten oder geht gar verloren, sondern sie wird komplizierter und bunter.

Nach mehreren Stockwerken verwandelt sich die anfängliche Verliebtheit des Fremden in die wundersame Frau in eine lebendige Liebe. Der Ausdruck seiner Liebe ist seine Neugier auf sie, die keine Grenzen mehr kennt, und Frau Sprache gibt ihm mit vollen Händen zurück und macht ihn noch neugieriger.

Der Fremde wird aber – das ist zumindest meine Einschätzung – nie zum Dachgeschoss des Hauses gelangen, wo einige Schätze ihm wahrscheinlich für immer verborgen bleiben.

(1990)

2 Lest nun den Text. Überprüft eure Arbeitsergebnisse aus Aufgabe 1 im Hinblick auf Vollständigkeit.

3 Als zentrales Bild verwendet Rafik Schami in seiner Rede die Frau Sprache, die in einem Haus wohnt. Sucht Textstellen heraus, die über dieses Haus etwas aussagen, und zeichnet dieses daraufhin entsprechend den Angaben. Beschriftet die einzelnen Teile.

4 Versucht nun in einem nächsten Schritt, die zentralen Bilder aufzulösen. Welche Erfahrungen mit dem Erlernen der neuen Sprache werden dadurch deutlich? Achtet dabei auf die Besonderheiten der deutschen Sprache im Vergleich zum Arabischen.

5 Diskutiert über die Aussage Rafik Schamis, dass man als Fremder beim Erlernen einer neuen Sprache „nie zum Dachgeschoss des Hauses gelangen" (Z. 111 f.) könne.

6 Berichtet von den Erfahrungen, die ihr selbst beim Erlernen einer Fremdsprache gemacht habt. Vielleicht können einige von euch davon berichten, wie es ihnen oder ihren Eltern ergangen ist, als sie nach Deutschland gekommen sind.

7 Vergleicht die Darstellung des Autors mit euren eigenen Erfahrungen beim Erlernen einer Fremdsprache.

8 Vergleicht die Texte von Hatice Akyün und Rafik Schami miteinander. Nutzt hierfür den folgenden Werkzeugkasten.

Das brauchst du immer wieder. ◆ So gehst du vor.

Texte kriteriengeleitet vergleichen

Zu einem Thema findet man in der Regel mehrere Texte, die oft unterschiedliche Informationen und Sichtweisen enthalten. Es ist deshalb wichtig, sich diese **Unterschiede** zwischen den Texten klarzumachen, aber auch die **Gemeinsamkeiten**. Hierbei hilft ein Textvergleich, der sich an bestimmten Kriterien bzw. Vergleichsaspekten orientiert, z. B.:

- Verfasserin/Verfasser und Entstehungszeit/-situation des Textes,
- Textart,
- Informationsgehalt,
- Einstellung und Wertungen der Verfasserin/des Verfassers,
- Sprache, sprachliche Besonderheiten,
- Adressatin/Adressat und
- Intention des Textes.

Es sind jedoch noch weitere Gesichtspunkte denkbar. Die Festlegung der konkret zu untersuchenden **Vergleichsaspekte** hängt **von den Texten** ab und davon, ob man eine bestimmte **übergeordnete Fragestellung** verfolgt.

Bei umfangreichen Vergleichen kann es sinnvoll sein, die Ergebnisse des Vergleichs zunächst stichwortartig in einer Tabelle festzuhalten. Eine solche Tabelle könnte wie folgt aussehen:

Vergleichsaspekt	Text 1: Hatice Akyün	Text 2: Rafik Schami
Textart	...	Rede
Entstehungssituation	autobiografisch	...
Sprache, sprachliche Besonderheiten des Textes	...	Bildhaftigkeit: ... ...
Verlauf und Ergebnis des Erlernens einer neuen Sprache	Ich-Erzählerin spricht grammatisch fehlerfrei	...
Besonderheiten des Deutschen, die genannt werden	Fälle (Dativ, Genitiv) ...	...
Schwierigkeiten und Grenzen beim Erwerb der neuen Sprache	...	...
unterschiedliche Sichtweisen auf Zweisprachigkeit	...	...
...	...	...

Wenn man die **Ergebnisse eines Textvergleichs** ausformuliert, sollte man mit einer **Einleitung** beginnen, in der man wichtige textspezifische Angaben macht (Autorinnen/Autoren, Titel, Erscheinungsdaten/-jahre, Publikationsorte, Textarten) und das übergeordnete Thema sowie die Kriterien, an denen sich der Textvergleich orientiert, nennt.

Brigitte Osterath

Gut fürs Hirn: Mehrsprachigkeit

■ Denken Sie darüber nach, eine Fremdsprache zu lernen oder Ihr Kind sogar zweisprachig aufzuziehen? Wir sagen Ihnen, warum das eine brillante Idee ist. Denn mehrere Sprachen zu sprechen, hat viele Vorteile. ■

Jemanden wie Catherina kennenzulernen, kann einen wirklich neidisch machen. Sie ist erst elf Jahre alt, aber spricht drei Sprachen fließend: Spanisch, Deutsch und Englisch. Trotzdem musste Catherina niemals Vokabeln und Grammatikregeln pauken, denn sie hat alle drei Sprachen als Kind gelernt.

Für Catherina sind drei Muttersprachen gar nichts Besonderes: „Es ist das Normalste von der Welt", sagt sie und lacht etwas verlegen. Für sie sei es im Gegensatz eher komisch, dass andere Kinder sich ausschließlich auf Deutsch mit ihren Eltern unterhalten. „Ich denke immer: Da fehlt doch irgendwas."

Drei Sprachen anstelle von zwei

Catherinas Vater Wolfgang ist Deutscher, ihre Mutter Marisa wurde in Kolumbien geboren. Die Familie lebt in Köln. Auch Marisa ist zweisprachig aufgewachsen, mit Englisch und Spanisch. Als Catherina zur Welt kam, war es für Marisa – eine Linguistin – klar, dass auch Catherina mit zwei Sprachen aufwachsen sollte. „Ich dachte, das sei wie ein Geschenk für sie." Marisa sprach Spanisch mit ihrer Tochter, Wolfgang Deutsch – also die typische „Ein-Elternteil-eine-Sprache"-Herangehensweise, wie Linguisten sie nennen.

Dann aber kam alles anders. Zwar ist Marisas Deutsch heutzutage hervorragend, aber das war es noch nicht, als Catherina geboren wurde. Daher sprachen Marisa und Wolfgang immer Englisch miteinander. Beim gemeinsamen Familienfrühstück und anderen Gelegenheiten zu dritt übersetzte das Paar alles Wichtige für Catherina ins Deutsche oder Spanische.

„Eines Tages, als Catherina drei Jahre alt war, waren wir im Supermarkt", erinnert sich Marisa. Plötzlich habe die Kleine angefangen, Englisch zu sprechen. „Sie hat auf Dinge gezeigt und gesagt: ‚Banana, apple – look, Mummy, a pear!'" Marisa und Wolfgang waren verblüfft: Wie sich herausstellte, hatte Catherina auch die englische Sprache schon aufgeschnappt. „Seitdem ist unsere Familiensprache – also wenn wir alle drei zusammen sind – Englisch." Und Catherina bekam noch eine Muttersprache hinzu.

Flexiblere Gehirne

Marisa und Wolfgang haben Catherina in der Tat ein ganz besonderes Geschenk gemacht, indem sie sie mehrsprachig aufzogen. Mehrsprachige Kinder können nicht nur mit mehr Menschen auf der Welt kommunizieren: Forscher sagen, sie haben auch flexiblere Gehirne als einsprachige Kinder des gleichen Alters.

Mehrsprachige Kinder können sich früher in ihre Mitmenschen hineinversetzen und verstehen, dass andere Menschen andere Wünsche, Meinungen und Wahrnehmungen haben als sie selbst. Wissenschaftler nennen diese Eigenschaft „theory of mind".

In einer Studie an der Universität Chicago wurden Kinder von einem Erwachsenen gebeten, ihm das „kleine Auto" zu reichen. Die Kinder sahen drei Autos – klein, mittel und groß –, aber konnten auch beobachten, dass der Erwachsene in seiner Position das kleine Auto überhaupt nicht sehen konnte. Zweisprachige Kinder verstanden, dass der Erwachsene daher das mittlere Auto meinen musste, und reichten es ihm sehr viel öfter, als einsprachige Kinder das taten.

Ans Umschalten gewöhnt

Mehrsprachige Kinder können zudem besser zwischen verschiedenen Aufgaben wechseln, sagt Linguistin Claudia Maria Riehl von der Ludwig-Maximilians-Universität in München. In einer Studie im kanadischen Toronto sollten Kinder blaue Quadrate und rote Kreise sortieren, erst nach Farbe, später nach Form. „Mehrsprachige

Kinder konnten viel besser die frühere Aufgabe ausschalten und sich voll auf die nächste konzentrieren", sagt Claudia Maria Riehl. „Die Erklärung dafür ist, dass mehrsprachige Kinder immer, wenn sie eine Sprache sprechen, die andere unterdrücken müssen."

Mehrsprachige Kinder erwerben nebenbei auch multikulturelle Kompetenz. Catherina beispielsweise sei besonders geschickt darin, Konflikte mit Freunden zu lösen, erzählt ihre Mutter Marisa. „Sie ist auch sehr offen gegenüber Menschen anderer Kulturen", sagt sie. „Sie sieht das Nichtverstehen einer Sprache nicht als Hindernis an, um miteinander zu kommunizieren."

Schutz im hohen Alter

Mehrere Sprachen zu lernen, verändert das Gehirn zum Besseren. Die Kinder entwickeln mehr graue Gehirnmasse in den Gehirnarealen, welche die Aufmerksamkeit steuern.

Das gilt übrigens nicht nur für Kinder, die mit mehreren Muttersprachen aufwachsen. Denn Forscher sehen das Konzept der Zweisprachigkeit heutzutage viel breiter als früher, sagt Krista Byers-Heinlein, Psychologin an der Concordia University im kanadischen Montreal: „Zweisprachigkeit umfasst alle möglichen Arten von Menschen, die zwei verschiedene Sprachen sprechen – egal auf welchem Niveau und in welchen Situationen sie diese Sprachen beherrschen und sprechen."

Jeder, der mehrere Sprachen spricht, hat einen kognitiven Vorteil, sagt Riehl: „Das Gehirn muss ständig entscheiden, mit wem man welche Sprache spricht, es muss zwischen den Sprachen wechseln und dabei die anderen unterdrücken. Das fordert das Gehirn ständig." [...]

„Can you hand me the Brot?"

Manchmal, wenn sie Englisch spricht, kann Catherina sich nicht daran erinnern, wie ein bestimmtes Wort auf Englisch heißt. Ihr fällt möglicherweise nur das spanische oder das deutsche Wort dafür ein – und benutzt dann das in einem ansonsten englischen Satz. Ein solches Vermischen der Sprachen ist aber ganz normal für jemanden, der mehrsprachig aufwächst, sagt Byers-Heinlein: „Es ist eine ganz clevere Strategie, um zu kommunizieren, und keinesfalls ein Zeichen für Verwirrung."

Aber Eltern müssen wissen: Mehrsprachigkeit funktioniert nicht bei allen Kindern. Eine Studie in Belgien hat gezeigt, dass ein Viertel aller zweisprachig aufwachsenden Kinder am Ende doch nur eine Sprache sprechen, und zwar die Sprache, in der sie sich in der Schule mit ihren Freunden unterhielten. Die „Ein-Elternteil-eine-Sprache"-Herangehensweise war laut Studie übrigens gar nicht so besonders erfolgreich, um ein Kind zweisprachig aufzuziehen. Besser war es, wenn beide Elternteile zum Beispiel Französisch sprachen und ein Elternteil zusätzlich die Schulsprache Niederländisch.

Deutsche Welle vom 25.05.2017

1 Klärt, wer Adressat des Textes „Gut fürs Hirn: Mehrsprachigkeit" ist.

2 Erarbeitet die argumentative Struktur des Textes, indem ihr die einzelnen Abschnitte daraufhin untersucht, wie argumentiert wird und mit welchen (sprachlichen) Mitteln die Argumente vorgetragen werden.

Nutzt dazu die Informationen auf den Seiten 143 und 144.

3 Präsentiert eure Arbeitsergebnisse aus den vorherigen Aufgaben. Wählt dazu einen der folgenden Arbeitsaufträge:

- Haltet einen materialgestützten Kurzvortrag für eure Mitschülerinnen und Mitschüler über die wichtigsten Aussagen des Textes.
- Fasst die wichtigsten Argumente in Form eines Thesenpapiers zusammen.

2. In zwei Sprachen schreiben? Der Schriftsteller Saša Stanišić – Materialgestützt einen Informationstext verfassen

Lernaufgabe

Oftmals liegen euch zu einem bestimmten Thema unterschiedliche Texte und Textarten vor, deren Informationen ihr sammeln, ordnen, vergleichen und bewerten müsst. Die Ergebnisse eurer Arbeit mit den verschiedenen Texten könnt ihr in Form eines informierenden Sachtextes zusammenzufassen (vgl. auch die Seiten 242 ff.).
Im Folgenden findet ihr mehrere Texte, die euch über den Schriftsteller Saša Stanišić informieren. Ziel der Beschäftigung mit diesen Texten soll sein, dass ihr mithilfe dieses Textmaterials einen informierenden Sachtext über den Schriftsteller für die Schulhomepage eurer Schule verfasst.
Lest zunächst alle Texte und geht folgendermaßen vor:

1 Begründet, welche der folgenden Formulierungen das gemeinsame Thema dieser Texte am besten wiedergibt. Ihr könnt auch eine eigene Formulierung finden.

- Saša Stanišić – ein bosnisch-deutscher Schriftsteller
- Erfahrungen des Schriftstellers Saša Stanišić in Deutschland
- Das Deutsche als neue Sprache im Leben und Werk von Saša Stanišić
- ...

Alternativ: Formuliert das gemeinsame Thema der Texte.

2 Wertet die Materialien über den Schriftsteller Saša Stanišić aus. Übernehmt dazu die folgende Tabelle in euer Heft und ergänzt sie. Tipp: Nicht in jedem Material findet ihr Informationen zu jedem der Informationsbereiche.

Informationsbereiche	Material 1	Material 2	Material 3	Material 4
Autor	Saša Stanišić	...	...	...
Textart	...	...	...	Interview
Entstehungsjahr	...	...	2008	...
Entstehungssituation	...	Preisverleihung	...	...
Informationen über seinen Roman (Inhalte, Themen)	...	Leben als Kriegsopfer und Flüchtling	...	...
Bedeutung der deutschen Sprache (als neue Sprache)	verdrängt nach und nach die Muttersprache	...	...	...

Informationsbereiche	Material 1	Material 2	Material 3	Material 4
Bedeutung der Muttersprache und der Zweisprachigkeit	...	...	...	großer Einfluss auf ...
Biografie, wichtige Erfahrungen des Autors	...	...	...	...
Entwicklung als Schriftsteller	...	...	erste Gedichte noch auf ...	...
Bewertung seines Romans und seiner Entwicklung	...	...	...	...

3 Erstellt einen Schreibplan, in dem ihr die Reihenfolge der Aspekte festlegt.

4 Verfasst die Einleitung eures informierenden Textes. Die Einleitung dient dazu, das gemeinsame Thema der bearbeiteten Texte sowie die Texte selbst (Verfasserin/Verfasser, Textarten, Entstehungszeiten/-situationen) kurz vorzustellen. Außerdem solltet ihr das Interesse eurer Leserinnen/Leser wecken, z. B. durch ein Zitat oder eine provokante Aussage.

5 Im Hauptteil fasst ihr die wesentlichen Informationen der vorliegenden Texte zusammen; dazu solltet ihr das Thema in verschiedene Unterthemen (Informationsbereiche) einteilen, die ihr z. B. für den Vergleich der Texte festgelegt habt oder die in einer Aufgabenstellung vorgegeben sind. Abschließend solltet ihr inhaltliche Gemeinsamkeiten und Unterschiede darstellen, sofern es diese gibt. Arbeitet mit Textbelegen (vgl. S. 309).

6 Im Schlussteil fasst ihr eure zentralen Untersuchungsergebnisse zusammen. Eine persönliche Stellungnahme bzw. Bewertung der Arbeitsergebnisse kann den Informationstext abrunden.

7 Gebt eurem Text eine Überschrift.

8 Überarbeitet euren Text. Achtet darauf, dass ihr sachlich schreibt und die informierende Absicht des Textes deutlich wird. Als Zeitform wählt ihr in der Regel das Präsens.

9 Tauscht eure Texte untereinander aus und gebt jeweils Rückmeldung über das, was gelungen ist, und das, was noch verbessert werden kann.

10 Überlegt anschließend jeder für sich: Was ist mir beim Schreiben leichtgefallen? Wo hatte ich Schwierigkeiten? Schreibt dazu einen kurzen Reflexionstext.

Ihr könnt das Verfassen von informierenden Sachtexten weiter üben:

Vorschlag 1

- Informiert euch über weitere Werke des Schriftstellers Saša Stanišić. Stellt sie in der Klasse vor oder verfasst eine Buchbesprechung über sie.

Vorschlag 2

- Im Schülerbuch der Klasse 8 und in diesem Kapitel habt ihr mit dem Schriftsteller Rafik Schami einen weiteren Autor kennengelernt, der auf Deutsch schreibt und dessen Muttersprache nicht Deutsch ist. Verfasst einen informierenden Text über Rafik Schami; nutzt hierfür ggf. die Materialien im Schülerbuch 8.

Material 1

Saša Stanišić (geb. 1978)

Wie der Soldat das Grammofon repariert (Auszug)

■ Saša Stanišić wurde 1978 in Višegrad im heutigen Bosnien-Herzegowina geboren und kam 1992 nach Deutschland, als seine Eltern mit ihm vor dem Krieg in ihrer Heimat flüchteten. Er hat mehrere Romane und Erzählungen veröffentlicht, zuletzt den Roman „Herkunft"(2019). In seinem Roman „Wie der Soldat das Grammofon repariert" (2006) erzählt der Ich-Erzähler Aleksandar von Kindheitserlebnissen und vom Krieg in Bosnien-Herzegowina[1]. Als Kriegsflüchtling kommt er mit seinen Eltern nach Deutschland und geht in Essen zur Schule. Der folgende Romanauszug ist Teil eines Briefes, den der Ich-Erzähler an das Mädchen Asija, das in Bosnien-Herzegowina geblieben ist, schreibt. ■

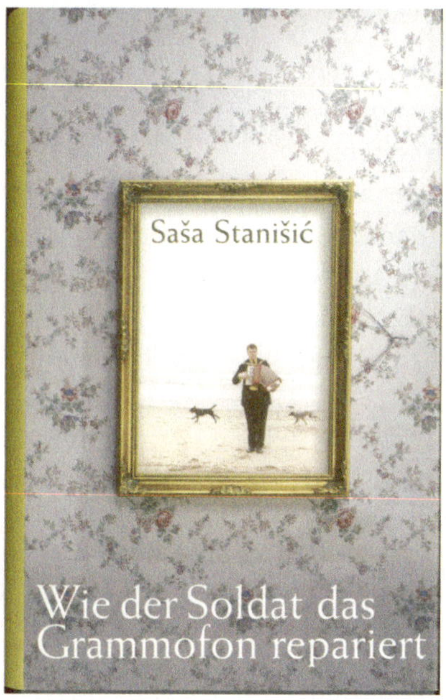

Ich habe mein erstes Zeugnis bekommen, noch ohne Noten, außer in Mathe, aber die ist nicht der Rede wert. Es reicht zu sagen, dass mein Vorsprung sehr schnell geschmolzen ist. In Deutsch mussten wir einen Aufsatz zum Thema „Essen, ich habe dich gern" schreiben, und ich schrieb, wie man bei uns Börek macht. Jeder las seinen Aufsatz laut vor, und als ich dran war, lachte sich die Klasse schlapp. Dazu musst du wissen, dass Essen „hrana" bedeutet. Ich wusste das, aber da ich an der Stadt Essen gar nichts gerne habe, schrieb ich eben über das Hackfleisch und den Yufka-Teig. Das war ziemlich schwierig, weil ich das Wort für Hackfleisch nicht kannte, und versuch mal jemandem Hackfleisch zu erklären! Die anderen Schüler aus Bosnien kopierten sich das Rezept und nahmen es mit nach Hause, weil sie der Meinung waren, dass Zwiebeln nicht reinmüssen und dass man Blätterteig nehmen soll. Josip und Tomislav, zwei Jungs aus Kroatien, meinten, bei ihnen gäbe es gar kein Börek. Kannst du dir das vorstellen, Asija? Ein börekloses Land?
Asija, ich vermisse die launische Drina[2]. Hier gibt es angeblich auch einen Fluss, die Ruhr, aber ich finde, nicht jedes Wasser, das fließt, muss gleich Fluss genannt werden. Gestern spielte ich Stadt-Land-Fluss mit Philipp, Sebastian und Susanne und wurde mit Duisburg, Deutschland, Drina, „Drachenmaul", Dragan, Deutschlehrer, Dalmatiner nicht Letzter. „Drachenmaul" könnte ich dir gar nicht übersetzen. Gestern ist mir auch zum ersten Mal ein Wort auf Bosnisch nicht eingefallen, „Birke", ich musste es nachschlagen: „breza". Birken wachsen hier in einem Park, den man Kruppwald nennt. Ganz Essen ist eigentlich eine Riesengarage und man möchte dem Unkraut zwischen den Bordsteinen danken, dass es hier aushält.
Birke und Drachenmaul und Wechselblütiges Tausendblatt und Enzian und die Ruhr. Ich merke mir das alles, Asija. Ich sammle die deutsche Sprache. Sammeln wiegt die schweren Antwor-

---

1 **Krieg in Bosnien-Herzegowina:** Als Bosnienkrieg werden die kriegerischen Auseinandersetzungen von 1992 bis 1995 im Rahmen der Jugoslawienkriege bezeichnet, die zum Zerfall der Bundesrepublik Jugoslawien führte.

2 **Drina:** Fluss in Bosnien-Herzegowina

ten und die schweren Gedanken wieder auf, die ich habe, wenn ich an Višegrad denke, und die ich ohne Opa Slavko in der Nähe nicht aussprechen kann. Du kanntest Opa Slavko nicht, er wäre der Einzige gewesen, der dein Haar hätte erklären können. [...]
Asija, ich erinnere mich nicht an die Birken. Es kommt mir vor, als wäre ein Aleksandar in Višegrad und in Veletovo und an der Drina geblieben, und ein anderer Aleksandar lebt in Essen und überlegt sich, doch mal an die Ruhr angeln zu gehen. In Višegrad, bei seinen unfertigen Bildern, gibt es einen angefangenen und nicht zu Ende gebrachten Aleksandar.

[...] Ich male nichts Unfertiges mehr. Ich schreibe in Omas Buch Geschichten von der Zeit, als alles gut war, damit ich später nicht über das Vergessen klagen kann. Wäre ich ein Fähigkeitenzauberer, Asija, würden die Erinnerungen schmecken wie damals das Stela-Eis[1].

Erinnerst du dich an mich?
Aleksandar

(2006)

[1] **Stela-Eis:** Eissorte, die der Ich-Erzähler in seiner Kindheit besonders gern mochte

Material 2

Wolfgang Herles (geb. 1950)

Laudatio[1] auf Saša Stanišić

■ Im Jahr 2008 erhielt Saša Stanišić als einer von drei Autoren den Adelbert-von-Chamisso-Preis, der von 1985 – 2017 an Schriftstellerinnen und Schriftsteller vergeben wurde, die auf Deutsch schreiben, deren Muttersprache aber nicht Deutsch ist. ■

Der Adelbert-von-Chamisso-Preis wird nicht für die vorbildliche Bewältigung eines Schicksals verliehen, sondern für literarische Verdienste. Muss man das eigens erwähnen? Der preisgekrönte Roman von Saša Stanišić handelt auch von seinem Leben, das Leben eines Kriegsopfers und Flüchtlings. Aber nicht dafür bekommt er den Preis, sondern für erfrischende, mitreißende Literatur. Nicht für die gewiss bewundernswerte Leistung, in kurzer Zeit in eine andere Sprache eingewandert zu sein, loben wir ihn heute, sondern für seine absolute Meisterschaft in dieser, nun auch seiner Sprache. [...]
Noch einmal: Sein Ziel ist es nicht gewesen, ein deutscher Schriftsteller zu werden. Er wusste nur, dass er Schriftsteller sein wollte. Bereits mit zwölf Jahren wusste er es. Damals hat er seinen ersten

Saša Stanišić

[1] **Laudatio:** Lobrede

Roman geschrieben, über einen Jungen, der wie Harry Potter in eine Zauberwelt entführt wird und allerlei Abenteuer zu überstehen hat.
Saša Stanišić schreibt zunächst in seiner Muttersprache. Auch als er schon gut Deutsch kann, schreibt er noch serbokroatische Gedichte. Er versucht anschließend, sie ins Deutsche zu übertragen. In dieser Situation hat er das Glück, das jeder braucht, der Außergewöhnliches leistet, das Glück, zur rechten Zeit die richtige Unterstützung zu finden. Für Sascha ist es der Deutschlehrer, der ihm nicht nur beim Übersetzen hilft, sondern ihn ermuntert, es doch gleich auf Deutsch zu versuchen. Solche Lehrer wünschen wir nicht nur Schreibtalenten der Extraklasse, sondern allen, die in einem fremden Land ankommen müssen und ankommen wollen.
Die Geschichte von Saša Stanišić und sein wunderbarer Roman erzählen uns etwas über die Macht der Sprache. Mit dem Mittel der Sprache hat er sich eine neue Heimat, auch eine neue geistige Heimat erobert. Sein Buch zeigt außerdem, wie Sprache das Schreckliche verzaubern kann.
Ein Junge erlebt den Krieg. Die Stadt, in der er aufwächst, wird belagert von feindlichen Truppen, schließlich eingenommen. Der Roman verwandelt die erlebte Geschichte, veredelt sie, macht sie erträglich durch die Kraft der Literatur. Es ist keine schwache Kraft, wie uns Stanišić beweist. [...]
Das Autobiografische ist nur das Fundament seiner Erzählung. Der Autor bricht die Chronologie. Witz, Ironie, Poesie, alle Verführungskünste, aller Zauber der Literatur kommen ins Spiel. Viele kleine Geschichten, Anekdoten geben der verlorenen Heimat ihre Töne, Farbe und Düfte zurück. [...]

(2008)

Material 3

Evelyn Roll (geb. 1952)

Wort für Wort ankommen

▪ In dem folgenden Zeitungsartikel, der 2008 in der „Süddeutschen Zeitung“, einer überregionalen deutschen Tageszeitung, erschien, beschäftigt sich die Autorin mit dem Schriftsteller Saša Stanišić und seinem Roman „Wie der Soldat das Grammofon repariert“. ▪

Letzte Woche in Friedberg hat er den sehr starken und traurigen Anfang seines Romans gelesen und angekündigt, dass der Opa Slavko gleich auf der ersten Seite stirbt, „also hat man nicht das Vergnügen, ihn näher kennenzulernen“. Die Zuhörer, von denen alle seine Lebensgeschichte und einige den Roman kennen, haben unentschiedene Gesichter gemacht: Dürfen wir noch lachen oder müssen wir schon betroffen sein?
Er liest schnell. Sehr schnell. Ohne Akzent, aber atemlos. Ein Silbenverschlucker, der immer wieder ruckartig hochschaut vom Text ins Publikum, wie ein Huhn. Was lustig ist, vor allem, wenn er gerade von der Tante liest, die von allen Taifun genannt wird, „weil sie viermal lebendiger lebt als normale Menschen und achtmal schneller läuft und vierzehnmal hektischer redet“. Es ist die Geschichte vom Krieg, der in ein Kinderleben einbricht [...]. Der Erzähler Aleksandar Krsmanovic ist wie sein Erfinder und Autor ein Kind, als Jugoslawien zerfällt. [...] Er hat für seinen Roman die Perspektive des Kindes gewählt. So ist das unerzählbar Grausame [...] erzählbar geworden. Das ist es wohl, was den Roman so erfolg-

reich macht. Der Roman war noch nicht fertig, als Stanišić diese Textpassage auf dem Klagenfurter Literaturwettbewerb vorgelesen hat und Iris Radisch, die Literaturkritikerin von der „Zeit“[1], sagte, so spielen Kinder nicht im Krieg. Er saß da. Er durfte nichts sagen. So sind die Regeln. Er dachte: Es ist meine Geschichte. Was weiß diese Frau denn von dem Krieg? Es gibt Passagen in seinem Buch, die er bis heute nicht vorlesen kann. Die wenigen Zuhörer, die ihn und seine Texte offenbar noch nicht kennen, mögen ihn dafür sofort. Und alle, die den Roman kennen und auch diese Textpassagen, lieben ihn.

Sie wissen: Als Saša Stanišić mit seinen Eltern aus Bosnien floh, war er 14 Jahre alt und sprach nicht ein Wort Deutsch. Jeden Morgen besuchte er auf der Internationalen Gesamtschule Heidelberg den Kurs „Deutsch für Ausländer“ und ging dann erst in seine Klasse, wo er versuchte, irgendetwas zu kapieren. [...] Er lernte schnell. Er schrieb Gedichte, pathetische Gedichte auf Bosnisch, die er ins Deutsche übersetzte. Sein Deutschlehrer, Werner Nickisch, ermutigte ihn, auf Deutsch zu schreiben. Einmal nahm er eines von Sašas Gedichten im Unterricht durch. Und er verriet erst am Ende der Stunde, von wem es war. So ging es.

(Süddeutsche Zeitung Nr. 49 vom 27.2.2008)

[1] **„Die Zeit“:** bekannte deutsche Wochenzeitung

Material 4

Aus einem Interview mit Saša Stanišić

■ Im Jahr 2008 erhielt Saša Stanišić den Adelbert-von-Chamisso-Preis der Robert Bosch Stiftung. Aus diesem Anlass entstand das Interview, aus dem der folgende Auszug stammt. ■

SAŠA STANIŠIĆ: [A]uch das Nichtmögen einer Sprache führt zu einer produktiven Auseinandersetzung. Als ich erfuhr, dass ich den Chamisso-Preis erhalte, habe ich sofort die Begründung durchgelesen. Zum Glück stand da nichts von „guten Sprachkenntnissen“. Wir alle wollen nicht auf einen Lernprozess reduziert werden. Die Sprache ist die Brücke, auf der wir zum Buch hingelaufen sind. Auch von „guter Integration“ ist keine Rede. Diesem Thema begegnet man eher im privaten Bereich. Wenn ich erzähle, dass ich aus Bosnien komme und ein Buch geschrieben habe, heißt es manchmal: „Wie, Bosnien, Buch geschrieben? Seid ihr nicht alle auf dem Bau?“ Als würde ich durch meine Herkunft eine bestimmte Milieuzugehörigkeit in mir tragen, die sich im Kopf gewisser Leute verankert hat. [...] Für mich war der zeitliche Abstand wichtig, um mich zu sortieren und zu einer geistigen Reife zu kommen. Ich habe älter werden müssen, nicht meine Erinnerungen. Auf Deutsch zu schreiben war ein Automatismus für mich, da es schon lange meine bessere Sprache ist. Allerdings hat das Denken und Formulieren in zwei Sprachen großen Einfluss auf das Buch genommen. Viele sinnfällige Formulierungen habe ich aus dem Serbokroatischen übernommen. An einer Stelle heißt es zum Beispiel „taub wie eine Kanone“, eine feste Redewendung im Serbokroatischen. Solche Manöver haben mir geholfen, zu einem bestimmten Sprachstil zu finden.

(Frankfurter Rundschau vom 21.2.2008)

Wir haben etwas zu sagen!

Das Bloggen, also das öffentliche Schreiben im Internet, hat in den vergangenen Jahren immer mehr an Popularität gewonnen. Intuitiv und oft kostenlos verfügbare Software ermöglicht es inzwischen praktisch jedem interessierten Internetnutzer, ein Online-Tagebuch zu führen und damit selbst zum Anbieter von Informationen im Internet zu werden. Beim Bloggen steht die Auseinandersetzung mit digitalen Texten und Medien sowie mit der Bildsprache im Mittelpunkt.
Um Sprache geht es auch im zweiten Teilkapitel. Es greift inhaltlich die aktuelle Debatte zur gendergerechten Sprache auf und stellt Materialien zu diesem Themenkomplex zur Verfügung. Darunter finden sich informierende Texte, aber auch Meinungstexte.

Die in diesem Kapitel zur Verfügung gestellten sowie eigens recherchierten Materialien sollen dafür genutzt werden, materialgestützte Texte zu verfassen. So sollen zum Thema „Bloggen" ein informierender Text und zum Thema „gendergerechte Sprache" ein argumentierender Text in Form eines Kommentars, der z. B. in einer Schülerzeitung oder einem Schulblog veröffentlicht werden könnte, geschrieben werden.

Blog

Ein Weblog (Kurzform **Blog**; *das*, ugs. auch *der*) bezeichnet ein meist öffentlich geführtes Online-Tagebuch oder Journal. Bei dem Begriff handelt es sich um ein Kofferwort aus den englischen Begriffen web und log.
Die Einträge eines Blogs können beliebig lang sein, sind meist chronologisch sortiert und werden von einem oder auch mehreren Bloggern verfasst. Sie können in der Form von Tagebucheinträgen gestaltet sein und sehr persönliche Themen enthalten, die dann meist in der Ich-Form geschrieben sind. Ebenso gibt es aber auch Themen- oder Firmenblogs, bei denen Informationen, nicht die Gefühle oder Erfahrungen der Verfasser im Vordergrund stehen.
Blogs sind meist multimedial gestaltet, sie können neben Texten auch Fotos, Videos oder Audiobeiträge enthalten. Bei sehr kurzen Einzelbeiträgen, früher meist maximal 140 Zeichen, spricht man von Microblogging. Typisch für die meisten Blogs ist eine Kommentarfunktion, über die die Blogger mit ihren Leserinnen und Lesern in Kontakt treten.
Die Erstellung eines Blogs ist weder teuer noch technisch anspruchsvoll. Mit regelmäßigen Beiträgen, spannenden Themen und einem guten Schreibstil lässt sich mit ein wenig Geduld eine treue Community aufbauen.

1 Tauscht euch über eure Erfahrungen mit Blogs aus. Interessieren euch Blogs? Welche kennt ihr, welche lest ihr regelmäßig?

2 Kennt ihr Menschen, die selbst ein Blog betreiben? Notiert mögliche Gründe, ein Blog zu betreiben.

Materialgestützt informieren und argumentieren

Bei Bezeichnungen wie z. B. „die Antragsteller“ oder „alle Schüler“ ist sprachlich nicht eindeutig formuliert, ob nur auf Männer referiert wird oder ob auch andere Personen gemeint sind. Das Deutsche bietet eine Fülle an Möglichkeiten, geschlechtergerecht zu formulieren. Es gibt dafür allerdings keine Normen wie bei der Rechtschreibung, wohl aber Empfehlungen sowie grammatikalische und rechtschriftliche Normen, die es zu beachten gilt. Möglichkeiten für geschlechtergerechte Schreibweisen sind: Doppelnennungen (Leserinnen und Leser), Schrägstrichlösungen (Leser/-in) und Partizipialformen (Lesende), das Binnen-I (LeserInnen) und den Gendergap (Leser_innen), das Gendersternchen (Leser(*) innen) und natürlich die x-Experimente (Lesx), die die Vorstellungen getrennter Geschlechter durchkreuzen sollen.

1 Beschreibt die Karikatur und erklärt ihre Aussage.

2 Schreibt die Sprechblase so um, dass die Botschaft eindeutig wird.

3 Erklärt mithilfe des Textes die Vorschläge zur Anpassungen der Sprache. Welche sind euch schon begegnet? Nennt Beispiele.

4 Gebt ein kurzes Statement ab: Was haltet ihr von sprachlicher Anpassung?

1. Ich poste, also bin ich – Materialgestützt informieren

Ihr überlegt, ein Klassenprojekt durchzuführen. Eine Schülerin schlägt vor, ein Klassenblog über einen längeren Zeitraum, z. B. ein Schulhalbjahr, zu verfassen. Nicht alle Mitschülerinnen und Mitschüler kennen sich mit Blogs aus. Du hast die Aufgabe, einen informativen Text über das Bloggen zu schreiben. Verfasse einen Text, der deine Mitschülerinnen und Mitschüler über das Bloggen informiert. Nutze für die Gestaltung deines Textes ausgewählte Informationen aus den Materialien dieses Teilkapitels sowie weiterer recherchierter Materialien. Orientiere dich beim Vorgehen an den folgenden Informationen.

Das brauchst du immer wieder. ◆ So gehst du vor.

Einen materialgestützten informierenden Text verfassen

Wenn ihr einen materialgestützten informierenden Text verfasst, macht euch zunächst die Arbeitsschritte klar.

- **Die Schreibaufgabe klären:** Klärt eure Schreibaufgabe ganz genau, indem ihr euer Schreibziel, die Adressaten und die erwartete Textsorte klärt.
- **Vorwissen aktivieren:** Haltet stichwortartig fest, was ihr zu dem Thema schon wisst. Formuliert für den bevorstehenden Schritt der Materialauswertung, worauf ihr bei der Lektüre der Materialien besonders achten müsst.
- **Lesen und Exzerpieren der Materialien:** Verschafft euch einen Überblick über die Materialien, indem ihr eine Tabelle oder Karteikarten (auch digital) anlegt. Recherchiert ggf. weitere Materialien, die ihr für euren Text benötigt. Exzerpiert wichtige Informationen.
- **Den Informationstext planen:** Nutzt eure Notizen, Tabelle oder Karteikarten und markiert die Aspekte, die ihr in eurem Text berücksichtigen wollt. Erstellt einen Schreibplan:
  - Einleitung: Interesse wecken, Thema benennen
  - Hauptteil: Informationen strukturiert präsentieren
  - Schluss: Fazit, Ausblick, Appell
- **Den Informationstext schreiben und überarbeiten:** Formuliert den Informationstext. Lest ihn anschließend genau und überprüft ihn: Ist er adressatenorientiert? Ist der Aufbau stimmig und gut strukturiert? Enthält der Text erkennbar zentrale Informationen aus den Materialien (Textbelege)?

Über das Bloggen

http://www...

Es gibt schätzungsweise 300 000 aktive Blogger und Bloggerinnen in Deutschland.	Frauen bloggen eher über private Inhalte, Männer bevorzugen politische Themen.
Die Mehrzahl der Blogger veröffentlicht persönliche Erfahrungen und Erlebnisse.	Nach einer Studie unter englischsprachigen Bloggern führen 73 % der Befragten einen personal Blog, 27 % einen non-personal Blog. Nonpersonal-Blogger sind zum Großteil Männer, haben eine höhere formale Bildung als Personal-Blogger und haben im Schnitt mehr Leser und verbringen mehr Zeit mit dem Bloggen.
Statistisch betrachtet bloggen im deutschen Sprachraum mehr Frauen als Männer.	
Man unterscheidet heute (u. a.) Modeblogger, Foodblogger, Beautyblogger, Buchblogger, Reiseblogger, Jobblogger, Literaturblogger.	Nicht nur Privatpersonen bloggen. Auch Journalisten, Schriftsteller oder Unternehmer betreiben Blogs zu Themen, mit denen sie sich in ihrem Beruf beschäftigen.

1 Beschreibt anhand der Übersicht den Unterschied zwischen persönlichen und themenorientierten Blogs und den zwischen Autorinnen und Autoren.

2 Recherchiert, welche Blogs zurzeit sehr gefragt sind und mit welchen Themen sie sich beschäftigen.

Pit Gottschalk

Warum bloggen?

Warum soll ich bloggen? Nicht nur für Journalisten ist Bloggen der perfekte Einstieg, die Mechanismen im Internet zu verstehen. Ob nun das Blog, wie es die Profi-Blogger nennen, oder amateurhaft der Blog: Immer geht es um eine Website, die der Besitzer mit persönlicher Note belebt und in aller Öffentlichkeit einzigartig betreibt. Firmen, Vereine oder Privatpersonen stellen in einem Blog Ideen vor, vertreten ihre Meinungen zu Sachfragen oder fördern das Marketing von Produkten.

Bloggen ist in Deutschland populär

Bloggen ist in: Die Zahl der Blogs ist in den vergangenen Jahren deutlich gestiegen. […] Die Motive der Blogger können unterschiedlicher nicht sein. Wie eine Studie der Universität Hohenheim ergab, ist die Meinungsbildung der wichtigste Faktor vor der reinen Unterhaltung. Es folgen die Motive „Soziale Anerkennung“ vor „Berufliche Chancen“ und der „Selbstreflexion“. Dennoch spielen bei 73,8 Prozent aller Blogger die Einnahmen eine übergeordnete Rolle: Es geht ihnen ums Geld. Ja, mit Bloggen kann man Geld verdienen. […]

Mit einem Blog Ideen und Meinungen verbreiten

Überzeugungen und Ideen von unseren Mitmenschen begleiten uns jeden Tag. Egal ob Kolumnen in Zeitungen, Demonstranten vor Fabrikanlagen oder Parteienvertreter in Einkaufsstraßen: Viele Menschen haben es sich zur Aufgabe gemacht, andere Menschen von ihrer Meinung zu überzeugen. Eine weitere Möglichkeit, seiner Stimme einen Resonanzkörper zu verschaffen, bilden Blogs. Ein Blogbetreiber hat die Chance auf freie Meinungsäußerung und kann seine Überzeugungen problemlos niederschreiben und für kleines Geld vertreten. Findet er Anhänger und hat er eine Diskussionsgrundlage gebaut, die seine Leser polarisiert, wird er mit seinem Blog viele Menschen erreichen und eventuell auch überzeugen können.

Für den Blogbetreiber ist es einfach, neue Texte zu schreiben, da es kaum Recherche bedarf: Er selbst ist ja der Experte für das Thema. Blogs zur Meinungsbildung können unterschiedlicher nicht sein: Parteien berichten über Politik und Gesetze, religiöse Vertreter verbreiten das Wort ihrer Kirche, und Fußballanhänger stellen ihren Lieblingsklub in ein besseres Licht. Insbesondere für NGOs (Non-Government-Organisationen) ist Bloggen eine günstige Möglichkeit, um Unterstützung zu erfahren. Greenpeace, das Rote Kreuz oder Unicef haben jeweils ein eigenes Motiv, sich als Autoren zu betätigen – und Blogs zu betreiben.

Geld verdienen mit einer eigenen Website

Ein Hauptgrund für die meisten privaten Blogbetreiber ist das Geld. Mit einem hochwertigen Blog lässt sich Umsatz generieren – wobei die Betonung auf hoch wertig liegt. Niemand wird es schaffen, Geld zu verdienen, ohne qualitative Beiträge in einem attraktiven Themenfeld anzubieten. [...]

Einnahmen lassen sich über Werbung generieren, welche auf der Internetseite in Form von Bannern, Links oder Popups angeboten wird. Werbende Unternehmen sind bereit, Reklame zu schalten, wenn die Besucherzahlen der Internetseite relevant sind. Google hilft in diesen Fällen bei der Vermittlung der Werbung und stellt Kontakte zu Unternehmen her, die von der Branche zum Blog passen. Das Thema Geldverdienen wird in einem eigenen Kapitel erklärt.

Austauschen und Feedback erhalten

Über eine Website lässt sich ohne Weiteres eine eigene Community von Gleichgesinnten gründen. Ein wichtiger Bestandteil jedes Blogs ist das Kommentieren und Hinterfragen von Beiträgen. Hierüber haben Blogautoren die Möglichkeit, ein offenes Feedback zu den veröffentlichten Artikeln zu erhalten. Sie können auf Fragen eingehen und sich mit Besuchern austauschen. Auf diesem Weg entstehen problemlos Kontakte zwischen den Bloglesern – und neue Themen. Da sich alle in einem bestimmten Fachgebiet bewegen („Nische"), ist eine gemeinsame Gesprächsgrundlage schnell gefunden.

Marketing und Vermarktung

Ein Motiv, welches vor allem Firmen zum Bloggen verleitet, ist die Möglichkeit, Werbung und Marketing zu betreiben. Über Blogs bekommen Unternehmen ein Gesicht, da die Artikel persönlicher sind und die Autoren direkt angeschrieben und kommentiert werden können. Kunden erhalten hierdurch eine klare Vorstellung und sehen die menschliche Seite eines Unternehmens. Die Blogger schaffen eine gute Möglichkeit zur Kundenbindung, da die Leser sich mit den veröffentlichten News auseinandersetzen und sich somit mit dem Produkt beschäftigen. Zusätzlich können Marketingstrategien geplant werden: Ein neues Gewinnspiel oder Rabattaktionen lassen sich über einen Blog gleichzeitig an zahlreiche Leser verteilen. Außerdem können Werbekampagnen verbreitet und ein neues Produkt vorgestellt werden.

Reputation im Internet schaffen

Privatpersonen, die Experten in einem Fachgebiet sind und Interesse an einer aussichtsreichen Karriere haben, sollten die Chance eines Blogs in Betracht ziehen. Über eine hochwertige Website mit fundierten Fachartikeln können sich Experten einen Namen auf ihrem Fachgebiet machen – denn die Artikel sind öffentlich, können über Google gefunden und wertgeschätzt werden. Insbesondere eignet sich diese Methode, wenn gleichzeitig ein dem Thema entsprechendes Sachbuch vom Blogbetreiber auf den Markt kommen soll. Das Blog kann in diesem Fall einen Vorgeschmack vermitteln und die Leser zum Kauf des Buches anregen. […]

Freude am Schreiben ausleben

Manchen mag die Vorstellung suspekt vorkommen, aber es gibt Personen, die Freude am Schreiben haben und aus diesem Grund ein Blog betreiben. Das Thema ist diesen Personen meist nicht wichtig, solange sie täglich ein paar Sätze online stellen können. Hierdurch entstehen häufig Tagebücher, Kurzgeschichten oder auch kleine Ratgeber zu alltäglichen Dingen. Die Blogbetreiber fordern keine Gegenleistung, sondern freuen sich daran, ihre Gedanken niederschreiben zu können. […]

Produkte online testen und Meinungen einholen

Unternehmen können Blogs noch intensiver nutzen, als nur News zu verbreiten und Werbung zu machen. Im Internet besteht die einmalige Möglichkeit, direkt mit den Kunden zu kommunizieren. Dieser Weg lässt sich im Produktmarketing ideal nutzen. Es besteht zum Beispiel die Möglichkeit, eine neue Produktidee im Blog vorzustellen, noch bevor das Produkt überhaupt produziert wurde. Ist eine ausreichende Community vorhanden, wird das Unternehmen zahlreiche Meinungen aus der potenziellen Kundschaft erhalten. […]

Eigene Online-Präsenz aufbauen

Ein fast schon philosophisches Ziel ist das Motiv der Selbstverwirklichung und des Aufbaus einer eigenen Persönlichkeit im Internet. Die Blogger nutzen ihre Internetseite für ein Standing, welches sie im realen Leben eventuell nicht bekommen werden. Hierzu zählt beispielsweise das Gefühl, gebraucht zu werden und angesehen zu sein. Der Blogger fühlt sich gut dabei, wenn er für andere schreiben darf und dafür Anerkennung bekommt. Er baut sich eine fiktive Persönlichkeit im Internet auf, die von anderen Menschen anerkannt und mit Respekt betrachtet wird. […]

Seine Leser im Internet unterhalten

Der Sinn hinter einem Blog ist in manchen Fällen nicht direkt zu erkennen. Dies ist vor allem dann der Fall, wenn es sich um einen reinen Unterhaltungsblog handelt, bei dem der Spaßfaktor an erster Stelle steht. Es existieren zahlreiche Blogs, auf denen Witze, Bilder, Rätsel oder lustige Geschichten präsentiert werden. Das Motiv der Blogger ist in diesen Fällen schwierig zu erklären. Die meisten Autoren bloggen nur aus dem Grund, weil sie selbst Spaß daran haben. Sie erfreuen sich daran, andere Menschen unterhalten zu können, und sind damit zufrieden. […]

Mediapreneure GmbH, Hamburg (2015)

1 Arbeitet die wichtigsten Aussagen aus dem Text heraus. Geht dabei auch darauf ein, welche Motivation für das Verfassen eines Blogs im Text genannt wird.

2 Recherchiert weitere Materialien zum Thema „Bloggen". Hier findet ihr beispielsweise weitere Texte: Webcode **SNG-28054-041**.

3 Legt eine Tabelle oder (digitale) Karteikarten an und haltet darin die wichtigsten Informationen fest. Markiert anschließend Aspekte, auf die ihr in eurem Informationstext eingehen wollt.

4 Schreibt euren Informationstext. Berücksichtigt die Informationen aus dem Werkzeugkasten auf der Seite 242 und auf den Seiten 234 f.

5 **So könnt ihr weiterarbeiten:**

a Tragt die recherchierten Informationen als Kurzvortrag vor euren Mitschülerinnen und Mischülern vor. Hilfen zum Kurzvortrag findet ihr unter: Webcode **SNG-28054-042**.

b Verfasst einen Klassenblog über einen längeren Zeitraum. Legt die Art des Blogs fest und einigt euch auf mögliche Themen. Hilfen zur Gestaltung eines Klassenblogs findet ihr unter: Webcode **SNG-28054-043**.

2. Ein Dresscode für die Sprache? – Materialgestützt argumentieren

Kommentar von Elena Adam über gendergerechte Sprache

Liebe Leserinnen* und Leser*, sehr geehrte Korinthenkacker:innen!

Jetzt erst einmal tief durchatmen. Es ist möglich, gendergerechte Sprache gelassen zu diskutieren und dabei nicht emotional zu werden. Es ist sogar erlaubt, dazu überhaupt keine Meinung zu haben und andere Themen wichtiger zu finden. [...]

Aktuell wird wieder viel über das Gendersternchen, den Doppelpunkt oder die kurze Pause im gesprochenen Wort geredet und das zeigt einfach nur die Bemühung, alle Geschlechter linguistisch einzubeziehen.

Ich persönlich habe mich als Frau mit dem generischen Maskulinum nie ausgegrenzt gefühlt, habe im Berufsleben keine Benachteiligung erfahren und fühle mich generell nicht diskriminiert. Mir ist allerdings auch klar, dass es Menschen gibt, die andere Erfahrungen gemacht haben. [...]

Als Menschen haben wir die Fähigkeit, empathisch zu sein. Wir können uns in andere hineinversetzten und nachfühlen, wie es ihnen wohl in einer bestimmten Situation geht. Wenden wir dieses Empathievermögen in der Diskussion um die gendergerechte Sprache an, wird schnell klar worum es eigentlich geht: Den Versuch, Wertschätzung zu zeigen. Nicht mehr und nicht weniger.

Während meiner Journalistenausbildung bei einer überregionalen deutschen Tageszeitung wurden sämtliche Genderdebatten noch weggelächelt, als Unfug abgetan oder gar als Angriff auf die deutsche Sprache bewertet – das ist jetzt fünf Jahre her. Heute hat eben diese Tageszeitung das Gendersternchen zumindest schon für eines ihrer Online-Magazine eingeführt. Es ist möglich, seine Meinung zu ändern.

Ich selber habe die gendergerechte Schreibweise lange Zeit abgelehnt. Weil ich, ausgebildet und geprägt durch alte männliche Redakteure, die Fahne der Verständlichkeit der Sprache hochgehalten habe. Heute denke ich, dass sich Verständlichkeit und Gerechtigkeit nicht ausschließen. Entscheidend für diesen Sinneswandel war übrigens ein Vortrag über gendergerechte Sprache. Die vortragende Person bezeichnete sich selber als divers, war optisch weder typisch männlich noch typisch weiblich gekleidet und berichtete von ihren Gefühlen im Zusammenhang mit unserer Sprache und wie viel besser es sich für Menschen wie sie anfühlen würde, würden wir linguistisch nur ein wenig Rücksicht nehmen. Dieser Mensch war mir auf Anhieb so sympathisch, dass ich beschloss, mir mehr Mühe zu geben. Wenn ich dazu beitragen kann, dass sich meine Mitmenschen besser, wertvoller und gesehener fühlen, indem ich nur ein einziges Sternchen schreibe, dann ist es mir das wert, alte Überzeugungen aufzugeben. (2022)

CITYGLOW – das Kultur und Lifestyle Magazin

1 Lest den Kommentar von Elena Adam und fasst ihre Meinung zum Thema Gendern kurz zusammen.

2 Untersucht den Aufbau des Kommentars und benennt die Abschnitte mithilfe des Infokastens.

3 Besprecht, über welches Vorwissen die Autorin verfügen muss, um einen solchen Kommentar zu schreiben.

Info: Aufbau eines Kommentars

Überschrift: mit Positionierung

Lead: Kurzeinführung zu Thema und Positionierung

Hauptteil: argumentierende Auseinandersetzung mit Pro- und Kontra-Argumenten

Fazit mit abschließender Positionierung

Aus einem Blog: Gendergerechte Sprache und Unterricht

Ob im Unterricht, auf Arbeitsblättern, bei den Hausaufgaben oder in Elternbriefen – ohne Sprache kommt die Schule nicht aus. Dabei ist sie nicht nur der Transporteur der Wissensvermittlung, sondern auch das Kommunikationsmittel zwischen Schülern und Schülerinnen, Lehrkräften und Schulleitungen, Ämtern und Elternhäusern. Millionenfach werden dabei täglich bewusst oder unbewusst viele Formulierungen verwendet, die sich auf das Geschlecht von Personen oder des Adressaten beziehen.
Für die Schulbetriebe ist es dabei selbstverständlich, die korrekte Rechtschreibung zu verwenden. Unsicherheit herrscht aber darüber, wie man in der aktuellen Debatte um Gendergerechtigkeit in der Sprache umgehen soll.
Da auch Schülerinnen und Schüler täglich jede Menge Text produzieren – und das nicht nur im schulischen Zusammenhang –, sollte sich jede/jeder Gedanken machen, welche Sprache sie oder er verwenden möchte. In zahlreichen Veröffentlichungen gibt es Empfehlungen und Anregungen zu Schreibweisen und sprachlichen Konstruktionen, die niemanden diskriminieren und trotzdem noch gut lesbar sind.

1 Welche Erfahrung habt ihr bereits mit gendergerechter Sprache gemacht? Schildert (vgl. S. 256) von persönlichen Erfahrungen und Erlebnissen.

Stellt euch folgende Situation vor:
In eurem Schulblog ist nach diesem Post eine rege Diskussion darüber entstanden, ob es auch bei euch eine gendergerechte Sprache geben kann. Nach einigen provozierenden Kommentaren möchtet ihr mithilfe eines argumentierenden Textbeitrags eine sachliche Debatte anregen (Funktion). Schreibt einen ca. einseitigen Kommentar, in dem ihr darlegt, welche Möglichkeiten, aber auch welche Grenzen für einen geschlechtergerechten Sprachgebrauch bestehen. Auf den folgenden Seiten erhaltet ihr vielseitige Informationen zum Thema: **M 1 – M 6**.

Das brauchst du immer wieder. ◆ So gehst du vor.

Einen Kommentar verfassen

Der **Kommentar** gehört zu den **journalistischen Textsorten** und bezieht sich häufig auf ein aktuelles Thema. Dieses wird kritisch kommentiert, indem verschiedene Argumente und weitere Hintergrundinformationen vorgebracht werden.
Ziel des Kommentars ist es, die **eigene Meinung klar darzustellen**. Die Leserin / Der Leser soll zum Nachdenken angeregt und ihr/ihm soll geholfen werden, sich seine eigene Meinung zu bilden. Daher ist es notwendig, dass die eigene Meinung inhaltlich richtig und logisch dargestellt werden muss. Auch müssen die vorgebrachten Argumente überzeugen können. Ein Kommentar kann **informierende, argumentierende**, aber auch **erzählende** Passagen enthalten, z. B. in Form von Schilderungen (vgl. S. 256) von eigenen Erfahrungen in der Einleitung des Kommentars.
Die **Sprache** sollte verständlich sein und der Satzbau nicht zu kompliziert. Bei den Satzverknüpfungen ist auf die richtige Verwendung von Subjunktionen und Adverbien (weil, obwohl, da ... – aber, dennoch, dagegen ...) zu achten. Da es um die Überzeugung der Leserschaft geht, sollten durchaus rhetorische Mittel verwendet werden (z. B. Hyperbeln, rhetorische Fragen, Alliterationen – vgl. S. 32).

2 Lest den Werkzeugkasten auf S. 247 und überprüft, welche Mittel die Autorin Elena Adam (S. 246) nutzt, um ihre Meinung zu verdeutlichen.

3 Bestimmt aus der Aufgabenstellung auf der Seite 247 die Funktion, den Adressaten und die Textsorte eures Zieltextes.

4 Sichtet das Material auf den folgenden Seiten, um eure Sachkenntnis zum Thema zu erweitern, und tauscht euch über die einzelnen Aspekte aus.

5 Exzerpiert Gesichtspunkte, die wichtig für euren Kommentar sind. Wie das geht, ist auf S. 253 erklärt.

6 Entwickelt eine eigene Argumentationsstrategie, wie auf S. 255 beschrieben.

7 Erstellt aus den folgenden Bausteinen eine mögliche Gliederung für euren Kommentar.

Intention, die mit geschlechtergerechter Sprache verfolgt wird	Einleitung	Schwierigkeiten bei der Umsetzung
Möglichkeiten der Umsetzung	Meinungsbilder	Fazit/Schluss

8 Ergänzt bei Bedarf weitere Gliederungspunkte.

9 Notiert zu den einzelnen Gliederungsaspekten die Informationen, die ihr in eurem Text aufnehmen möchtet.

10 Verfasst einen Kommentar. Beachtet dabei die Adressaten (Schülerinnen und Schüler). Informiert in der Einleitung über Thema, Anlass und Funktion (geschlechtergerechte Sprache in der Schule) des Kommentars. Weitere Informationen findet ihr auf den Seiten 255 f.

11 Überarbeitet euren Kommentar.

M 1: Welche Meinung haben Sie zum Thema „Gendern"?

Die Deutschen sind gespaltener Meinung beim „Gendern"
Inwiefern stimmen Sie den folgenden Aussagen zu? (in Prozent)

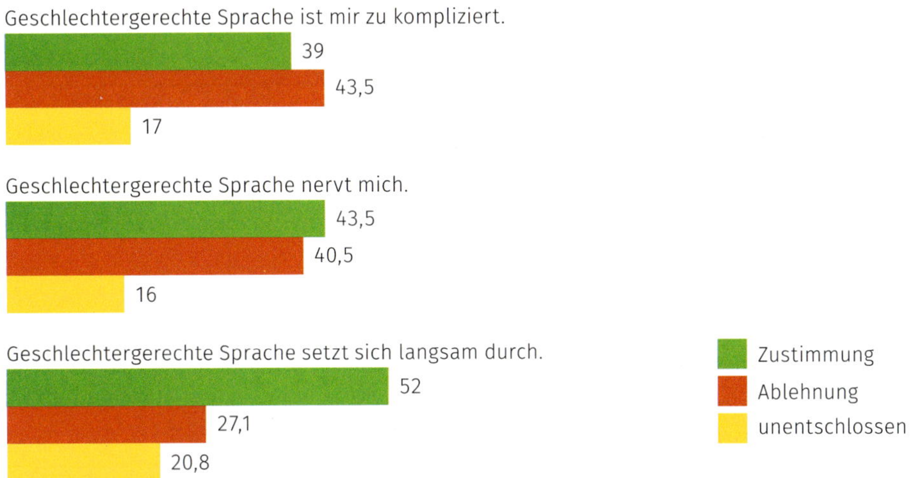

Datengrundlage: YouGov Omnibus Umfrage; 1011 Befragte über 18 Jahren 2016 (Abweichungen zu 100 durch Rundungen)

M 2: Welche Schreibweisen verwenden Sie oder könnten Sie sich vorstellen zu verwenden?

Die Deutschen gendern konservativ: Binnen I und Gendergap haben es schwer
Es gibt unterschiedliche Schreibweisen, um Geschlechter in Schriftsprache darzustellen. Wenn Sie selber Texte verfassen, welche Schreibweise verwenden Sie am häufigsten? / Welche Schreibweise könnten Sie sich vorstellen zu verwenden? (nach Gruppe, in Prozent)

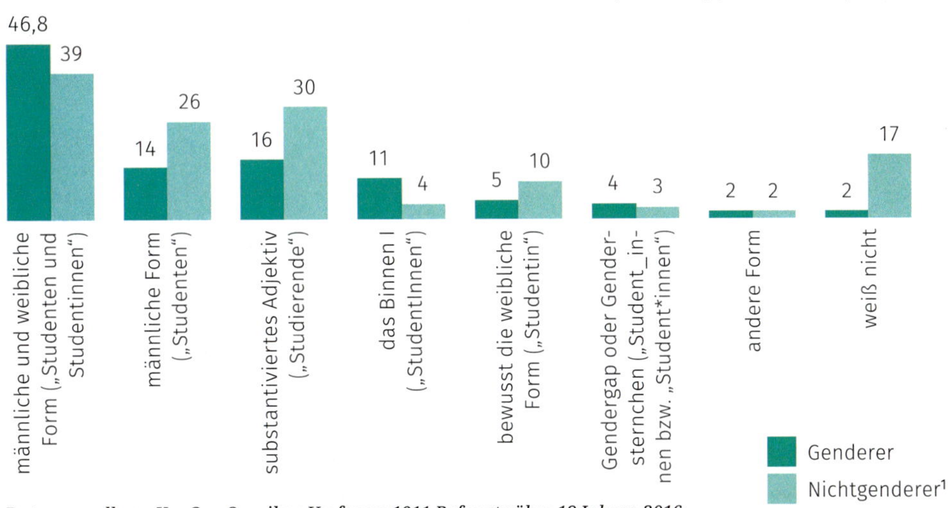

Datengrundlage: YouGov Omnibus Umfrage; 1011 Befragte über 18 Jahren 2016 (Abweichungen zu 100 durch Rundungen)

---

[1] Gemeint sind hier diejenigen, die in ihrem Sprachgebrauch aktiv gendern (Genderer) oder in der Regel nicht gendern (Nichtgenderer).

Erschließungsfrage	Ergebnisse M 1	Ergebnisse M 2
Was ist das Thema der Grafik?	Einstellungen der Befragten zur Nutzung geschlechtergerechter Sprache	...
Wer wurde befragt?	über 18-Jährige	...
Welche Fragenarten wurden gestellt?	Zustimmung zu vorgegebenen Aussagen	...
Wie lauteten die Fragen?	Zustimmung zu negativen Aussagen: *Geschlechtergerechte Sprache ist mir zu kompliziert.* *Geschlechtergerechte Sprache nervt mich.* Zustimmung zu neutralen Aussagen: *Geschlechtergerechte Sprache setzt sich langsam durch.*	...
Wie lassen sich die Ergebnisse zusammenfassen?	ähnliche Verteilung auf Zustimmung und Ablehnung bei Aussage 1 und 2; eine knappe Mehrheit ist überzeugt, dass sich geschlechtergerechte Sprache langsam durchsetzt	...
Welche Informationen enthält die Grafik zu den Befragten und der Reichweite?	Befragte über 18 Jahre Anzahl der Befragten: 1011 Hinweise zu Rundungsbedingungen und zur Repräsentation	...
Wer ist der Auftraggeber, wer hat die Daten erhoben? Welche Rückschlüsse ergeben sich daraus für die Bewertung und Beurteilung der Grafik?	Meinungsforschungsinstitut YouGov	...

1 Übertragt die Tabelle in euer Heft und füllt den Auswertungsbogen für M 2 aus.

2 Besprecht, wieso es für die Bewertung und Beurteilung von Grafiken und Schaubildern wichtig ist, die Auftraggeberin bzw. den Auftraggeber einer Studie zu kennen. Recherchiert in diesem Zusammenhang, um was für ein Unternehmen es sich bei „YouGov“ handelt.

3 Für das gendergerechte Schreiben gibt es keine Norm, aber es werden Empfehlungen ausgesprochen. Recherchiert arbeitsteilig, was die aktuellen Empfehlungen von der Gesellschaft für deutsche Sprache sowie vom Rechtschreibrat für gendergerechtes Schreiben sind. Stellt eure Ergebnisse in der Klasse vor.

M 3: Duden: Personenbezeichnungen

Genus und natürliches Geschlecht

Bei Personenbezeichnungen spielt das natürliche Geschlecht eine Schlüsselrolle. [...] Wenn man die Beziehungen zwischen Genus und natürlichem Geschlecht näher untersucht, gelangt man zu den folgenden Substantivklassen:

Nomen (= Substantive) für beide natürliche Geschlechter

Klasse A: Die Substantive dieser Klasse können sich unabhängig von ihrem Genus auf Personen beiderlei natürlichen Geschlechts beziehen: die Person, die Fachkraft, die Nachtwache; der Mensch; das Mitglied, das Individuum, das Kind; [...] die Leute.

Geschlechtsspezifische Nomen

Klasse B: Die betreffenden Substantive beziehen sich entweder nur auf Männer oder nur auf Frauen, sind also immer geschlechtsspezifisch. Dabei gilt: Semantisch männliche Substantive haben das Genus Maskulinum, semantisch weibliche Substantive das Genus Femininum: *der Mann, der Junge, der Herr; die Frau, die Dame; der Fachmann, die Fachfrau* [...].

Maskulines Wort – feminine Ableitung

Klasse C: In einer dritten Gruppe schließlich steht neben einem maskulinen Wort eine feminine Ableitung, meist mit dem Suffix -in (Movierung[1] [...]: *Abiturient → Abiturientin; Agent → Agentin; Anhalter → Anhalterin* [...]).

Zwei Gebrauchsweisen maskuliner Nomen

Erläuterungsbedürftig ist vor allem die Klasse C. Mit den femininen Wörtern werden hier ausschließlich weibliche Personen bezeichnet. Die maskulinen Substantive haben hingegen zwei Gebrauchsweisen:
- Zum einen bezeichnen sie spezifisch Männer: *Noch immer verdienen Ärzte mehr als Ärztinnen. [...]*
- Zum anderen werden sie auch verallgemeinernd auf Frauen und Männer angewendet, vor allem im Plural; man spricht dann von generischem, geschlechtsneutralem oder geschlechtsindifferentem Gebrauch: *Alle Schüler sind herzlich eingeladen. Einige Politiker meinen, Ärzte verdienten zu viel.*

Generischer Gebrauch führt zu Missverständnissen

(Unbedingt als Argument verwenden!)

Paarformen

Am generischen Gebrauch ist kritisiert worden, dass er sich formal nicht vom geschlechtsspezifischen Gebrauch unterscheidet, sodass inhaltliche und kommunikative Missverständnisse entstehen können, zum Beispiel, dass man den Eindruck bekommen kann, dass Frauen gar nicht mitgemeint seien. Aus diesem Grund wird der generische Gebrauch maskuliner Substantive oft vermieden; stattdessen werden Paarformen gebraucht: *Alle Schülerinnen und Schüler sind herzlich eingeladen.* [...] Da solche Paarformen [...] viel Redundanz aufweisen, werden sie in geschriebener Sprache oft [...] verkürzt, wobei nicht alle Varianten in der amtlichen Rechtschreibung ausdrücklich vorgesehen sind:
(a) Studenten und Studentinnen; (b) Studenten/Studentinnen;
(c) Studenten/-innen; (d) Student/-innen; [...] (f) StudentInnen

1 Lest M 3 und beschreibt die Bearbeitung des Materials durch die Anmerkungen rechts.

2 In Z. 33 f. wird ausgeführt, dass nicht alle Varianten der amtlichen Rechtschreibung entsprechen. Überprüft, welche der dargestellten Varianten (Z. 34 f.) in Bezug auf die amtliche Rechtschreibung problematisch sind und welche nicht.

[1] **Movierung:** Ableitung weibl. Bezeichnung aus der männlichen, z. B. Bürger → Bürgerin

M 6: Sprachliche Gleichbehandlung lässt sich erreichen durch

Sichtbarmachen des Geschlechts

bei Frauen *oder* Männern

weiblicher oder männlicher Artikel
z. B. die/der Jugendliche

weibliches oder männliches Attribut
z. B. weibliches/männliches Personal

geschlechtsspezifische Endsilben
z. B. Dekanin/Dekan

Wörter mit geschlechtstragender Bedeutung
z. B. Bürokauffrau/Bürokaufmann

bei Frauen *und* Männern

Beidnennung
z. B. Professorinnen und Professoren

Splitting
z. B. die Autorin/der Autor oder der/die Autor/in

Binnen-I
z. B. der/die MentorIn

geschlechtsneutrale Formulierungen

geschlechtsneutrale Personenbezeichnungen verwenden

z. B.
die Person
das Mitglied
die Leute
der Mensch

Partizipien und Adjektive substantivieren
z. B.
die Studierenden
die Lehrenden
die wissenschaftlich Tätigen

geschlechtsspezifische Personenbezeichnungen vermeiden

geschlechtsneutrale Pronomen verwenden
z. B. wer, alle, niemand, jemand ...
statt „Der Verfasser des Werkes ist unbekannt." besser „Es ist nicht bekannt, wer das Werk verfasst hat."

kreative Lösungen

Ableitungen auf -ung, -ium, -kraft usw.
z. B. statt „Wir suchen einen praxiserfahrenen Mitarbeiter." besser „Wenn Sie Praxiserfahrungen haben, melden Sie sich bei uns!"

Passivbildung
z. B. statt „Die Antragsteller müssen das Formular vollständig ausfüllen." besser „Der Antrag ist vollständig auszufüllen."

Partizipien
z. B. statt „Herausgeber" besser „herausgegeben von"

Quelle: Fachhochschule Dortmund

1 M 6 enthält Empfehlungen einer Hochschule für eine gendergerechte Sprache. Beschreibt den Aufbau der Grafik. Notiert, welche Möglichkeiten der Umsetzung einer gendergerechten Sprache vorgeschlagen werden.

2 Besprecht, welche Vorschläge euch überzeugen und welche nicht. Setzt die Informationen aus M 6 in Beziehung zur Grafik M 2 auf S. 249 und untersucht, inwieweit M 6 die Grafik ergänzt.

Lernaufgabe

Es gibt verschiedene Möglichkeiten, seine Argumentation zu strukturieren. Man kann die Argumente auch nach Sachgebieten sortieren. Zum Thema „gendergerechte Sprache" sind beispielsweise folgende Sachgebiete denkbar: Möglichkeiten für die geschriebene Sprache, Möglichkeiten für die gesprochene Sprache, Entscheidungen der Politik, die Gender-Debatte in anderen Ländern ... Innerhalb der Sachgebiete wägt man die Pro- und Kontraargumente ab und gewichtet sie.

I. Zusammenfassen der Materialien

1 Erstellt ein One-Minute-Paper und geht dabei so vor:
- Legt die Materialien beiseite.
- Denkt ein bis zwei Minuten darüber nach, was euch aus den Materialien im Kopf geblieben ist: Was findet ihr interessant, wichtig oder neu?
- Haltet eure Gedanken stichwortartig fest.
- Tauscht euch mit eurer Nachbarin / eurem Nachbarn aus und ergänzt eure Notizen.

II. Eigene Erfahrungen und eigenes Wissen einbringen

2 Ergänzt die von euch ausgewählten Argumente durch eure eigenen Erfahrungen und Kenntnisse. Notiert dazu stichwortartig Antworten auf folgende Fragen:
- Welche Erfahrungen habe ich mit gendergerechter Sprache gesammelt?
- Wo ist mir gendergerechte Sprache im Alltag schon einmal begegnet?
- Wie würde ich das Sprachproblem beurteilen, wenn ich ein Mädchen / ein Junge wäre?
- Inwiefern könnte eine gendergerechte Sprache die Gleichstellung von Frauen fördern?

III. Schlussfolgerungen aus den Auswertungsergebnissen ziehen

3 Klärt eure eigene Position zur Verwendung von gendergerechter Sprache, indem ihr die Meinungen und Argumente in eine Tabelle nach folgendem Muster eintragt.

Brauchen wir eine gendergerechte Sprache?	
Ja	**Nein**
...	...

4 Markiert alle Aspekte, die ihr in einem eigenen Text zum Thema ansprechen möchtet. Sortiert sie nach Sachgebieten.

5 Tauscht eure Materialsammlung untereinander aus. Untersucht, ob zentrale Inhalte aus den Materialien hinreichend berücksichtigt und richtig wiedergegeben sind.

6 Tauscht euch über eure Argumente und Standpunkte aus.

Nun führt ihr eure Arbeitsergebnisse zusammen und verfasst euren Kommentar.

1 Schreibt die **Einleitung** zu eurem Kommentar. Informiert darin über Thema, Anlass und Funktion (gendergerechte Sprache in der Schule) des Kommentars. Als Ausgangspunkt könnt ihr von eigenen Erfahrungen und Erlebnissen schildern. Nutzt dafür die folgenden Informationen und/oder greift auf die Ergebnisse aus der Aufgabe 1 auf der Seite 247 zurück.

Info: Schilderungen

Bei der **Schilderung** werden **persönliche Empfindungen**, also **Gefühle und Gedanken**, mit der Beschreibung einer Situation (oder eines Vorgangs) verbunden. Die Schilderung ist von daher **subjektiv** und wird im **Präsens** sowie in der **Ich-Form** geschrieben. Dabei geht es nicht um umfassende Genauigkeit, sondern darum, die Leserin bzw. den Leser an der Wahrnehmung der Situation teilhaben zu lassen.

2 Verfasst den **Hauptteil** eures Kommentars. Orientiert euch an eurer Gliederung und berücksichtigt eure Überlegungen zum Umgang mit den Aussagen aus den Materialien. Die nachfolgenden Formulierungsbausteine können euch helfen.

Info: Formulierungsbausteine für die Argumentation

Überleitungen, ...

die Argumentationsteile aneinander reihen:

- zunächst einmal, an erster Stelle wäre zu nennen, vor allem sollte man
- aber auch, ferner, weiterhin, auch nicht weniger wichtig ist
- darüber hinaus, es bleibt auch zu bedenken, ein ähnlicher Punkt ist, ein weiterer Gesichtspunkt wäre
- eng damit verknüpft ist, dabei muss auch beachtet werden, nicht zu vergessen ist
- schließlich, zu guter Letzt, abschließend ist daran zu erinnern, zum Schluss muss gesagt werden

die Argumente gewichten und steigern:

- beginnen wir mit dem, was auf der Hand liegt
- schwieriger wird es schon, wichtiger ist da schon
- das Problem wird dadurch verschärft, dass ..., noch bedeutsamer aber ist
- besonders wichtig aber erscheint mir, von außerordentlicher Wichtigkeit ist aber, schließlich aber, am deutlichsten wird die Problematik

3 Schreibt den **Schlussteil**. Ihr könnt eure Mitschülerinnen und Mitschüler zum Beispiel dazu auffordern, eine nutzerfreundliche, geschlechtergerechte Sprache in der Schule zu verwenden, oder einen anderen Kompromiss vorschlagen.

4 Nachfolgend findet ihr eine Checkliste zum materialgestützten Schreiben. Erstellt daraus eine Checkliste zum Verfassen eines Kommentars. Berücksichtigt dabei die Besonderheiten in Aufbau und Sprache dieser Zieltextsorte.

Checkliste zum materialgestützten Schreiben

		Kriterium
Inhalt	1.	Ich habe aus den Materialien relevante Aspekte für den Zieltext ausgewählt.
	2.	Ich habe weder zu viele noch zu wenige Aspekte ausgewählt.
	3.	Ich habe die Aspekte untereinander angemessen gewichtet.
	4.	Ich habe eigene Gesichtspunkte und Aspekte integriert.
	5.	Meine Gesichtspunkte und die Aspekte aus den Materialien sind sinnvoll aufeinander bezogen.
	6.	Ich reflektiere die ausgewählten Materialien.
	7.	Ich gebe das Material nicht nur wieder, sondern werte und beurteile es.
	8.	Ich begründe meine Einschätzung und Wertung des Materials.
Aufbau	1.	Mein Text ist sinnvoll aufgebaut.
	2.	Ich habe die inhaltlichen Gesichtspunkte mit entsprechenden Formulierungen nachvollziehbar strukturiert.
	3.	Ich habe die geforderte Zieltextsorte umgesetzt.
Sprache	1.	Die von mir ausgewählten Materialien werden inhaltlich richtig dargestellt.
	2.	Ich habe die Grafiken und Tabellen angemessen versprachlicht.
	3.	Ich habe die sprachlichen Besonderheiten der geforderten Zieltextsorte berücksichtigt.
	4.	Ich verwende korrekte Zitiertechniken.
	5.	Ich nutze Formulierungsbausteine passend.
	6.	Mein Zieltext ist im Hinblick auf Rechtschreibung, Grammatik und Zeichensetzung richtig.
	7.	Mein Text ist angemessen im Hinblick auf die Merkmale des Zieltextes und auf die Adressaten.

5 Überarbeitet euren Kommentar mithilfe der erarbeiteten Checkliste zum Verfassen eines Kommentars.

Zwischen „Fake News“ und Filterblasen

Fakt oder Fake?
Ein Künstler läuft mit einem Bollerwagen voller Smartphones durch Berlin und provoziert in benachbarten Straßen einen Verkehrsstau, weil er mit seinen Geräten die Navigationssysteme narrt.
Zwei TV-Moderatoren duellieren sich rund um die Welt und führen ahnungslose Unbeteiligte in der medialen Öffentlichkeit vor, indem sie diese in zum Teil lebensgefährliche Situationen bringen.
Solche haarsträubenden Geschichten sind erschreckend und faszinierend zugleich, sind viel zu unglaubwürdig, um ernst genommen zu werden, und verbreiten sich dennoch in Windeseile in den sozialen Netzwerken – weil Menschen ihnen trotzdem Glauben schenken.
Fakten und „Fake News“ liegen in den Medien oft nah beieinander – und nicht immer ist es leicht, das eine vom anderen zu unterscheiden.

In diesem Kapitel lernt ihr, die Darstellung der Realität in den Medien zu hinterfragen, indem ihr zwischen medial aufbereiteten Fakten und Fiktion unterscheidet. Ihr untersucht den Einfluss der sozialen Medien auf die Meinungsbildung und die Verlässlichkeit von Internetquellen.

1 Überlegt gemeinsam: Habt ihr schon Erfahrungen mit „Fake News“ gemacht?

2 Welche Strategien nutzt ihr, um Fakten und Fiktion auseinanderzuhalten?

Die Inszenierung der Wirklichkeit in den Medien untersuchen

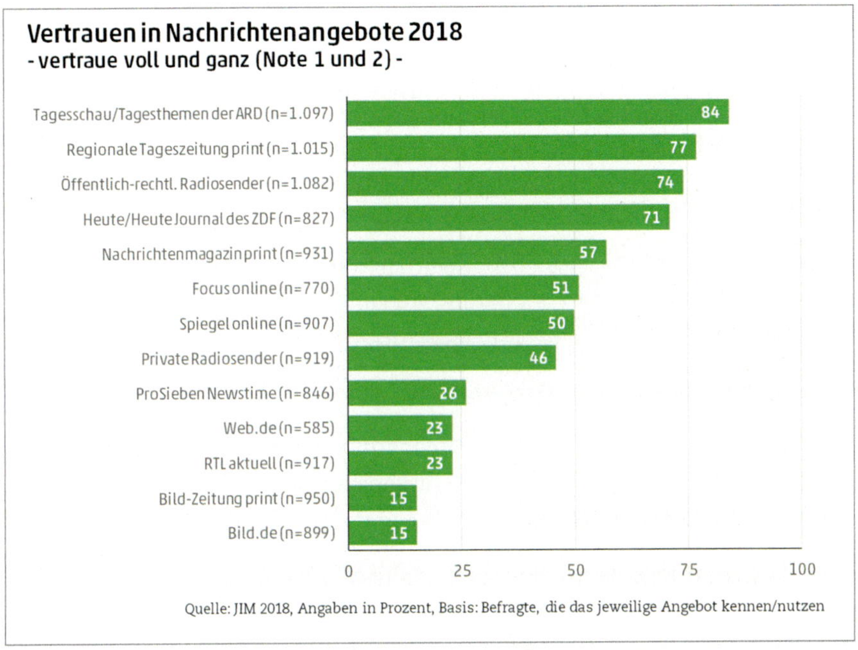

Die JIM-Studie (Jugend, Internet, [Multi]Media) ist ein Langzeitprojekt des Medienpädagogischen Forschungsbundes (mpfs), bei dem Jugendliche im Alter zwischen 12 und 19 Jahren zu ihrem Medienalltag befragt werden.

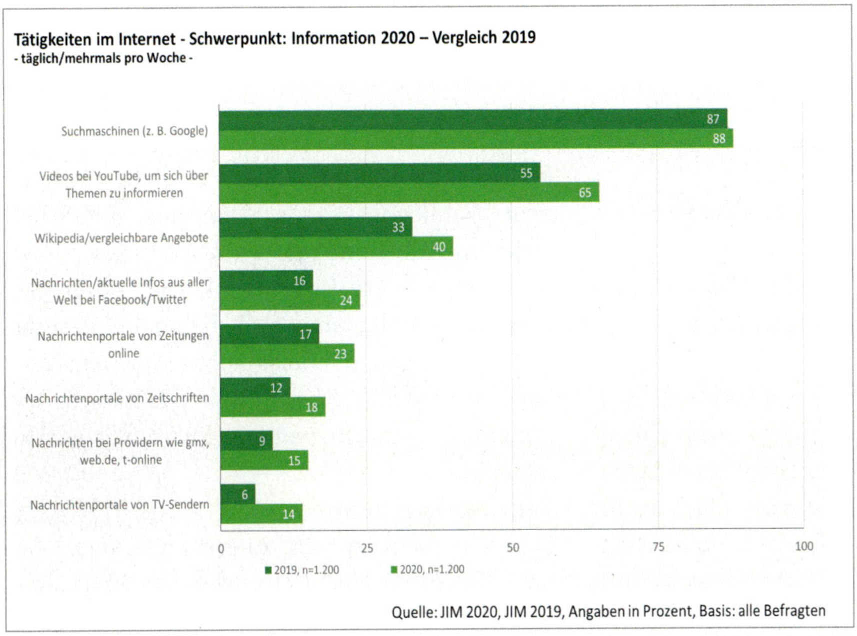

1 Erschließt die beiden Diagramme und beantwortet folgende Fragen:

- Welchen Medien vertrauen Jugendliche am meisten?
- Welche Kanäle nutzen Jugendliche, um sich im Internet zu informieren?
- Welche Schlussfolgerungen lassen sich daraus ziehen?

1. „Fake News" erkennen

1 Hört euch den Textvortrag (Webcode **SNG-28054-046**) an und erfasst mithilfe des folgenden Werkzeugkastens die wichtigsten Informationen.

Das brauchst du immer wieder. ◆ So gehst du vor.

Einem Hörtext Informationen entnehmen

Wenn ihr einem gesprochen Text Informationen entnehmen sollt, helfen Strategien dabei, das Textverständnis zu sichern.

- **Strategie 1:** Lest euch die Arbeitsanweisung(en) genau durch.
- **Strategie 2:** Aktiviert euer Vorwissen. Falls euch Titel oder Thema vorab bekannt ist, ist es äußerst hilfreich, vor dem Hören zu überlegen, was in dem Text dargeboten werden könnte.
- **Strategie 3:** Hört euch den Text ganz genau an, konzentriert euch nur darauf.
- **Strategie 4:** Macht euch beim Zuhören Notizen. Beim Mitschreiben von gesprochenen Äußerungen kommt es vor allem darauf an, Wichtiges von weniger Wichtigem zu unterscheiden. Verwendet Zeichen/Symbole und Abkürzungen.
- **Strategie 5:** Bearbeitet die Aufgabenstellung. Seht euch dafür alle Notizen noch einmal genau an. Hört euch den Textvortrag dafür ggf. ein zweites Mal an.

Fake News

Wieso gibt es Fake News?

Fake News sollen Menschen beeindrucken. Die Leser sollen die Fake News anklicken, liken und weiterleiten. Dadurch wird Geld verdient. Kriminelle nutzen Fake News für Betrügereien.

Gefährliche Fake News

Manche Fake News schleusen Computerviren ein. Mit deren Hilfe werden persönliche Daten der Nutzer ausgespäht. Das nennt man auch „Phishing". Diese Daten können missbraucht werden. Fake News werden auch zur politischen Hetze eingesetzt. Falsche Behauptungen, erfundene Skandale sollen die Glaubwürdigkeit von Politikerinnen und Politikern erschüttern. In einem Wahlkampf ist das besonders gefährlich. Denn im Wahlkampf wollen die Menschen – wie sonst auch – ernsthaft und korrekt informiert werden. Politiker sind also darauf angewiesen, dass die Menschen ihnen glauben. Mit Fake News aber werden falsche Dinge behauptet. Es soll Stimmung gemacht werden. Menschen werden manipuliert.

Fake News erkennen

Oft ist es nicht einfach, zu erkennen, ob es sich um eine echte Nachricht oder um Fake News handelt. Vier Schritte können helfen: genau hinsehen, selber denken, kritisch lesen und Quellen prüfen.

News genau anschauen

Schau die Nachricht aufmerksam an. Wenn alles wie eine Schlagzeile aussieht, wenn es vor allem um Sensation geht, dann sei vorsichtig. Wenn nur eine Meinung geäußert wird, ohne Erklärung, wenn Stimmung gemacht werden soll, dann sei vorsichtig.

Selber denken

Denke immer nach, bevor du eine Nachricht weiterleitest. Bei Zweifel an der Echtheit der Nachricht: lieber nicht liken und verbreiten.

Kritisch lesen

Oft werden in Fake News Zahlen und Zitate genannt. Sie erscheinen, ohne dass man erkennt, woher sie kommen. Da ist Vorsicht geboten. Prüfe, ob der Beitrag sehr einseitig ist. Wird nur eine Meinung vertreten oder kommen auch andere Ansichten zur Sprache?

Quellen prüfen

Echte Nachrichten kommen aus zuverlässigen Quellen. Prüfe, wer die Nachricht verbreitet! Auf jeder Veröffentlichung muss es ein „Impressum" geben. Dort müssen Name, Adresse und Kontaktmöglichkeiten der Person stehen, die für die Nachrichten auf der Seite verantwortlich ist. Wenn diese Angaben fehlen oder fehlerhaft sind, besteht Anlass zur Vorsicht. Wenn andere Medien diese Nachricht nicht verbreiten, besteht Anlass, an der Richtigkeit der Nachricht zu zweifeln.

Bundzentrale für politische Bildung (2017)

2 Lest den Text nun gründlich: Markiert mithilfe der Folientechnik zentrale Begriffe und vergleicht sie mit euren Notizen. Erstellt daraus eine Mindmap in eurem Heft.

3 Tauscht euch untereinander über eure Erfahrungen mit „Fake News" aus und diskutiert die Wirksamkeit der vorgestellten Lösungen.

Fake News: Der Lackmustest[1] für die politische Öffentlichkeit

■ Die einen sagen: Fake News sind Gift für die Demokratie! Die anderen sagen: Fake News sind ein Symptom, aber nicht das eigentliche Problem. Mal ganz langsam. Was sind überhaupt Fake News? Und warum sorgen sie gerade für so viel Wirbel? ■

Eine einheitliche Definition von Fake News ist schwierig. Ist etwa ein unbeabsichtigter Fehler in einem Artikel bereits Fake News? Oder eine Prognose, die sich als falsch erweist? Grundsätzlich nicht. Für Ethan Zuckerman vom Massachusetts Institute of Technology (MIT) etwa lassen sich drei Formen von Fake News unterscheiden: Nachrichten, die einem bestimmten Thema übertriebene Aufmerksamkeit widmen, Propaganda und gezielte Desinformation.

Bei Ersterem wird letztlich der falsche Eindruck erweckt, dass ein Thema relevanter ist, als es sein sollte. So berichteten die US-Medien etwa, wie eine unveröffentlichte Studie der Harvard Universität zeigt, überproportional häufig über Hillary Clintons vermeintlichen E-Mail-Skandal. Zuckerman erklärt diese überhöhte Aufmerksamkeit mit einer „falschen Balance" und dem Versuch der US-Medien, ausgewogen über die Skandale Trumps und Clintons zu berichten, um nicht parteiisch zu wirken. Nicht das Thema an sich, sondern die vermeintliche Relevanz sei also „fake".

[1] **Lackmustest:** Als Lackmustest bezeichnet man in der Chemie einen Test des pH-Wertes mithilfe von Lackmuspapier; bildungssprachlich bzw. redensartlich für Prüfstein; Gradmesser.

Propaganda hingegen ist ein klassischer Bestandteil von Politik und Wahlkämpfen.

Es beschreibt das Vermischen von wahren und falschen Informationen, um die andere Seite zu schwächen und die eigene zu stärken. Vergleichsweise neu ist die Taktik der Desinformation. Sie zielt nicht darauf ab, dass etwas Falsches geglaubt wird, sondern darauf, dass Bürger/-innen nicht mehr zwischen wahr und falsch, zwischen seriösen und unseriösen Quellen unterscheiden können. Diese gezielte Verzerrung der öffentlichen Debatte, welche etwa in den USA zu beobachten ist, wird auch für die diesjährige Bundestagswahl befürchtet.

Was ist das Problem?

Bei dem „Fake News“-Typ der Desinformation handelt es sich oft um absichtlich frei erfundene, als Nachrichten getarnte Geschichten. [...] Dies geschieht nicht immer aus politischen, sondern zum Teil einfach aus finanziellen Gründen. Mit Fake News lässt sich nämlich auch Geld verdienen. Veröffentlicht werden diese Beiträge in der Regel auf Internetseiten, die häufig so heißen und aussehen wie seriöse Massenmedien. Diese Form der Imitation macht das Erkennen von Fake-News-Seiten oftmals schwer.

Problematisch werden die Artikel jedoch erst durch Internetplattformen wie Facebook, Twitter oder Reddit, auf denen sie geteilt und einer breiten Öffentlichkeit zugänglich gemacht werden können. Denn: Das Teilen dieser Inhalte hat einen doppelten Effekt. Nicht nur die Fake-News-Seite suggeriert[1] die eigene Authentizität[2], sondern auch die Nutzer/-innen, die den Beitrag geteilt haben, scheinen für die Korrektheit der Beiträge zu garantieren. Zum Beispiel macht es natürlich einen Unterschied, ob ein unbekannter Twitter-Account Fake-News-Beiträge bei Twitter teilt oder der Präsident der USA.

Der Einfluss von Fake News

Als Buzzfeed[3] kurz nach der US-Wahl im November 2016 eine Studie präsentierte, die besagte, dass prominente Fake-News-Beiträge häufiger auf Facebook geteilt wurden als die Top-Beiträge der klassischen Massenmedien, fand dies große Beachtung. Einige Kommentatoren waren überzeugt, dass Fake News zur Wahl Donald Trumps beigetragen haben könnten.

Erste wissenschaftliche Studien hingegen zeichnen ein anderes Bild. Eine gemeinsame Studie der Harvard University und des MIT, in der über 1,2 Millionen Artikel von über 25 000 Internetseiten untersucht wurden, zeigt etwa, dass Fake-News-Seiten nur eine sekundäre Rolle im Onlinediskurs zur US-Wahl gespielt haben. Eine weitere Studie suggeriert gar, dass Fake-News-Artikel so überzeugend wie 36 Wahlwerbespots sein müssten, um die US-Wahl beeinflusst haben zu können. Auch der Tenor einer Konferenz der Harvard Law School zum Thema klingt eher beschwichtigend: So problematisch Fake News auch in vielerlei Hinsicht sein mögen, so sind sie, historisch gesehen, weder neu, noch waren sie wahlentscheidend.

Also was tun?

Das alles soll nicht heißen, dass Fake News nicht doch ein Problem für unsere Demokratie und den öffentlichen Diskurs darstellen können. Es heißt nur, dass die Lage nicht so schlimm ist, wie etwa manche Politiker befürchten, wenn sie ein Verbot von Fake News fordern.

Ein möglicher Lösungsansatz kommt derweil vonseiten der Tech-Firmen: Facebook etwa versucht, die Nutzer/-innen selbst Fake News melden und die Beiträge dann von einer dritten journalistischen Seite auf Korrektheit prüfen zu lassen. Für Twitter konnten Forscher/-innen nachweisen, dass sich Gerüchte anders verbreiten, als richtige Nachrichten. Und Google hat mehrere Fake-News-Seiten aus dem eigenen Werbenetzwerk Adsense verbannt und damit die Seiten-Betreiber/-innen da getroffen, wo sie verwundbar sind: dem Geldbeutel. Gelöst wird damit das Problem „Fake News“ sicherlich nicht. Schließlich gibt es Propaganda und Gerüchte schon seit Langem. Doch in einer intakten politi-

---

1 **suggerieren:** manipulieren, etw. vorgeben, vortäuschen, jdn. über etw. hinwegtäuschen

2 **Authentizität:** Echtheit

3 **Buzzfeed:** eines der beliebtesten Medienportale im englischsprachigen Raum (150 Millionen Besucher pro Monat)

schen Öffentlichkeit mit starken Massenmedien und konsensorientiertem politischem Diskurs[1] dürften Fake News nur geringe Überlebenschancen haben.

(2017)

Bundezentrale für politische Bildung

---

[1] **konsensorientierter politischer Diskurs:** öffentliche Auseinandersetzung über unterschiedliche Meinungen und Behauptungen, die auf Verständigung zielt

1 Fasst den Text so zusammen, dass ihr die wesentlichen Inhalte einer Lernpartnerin / einem Lernpartner vortragen könnt. Verwendet dazu eine der folgenden Methoden: die Fünf-Schritt-Lesemethode, Ober- und Unterbegriffe formulieren, eine Mindmap, ein Exzerpt (vgl. S. 253).

2 Begründet, welche Methode für euch am hilfreichsten ist.

3 Erklärt den Zusammenhang von „Lackmustest für die politische Öffentlichkeit“ mit dem Thema „Fake News“.

4 Erklärt den letzten Satz des Textes. Welche Bedeutung hat das für euch?

Auch im Umgang mit Statistiken und Schaubildern ist ein kritischer Blick gefordert. Hier ein Beispiel:
Eine große Firma möchte der Öffentlichkeit ihre Umsatzzahlen präsentieren. Es stehen vier Möglichkeiten der grafischen Darstellung zur Verfügung:

A				
	1. Jahr:	100,0	6. Jahr:	103,0
	2. Jahr:	101,0	7. Jahr:	102,5
	3. Jahr:	100,5	8. Jahr:	101,5
	4. Jahr:	102,0	9. Jahr:	103,0
	5. Jahr:	101,5	10. Jahr:	105,0

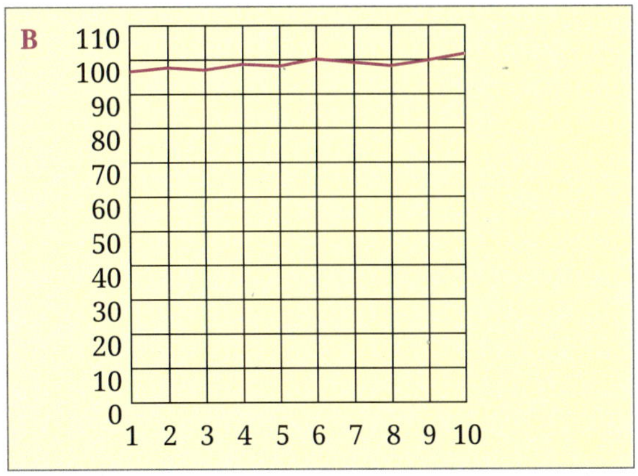

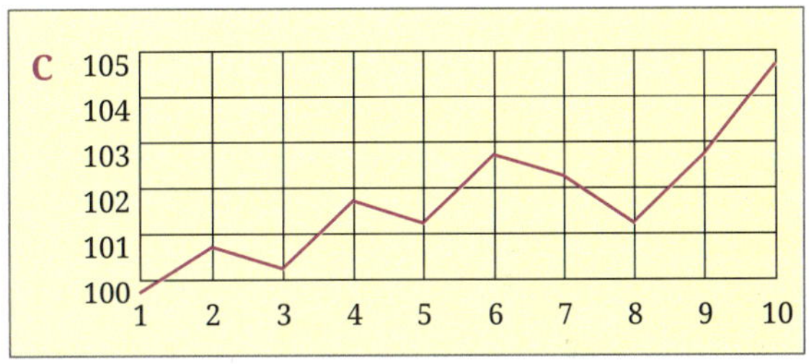

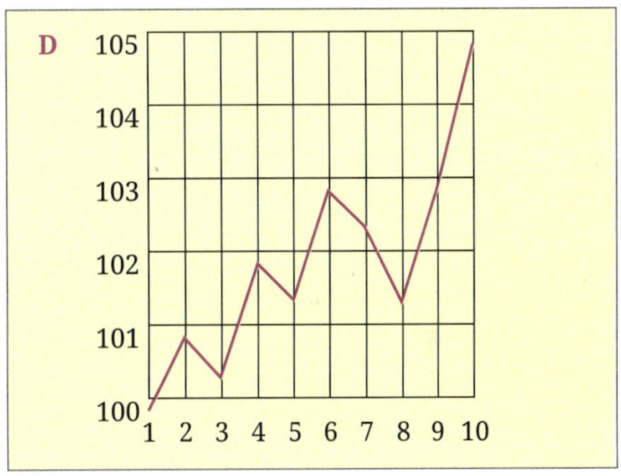

1 Begründet, welches der Schaubilder A bis D die Firma vermutlich verwenden würde, um ihre Umsatzdaten der Öffentlichkeit zu präsentieren.

2 Diskutiert, wie sich die Wirkung auf die Leserin / den Leser mit der jeweiligen Darstellung verändert.

3 Erstellt gemeinsam eine Liste von Kriterien zum kritischen Umgang mit Grafiken und Schaubildern.

2. Die Darstellung eines Sachverhalts im Internet überprüfen

Luisa Szabo

Der Haken am simulierten Stau

▪ Mit 99 Smartphones durch Berlin spazieren und dabei einen virtuellen Stau erzeugen? Das geht, sagt ein Berliner Künstler und sorgt weltweit für Aufsehen. Doch lässt sich Google Maps wirklich so leicht austricksen? ▪

Es klingt so schön einfach: Der Berliner Künstler Simon Weckert hat eine Idee. Er will Google Maps hinters Licht führen. Dafür schnappt er sich einen Handkarren, packt 99 Smartphones rein und läuft damit durch Berlins Straßen. Auf allen Handys öffnet er Google Maps und zieht den Handkarren hinter sich her.

Weckert filmt die Tour und postet das Video später auf YouTube. Darauf sieht man: Während Weckert durch wenig frequentierte Straßen läuft, verändert sich die Straßenkarte in Google Maps von Grün auf Rot. Laut Weckert der Beweis: Die App interpretiert die 99 Handys als Kolonne aus 99 Autos und meldet einen Stau.

Mehr als 2,7 Millionen Klicks

Mittlerweile hat das Video mehr als 2,7 Millionen Klicks und Simon Weckert hat es innerhalb weniger Tage weltweit in die Schlagzeilen geschafft. Viele deutsche Medien berichteten – darunter auch tagesschau.de – und sogar internationale Medien wie die „Washington Post" und „CNN" thematisierten die Aktion, die Weckert selbst als „Google Maps Hacks" bezeichnet.

Doch die Sache hat einen Haken: „Das Ganze funktioniert nur, wenn kein Auto auf der Straße unterwegs ist", sagt Digitalexperte Dennis Horn vom WDR. „Sobald ein Auto auf derselben Route fährt, erkennt die App das." In diesem Fall verfehlen die 99 Smartphones von Weckert ihr Ziel, erklärt Horn.

Bereits am Montag hatte Netzexperte Marcel Weiss auf seiner Website darauf hingewiesen, dass es mit der Methode nicht möglich ist, auf einer viel befahrenen Straße in Google Maps einen Stau zu simulieren. Schon ein einziges Auto, dessen Fahrer Google Maps nutzt und mit regulärer Geschwindigkeit fährt, lasse den Algorithmus den Schwindel erkennen. Dies hat Weckert inzwischen gegenüber mehreren Medien zugegeben. Er habe für die Aktion gezielt bereits wenig genutzte Straßen ausgesucht. [...]

ARD-aktuell/tagesschau.de vom 5.2.2020

1 Recherchiert im Internet nach der Aktion des Künstlers. Schaut euch das Video an und beschreibt die Aktion mit eigenen Worten.

2 Beschreibt die Wirkung, die das Video des Künstlers auf euch hat. Informiert euch, wie andere Internetnutzer auf das Video reagiert haben.

3 Erklärt, warum Luisa Szabo die Aktion zum Thema ihres Artikels macht.

4 Vertraut ihr der Richtigstellung des Künstlers (Z. 38 ff.)? Begründet eure Einschätzung.

Sebastian Eder

„Diese Realität gibt es nicht"

Herr Weckert, Sie haben ein Video veröffentlicht, in dem zu sehen sein soll, wie man Maps manipulieren kann: Nutzern des Navigationsdienstes wurde auf einer Straße in Berlin ein Stau angezeigt, obwohl dort keine Autos unterwegs waren, sondern nur ein Mann mit einem Handkarren, in dem 99 Smartphones lagen. Wie kamen Sie auf die Idee?

Auf einer Demonstration am 1. Mai in Berlin ist mir aufgefallen, dass für komplett Kreuzberg ein Superstau angezeigt wurde – dabei war überhaupt kein Auto unterwegs. Das fand ich sehr interessant. Offenbar hatte Google Zugriff auf die Handydaten der Demonstranten, obwohl da mit Sicherheit kaum jemand Google Maps aktiviert hatte. Ich habe mir dann während der Hongkonger Proteste mal die Karte der Stadt angesehen. Da war es genauso.

Und das wollten Sie simulieren?

Genau. Die Frage war: wie? Man hätte natürlich einen Flashmob mit 100 Leuten organisieren können. Aber das wäre zu einfach gewesen. Mir ist außerdem aufgefallen, dass ich die Leute gar nicht brauche – sondern nur die Smartphones.

Im Internet habe ich Anbieter gefunden, die Smartphones verleihen, das wird zum Beispiel bei Messen genutzt. Also habe ich mir für einen Tag 99 Smartphones ausgeliehen, in einen Handkarren geladen und bin damit durch die Stadt gefahren. Die Aktion ist schon eine Weile her, ich habe das Video jetzt veröffentlicht, weil Google Maps in dieser Woche 15 Jahre alt wird.

Hatten die Smartphones alle eine SIM-Karte?

Genau, und Google Maps war auf jedem Smartphone eingeschaltet und hat zu einer Adresse navigiert. Ich hatte das Gefühl, dass es so besser

Jana Gioia Baumann (geb. 1985)

Die Sinnfluencer

■ Auf Instagram wollen einige Nutzer neuerdings an einer besseren Zukunft arbeiten. ■

[…] Als Instagram 2010 startete, ging es vor allem um gutes Aussehen und schöne Fotos. Um Inszenierung, viel Schein, weniger Sein. Inzwischen ist Instagram auch zu einem Ort geworden, an dem Meinung geäußert wird. Es geht um Verantwortung und Aktivismus, weswegen Influencer wie Nike van Dinther[1] auch Sinnfluencer genannt werden. „Ich habe mich lange dagegen gewehrt, Instagram als Teil meiner Arbeit wahrzunehmen", sagt sie. „Ich habe die Plattform sogar eher als Abwertung empfunden, weil es doch ein sehr narzisstischer[2] Schauplatz ist. Irgendwann begriff ich, dass Instagram auch ein politisches Medium sein kann. Dass es Tiefe haben kann."
Heute nehme sie Instagram als Medium ernst.

Auch Frauen wie das britische Model Adwoa Aboah oder die amerikanische Müllgegnerin Lauren Singer tun das – und nutzen die Plattform für ihre Anliegen. Es war 2015, als Singer auf einer Bühne stand und den Zuschauern ein Marmeladenglas mit Schraubverschluss präsentierte: 470 Milliliter fasst so ein Glas, und in dieses Glas passte Singers Müll der zurückliegenden drei Jahre. „Wenn ich das erzähle, glauben die Leute immer, ich sei verrückt", sagte sie. „Oder sie fragen mich, wie ich mir meinen Hintern abwische."
In den folgenden 13 Minuten erzählte Singer, wie sie zum müllfreien Leben kam – und dass so ein Leben gar nicht so schwierig zu führen ist. Das Video, das es auf YouTube von ihrem Auftritt gibt, wurde seitdem mehr als zwei Millionen Mal abgerufen.

Seit 2012 versucht Singer, Müll zu vermeiden. Während ihres Studiums der Umweltwissenschaften in New York hatte eine Kommilitonin ihr Essen jeden Tag doppelt plastikverpackt mitgebracht plus eine Wegwerfflasche. „Wir sind doch die Zukunft dieses Planeten", hatte Singer in diesem Moment gedacht. „Und hier sind wir, mit all unserem Müll." […] Auf Instagram folgen

ihr rund 370 000 Menschen. In New York hat Singer inzwischen zwei Unverpackt-Läden eröffnet. […] Erfolgreich auf Instagram zu sein bedeutet, viele Follower zu haben. Menschen, die täglich wissen wollen, was ihr Vorbild so tut. Was er oder sie trägt, isst, liest, sieht, denkt, meint. Erfolgreich auf Instagram zu sein bedeutet, Einfluss zu haben. […]

Inzwischen geht es auf der Plattform nicht mehr nur um gutes Aussehen und schöne Fotos, sondern auch darum, sich zu informieren. Dem aktuellen *Reuters Institute Digital News Report* zufolge sehen sich ein Viertel der Internetnutzer im Alter von 18 bis 24 Jahren bei Instagram regelmäßig Nachrichteninhalte an. Damit hat Instagram Plattformen wie Facebook und Twitter als Nachrichtenquelle überholt.

Für Influencer wie […] Nike van Dinther gehört Instagram zum Geschäftsmodell. Monetär be-

---

[1] **Nike van Dinther** (*1988), studierte Journalistin, Bloggerin, lebt in Berlin. In ihrem Blog schreibt sie über Mode, Musik und Feminismus.

[2] **narzisstisch:** selbstverliebt, selbstsüchtig

trachtet, sagt etwa van Dinther, mache Instagram einen großen Teil davon aus. Sie erinnert sich aber auch an die Zeiten, in denen Feminismus noch nicht auf T-Shirts gedruckt wurde und viele Unternehmen nicht mit politischen Positionen in Verbindung gebracht werden wollten. „Als Feminismus salonfähig wurde, erreichte mich gefühlt jeden Tag die Anfrage eines Unternehmens, ob wir mit ihnen zusammenarbeiten wollten: Wir haben da jetzt so eine Kampagne: *female empowerment!*" Nicht mit allen arbeitet das Blog [...] zusammen. Nur wenn van Dinther bei einem Unternehmen sehe, dass es sich wirklich verändern wolle, sei sie zu einer Zusammenarbeit bereit, sagt sie. Es sei ein tägliches Abwägen – die sechs Mitarbeiterinnen, die [sie] inzwischen beschäftigt, müssen irgendwie entlohnt werden. [...]
Solche Entscheidungen zu treffen heißt auch, sich zu positionieren. Und Position zu beziehen bedeutet, sich zu öffnen. „In dem Moment, in dem du versuchst, etwas richtig zu machen, machst du dich maximal angreifbar", sagt Nike van Dinther. „Die Instagram-Polizei, so nenne ich die Kritiker, schaut regelmäßig vorbei." Ein Foto des brennenden Amazonas-Waldes posten und am nächsten Tag nach London fliegen? Shitstorm ziemlich wahrscheinlich. Als Greta Thunberg Anfang des Jahres ein Foto postete, „Mittagessen in Dänemark", und Plastikverpackungen auf dem Tisch zu sehen waren, lasen sich Kommentare wie „... tu nicht so, als würdest du alles besser machen können, aber selber aus Plastik-Packungen fressen".
Marie Nasemann[1] nennt Greta Thunberg ein Vorbild. Sie versuche, ihr Umfeld zu überzeugen – trotz möglicher Shitstorms –, kritisch zu sein, „weil es großartig ist zu sehen, dass man wirklich etwas bewegen kann". In ihrer Dankesrede bei den Place to B Awards[2] drückte sie sich direkter aus: „Scheiß auf die!", sagte sie dort, „auf diese Leute, die nach Fehlern suchen und sich nur mit den unkritischen Influencern, die in ihrer Heile-Welt-Bubble leben und sich zu nichts äußern, zufriedengeben." Für ihre Rede gab es auf Instagram anschließend überwiegend positives Feedback.

DIE ZEIT Nr. 53/2019

---

1 **Marie Nasemann** (*1989), Model, Bloggerin, lebt in Berlin. Ihr Blog beschäftigt sich mit nachhaltiger Mode.

2 **Place to B Awards:** journalistische Auszeichnung für Social-Media-Akteure, wird jährlich in Berlin vergeben

1 Nutzt ihr selbst Social-Media-Kanäle? Beschreibt euer Nutzungsverhalten möglichst präzise.

2 Welche Absichten können kritische bzw. unkritische Influencerinnen/Influencer mit ihrem Account verfolgen? Berücksichtigt bei der Beantwortung der Frage auch ...

- das Verhältnis von (Selbst-)Inszenierung und Realität,
- die möglichen Auswirkungen finanzieller Interessen der Influencerinnen/Influencer auf die dargestellten Inhalte.

3 Haltet ihr Instagram für ein geeignetes Medium, gesellschaftskritische Inhalte zu transportieren? Begründet eure Einschätzung.

4 Beschreibt, welche Chancen und Risiken durch die Verwendung von Instagram als Nachrichten- und Informationskanal für den einzelnen Nutzer bzw. die Nutzerin entstehen.

Was sind Social Bots?

■ „Bot" ist eine Kurzform des englischen Wortes „robot" für Roboter. Bots sind Computerprogramme, die automatisiert bestimmte Aufgaben erfüllen. Meinungs-Bots in sozialen Netzwerken können auch menschliche Identitäten in Fake-Accounts vortäuschen. ■

Die Technologie hinter Social Bots

Einen Social Bot zu programmieren, ist leicht. Es gibt kostenlose Software im Netz, die sich mit wenigen Änderungen im Code schnell einsetzen lässt. Hinter Bots steckt keine künstliche Intelligenz, sondern ein Algorithmus. Algorithmen sind – etwas vereinfachend dargestellt – festgelegte Ereignisketten. [...] Sie arbeiten mit einfachen Keyword-Suchen, scannen Twitter-Timelines oder Facebook-Posts nach bestimmten Wörtern und Hashtags. Findet ein Bot die richtigen Wörter, dann tritt er in Aktion. Mit vorgefertigten Antworten kommentiert er Beiträge oder versucht, andere in ein fiktives Gespräch zu verwickeln.

In selteneren Fällen steckt dann doch mehr Technik dahinter. Dann kann ein Bot auch seine eigenen Antworten schreiben. Meist baut er sie aus Texten zusammen, die er auf bestimmten Internetseiten gefunden hat, oder übernimmt einfach ganze Aussagen. So entstehen Social Bots, die nicht einfach immer wieder dieselben Nachrichten schreiben. Je nachdem wie gut sie dann programmiert sind, ergeben ihre Postings dann mehr oder weniger Sinn.

Arten und Zweck von Social Bots

Sie können menschliches (Kommunikations-) Verhalten imitieren, beispielsweise bei Facebook Freundschaftsanfragen versenden, bei Twitter anderen Accounts folgen oder eigene Texte vorbereiten. Ihre Zielsetzung hingegen ist unterschiedlich [...].

1. Die Überlaster

Ein Bot kann den Feed einer bestimmten Seite oder einer Person mit einer bestimmten Aussage überfluten. Sieht er beispielsweise, dass eine Nachrichtenseite sich zu einem bestimmten Thema geäußert hat, postet er immer wieder dieselben Gegenaussagen. Vor allem, wenn solche Bots ihre Nachrichten gegenseitig liken oder kommentieren können, beschleunigen diese sich in ihrem gegenseitigen Mechanismus selbst. Echte Kommentare gehen dadurch oftmals unter. Das macht eine normale Diskussion über ein Thema unmöglich.

2. Die Trendsetter

Mit einer kleinen Bot-Armee, die immer und immer wieder dasselbe Hashtag verwendet, ist es möglich, die Themen-Agenda zu bestimmen. Unterhalten sich plötzlich tausende Bots auf Twitter über diesen Hashtag, kann der Inhalt Bedeutung in der öffentlichen Debatte erlangen. Ein Thema erscheint damit plötzlich größer, als es ist, und echte Nutzer schließen sich einer Fake-Bewegung an, weil sie diese als eine echte Mehrheit begreifen.

3. Die Auto-Trolle

Diese Bots sollen einzelne Nutzer ablenken, damit diese möglichst viel Zeit mit sinnloser Diskussion verbringen. Wenn sich etwa zwei Nutzer über ein Thema unterhalten, klinkt ein solches Programm sich ein und schreibt immer wieder unpassende, extreme oder sogar beleidigende Argumente. Weil viele Nutzer dann auf diese fiktiven Provokateure reinfallen, gerät die normale Diskussion in den Hintergrund. Wer nicht merkt, dass er eigentlich mit einem Bot diskutiert, kann stundenlang beschäftigt sein.

Einfluss von Social Bots

Werden auf Facebook extreme Meinungen und Hassbotschaften verbreitet, kommentiert und häufig geliked, erweckt das den Eindruck, dass viele Menschen diese Meinung teilen und für richtig halten. Manipulierte, akkumulierte Meinungen haben damit einen großen Einfluss. [...]

Social Bots im Bundestagswahlkampf

Die Frage danach, ob die Macht der Social Bots auch den Wahlkampf der Bundestagswahl beeinflussen könnte, beschäftigte auch den Ausschuss für Bildung, Forschung und Technikfolgenabschätzung. [...]

Die Bedeutung wird insbesondere aus zwei Gründen gering geschätzt:

1. Die deutschen Parteien haben ihren Verzicht auf den Einsatz von Social Bots erklärt.

[...]

2. Die Internet- und Social-Media-Nutzung der deutschen Bürger(innen) ist im Vergleich zu den USA bezüglich der Nutzerzahlen bei Twitter viel geringer.

Während in den USA fast jede(r) vierte Bürger(in) im Netzwerk unterwegs ist, ist es in Deutschland höchstens jede(r) siebte. So dürften nur wenige deutsche Wahlberechtigte direkt mit Bots in Berührung kommen.

Bundeszentrale für politische Bildung, 17.7.2017

1 Beschreibt mit eigenen Worten, was ein Social Bot ist und für welche Aufgaben er programmiert werden kann.

2 Beschreibt, welche Auswirkungen Social Bots auf das Kommunikationsverhalten von Menschen im Internet haben können.

3 Erklärt, inwieweit Social Bots Menschen darüber hinaus beeinflussen können.

4 Wie beurteilt die Autorin / der Autor des Textes die Bedeutung von Social Bots im deutschen Wahlkampf? Könnt ihr euch diesem Urteil anschließen? Begründet eure Meinung.

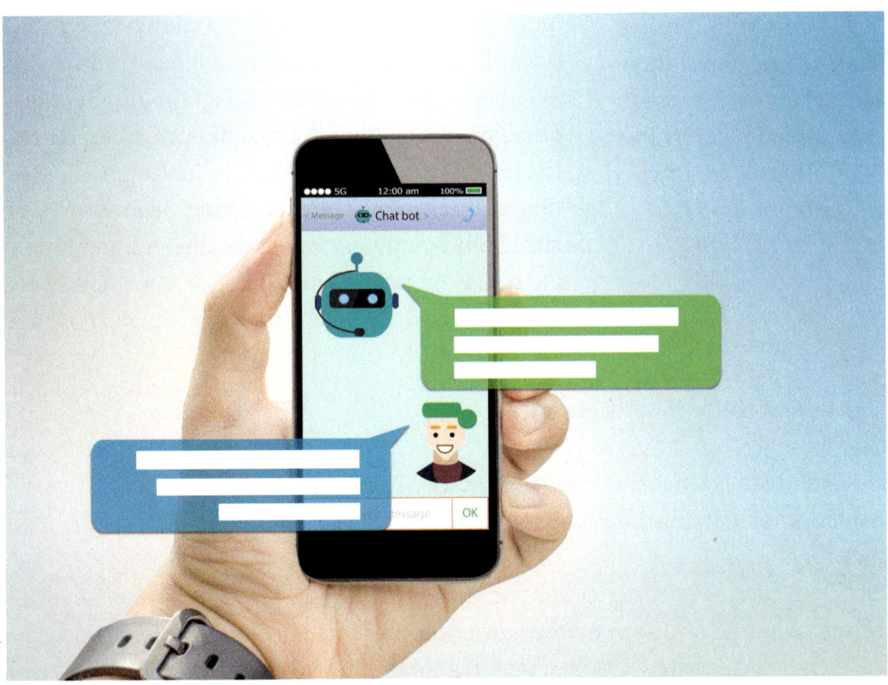

Filterblase

Der Begriff Filterblase (engl.: filter bubble) wurde durch Eli Pariser und sein gleichnamiges Buch „Filter bubble: Wie wir im Internet entmündigt werden" populär. Die Filterblase beschreibt den nach außen abgeriegelten Raum, der durch die Filteralgorithmen auf Seiten wie Facebook, aber auch über Suchmaschinen wie Google kreiert wird. Diese Filteralgorithmen sind so programmiert, dass sie einem Nutzer immer mehr von dem anzeigen, was er sich zuvor schon oft angesehen hat. Dies soll dem Nutzer die Inhalte zeigen, die er mag. Eine Technik, die vorwiegend aus Marketinggründen angewandt wird, um so Produkte besser zu platzieren und die Verweildauer des Nutzers auf Seiten wie Facebook zu erhöhen. Diese Technik hat allerdings den Haken, dass sie zu einer Homogenisierung in allen Bereichen dieser digitalen Blase führt, auch im politischen. Als Folge bekommen zum Beispiel Verschwörungstheoretiker vorwiegend Inhalte von den Algorithmen von Seiten wie Google, Facebook oder YouTube vorgeschlagen, die ebenfalls mit Verschwörungen zu tun haben. Im schlimmsten Fall führt dieser Umstand dazu, dass der Nutzer eine Art Tunnelblick bezüglich Themen wie Weltanschauung oder Politik bekommt, da alle anderen Inhalte, die diese Ansicht infrage stellen würden, sozusagen herausgefiltert werden. Wenn der Nutzer dann nicht aktiv gegen die Filterblase arbeitet, können Echokammern entstehen.

das netzz/Glossar

Tin Fischer

Filterblase?

Blasen sind böse. Da sind sich eigentlich alle einig. Blasen sind schädlich. [...] Gefangen in der Filterblase, titeln Zeitungen. Oder gleich: Raus aus der Filterblase. Kaum eine andere Theorie ist derzeit so populär wie die von der filter bubble: Menschen bekommen von den Algorithmen der sozialen Netzwerke nur noch Nachrichten vorgesetzt, die ihr Weltbild bestätigen, wodurch sich die Gesellschaft polarisiert. Die Blasen, fordern Politiker und Medien, müssen wir platzen lassen und endlich wieder miteinander reden.
Und das ist schon ein bisschen erstaunlich, weil man eigentlich nur fünf Minuten im Internet verbringen muss, um zu sehen, dass mit dieser These etwas grundsätzlich nicht stimmt. Besuchen Sie mal eine beliebige Nachrichtenseite, beispielsweise das linksliberale ZEIT ONLINE. Klicken Sie auf den erstbesten Politikartikel (Thema ist wahrscheinlich Trump). Lesen Sie die ersten drei Leser-Kommentare. Und? Haben Sie den Eindruck, dass da nur linksliberale Akademiker sich selbst bejahen? Anderes Experiment: Haben Sie schon mal Euro-Rettung oder Flüchtlinge gegoogelt? Ja? Und stimmten Sie wirklich allem zu, was Sie fanden? Oder auch nur der Hälfte? [...]
Wie kein anderes *buzzword* zeigt die *filter bubble*: Die Diskussion über die Macht der Daten hat ein Esoterikproblem: Man weiß ja nicht genau, was dieses Internet so alles anrichtet, also darf man ruhig alles glauben, was es so anrichten könnte.

DIE ZEIT Nr. 34/2017

1 Erklärt mit eigenen Worten, was eine Filterblase ist.

2 In den beiden Texten werden stellvertretend zwei verschiedene Positionen zum Thema Filterblasen dargestellt. Erarbeitet aus den Texten die Argumente für die jeweilige Position.

3 Führt eine Internetrecherche durch und sammelt weitere Argumente zur Frage, ob von Filterblasen eine Gefahr ausgeht.

Quellenkritik – Kernkompetenz des Digitalzeitalters

■ Das Internet bietet eine unüberschaubare Anzahl von Informationsquellen zu allen erdenklichen Themen. Neben digitalen Zeitungen und Zeitschriften werden Nachrichten und Informationen zunehmend auch über soziale Netzwerke und private Blogs verbreitet. Von einer unabhängigen Redaktion bearbeitete und überprüfte Inhalte verlieren dabei an Bedeutung – so wird es auch immer schwieriger, den Wahrheitsgehalt einer Meldung richtig einzuschätzen. Welche Schritte sind notwendig, um eine Quelle richtig einzuordnen? ■

So kannst du vorgehen, um Informationen auf ihre Verlässlichkeit hin zu prüfen:

1. Überprüfung von Autor/-in/Impressum einer Seite
Wer ist der Inhaber der genutzten Webseite? Welche Interessen verfolgt er möglicherweise? Jede Webseite, die nicht gänzlich privat ist, benötigt ein Impressum. Fehlende Angaben im Impressum könnten ein Hinweis auf fehlende Seriosität sein.

2. Überprüfung der Aktualität der Webseite
Sind die gefundenen Informationen noch gültig? Wird die Internetseite regelmäßig gepflegt und aktualisiert?

3. Faktencheck
Lassen sich die auf der Webseite gefundenen Informationen auch auf anderen Webseiten wiederfinden? Kommen diese aus verschiedenen Quellen oder liegt (z.B. durch gleiche Formulierungen oder Textbausteine) der Verdacht nahe, dass eine Information (womöglich unkritisch) immer wieder kopiert wurde?

4. Überprüfung des Bildermaterials
Nicht nur Texte, auch Bilder können über die Suchmaschinen im Netz gefunden werden. So lässt sich herausfinden, woher die Aufnahmen stammen und ob das verwendete Bildmaterial auch noch in einem anderen Zusammenhang auftaucht.

5. Überprüfung durch andere Webseiten
Wird die Internetquelle von anderen Anbietern als seriös angesehen? Wird sie beispielsweise von anderen zitiert oder ist sie entsprechend verlinkt?

6. Anbieter kontaktieren
Bei Skepsis kann es lohnenswert sein, den Anbieter direkt zu kontaktieren. Die Angaben dazu finden sich im Impressum. Bei unklarer Autorenschaft oder fehlenden Angaben ist besondere Vorsicht geboten.

7. Expertenmeinung einholen
Das Internet ist heute eine wichtige, aber längst nicht die einzig mögliche Informationsquelle. Auch Bibliotheken, Redaktionen, Universitäten können Auskunft geben – manchmal ist es sicher lohnenswert, Experten ihres Faches direkt anzusprechen. (2020)

1 Tauscht euch darüber aus, wie ihr bei der Recherche von Informationen im Internet vorgeht. Welche Strategien wendet ihr an, um die Qualität der Informationen zu bewerten?

2 Beschreibt, welche der im Text genannten Strategien euch besonders zielführend erscheinen.

3 Ist es heute schwieriger als früher, an vertrauenswürdige bzw. zuverlässige Informationen zu kommen?
Begründet eure Einschätzung möglichst differenziert.

„Das Wunder von Bern“

Der Film „Das Wunder von Bern“ von Sönke Wortmann aus dem Jahr 2004 ist ein Fußballfilm, aber kein gewöhnlicher, der nur Sportfans begeistert. Er gilt heute als Klassiker seiner Art. Der Film thematisiert den legendären Gewinn der Fußballweltmeisterschaft durch die deutsche Nationalmannschaft 1954, führt aber auch anhand der Geschichte der Familie Lubanski in die Probleme und Nöte der Nachkriegsgesellschaft in den Fünfzigerjahren ein. Ihr geht dabei der Frage nach, welche Bedeutung die Fußballweltmeisterschaft für die deutsche Bevölkerung damals hatte und warum man noch heute von einem Fußballspiel spricht, das mehr als ein halbes Jahrhundert zurückliegt.

Darüber hinaus untersucht ihr in den folgenden Kapiteln, welche Rolle die Filmmusik bzw. der Ton sowie die Montage für die Wirkung einzelner Szenen spielen, wie man einzelne Bilder eines Films erläutert und wie man Filmkritiken schreibt. Ebenso lernt ihr, wie man das Verhältnis zwischen einzelnen Charakteren darstellt und Sachtexten wichtige Informationen entnimmt. Ausgehend von euren neu erworbenen Kenntnissen könnt ihr dann den Film in einer selbst verfassten Kritik abschließend bewerten.

Einen Spielfilm untersuchen

Filmische Gestaltungsmittel
Kameraführung, Kameraeinstellung, Kameraperspektiven
Musik, On-/Off-Ton
Geräusche, Stimmen
Schärfe und Unschärfe
Farben, Lichtführung
Schnitt, Blende
Zeitlupe, Zeitrafferaufnahme
Montage

1 Beschreibt die Abbildungen auf der linken Seite und versucht, mit ihrer Hilfe die Situation in Deutschland in der Zeit unmittelbar nach dem Zweiten Weltkrieg bis zur Mitte der 1950er-Jahre zu kennzeichnen.

2 Untersucht, welche Informationen die beiden Abbildungen auf dieser Seite enthalten. Wer von euch weiß etwas über die Fußball-WM 1954? Tragt euer Vorwissen zusammen.

3 Tauscht euch darüber aus, was man unter den einzelnen filmischen Gestaltungsmitteln im Kasten oben versteht und wie bzw. warum man sie einsetzt.

4 Sprecht darüber, welche literarischen Gestaltungsmittel den filmischen Gestaltungsmitteln entsprechen können.

1. „Das Wunder von Bern" – Ein typischer Fußballfilm?

Der Regisseur Sönke Wortmann drehte im Jahr 2002 einen Kinofilm über den Gewinn der Fußballweltmeisterschaft 1954. „Das Wunder von Bern" gilt heute als einer der erfolgreichsten deutschen Filme nach 1945 und wurde mit zahlreichen nationalen und internationalen Preisen ausgezeichnet.

Helmut Rahn, genannt der „Boss"

Filmausschnitt mit Matthias Lubanski (dargestellt von Louis Klamroth)

Jedes Kind braucht einen Vater.
Jeder Mensch braucht einen Traum.
Jedes Land braucht eine Legende.

Der Regisseur des Kinofilms „Das Wunder von Bern", Sönke Wortmann (r.), und die beiden Hauptdarsteller Peter Lohmeyer (Vater) und Louis Klamroth (dessen Sohn) stehen am 15.10.2003 im Essener Hauptbahnhof zusammen. Die drei kamen ebenso wie die Darsteller der Fußball-Nationalspieler von 1954 mit dem Zug, mit dem die Weltmeister seinerzeit von Spiez/Schweiz nach München gefahren waren, zur Filmpremiere im Essener Kino „Lichtburg".

1 Schaut euch die Bilder auf dieser Seite an und lest euch die Informationen durch.

2 Sprecht darüber, welche Erwartungen ihr an den Film habt. Worum könnte es gehen? Sammelt Ideen und bezieht dabei die drei nebenstehenden Sätze ein, die auf dem Filmplakat stehen.

Der folgende Text befindet sich auf der DVD des Spielfilms „Das Wunder von Bern“.

Das Wunder von Bern

Das Ruhrgebiet im Sommer 1954. Nach zehn langen Jahren kehrt Richard Lubanski aus der sowjetischen Gefangenschaft zurück – und versteht die Welt nicht mehr. Selbstbewusst hat seine Frau Christa die Familie durchgebracht, seine erwachsenen Kinder führen ihr eigenes Leben und sein Jüngster, den er überhaupt noch nicht gesehen hat, schwärmt für Fußballstars, deren Namen Lubanski nicht kennt – allen voran für Helmut Rahn, den „Boss“ von Rot-Weiß Essen. Während Lubanski verzweifelt um einen Platz in dieser ihm fremd gewordenen Welt kämpft, treffen bei der WM in der Schweiz die weltbesten Fußballmannschaften aufeinander. Und wie durch ein Wunder kämpfen sich dabei die krassen Außenseiter aus Deutschland bis ins Endspiel gegen Ungarn vor. Der 4. Juli 1954 wird der Tag, an dem sich alles entscheidet ...

Peter Lohmeyer und Louis Klamroth spielen Vater und Sohn Lubanski, überwältigend und unvergesslich, in einem bewegenden Film von Sönke Wortmann:
„Größer kann Kino nicht sein!“ (Der Spiegel)
„Fantastisch“ (Rudi Völler)

Fußballweltmeisterschaft 1954: Deutschland hat das Endspiel im Berner Wankdorf-Stadion vor 65 000 Zuschauerinnen und Zuschauern gewonnen. In der Mitte ist Kapitän Fritz Walter und links Horst Eckel zu sehen.

1 Recherchiert das Filmplakat zum Film „Das Wunder von Bern“ und stellt einen Zusammenhang zwischen dem Text auf dem Cover der DVD und dem Filmplakat her.

2 Arbeitet heraus, woran man erkennt, dass es sich bei dem Text auf dem Cover der DVD um einen Werbetext für den Spielfilm handelt. Achtet dabei besonders auf die sprachliche Gestaltung.

3 Überlegt, für welche Zielgruppe der Film von besonderem Interesse sein könnte. Begründet eure Meinung.

2. Deutschland nach 1945 – Eine Trümmerlandschaft?

1 Seht euch die ersten Szenen des Films „Das Wunder von Bern“ (Sequenz 1, 0:00:00 – Sequenz 3, 0:11:52, Angaben nach der DVD „Das Wunder von Bern, 2004) gemeinsam an. Was erfahrt ihr über den Alltag, die Wohn- und Lebensverhältnisse der Familie Lubanski in einer deutschen Stadt 1954? Welche Atmosphäre wird zu Beginn des Films vermittelt?

2 Vergleicht die im Film dargestellten Lebensverhältnisse mit eurem persönlichen Alltag.

3 Überprüft, inwiefern der Filmbeginn den Anforderungen einer Exposition (Einführung in die Ausgangssituation, in Ort und Zeit des Geschehens, Vermittlung der Grundstimmung, Vorstellung wichtiger Figuren, Andeutung von Konflikten) entspricht.

4 Untersucht, wie der Regisseur versucht, die Lebenssituation der Familie Lubanski bzw. der deutschen Bevölkerung durch die Gestaltung des Bildes links zum Ausdruck zu bringen. Beschreibt hierfür das Standbild mithilfe des Werkzeugkastens auf S. 279 und diskutiert, welche Absicht hinter den einzelnen Entscheidungen des Regisseurs stecken könnte.

5 Anhand eines weiteren Standbilds könnt ihr nun noch einmal selbstständig die Standbildanalyse und -interpretation üben. Übertragt dazu die folgende Tabelle in euer Heft und vervollständigt sie zunächst stichwortartig.

	Beschreibung	Wirkung
Blickfang	...	...
Einstellungsgröße	...	...
Perspektive	...	...
Licht und Schatten	...	...
Farbe	...	...
Anordnung der Figuren	...	...
Gestaltung des Raums	...	...

Das brauchst du immer wieder. ◆ So gehst du vor.

Ein Filmstandbild analysieren

Die Regisseurin / Der Regisseur eines Films ordnet die Bildelemente einer Einstellung (Figuren, Gegenstände usw.) wie auf einer Theaterbühne an, bevor sie/er anfängt zu drehen. Sie/Er dirigiert ganz bewusst, wohin unser Blick fallen soll, und versucht, etwa durch die Einstellungsgröße, die Perspektive, den bewussten Einsatz von Licht und Schatten sowie die Farbgebung, eine zu der Aussage der Szene passende Atmosphäre zu schaffen.

Im Zuge der Analyse und Interpretation eines Standbilds kann man folgende Bereiche beschreiben und deren Wirkung diskutieren:

- **Blickfang:** Was fällt einem zuerst ins Auge? Warum?
- **Einstellungsgröße:** Weit, Totale, Halbtotale, Amerikanisch[1], Halbnah, Nah, Groß, Detail
- **Perspektive:** Froschperspektive, Vogelperspektive, Normalsicht
- **Licht und Schatten:** Ist die Szenenausleuchtung hell, dunkel oder eine Kombination aus beidem? Gibt es größere Schattenflächen?
- **Farbe:** Welche Farbe überwiegt? Tragen die Farben eine bestimmte Bedeutung?
- **Anordnung von Figuren und Objekten:** Welchen Teil des Bildes beanspruchen einzelne Figuren und Objekte? Warum? Wie weit sind die Figuren voneinander entfernt? Haben einzelne Raumelemente eine symbolische Bedeutung?

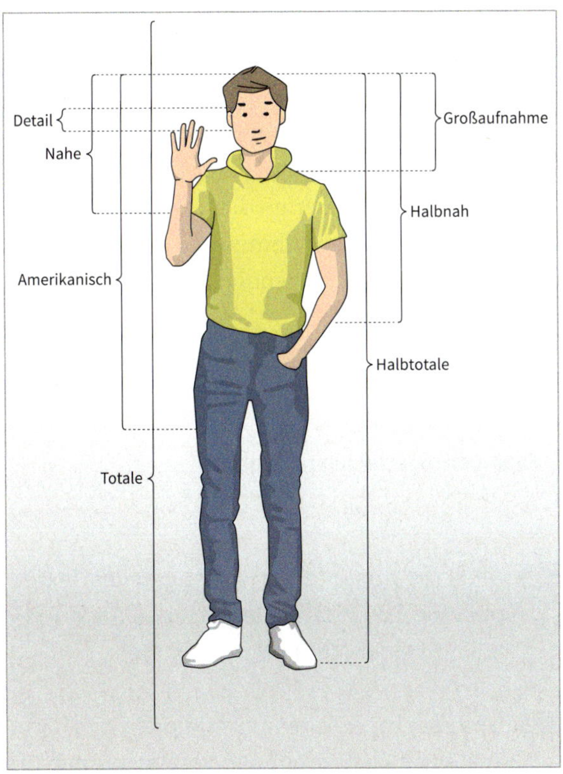

6 Verfasst nun mithilfe eurer Notizen in der Tabelle eine Analyse und Interpretation in Form eines vollständigen Textes. So könnt ihr beginnen:

Das vorliegende Standbild aus dem Spielfilm „Das Wunder von Bern" von Sönke Wortmann aus dem Jahr 2004 zeigt die Hauptfigur Matthias Lubanski auf seinem Weg durch ein Wohngebiet in Essen im Jahre 1954. Auf dem Bild fällt zunächst ... auf ...

[1] **Amerikanisch:** Die Einstellungsgröße (Figur bis zu den Hüften im räumlichen Umfeld) lehnt sich an die Erfordernisse des klassischen Westernfilms an. Dabei kommt es in der Regel zum so genannten „Showdown" – dem Duell der Widersacher –, bei dem die Figuren von oben bis zum Colteinsatz gezeigt werden (Wer schießt schneller?).

Martin Pohl (geb. 1971)

Deutschland 1945 – 1960: Zwischen „Stunde null“ und „Wirtschaftswunder“

Der Zweite Weltkrieg, den die Nationalsozialisten unter der Führung Hitlers begonnen hatten, war mit der bedingungslosen Kapitulation des Deutschen Reichs am 8. Mai 1945 [in Europa] zu Ende gegangen. [...] Die Niederlage im Zweiten Weltkrieg bedeutete für die deutsche Bevölkerung jedoch auch die Befreiung von der nationalsozialistischen Terrorherrschaft, was vielen angesichts der Zerstörung erst später bewusst wurde. Denn zusammengebrochen war nicht nur die Staatsordnung, großenteils zusammengebrochen waren infolge des Krieges auch die lebensnotwendigen Einrichtungen: Verkehrs- und Transporteinrichtungen waren zerstört, Eisenbahn und Post lahmgelegt, fast alle Behörden und Dienststellen hatten sich aufgelöst. Die großen Städte, aber auch viele mittlere und kleine, lagen in Trümmern, rund 5 Millionen Wohnungen waren total oder erheblich zerstört. Die Menschen in den Städten hausten in Kellern unter Trümmern, in Barackenlagern oder notdürftig hergerichteten Behelfswohnungen. In zahlreichen Städten war die Versorgung mit Elektrizität, Gas und Wasser äußerst unzureichend. [...]

Man hat die damalige Situation der Deutschen als „Stunde null“, d. h. als Zeitpunkt eines völligen Neuanfangs charakterisiert: Fast alles war zerstört, die materiellen und die immateriellen Werte. Die Hauptsorge der meisten Menschen galt dem Überleben, doch zugleich schien die Situation Deutschlands auch im positiven Sinne völlig offen zu sein. Man hoffte, die Vergangenheit völlig hinter sich lassen und mit der Gestaltung der Zukunft bei null anfangen zu können.

Mit der 1948 [...] in Westdeutschland eingeführten neuen Währung sowie einer neuen Wirtschaftsordnung, der „sozialen Marktwirtschaft“, die sehr schnell erstaunliche Erfolge zeigte, schöpften immer größere Teile der Bevölkerung neuen Mut und erlangten wieder finanziellen Wohlstand und soziale Sicherheit. Das Schlagwort vom „Wirtschaftswunder“ steht für die Motivation der deutschen Bevölkerung, die – scheinbar – einen „Aufstieg aus dem Nichts“ erlebte.

Gleichwohl wirkte sich das sogenannte „Wirtschaftswunder“ für viele erst spät aus. In den Fünfzigerjahren herrschten hinter der glänzenden Fassade noch viel Armut und Ungleichheit. Auch die Arbeitslosigkeit, die 1950 mit etwa 2 Millionen Menschen ihren höchsten Stand erreichte, konnte nur langsam abgebaut werden.

In allen Untersuchungen zur Freizeit in den Fünfzigerjahren werden als auffälligste Grundzüge die ausgeprägte Häuslichkeit und das Beisammensein innerhalb der Familie betont. Arbeit in Haus und Garten, die Lektüre der Tageszeitung und das Radiohören bildeten das Zentrum der Freizeit. Für den besonders ausgeprägten Hang zum Familiären und Privaten gab es verschiedene Gründe. Vor allem ist der sehr lange Arbeitstag von bis [zu] 14 Stunden aufzuführen. [...] Außerdem lag die Trennung vieler Familien durch die Abwesenheit des Vaters als Soldat und in der Gefangenschaft[1], der Söhne und Töchter durch die Evakuierung[2] im Krieg, durch Ausbombung und Wohnungsnot noch nicht lange zurück.

Das Anwachsen des Wohlstands und der zur Verfügung stehenden Freizeit änderte zunächst wenig an der vorherrschenden Häuslichkeit, die durch steigenden Komfort immer attraktiver wurde, nicht zuletzt durch die Ausstattung mit elektronischen Massenmedien. Die wichtigste außerhäusliche Unternehmung bildete insbesondere für Kinder und Jugendliche unter 18 Jahren der Sport.

(2008)

1 auch Schicksal älterer Söhne
2 **Evakuierung:** Gebietsräumung

1 Stellt die wesentlichen Aussagen des Textes über die Situation in Deutschland nach 1945 in Form einer Mindmap zusammen.

2 Untersucht, welche Informationen des Textes im Filmanfang umgesetzt wurden.

3. Die Familie Lubanski – Probleme einer typischen Familie der Nachkriegszeit?

1 Nach neunjähriger Kriegsgefangenschaft in Russland kehrt Richard Lubanski zu seiner Familie zurück. Wie stellt ihr euch das Wiedersehen der Familie vor?

2 Seht euch nun die Ankunft des Vaters gemeinsam an (Sequenz 3, 0:11:52 – 0:13:53) und achtet auf folgende Aspekte:

- Wie wirkt die Szene auf euch?
- Wo liegen Unterschiede zu euren vorher angestellten Vermutungen?
- Beschreibt die Aktivitäten auf dem Bahnhof bei der Einfahrt des Zuges sowie die wartenden Angehörigen. Welcher Eindruck wird vermittelt?
- Vergleicht eure Eindrücke von der wartenden Familie mit dem Erscheinungsbild und Verhalten des Vaters. Wie wirkt Richard Lubanski auf euch?

3 Am Ende der Szene sehen sich Richard und Christa Lubanski in die Augen. Stellt die Gedanken des Vaters sowie der Mutter in Form eines inneren Monologs (vgl. S. 51) dar. Berücksichtigt dabei Gestik und Mimik der beiden auf dem Standfoto.

4 Die Kamera übernimmt im Film die Funktion eines Erzählers. Seht euch die Sequenz noch einmal an und achtet darauf, aus welchen Sichtweisen bzw. Blickwinkeln die Kamera der Zuschauerin / dem Zuschauer das Geschehen am Bahnhof vor Augen führt. Welche Wirkung wird mit den unterschiedlichen Sichtweisen erreicht?

5 Ihr habt bereits im Zusammenhang mit der erzählenden Literatur das personale Erzählverhalten (s. S. 51) kennengelernt. Überlegt, in welcher Weise sich der Begriff auch auf den Film übertragen lässt.

6 Arbeitet die filmsprachlichen Mittel heraus, mit denen der Regisseur versucht, die Gefühle des Vaters und der Familie hervorzuheben.

teilten vereinbart wurde. Bis auch die letzten Anfang 1956 in der Bundesrepublik eintrafen, waren siebzehn Jahre seit Beginn des Zweiten Weltkrieges und elf Jahre seit seinem Ende vergangen. [...]

Wie in allen Krieg führenden Staaten bedeutete die Abwesenheit so vieler Männer eine enorme Belastung für die Gesellschaft. In den Familien fehlten die Väter und älteren Söhne. Zu Hause blieben die Frauen, alte Männer, Jugendliche und Kinder. [...]

Gegen Kriegsende und in der unmittelbaren Nachkriegszeit gab es kaum eine vollständige Familie. Die Frauen übernahmen nicht nur im Berufsleben, sondern auch in den Familien Aufgaben, die nach bisherigen gesellschaftlichen Vorstellungen als Männersache galten. Die älteren Jungen wuchsen in die Rolle des „Ersatzmannes" hinein. Die Mütter waren vielfach überfordert, mussten sie doch ihre Familie ernähren in einer Zeit, in der es nicht ausreichend zu essen gab; oftmals hatten sie nicht einmal mehr eine eigene Wohnung, im Winter kein Heizmaterial.

Die Männer waren bei ihrer Heimkehr – vor allem nach den entbehrungsreichen Jahren in sowjetischen Lagern – oft physisch sehr verändert. Schwere Gesundheitsschäden [...] waren häufig. Die Frauen hatten auf Männer gewartet, die ihre angestammten Rollen wieder übernehmen sollten, heim kamen aber oft menschliche Wracks, die erst gesund gepflegt und wieder aufgerichtet werden mussten. Darüber hinaus hatten sich viele Heimkehrer auch psychisch verändert. Über ihre Erfahrungen konnten sie nur schwer mit Menschen reden, die nicht dasselbe erlebt hatten. [...]

Die Rückkehr der Väter machte oft den Kindern Probleme. In der Not waren die Kinder mit ihren Müttern zu einer verschworenen Gemeinschaft zusammengewachsen. Während die meisten Ehefrauen aus den angezeigten Gründen eher bereit waren, dem Ehemann wieder einen Platz in der Familie einzuräumen, wollten die Kinder nicht ohne Weiteres ihre Erwachsenenrolle aufgeben. So mancher Heimkehrer ist in seiner Familie bis zu einem gewissen Grad immer ein Fremder geblieben.

(2000)

1 Arbeitet heraus, welche Informationen ihr dem Sachtext über die Situation der Kriegsheimkehrer und ihrer Familien entnehmen könnt. Welche Schwierigkeiten ergeben sich für das zukünftige Zusammenleben in den Familien? Erstellt dazu ein aussagekräftiges und übersichtliches Tafelbild.

2 Seht euch die folgenden Szenen an: Sequenz 6, 0:25:43 – Sequenz 12, 1:07:33 und achtet dabei auf diese Aspekte:

- Wo seht ihr Gemeinsamkeiten und Unterschiede zwischen der Situation der Kriegsheimkehrer, wie sie im obigen Sachtext dargestellt wird, und der Darstellung der Familie Lubanski im Film?
- Mit welchen Problemen hat Richard Lubanski als sogenannter „Spätheimkehrer" zu kämpfen?
- Welche Fehler begeht Richard Lubanski und wie reagieren die Familienmitglieder?
- Wie erklärt Mutter Christa ihrem Sohn Matthias das Verhalten des Vaters?
- Wie verhalten sich die älteren Geschwister gegenüber Matthias?

3 Entwerft abschließend eine Skizze, die die Mitglieder der Familie Lubanski in ihrer Zu- und Abneigung und ihrer Nähe zueinander darstellt.

Matthias und Helmut Rahn – Ein Drehbuchauszug

■ In der folgenden Szene will Matthias den Fußballer Helmut Rahn zum Training abholen. Als trotz Klingelns an der Haustür keiner öffnet, beginnt Matthias, Steinchen an ein Fenster der Wohnung zu werfen. Ein Stein fliegt durch das halb geöffnete Fenster und trifft den offensichtlich noch schlafenden Helmut am Kopf. Wütend erscheint er am Fenster. ■

HELMUT RAHN: Sag mal, willst du mich umbringen, Furzknoten?

MATTHIAS: Entschuldigung, aber wir sind schon ganz spät dran!

HELMUT RAHN: Spät dran? Für wat denn?

MATTHIAS: Für Training!

HELMUT RAHN: Wat hamm wir denn für nen Tag heute?

MATTHIAS: Dienstag.

HELMUT RAHN: Wie viel Uhr?

MATTHIAS: Halb fünf.

HELMUT RAHN: O.k., Viertelstunde.

– Einige Zeit später auf der Straße. Matthias und Helmut Rahn sind auf dem Weg zum Training –

MATTHIAS: Mensch Boss[1], du siehst furchtbar aus!

HELMUT RAHN: Ja, es ... es ist gestern Abend etwas später geworden. Wir hatten ... wir hatten ne Besprechung.

MATTHIAS: Ne Besprechung? Worüber?

HELMUT RAHN: Hab ich vergessen.

MATTHIAS: Wir müssen uns wirklich beeilen!

HELMUT RAHN: Mensch Mattes, du bist echt ne Landplage, erst werd ich beinahe gesteinigt und dann noch gehetzt. Kannst du nicht Sturm klingeln wie jeder normale Mensch? Dein Vorgänger, der Michael, der war doch auf Zack! Ich weiß noch: Jedes Mal, nach jedem großen Spiel, stand er nachher mit zwei großen Flaschen Bier da ... und zwar eiskalt! ... He, Kleiner, du bist doch jetzt nicht beleidigt, oder was?

MATTHIAS: Ne ... aber wenn ich's nicht gut genug mache, nimmst du vielleicht nen anderen Taschenträger.

HELMUT RAHN: Mattes, jetzt red doch nicht so nen Blödsinn. Du bist doch mein Maskottchen. Schließlich gewinn ich nur, wenn du dabei bist. Haben wir ja in Aachen wieder gesehen. Glaubst du wohl nicht, was? Das stimmt aber wirklich! Immer wenn du dabei bist, kann ich die ganz engen Spiele noch umbiegen. Jedes Mal! O.k.? ... Komm! Ja, komm baldig! Sonst muss ich noch fünfzig Pfennig in die Mannschaftskasse blechen!

MATTHIAS: Sag ich doch!

---

[1] **Boss:** Spitzname von Helmut Rahn

1 Lest den Drehbuchauszug mit verteilten Rollen. Überlegt, warum gerade diese Szene wichtig für den Film ist.

2 Beschreibt das Verhältnis zwischen Helmut Rahn und Matthias. Achtet dabei auch darauf, wie sich die beiden gegenseitig bezeichnen.

3 Interpretiert das Standbild auf S. 285. Wie versucht der Regisseur, die Beziehung zwischen Matthias und Helmut durch filmsprachliche Mittel zu unterstützen?

4 Erinnert ihr euch an weitere Begebenheiten aus dem bis jetzt gesehenen Film, die die Beziehung zwischen Matthias und Helmut Rahn charakterisieren? Inwiefern spielt die Familiensituation von Matthias eine Rolle für die Freundschaft der beiden?

5 Stellt abschließend die Beziehung folgender Figuren als Figurenkonstellation (in Form einer Zeichnung bzw. eines Schaubilds mithilfe von Pfeilen, Bildern oder Symbolen) grafisch dar: Matthias, Mutter Christa, Vater Richard, Schwester Ingrid, Bruder Bruno, Helmut Rahn. Hilfen zur Darstellung einer Figurenkonstellation findet ihr unter: **SNG-28054-047**.

6 Welche Bedeutung spielt der Fußball für Matthias? Formuliert die Gedanken des Jungen in Form eines Tagebucheintrags.

Die Bedeutung des Fußballs für die Beziehung zwischen Vater und Sohn – Montage

Bei Filmaufnahmen ist es üblich, dass die einzelnen Einstellungen nicht in der Reihenfolge gedreht werden, in der man sie später sieht. Die filmischen Einheiten müssen in der Regel neu angeordnet werden.

1 Betrachtet die beiden Bilder unten von links nach rechts und stellt Vermutungen darüber an, was in der dargestellten Szene passieren könnte.

2 Dreht nun die Reihenfolge der beiden Bilder um. Ändert sich dadurch etwas an euren Vermutungen über die Handlung der Szene?

Die folgenden Standbilder stammen aus einer Sequenz, die einen wichtigen Wendepunkt in der Entwicklung Richard Lubanskis markiert.

1 Beschreibt, worin sich die Standbilder filmsprachlich unterscheiden.

A

B

C

D

E

F

G

H

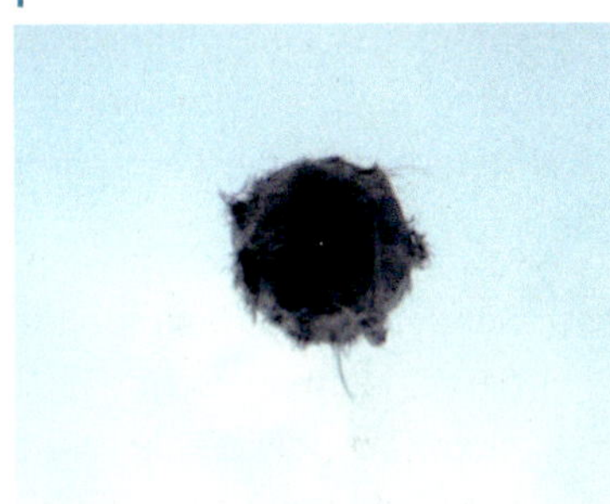
I

J

K

L

2 Bringt die für die einzelnen Handlungsschritte stehenden Standbilder in eine sinnvolle Reihenfolge. Bild A bildet dabei den Anfangs-, Bild L den Endpunkt der Sequenz.

3 Stellt die Montage euren Mitschülerinnen und Mitschülern vor, indem ihr eure Vorgehensweise genau begründet und die Handlung in eurer Sequenz erläutert.

4 Bestimmt und vergleicht die Größen der Einstellungen (vgl. S. 279). Achtet dabei auch auf den Anfang und das Ende der Sequenz. Welche Wirkung will der Regisseur mit den unterschiedlichen Einstellungsgrößen erreichen?

5 Diskutiert, warum der Regisseur das Mittel der Montage verwendet, anstatt die Szene in einem Stück zu drehen. Welche Wirkung wird durch das Verknüpfen unterschiedlicher Einstellungen erreicht?

Info: Montage

Die kleinste Einheit eines Films nennt man **Einstellung**. Eine Einstellung weist in der Regel eine einheitliche Perspektive, Einstellungsgröße o. Ä. auf.
Einstellungen werden nie in chronologischer Reihenfolge gedreht, sondern müssen nach dem Dreh neu arrangiert werden. Diesen kreativen Vorgang des Verknüpfens von mindestens zwei Einstellungen zu einer inhaltlichen Einheit nennt man **Montage** oder **Filmschnitt** – also die Auswahl, Bearbeitung und Strukturierung des Bild- und Tonmaterials. Die gängigste Methode, unterschiedliche Einstellungen aneinanderzureihen, ist die **„erzählende oder szenische Montage"**. Die Aufmerksamkeit der Zuschauerinnen und Zuschauer soll ausschließlich auf die erzählte Geschichte, die Figuren und ihre Handlungen gerichtet sein. Die Einstellungen sind daher in der Regel inhaltlich so aufeinander bezogen, dass man die Schnitte kaum wahrnimmt. Bei den Zuschauerinnen und Zuschauern bleibt der Eindruck einer fortlaufenden Handlung bestehen.
Eine Gruppe aufeinanderfolgender Einstellungen nennt man eine **Sequenz**. Diese Einstellungen kann man in einem **Filmprotokoll**, das alle Faktoren (Figuren, Dialoge, Kameraführung, Perspektive usw.) in Tabellenform genau aufzeichnet, festhalten. Dies erlaubt auch eine genaue Untersuchung der Montagetechnik.

1 Seht euch nun die folgenden Szenen gemeinsam an: Sequenz 12, 1:07:33 – Sequenz 13, 1:12:51. Achtet dabei besonders auf die Entwicklung, die Richard Lubanski im Verlauf der Sequenzen durchmacht.

2 Überlegt, warum die Sequenz, in der Richard Lubanski alleine Fußball spielt, immer wieder als „Wendepunkt" des Films bezeichnet wird.

3 Formuliert die Gedanken des Vaters nach dem Torschuss (Standbild L) in Form eines inneren Monologs (vgl. S. 51). Geht dabei auch darauf ein, welche Bedeutung das Fußballspielen für ihn hat.

4 Seht euch noch einmal die Szene an, in der Herr Lubanski von seiner Zeit im Gefangenenlager berichtet: Sequenz 13, 1:09:25 – 1:12:51. Versucht, die Anzahl der einzelnen Einstellungen, aus denen sich die Szene zusammensetzt, zu schätzen.

5 Der Regisseur präsentiert uns mithilfe der Montage unterschiedliche Eindrücke während des Gesprächs. Was kann der Zuschauer außer Richard Lubanski sehen? Begründet, warum der Regisseur das Mittel der Montage anwendet.

6 Seht euch nun den Film bis zum Ende an. Achtet dabei auf folgende Aspekte:

- Wie verknüpft Regisseur Sönke Wortmann die Familiengeschichte mit dem Endspiel?
- Wie entwickelt sich das Verhältnis zwischen Vater und Sohn?

4. „Wir sind wieder wer"?! – Die Bedeutung des Fußballspiels damals und heute

General-Anzeiger Bonn (5.6.1954):

Erinnern wir uns an die Zeit vor neun Jahren. Ein großer Teil der deutschen Soldaten, die über fünf Jahre an vielen Fronten gekämpft hatten, brütete in riesigen Gefangenenlagern darüber, welches ihre Zukunft sein würde. Auf Kohlenzügen, Lastwagen und mit anderen abenteuerlichen Mitteln begann die deutsche Bevölkerung, von den Plätzen, an denen sie das Ende des Krieges getroffen hatte, in ihre Heimat zurückzukehren, in eine Heimat, in der die Straßen von Trümmerschutt gefüllt und die Wohnstätten zerstört waren, in der Hunger und Arbeitslosigkeit den Blick in die Zukunft verdüsterten. Neun Jahre später ist dieses geschundene, gedemütigte und in der Welt verachtete deutsche Volk wieder in der Lage, an großen internationalen Sportwettbewerben teilzunehmen und zu siegen.

Schweizer National-Zeitung (5.6.1954):

Nur wer weiß, wie in der NS-Zeit befreiende Begeisterung seit Jahrzehnten abgeschnürt wurde, kann verstehen, was sich in Deutschland seit dem vergangenen Sonntag ereignet hat, als der Schiedsrichter das Fußballfinale im Berner Wankdorfstadion abgepfiffen hat. Es war, als lösten sich Ventile, als strömten urplötzlich längst verdrängte Kräfte nach außen [...].

Fortschritt (5.6.1954):

[...] Da der Sport nun einmal jede andere Institution des öffentlichen Lebens an Volkstümlichkeit überragt, sind Erfolge auf diesem Gebiet auch ein gewaltiger Zuwachs an internationalem Ansehen. Darum haben unsere Fußballer in Bern [...] eine Leistung vollbracht, die uns mit der Zuversicht erfüllt, dass wir Deutschen im friedlichen Wettbewerb der Nationen die Schatten der Nachkriegszeit überwunden haben.

Süddeutsche Zeitung (5.6.1954):

Ein großer Sieg, ein großer Tag, aber nur ein Spiel.

Information (Kopenhagen, 5.6.1954):

Überall in Europa überlief es Tausende von Radiohörern und Fernsehern kalt bei der Auswirkung, die der Sieg sofort hatte. Es fehlte offenkundig nur ein „Sieg Heil", um die ganze Stimmung von der Berliner Olympiade[1] wieder erstehen zu lassen. Die Deutschen sangen „Deutschland, Deutschland über alles", dass es dröhnte. Und es sah aus, als ob dieser Sieg den aufwog, der 1940 bis 1945 ausgeblieben war.

[1] **Berlin Olympiade:** 1936 fanden die Olympischen Spiele in Berlin statt. Sie wurden von den Nazis als große Propagandaveranstaltung für den Nationalsozialismus inszeniert.

1 Vergleicht, wie in den verschiedenen Presseberichten der Sieg der deutschen Nationalmannschaft kommentiert wird. Achtet dabei auch auf die verschiedenen Erscheinungsorte der Zeitungen.

2 Seht euch noch einmal die Darstellung des Endspiels im Kinofilm „Das Wunder von Bern“ (Sequenz 16, 1:23:09 – Sequenz 18, 1:40:34) an und untersucht, welche Einschätzung des Sieges der Film vornimmt. Hierfür solltet ihr arbeitsteilig auf folgende Aspekte achten:

- Wie wird die Bedeutung des Endspiels durch die Zuschauerinnen und Zuschauer in der Schweiz und in Deutschland eingeschätzt?
- Wie werden die deutschen Nationalspieler dargestellt?
- Inwiefern unterstützt die Filmmusik zu Beginn und während des Spiels die Darstellung der deutschen Spieler bzw. die Bedeutung des Endspiels für Deutschland?

3 Bei diesem Standbild handelt es sich um die letzte Einstellung des Films. Welche Atmosphäre vermittelt es? Sammelt spontan eure ersten Eindrücke.

4 Führt eine Standbildanalyse durch. Wie wird Deutschland nach dem Gewinn der Weltmeisterschaft dargestellt?

5 Vergleicht eure Standbildanalyse des Schlussbilds mit den Analysen der Standbilder zu Beginn des Films (vgl. S. 278f.).

6 Diskutiert, warum der Regisseur gerade diese Einstellung für den Abschluss seines Filmes wählt. Welche Einschätzung des Gewinns der Weltmeisterschaft wird damit den Zuschauerinnen und Zuschauern nahegelegt?

1 Diskutiert, warum Fußballsport so beliebt ist und wie Fußball und Sport im Allgemeinen in den Medien vermittelt werden.

2 Sammelt unterschiedliche Auffassungen, welche Bedeutung Fußball für euch hat.

Anne Haeming, Barbara Lich, Bastian Obermayer

Liebeserklärungen an den Fußball

Caroline Boßmann, 15,
Nachwuchsschiedsrichterin beim FV Knittlingen, Bretten

Es fing an mit einer Wette. Ich habe früher immer in Jungsmannschaften gespielt. Ein Teamkollege sagte damals: Die Schiedsrichterprüfung schaffst du nie. Jetzt pfeife ich seit anderthalb Jahren, Mädchen wie Jungs. Die Mädels sind unkomplizierter. Die Jungs fangen bei jeder Entscheidung an zu debattieren. Übel beschimpft wurde ich übrigens von den Nachwuchsspielern von Chelsea London. Da fielen heftige Ausdrücke – zum Glück auf Englisch, da habe ich nicht alles verstanden. Ob ich lieber spiele oder pfeife? Das hängt von der Tagesform ab. Sicher ist: Für mich ist Fußball der absolute Ausgleich zum Alltagsstress. Ich glaube nicht, dass ich bei einer anderen Sportart, Handball zum Beispiel, so ein Zufriedenheitsgefühl entwickeln könnte. Als meine Familie im vergangenen Sommer umziehen musste, habe ich – noch bevor wir eine neue Wohnung gefunden hatten – sofort nach Vereinen in der Umgebung gesucht. Wenn ich mal zwei, drei Wochen nicht auf dem Platz stehe, werde ich total zickig.

David Mamunz, 18,
Schüler, Nürnberg

Fußball bedeutet mir alles. Mehr als die Schule, mehr als meine Freundin. Ich trainiere jeden Tag dafür, dass mein großer Traum in Erfüllung geht: eine Karriere als Profifußballer. Dann könnte ich mit Fußball Geld verdienen wie andere im Büro und ich könnte ganz sicher in Deutschland bleiben. Ich kam ungefähr mit 14 Jahren hierher, meine Eltern wurden im Krieg zwischen Armenien und Aserbaidschan erschlagen. Ich wurde am 29. Dezember 1990 auf der Straße gefunden und auf drei Jahre geschätzt, das ist also jetzt mein offizielles Geburtsdatum. Wie alt ich wirklich bin, weiß ich nicht. Aber ich weiß: Andere in etwa meinem Alter spielen schon in der Bundesliga! Ich will später nicht sagen müssen, dass ich mich mehr hätte anstrengen können. Deswegen trainiere ich am Wochenende und in den Ferien sogar zweimal, ich merke ja, dass ich immer noch viel lernen muss. Mein Trainer muss mich manchmal bremsen, wenn ich es übertreibe mit dem Training. Es muss ja gar nicht der FC Bayern sein, die Zweite Bundesliga wäre auch toll.

Gerhard Stoll, 46,
blinder Fan von Bayer 04 Leverkusen, Köln

Wenn ich im Stadion bin, läuft bei mir ein innerer Film ab. Sicher, es ist ein Film der Siebziger- und Achtzigerjahre. Ein Film aus der Zeit also, als ich noch gesehen habe, vor dem Unfall mit 13 Jahren. Im Stadion sind wir Blinden stark auf Emotionen angewiesen, auf die Ohs und Ahs der Fans, auf die Gesänge, die Stimmung. Schon wenn ich von meiner Wohnung zum Stadion fahre, steigt das Adrenalin. Seit 1999 gehe ich regelmäßig zu Bayer 04 Leverkusen.
Hier reportieren Jugendtrainer für blinde Fans das Spiel über Kopfhörer. Wenn ein Spieler aufs Tor zurennt und alle brüllen oder pfeifen, dann hören wir das ja. Den Rest berichten uns unsere Reporter. Mit Radiohören ist das nicht zu vergleichen, da ist man nun mal nicht mittendrin. Fußball bedeutet für mich, Teil einer riesengroßen Gemeinschaft zu sein. Deshalb bin ich auch gern bei Auswärtsspielen dabei, selbst wenn es dort den Blindenservice nicht immer gibt. Manchmal muss ich einfach in die Kurve. Fußball ist für mich mein Ventil, im Stadion kann ich so richtig aus mir rausgehen: Beim Spiel Leverkusen gegen Manchester United bin ich vor Freude mal so hoch gesprungen, dass mir der Kopfhörer um die Ohren geflogen ist.

3 Untersucht, welche Bedeutung der Fußball für die drei befragten Menschen hat.

4 Stellt die in den Texten genannten Funktionen des Fußballspiels thesenartig zusammen und diskutiert diese Thesen.

5 Erläutert, inwiefern der Fußball im Film „Das Wunder von Bern" eine über die bloße Unterhaltung hinausgehende Rolle spielt.

6 **So könnt ihr weiterarbeiten:**

a Verfasst einen eigenen kritischen Text oder eine persönliche kurze „Liebeserklärung" an das Fußballspiel. Ihr könnt darin auch Schilderungen von persönlichen Erfahrungen einbauen.

b Stellt euch gegenseitig Sportbücher vor. Ihr könnt auch eine Ausstellung in eurer Schulbibliothek organisieren und die Bücher auf einem Büchertisch ausstellen. Informiert die Besucherinnen und Besucher auf Karteikarten darüber, worum es in den Sportbüchern geht und wie ihr diese bewertet.
Wenn ihr noch einmal wiederholen möchtet, was ihr beim Vorbereiten und Vortragen eines Referats beachten müsst, findet ihr Hinweise unter **SNG-28054-048**.

5. „Wortmann, ab zum Sondertraining?!" – Die Bewertung des Spielfilms

Trotz seines großen Erfolgs wurde der Spielfilm „Das Wunder von Bern" nicht nur positiv aufgenommen ...

peg 66 (Pseudonym)

Im Strafraum der Geschichte („Das Wunder von Bern")

Ob Chancenverwertung eine Stärke des deutschen Films ist? „Ja gut, sicherlich!", möchte man da antworten: „Das kann man so oder so sehen!" Also, schau mer mal, wie der Sönke, also der Wortmann, ein Ex-Fußballer, der sich aufs Toremachen genauso gut wie aufs Filmemachen versteht (immerhin schoss er die SpVgg Erkenschwick einst in die Zweite Liga!) – also, wie der die Sache mit dem 54er-Weltmeister-Titel hingebracht hat.

Zunächst mal: Wortmann agiert aus einer soliden, massiven Deckung heraus und verteilt so die dramaturgischen Bälle an eine möglichst große Zahl von Zuschauern: Das ist Kino für die ganze Familie, für Jung und Alt, quer über den Platz von West nach Ost und über sämtliche Geschlechtergrenzen und politischen Lager hinweg. Und nicht nur der Kanzler, auch der Teamchef ließen verlautbaren, sie seien im Kino gewesen und hätten: geweint. Jawohl.

Im Mittelfeld dagegen ist wirklich was geboten: Da zeigt uns der Sönke, also der Wortmann, was einen modernen Regisseur ausmacht: Das Standwird durch das Spielbein ersetzt, und so persifliert[1] er das Fernsehen der 50er-Jahre auf liebevollste Weise, setzt auf den Charme der Unbeholfenheit von Bildern und Tönen, die gerade erst das Krabbeln lernen: und lässt den Toni, also den Turek, den mitten im Finale von Zimmermann zum Fußballgott Geadelten, einen Ball zugunsten von Kriegsheimkehrern verlosen. Und wie er den Fritz mit dem „Chef" über den „Boss" parlieren[2] lässt, das hat nicht nur Witz, sondern auch Klasse. Trotzdem: Am 16er ist Schluss – die Schönspielerei erweist sich letztlich als laues Lüftchen, denn wirkliche Treffer landet Wortmann dann doch nicht – will sagen: Dokumentarisch Relevantes[3] bleibt außerhalb des Rasens. Die Chance, die im Stoff liegt, wurde vergeben: nämlich eine Geschichte zu erzählen vom Wandel eines Volks [...]. [Ein Volk], das seinen Allmachtsfantasien und dem Volksgemeinschaftswahn abgeschworen hat und zur Gesellschaft reift, die den Anschluss an die Völkergemeinschaft sucht – und dessen Wirtschaftswunder seine Entsprechung im „Wunder von Bern" erlebt. Und dass sich dieser Wandel nur vollzog unter heftigen Geburtswehen – nämlich denen der Kontinuität[4]: Denn im Wankdorf-Stadion feierte das anwesende deutsche Publikum sein Team mit der ersten Strophe der Fallersleben-Hymne[5] über alles – und Peco Bauwens, seines Zeichens DFB-Präsident, verschluckte sich nach dem 3:2 beim Aufwallen nationaler Gefühle so heftig, dass er

1 **persiflieren:** auf komische Weise nachahmen
2 **parlieren:** reden, plaudern
3 **Relevantes:** Wichtiges, Erhebliches
4 **Kontinuität:** ununterbrochener, gleichmäßiger Fortgang von etwas
5 Gemeint ist hier die nach dem Zweiten Weltkrieg wegen eindeutig nationalistischer Tendenzen verbotene erste Strophe der deutschen Nationalhymne.

anschließend vom Bundespräsidenten Heuss zurückgepfiffen werden musste.[1]

Von alledem bei Wortmann kein Wort: stattdessen eine gefühlsduselige Heimkehrer-Ballade im Bilderbogenformat, die die Versöhnung von Vater und Sohn (ach ja: neben dem Boss sind die beiden ja die Hauptpersonen!) erst im Augenblick des Sieges gestattet. „Wortmann, ab zum Sondertraining! Tiefe tanken im Strafraum!“

(Jetzt.de, Süddeutsche Zeitung, 24.10.2003)

---

[1] Nach dem Gewinn der Weltmeisterschaft hielt der damalige Präsident des Deutschen Fußball-Bundes, Peco Bauwens, in München eine Rede, die als Lob auf das Führerprinzip verstanden werden konnte. Eine Liveübertragung der Rede im Bayerischen Rundfunk wurde von entsetzten Redakteuren abgebrochen.

1 Formuliert eure spontanen Eindrücke zu dieser Filmkritik.

2 Fasst die Thesen aus der Filmkritik zusammen, indem ihr den Text gliedert und den einzelnen Abschnitten Überschriften gebt.

3 Untersucht die Sprache der Filmkritik. Was fällt euch dabei auf? Stellt Vermutungen an, für welche Zielgruppe die Rezension verfasst wurde.

4 Bewertet abschließend mithilfe der vorangegangenen Ergebnisse sowie dem unten stehenden Werkzeugkasten die Rezension. Ihr könnt hierfür folgende Tabelle in eurem Heft anlegen:

Das ist gut gelungen	Das könnte verbessert werden	Verbesserungsvorschläge
...	...	...

5 Verfasst eine eigene Rezension zu dem Film „Das Wunder von Bern“ von Sönke Wortmann.

6 Überlegt abschließend gemeinsam, welche Rolle Rezensionen von Filmen oder Büchern für den möglichen Erfolg der Werke spielen können. Geht dabei von euren eigenen Erfahrungen mit Film- oder Buchbesprechungen aus.

Das brauchst du immer wieder. ◆ So gehst du vor.

Eine Rezension zu einem Film verfassen

Eine gute Rezension sollte

- als Empfehlung bzw. Entscheidungshilfe für die Zuschauerin / den Zuschauer dienen,
- den Namen der Regisseurin / des Regisseurs, den Titel des Films, das Erscheinungsland sowie das Erscheinungsjahr nennen,
- durch einen originellen Einstieg zum Weiterlesen der Kritik anregen,
- eine knappe Inhaltsangabe der wichtigsten Handlungsschritte des Films beinhalten, ohne das Ende zu verraten,
- die Besonderheiten des Films anschaulich beschreiben (z. B. Thema oder Handlung des Films, Aufbereitung der Handlung, Schauspieler, Filmmusik und weitere auffällige filmsprachliche Mittel, Stimmung des Films, Zielpublikum, weitere Kritikermeinungen usw.),
- die möglichen Absichten der Regisseurin / des Regisseurs darstellen,
- eine positive, negative oder ausgeglichene „Beurteilung“ bzw. „Bewertung“ enthalten.

Lernaufgabe

Sucht euch eine der Kurzgeschichten aus dem Lehrwerk aus (z. B. „Das Fenstertheater“, S. 52f.; „Augenblicke“, S. 61 f.) und überlegt, wie man sie verfilmen könnte. Bei der Nutzung von allen Materialien (Texte, Musik, Fotos) sind die Persönlichkeitsrechte und Urheberrechte zu beachten. Bei der Verfilmung sind verschiedene Arbeitsschritte sinnvoll:

- Geht den Text abschnittsweise durch und überlegt, in welche Szenen sich die Handlung aufteilen lässt und was jeweils in den Szenen zu sehen sein sollte.
- Überlegt, ob ihr die Reihenfolge der Kurzgeschichte übernehmen oder Umstellungen vornehmen wollt.
- Gibt es Dialoge in der Kurzgeschichte, die übernommen werden können? Ist der Einsatz einer Erzählerstimme aus dem Off sinnvoll und nötig?
- Arbeitet heraus, wie Passagen des Erzählers in Filmbilder umgesetzt werden können.
- Stellt Überlegungen zum Ton an: Welche Geräusche sind wichtig für die Szenen? Welche Musik könnte verwendet werden?
- Erstellt ein Drehbuch. Ein Drehbuch enthält alle Informationen zum Film: die Bildkomposition, die Bilderfolge, die Montage der Bilder, die zeitliche Dauer der Einstellungen, die Standorte der Kamera und der Personen, die Beleuchtung, die Gestik und Mimik der Schauspieler/-innen, die Hintergründe, die Handlung, den Ton, die Musik, die kameratechnische Bildführung in chronologischer Reihenfolge für jede einzelne Einstellung.
- Erstellt ein sogenanntes Storyboard. Unter einem Storyboard versteht man eine Art Szenenbuch. Es ist eine zeichnerische Version eines Drehbuchs. Storyboards werden eingesetzt zur Planung einzelner Filmszenen mittels skizzenhafter Darstellungen vor dem eigentlichen Drehbeginn. Dabei wird das geschriebene Drehbuch in Bilder umgesetzt und mit der konkreten Gestaltung wie etwa Perspektive, Blickwinkel und Einstellungsgröße angereichert.
- Überlegt euch einen geeigneten Drehort.
- Wenn ihr den nun gut geplanten Film umsetzen wollt, müsst ihr vor dem Filmen meist noch rechtliche Fragen abklären: Dürft ihr an dem geplanten Ort filmen? Wen müsst ihr um Erlaubnis fragen? Sind alle Personen einverstanden, dass sie gefilmt werden? Wenn Schüler/-innen dabei sind: Sind auch die Eltern einverstanden?
- Damit der Film hinterher möglichst wenig geschnitten werden muss, solltet ihr die Einstellungen in der chronologisch richtigen Reihenfolge drehen.

Üben, wiederholen und mehr ...

In diesem Kapitel erhaltet ihr vor allem Material, um Wichtiges aus den letzten Schuljahren zu wiederholen und euch auf die folgende Jahrgangsstufe vorzubereiten. Im Einzelnen geht es um

- das Verfassen einer Textzusammenfassung (als Teil der Interpretation),
- die Interpretation eines Erzähltextes,
- die sprachliche Überarbeitung von Texten,
- das richtige Zitieren,
- das Schreiben eines Informationstextes auf Materialbasis,
- das Erstellen eines Diagramms mithilfe eines Textverarbeitungsprogramms,
- das Verfassen von Bewerbungsschreiben/Lebenslauf,
- Wortarten,
- Satzglieder,
- Nebensätze/Gliedsätze,
- Rechtschreibung,
- Zeichensetzung.

REGEL

Aktiv und Passiv im sprachlichen Vergleich

Formulierungen im Passiv hören sich manchmal umständlich an. Lebendiger und anschaulicher wirkt dagegen das Aktiv. Oft empfindet man es – z. B. bei Geschäftsbriefen – als persönlicher. Es ist aber sinnvoll, das Passiv zu benutzen, wenn

- der Handelnde unbekannt ist,
- er nicht erwähnt werden soll oder möchte (Dem Verein wurden die Bälle und Trikots gesponsert.),
- der Handelnde unerheblich ist (Das Spiel wurde beendet.),
- der Vorgang, die betroffene Sache oder der betroffene Mensch und nicht der Handelnde hervorgehoben werden soll (Markus Rehm wurde als Sportler geehrt.).

REGEL

Zitierweisen und -regeln

- Zitate können durch einen Begleitsatz eingeleitet werden. Die Kennzeichnung des Zitats erfolgt dann wie bei der wörtlichen Rede durch Anführungszeichen. Auslassungen in dem Zitat werden durch drei Punkte in eckigen Klammern kenntlich gemacht:
Die Kurzgeschichte „Augenblicke" beginnt mit einem unvermittelten Einstieg: „Kaum stand sie vor dem Spiegel [...]." (Z. 1)

Erworbene Fähigkeiten trainieren

Das brauchst du immer wieder. ◆ So gehst du vor.

Sich im Wörterbuch orientieren

Wenn man sich bei der Rechtschreibung unsicher ist, sollte man immer mit einem Wörterbuch arbeiten. Dort erfährt man meistens nicht nur etwas über die Schreibweise, sondern auch etwas über

- die Aussprache (Betonung und Länge/Kürze der betonten Vokale),
- die Bildung des Genitivs,
- die Pluralform,
- die Herkunft des Wortes,
- die Wortbedeutung,
- weitere Wörter aus der Wortfamilie,
- unterschiedliche Verbformen,
- die Steigerungsformen der Adjektive,
- die Worttrennung.

Verben sind im Wörterbuch immer in der Form des Infinitivs eingeordnet (er liest → lesen), Adjektive in der Grundform (am besten → gut).
Dort, wo das Regelwerk zwei verschiedene Schreibweisen erlaubt, sind diese auc aufgeführt. Im Auszug auf S. 361 bedeutet die gelbe Unterlegung, dass diese Schreibweise empfohlen wird.

- Den Kontakt zu anderen Menschen meidet er, ______ diese ihm zu laut sind und ihn zu bedrängen scheinen.
- Möglicherweise hat er sich ______ des Todes seiner Frau völlig in sich selbst zurückgezogen.
- Noch ______ er sich setzen kann, hört er ein irritierendes Geräusch aus dem Beichtstuhl.

1. Die Textzusammenfassung als Teil der Interpretation

Das brauchst du immer wieder. ◆ So gehst du vor.

Die Textzusammenfassung verfassen

Mit einer Textzusammenfassung will man jemanden über den Inhalt eines literarischen Textes, z. B. einer Kurzgeschichte, eines Dramas, einer Ballade, eines gesamten Buches oder auch eines Films informieren. Sie ist auch Teil der Interpretation und gibt zu Beginn des Hauptteils der Interpretation einen Überblick über die Handlung.
In der **Textzusammenfassung** werden die wichtigsten Geschehnisse (Figuren, Ort, Zeitpunkt, wichtige Handlungsschritte) mit eigenen Worten zusammengefasst. Auf die Darstellung von Einzelheiten wird dabei verzichtet, man beschränkt sich auf das Wesentliche.
Die **Sprache** der Textzusammenfassung ist bestimmt durch ihre informierende Absicht, sie ist sachlich und enthält keine Spannung erzeugenden oder besonders textnahen Formulierungen. Mit Adverbialsätzen oder adverbialen Bestimmungen könnt ihr den zeitlichen (Nachdem er ein Geräusch gehört hat …/Bevor er sich auf den Weg macht …) oder ursächlichen (Weil sie befürchtet …/Obwohl er eigentlich lieber fliehen möchte …) Zusammenhang der Handlungsschritte sinnvoll wiedergeben. Die direkte Rede wird durch die **indirekte Rede** oder eine **Umschreibung** ersetzt.
Das **Tempus** der Textzusammenfassung ist das Präsens.

Stefanie Dominguez (geb. 1996)

Ein ganz gewöhnlicher Sonntag

Er glaubte nicht an das Schicksal.

Er glaubte ja nicht einmal mehr an sich selbst.

Es war also ein Sonntag wie jeder andere, als er mit zusammengepressten Lippen über den Marktplatz schlenderte. Sein Kiefer wirkte angespannt, verhärtet, seine Augen waren schlammig wie verblichene Kaffeeflecken, die Falten um seinen Mund eingebrannt, die Lippen schmal.

Erwartet bloß kein Lächeln.

Die Domtür ächzte, als er sich hindurchschob und seinen eigenen Schritten lauschte, begleitet von dem regelmäßigen Klopfen seines Stockes.

Endlich Ruhe.

Das Geplänkel junger Paare und das Hüpfen ihrer Kinder an den Wochentagen waren ihm zuwider. Überall Menschen, festgeklebt an ihren Handys, verstöpselt und verkabelt. Immer in Eile, immer auf die letzte Minute. Daher war ihm der Sonntag am liebsten.

Nur Jesus blickte still von seinem Kreuz auf ihn herab.

Es war noch früh, die Stadt schlafend. Er liebte diese heimlichen Stunden der Ruhe. Nur er und vielleicht Gott, doch dieser sprach nicht.

Warum erbaten bloß alle Antwort von ihm? Er war froh, dass wenigstens einer noch schweigen konnte.
Er war allein, ein Auge wach, eines in Gedenken an seine Elsa gerichtet, die friedlich schlief. Nun schon seit sechs Jahren. Die Krankheit hatte sich über sie hergemacht, sie von innen heraus zerstört wie ein Parasit.
Sein Herz setzte einen Schlag lang aus, als er ein Wimmern hörte. Der Beichtstuhl schien zu sprechen. Er spähte hinein.
Augen wie Kieselsteine blickten ihn an.

Ein kleines Baby, dessen rundlicher Körper in einem flauschigen Strampler steckte. Es quiekte vergnügt, als er das Klappern von Absätzen vernahm.
Eine blonde Haarpracht, ein schwarzes Kleid, ein bleicher Nacken.
„Halt!", rief er. Seine Stimme krächzte und knarzte wie eine nachlässig geölte Tür. „Sie haben Ihr Kind – vergessen! Sie ..."
Die Gestalt verschwand im Eingang, er bewegte seine schmerzenden Glieder in ihre Richtung, doch es war zu spät.
Mit zusammengezogenen Brauen blickte er auf das zerknautschte Bündel herab. „Und was mache ich jetzt mit dir?"
Das Kind streckte seine speckigen Hände nach ihm aus und quiekte erneut.
„Schon gut, schon gut." Stöhnend ging er auf die Knie und legte das Kleine in seine Arme.
Hätte er sein Handy noch, könnte er die Polizei anrufen, doch das verdammte Ding hatte immerzu gebimmelt und gebrummt, da hatte er es weggeworfen. Jetzt musste er wohl laufen.
„Können die nicht aufpassen, bevor sie Kinder in die Welt setzen und sie anderen überlassen? Verantwortungslose ..."
Eine wahre Schimpftirade strömte von seinen Pappkartonlippen zu Boden, und seine Falten vertieften sich.
Ungeschickt humpelte er die Westernstraße entlang und fluchte, als das Baby zu zappeln begann.
„Halt doch endlich still!"
Vor der Kneipe an der Ecke riefen ihm ein paar Kerle zu, grölend, noch betrunken von der vergangenen Nacht.
Karneval lag noch ein paar Tage in der Zukunft, doch sie waren schon jetzt verkleidet. „Hasi Palau!", riefen sie. Er humpelte weiter.
Ein junger Mann mit Narrenmütze folgte ihm, die Glöckchen bimmelten.
„Starkes Kostüm!", lallte er. „Sieht total echt aus!"
Er humpelte weiter.
Dann wieder die junge Frau. Sie verschwand in Richtung Bushaltestelle. „Ihr Kind! Warten Sie doch!" Fest entschlossen warf er den Stock zur Seite und hastete mit nicht geahnter Energie hinter ihr her.
„Halt!"
Doch der Weg wurde ihm für einen entscheidenden Moment versperrt, sein Ziel eilte davon.
Ein Hund mit wirrem Fell bellte zu ihm hoch, die wilden Locken hingen über seinen Augen.
„Weg! Geh zur Seite!" Er machte eine scheuchende Handbewegung, taumelte und wäre fast gestürzt, das Baby unbeholfen auf seinen Armen tragend.
„Wuff!", machte der Hund, und seltsamerweise war dies der Moment, in dem er lachen musste.
Seine schlaffen Wangen färbten sich rosa, die Falten um seinen Mund schienen sich zu glätten.
Es wurde fast ein Lachen, befreiend wie ein lang unterdrücktes Niesen.

Er setzte seinen Weg fort in Richtung Zentralstation; weit konnte die junge Frau nicht gekommen sein. Das Kind in seinem Arm brabbelte.

Die Frau stieg in einen Bus, Linie 7, Kiliansplatz. „Halt!", rief er erneut, doch nur ein paar Schläfer hoben die Köpfe.

Das leise Knattern eines Motorrollers ließ ihn innehalten. Ein Mann saß darauf, vielleicht 25 Jahre alt. „Entschuldigung, nehmen Sie mich mit?"

Ungläubig sah er zu dem Baby, dem Hund und wieder zurück zu dem Kind. „Sind Sie sicher?"

Er nickte nur, sich unbeholfen auf den Sozius setzend. Mit der einen Hand hielt er sich verkrampft an dem Mann fest, mit der anderen drückte er das Kind an seine Brust. „Folgen Sie dem Bus!"

Der Fahrer schüttelte den Kopf. „Sie sind verrückt!"

Er blickte sich zu dem Baby um.

An der Mälzerstraße stieg die junge Frau endlich aus. „Danke, hier ist Endstation für mich", hörte er sie sagen.

Sie drehte sich um. Jung war sie, höchstens 21, und zierlich.

Ein alter Mann stand vor ihr.

„Ich kann ihn nicht behalten. Ich kann ihn nicht behalten. Wer passt auf ihn auf, wer sorgt für ihn?" Ihre Blicke verschränkten sich. *Ich*, sagten seine Augen.

Eine ältere Frau blickte ihn stirnrunzelnd an und schüttelte den Kopf.

Es war ein herrlicher Tag und er hatte sich nie so lebendig gefühlt.

(2014)

1 Lest die Kurzgeschichte sorgfältig und beantwortet stichwortartig anschließend die folgenden Fragen zum Inhalt:

a) Wer sind die Hauptfiguren?
b) Wo spielt sich das Geschehen im Einzelnen ab?
c) Aus welchem Grund betritt der alte Mann den Dom?
d) Wie ist seine Gefühlslage in diesem Moment?
e) Wie ist seine Gefühlslage am Schluss der Handlung?
f) Welches besondere Ereignis aus der Vergangenheit prägt sein Verhalten?
g) Welche Erklärung gibt es möglicherweise für die Veränderung am Schluss?
h) Worin liegt die Verzweiflung der jungen Frau begründet?
i) Welche weiteren Figuren reagieren auf welche Weise auf den alten Mann?

2 Mit welcher der folgenden Deutungshypothesen wird das Problem, um das es in diesem Text geht, eurer Meinung nach am treffendsten wiedergegeben? Wählt eine geeignete Deutungshypothese aus oder formuliert eine eigene.

- Der Text verweist auf die Probleme, die zwischen Kindern und Erwachsenen auftreten können.
- Der Text macht deutlich, wie Menschen aus einer scheinbar ausweglosen Situation gelangen können.
- Das zentrale Problem, um das es in diesem Text geht, ist der manchmal rücksichtslose Umgang mit Menschen in Notsituationen.
- In diesem Text wird deutlich, wie schwer es Eltern gelegentlich mit ihren Kindern haben.
- Der Text verdeutlicht, dass es aus einer Krisensituation Lösungswege gibt, wenn Menschen sich solidarisch verhalten und einander helfen.

3 Gebt nun stichwortartig den Handlungsverlauf wieder. Die Fragen aus Aufgabe 1 helfen euch dabei. Alternativ könnt ihr den Text auch gliedern und den Abschnitten aussagekräftige Überschriften geben.

4 Ihr wisst bereits, dass es in der Textzusammenfassung darum geht, den Handlungsverlauf mit eigenen Worten so wiederzugeben, dass der **zeitliche und ursächliche Zusammenhang** deutlich wird. Konkret geht es um Fragen wie: **Was geschieht** zunächst, was darauf? Aus welchen **Gründen** verhalten sich Figuren so, wie sie es tun? Was **folgt** daraus? ... Übertragt die folgenden Sätze in euer Heft und setzt passende Konjunktionen (weil, als, bevor, obwohl, sodass ...), Präpositionen (wegen, trotz, nach, vor, aus ...) oder Adverbien (anschließend, sofort ...) ein.

- ______ er die Ruhe sucht, begibt sich ein älterer Mann in einen Dom.
- Den Kontakt zu anderen Menschen meidet er, ______ diese ihm zu laut sind und ihn zu bedrängen scheinen.
- Möglicherweise hat er sich ______ des Todes seiner Frau völlig in sich selbst zurückgezogen.
- Noch ______ er sich setzen kann, hört er ein irritierendes Geräusch aus dem Beichtstuhl.
- Als er eine junge Frau wahrnimmt, offensichtlich die Mutter des Babys, verlässt diese sofort das Kirchengebäude, ohne ______ sie sich weiter um den Säugling kümmert.
- Hilfe per Handy kann er nicht herbeirufen, ______ er seines bereits einige Zeit zuvor weggeworfen hat.
- ______ nimmt er mit dem Säugling im Arm die Verfolgung auf.
- Auf seinem Weg begegnet er unterschiedlichen Personen, die ihm jedoch nicht helfen können, ______ sie betrunken sind.
- ______ er die Frau einzuholen glaubt, versperrt ihm ein Hund den Weg.
- ______ trifft er jedoch auf einen Rollerfahrer, der ihn aufsteigen lässt, ______ er die gesamte Situation offensichtlich für grotesk hält.

5 Wenn ihr wörtliche Aussagen von Personen in eurer Textzusammenfassung wiedergeben wollt, verwendet ihr die indirekte Rede oder umschreibt diese. Setzt die folgenden wörtlichen Aussagen in die indirekte Rede.

- „Sie haben Ihr Kind – vergessen!“
  Der alte Mann ruft ihr hinterher, sie ...
- „Entschuldigung, nehmen Sie mich mit?“
  Er fragt den Rollerfahrer, ob ...
- Der Fahrer schüttelte den Kopf. „Sie sind verrückt!“
  Der Fahrer wirft ihm vor, er ...
- „Ich kann ihn nicht behalten.“
  Verzweifelt sagt die junge Frau, sie ...

6 Schreibt nun eine Textzusammenfassung zu der Kurzgeschichte von Stefanie Dominguez.

7 Im Folgenden findet ihr den Einleitungsteil und den Beginn der Textzusammenfassung zu Beginn des Hauptteils einer Interpretation zu Wolfgang Borcherts Kurzgeschichte „Die Küchenuhr“ abgedruckt. Einiges ist sprachlich und inhaltlich nicht gut gelungen. Lest die Kurzgeschichte sorgfältig durch – ihr findet sie auf S. 218f. –, überarbeitet die abgedruckten Teile der Interpretation und vervollständigt die Textzusammenfassung.

Interpretation zu Wolfgang Borcherts „Die Küchenuhr“ (Auszug)

Die Geschichte „Die Küchenuhr“ wurde von Wolfgang Borchert geschrieben. Sie handelt von einem Mann, der im Zweiten Weltkrieg alles verloren hat. Er ist nun völlig verstört und redet wirres Zeug, als er auf ein paar Menschen trifft, die auf einer Bank sitzen. Die Geschichte macht deutlich, was der Krieg aus den Menschen macht. Er zerstört nicht nur ihre Besitztümer, sondern auch ihre Seele.

Eine Gruppe von Menschen sitzt auf einer Bank. Ein Mann geht auf die Gruppe zu. Er ist erst 20 Jahre alt, sieht aber viel älter aus. Offensichtlich ist er vom Krieg gezeichnet. Der Mann zeigt den Menschen auf der Bank eine kaputte Küchenuhr. Ihre Zeiger zeigen auf halb drei. Er hat sie aus seinem Haus, das von Bomben zerstört worden ist, als einzigen Gegenstand gerettet. Die Küchenuhr bedeutet ihm offensichtlich sehr viel. Sie erinnert ihn nämlich an seine Mutter. Von der erzählt er, dass sie immer in der Nacht um halb drei in der Küche auf ihn gewartet habe, wenn er hungrig nach Hause gekommen sei ...

Trümmerfeld in Nürnberg, 1945

8 In der Aufgabe 5 habt ihr bereits geübt, die direkte Rede in die indirekte Rede umzuformen. Manchmal wirkt so eine Umformung etwas steif, vor allem auch dann, wenn ihr die indirekte Rede sehr häufig verwendet. Deshalb ist es im Einzelfall sinnvoll, mit **Umschreibungen** zu arbeiten, z. B.:

Direkte Rede: Der Mann schrie dem Jungen ins Gesicht: „Verlass sofort meinen Hof!“
Indirekte Rede: Der Mann schreit laut, der Junge solle den Hof sofort verlassen.
Umschreibung: Energisch fordert der Mann den Jungen auf, den Hof zu verlassen.

Schreibt zu den folgenden Aussagen in der indirekten Rede passende Umschreibungen auf.

- Mit ihr werde es niemals mitgehen, antwortet das Kind der fremden Frau.
- Der Ladenbesitzer fordert lautstark, dass der Dieb das gestohlene Fahrrad zurückgeben solle.
- Noch vor dem Dunkelwerden werde er zurück sein, verspricht der alte Mann der Frau.
- Der Hofbesitzer bietet den Wanderern an, dass sie in seiner Scheune übernachten könnten.
- Der Zauberer sagte, dass er den Trick niemals verraten werde.
- Die Frau beruhigt den verwirrten alten Mann und sagt ihm, dass sie ihm helfen werde.

2. Einen Erzähltext interpretieren

Das brauchst du immer wieder. ◆ So gehst du vor.

Eine Textinterpretation aufbauen

1. Die Einleitung einer Textinterpretation

In der Einleitung informiert man die Leserin oder den Leser zunächst über den Titel, den Verfasser, die Textsorte und – falls bekannt – über das Erscheinungsjahr. Dann benennt man das Thema des Textes. Anschließend formuliert man in einer Deutungshypothese kurz und prägnant, was die grundsätzliche Aussage des literarischen Textes sein könnte.

2. Der Hauptteil

Im Hauptteil wird vor der eigentlichen Interpretation der Inhalt des zugrunde liegenden Textes knapp zusammengefasst, indem die wichtigsten Handlungsschritte dargelegt werden. Anschließend verfährt man bei der **linearen Interpretation** wie auf S. 54 beschrieben. Bei einer **aspektorientierten Interpretation** nennt man zunächst die ausgewählten oder in der Aufgabe vorgegebenen Aspekte, die anschließend nacheinander bearbeitet werden. Dabei soll stets ein Bezug zur Deutungshypothese hergestellt werden, so dass sich diese Deutungshypothese wie ein roter Faden durch den Text zieht und einen Zusammenhang zwischen den Einzelaspekten der Interpretation herstellt. Im Einzelnen werden folgende Fragen beantwortet:

- In welchen inhaltlichen Zusammenhängen steht der Untersuchungsaspekt im Text?
- Welche Deutungen ergeben sich hinsichtlich des genannten Untersuchungsaspekts?
- Was fällt hinsichtlich des Untersuchungsaspekts an der sprachlichen Gestaltung auf? Welche Wirkung geht davon aus? In welcher Weise unterstützt diese die Deutungsaussagen?

3. Textbelege

Damit Aussagen zur Deutung von der Leserin / vom Leser nachvollzogen werden können, müssen sie mit dem Wortmaterial des Textes belegt werden. Dieses kann mithilfe von Zitaten z. B. durch den Verweis auf sprachliche Besonderheiten geschehen. Hier kommt es darauf an, die richtigen Fachausdrücke zu verwenden (Alliteration, Symbol ...). Auch muss bei der sprachlichen Analyse auf Textbelege geachtet werden.

Hinweise zu möglichen sprachlichen Besonderheiten und zum richtigen Zitieren erhältst du auf den S. 32 und 309 f.

4. Der Schluss

Im Schlussteil werden wichtige Ergebnisse kurz zusammengefasst und es sollte noch einmal auf die im Einleitungsteil genannte Deutungshypothese Bezug genommen werden. Zusätzlich ist es möglich, mit einer persönlichen Stellungnahme zu schließen und eventuell einen Vergleich mit bereits erarbeiteten Texten vorzunehmen.

Margret Steenfatt (geb. 1935)
Im Spiegel

„Du kannst nichts“, sagten sie, „du machst nichts“, „aus dir wird nichts“. Nichts. Nichts. Nichts.

Was war das für ein NICHTS, von dem sie redeten und vor dem sie offensichtlich Angst hatten, fragte sich Achim, unter Decke und Kissen vergraben. Mit lautem Knall schlug die Tür hinter ihnen zu. Achim schob sich halb aus dem Bett. Fünf nach eins. Wieder mal zu spät. Er starrte gegen die Zimmerdecke. – Weiß. Nichts. Ein unbeschriebenes Blatt Papier, ein ungemaltes Bild, eine tonlose Melodie, ein ungesagtes Wort, ungelebtes Leben.

Eine halbe Körperdrehung nach rechts, ein Fingerdruck auf den Einschaltknopf seiner Anlage. Manchmal brachte Musik ihn hoch.

Er robbte zur Wand, zu dem großen Spiegel, der beim Fenster aufgestellt war, kniete sich davor und betrachtete sich: lang, knochig, graue Augen im blassen Gesicht, hellbraune Haare, glanzlos. „Dead Kennedys[1]“ sangen: „Weil sie dich verplant haben, kannst du nichts anderes tun als aussteigen und nachdenken.“

Achim wandte sich ab, erhob sich, ging zum Fenster und schaute hinaus. Straßen, Häuser, Läden, Autos, Passanten, immer dasselbe. Zurück zum Spiegel, näher heran, so nahe, dass er glaubte, das Glas zwischen sich und seinem Spiegelbild durchdringen zu können. Er legte seine Handflächen gegen sein Gesicht im Spiegel, ließ seine Finger sanft über Wangen, Augen, Stirn und Schläfen kreisen, streichelte, fühlte nichts als Glätte und Kälte. Ihm fiel ein, dass in dem Holzkasten, wo er seinen Kram aufbewahrte, noch Schminke herumliegen musste. Er fasste unters Bett, wühlte in den Sachen im Kasten herum und zog die Pappschachtel heraus, in der sich einige zerdrückte Tuben fanden. Von der schwarzen Farbe war noch ein Rest vorhanden. Achim baute sich vor dem Spiegel auf und malte zwei dicke Striche auf das Glas, genau dahin, wo sich seine Augenbrauen im Spiegel zeigten. Weiß besaß er reichlich. Er drückte eine Tube aus, fing die weiche, ölige Masse in seinen Händen auf, verteilte sie auf dem Spiegel über Kinn, Wangen und Nase und begann, sie langsam und sorgfältig zu verstreichen. Dabei durfte er sich nicht bewegen, sonst verschob sich seine Malerei. Schwarz und Weiß sehen gut aus, dachte er, fehlt noch Blau. Achim grinste seinem Bild zu, holte sich das Blau aus dem Kasten und färbte noch die Spiegelstellen über Stirn und Augenlidern.

Eine Weile verharrte er vor dem bunten Gesicht, dann rückte er ein Stück zur Seite, und wie ein Spuk tauchte sein farbloses Gesicht im Spiegel wieder auf, daneben eine aufgemalte Spiegelmaske. Er trat einen Schritt zurück, holte mit dem Arm weit aus und ließ seine Faust in die Spiegelscheibe krachen. Glasteile fielen herunter, Splitter verletzten ihn, seine Hand fing an zu bluten. Warm rann ihm das Blut über den Arm und tröpfelte zu Boden. Achim legte seinen Mund auf die Wunden und leckte das Blut ab. Dabei wurde sein Gesicht rot verschmiert. Der Spiegel war kaputt. Achim suchte sein Zeug zusammen und kleidete sich an.

Er wollte runtergehen und irgendwo seine Leute treffen.

(1984)

---

[1] **„Dead Kennedys“:** amerikanische Punk-Gruppe, 1978 in San Francisco gegründet

1 Lest die Kurzgeschichte von Margret Steenfatt und beantwortet folgende Fragen in Stichworten:

- Was erfährt die Leserin / der Leser über die Hauptfigur?
- Wie verhält sich die Hauptfigur am Anfang der Kurzgeschichte, wie am Ende? Hat sich am Ende der Kurzgeschichte etwas am Leben der Hauptfigur verändert?
- Welche Bedeutung haben die Motive „Blick in den Spiegel“ und „Schminken des Spiegelbilds“?
- Warum zerstört die Hauptfigur ihr Spiegelbild?
- Welche Rolle spielen die Farben und das Gefühl von Wärme und Kälte in der Kurzgeschichte?

2 Tragt die notwendigen Informationen zusammen, um eine Einleitung zu verfassen.

3 Formuliert eine Deutungshypothese zur Kurzgeschichte.

4 Notiert stichwortartig, woran man an dem Text erkennen kann, dass es sich um eine Kurzgeschichte handelt (s. Infokasten S. 49).

5 Notiert ebenfalls stichpunktartig, woran man erkennen kann, dass es sich um ein personales Erzählverhalten handelt. Welche Wirkung hat das Erzählverhalten auf die Leserin/den Leser? Inwiefern passt die Sprache zu diesem Erzählverhalten?

Ein mögliches, unvollständiges Beispiel für eine aspektorientierte Interpretation der Kurzgeschichte

Einleitung: Textsorte, Titel, Autorin, Veröffentlichungsjahr, Thema

Die Kurzgeschichte „Im Spiegel“ von Margret Steenfatt, die 1984 erschienen ist, handelt von einem Jungen, der sich gegen den Druck seiner Eltern durchsetzen und seinen eigenen Weg gehen will.

Deutungshypothese?

…

Ankündigung der aspektorientierten Interpretation

Im Folgenden wird die Kurzgeschichte aspektorientiert beschrieben und gedeutet und man beschäftigt sich zunächst mit der Hauptperson Achim. Weitere Aspekte sind: …

Aspekt: die Hauptfigur

Der Leser erfährt, dass Achim offensichtlich in Konflikt mit seinen Eltern steht, die ihm vorwerfen, untätig zu sein, nichts zu können, und sie drohen ihm damit, dass aus ihm nichts werde. Die Heftigkeit, mit der die Eltern ihre Vorwürfe vortragen, wird durch die häufige Wiederholung des Wortes „nichts“ (Z. 1 ff.) betont …

Aspekt: Motive „Blick in den Spiegel“ und „Schminken des Spiegelbilds“

Eine besondere Rolle in der Kurzgeschichte spielen die Motive „Blick in den Spiegel“ und „Schminken des Spiegelbilds“. Bei dem Blick in einen Spiegel wird man mit sich selbst konfrontiert, man kann sich selbst intensiv betrachten und, indem die Augen sich begegnen, in sein Inneres sehen. Achim rückt körperlich ganz nah an sein Spiegelbild heran, streichelt es sogar intensiv (vgl. Z. 28 ff.), verspürt aber nichts als „Glätte und Kälte“ (Z. 32) Dies bedeutet, dass er …

Weitere mögliche Aspekte?

…

Aspekt: Textart, Erzählverhalten

Der Text weist die Merkmale einer Kurzgeschichte auf. Er beginnt mit einem offenen Einstieg. Der Leser weiß nicht, wer die angesprochene Person ist bzw. wer die sprechenden Personen sind. Auch das Ende ist offen. Der Leser erfährt nicht, wie z. B. Achims Freunde auf seine Schnittwunden reagieren. Weiterhin wird in der Kurzgeschichte ein kurzer Ausschnitt aus dem Leben Achims gezeigt, der aber typisch zu sein scheint. Durch das personale Erzählverhalten …

Schluss

Die Kurzgeschichte „Im Spiegel“ von Margret Steenfatt zeigt einen Jugendlichen, der sich in einer Krisensituation befindet. …
Ich kann die Handlungsweise von Achim gut nachempfinden/nicht gut nachempfinden …

5 Schreibt die unvollständige Interpretation zu Ende.

3. Texte sprachlich überarbeiten

MARC: Ich weiß nicht, was das Überarbeiten bringen soll. Wenn ich einen Text geschrieben habe, dann habe ich mir doch Mühe gegeben. Mir fällt dann eben keine bessere Formulierung ein.

MARIE: Das ist bei mir anders. Ich schreibe meine Gedanken schnell hin, damit ich sie nicht vergesse. Wenn ich zu lange über die Formulierungen nachdenke, sind die besten Gedanken weg. Ich verbessere die Formulierungen dann später.

SINA: Mir geht es eher wie Marc, aber wenn mir jemand hilft, dann sehe ich doch noch, wo ich den Text verbessern kann.

TIM: Ich finde es gut, dass wir in der Klasse Tipps für die Überarbeitung von Texten zusammengestellt haben. Jetzt weiß ich besser, worauf ich überhaupt achten muss.

1 Sprecht über eure Erfahrungen beim Überarbeiten von Texten. Teilt ihr die Aussagen der Schülerinnen und Schüler? Habt ihr noch andere Erfahrungen gemacht?

Die Klasse 9d diskutiert über den Vorschlag, in der Schulmensa demnächst nur noch vegetarisches Essen anzubieten.
Stellt euch vor, eine Schülerin oder ein Schüler habe ihre/seine schriftliche Stellungnahme zu diesem Vorschlag folgendermaßen begonnen:

> Ich finde es ziemlich doof, wenn mir jemand verbieten will, Fleisch zu essen. Ich bin der Meinung, dass jeder das essen darf, was ihm schmeckt. Ich finde es aber auch o.k., wenn jemand auf vegetarisches Essen abfährt. Ich muss das aber noch lange nicht.

2 Beurteilt die sprachliche Gestaltung der Stellungnahme.

Die Klasse hat ein Lernplakat mit Tipps zur Überarbeitung von Texten gestaltet und es im Klassenraum aufgehängt.

Bei der sprachlichen Überarbeitung von Texten können folgende Punkte wichtig sein:

- Sind deine Formulierungen treffend und genau?
- Finden sich Wortwiederholungen in unmittelbarer Nachbarschaft?
- Finden sich Wörter und Formulierungen, die in der Schriftsprache nicht gebräuchlich sind (z.B. Jugendsprache oder Schimpfwörter)?
- Ist der Satzbau abwechslungsreich (z.B. nicht immer mit dem Subjekt beginnen)?
- Sind die Sätze schlüssig miteinander verknüpft (z.B. mit einer passenden Konjunktion)?
- Ist der Satzbau zu einfach (nur kurze Hauptsätze) oder zu kompliziert (unübersichtliche Verschachtelung von Sätzen)?

3 Macht mithilfe der Tipps Vorschläge, wie die Stellungnahme auf S. 307 verbessert werden kann.

4 Im Folgenden findet ihr eine Reihe von Formulierungen, bei denen ihr jeweils einen Überarbeitungstipp des Lernplakats anwenden könnt. Findet heraus, welchen Tipp ihr anwenden könnt, und macht Verbesserungsvorschläge. Ganz wichtig: Vergleicht eure Verbesserungsvorschläge!

- Es ist doch irgendwie komisch, dass man in Sport Noten bekommt.
- Ich kann mir vorstellen, dass bei Abschaffung der Noten im Fach Sport die Schülerinnen und Schüler sich noch weniger bewegen. Die Noten im Fach Sport bieten einen Motivationsanreiz. Viele Schülerinnen und Schüler wünschen sich deshalb Noten im Fach Sport.
- Noten im Fach Sport, das haben mehrere Umfrageergebnisse, die von bekannten Zeitschriften in Auftrag gegeben wurden und die deshalb glaubhaft sind, ergeben, werden von einer Mehrheit der Schülerinnen und Schüler, die befragt wurden, akzeptiert.
- Im Folgenden werde ich meine Meinung zum Verzehr von Fleisch erläutern, ich werde zuerst die Pro-Argumente, dann werde ich die Kontra-Argumente erläutern. Zum Schluss werde ich die Argumente abwägen und meine Meinung begründen.
- Noten im Fach Sport sind voll daneben. Ich möchte nur wissen, wer diesen Blödsinn erfunden hat.
- Man sollte den Fleischkonsum einschränken, obwohl viel landwirtschaftliche Nutzfläche für die Ernährung der Tiere verschwendet wird.
- Ich halte Noten im Fach Sport für absoluten Quatsch. Es ist doch nicht meine Sache, dass ich unsportlich bin.
- Ich fände es gut, wenn es an einem Tag in unserer Mensa nur vegetarisches Essen gäbe. Ich glaube, dass viele Schülerinnen und Schüler dann nachdächten, ob man wirklich Fleisch braucht. Ich meine, die Verantwortlichen sollten einen solchen Versuch einmal starten.

5 Schaut euch noch einmal die Tipps auf dem Lernplakat an. Begründet, inwiefern sie helfen, Texte sprachlich zu verbessern.

4. Zitieren

Walter Helmut Fritz (1929 – 2010)

Augenblicke (Textbeginn)

Kaum stand sie vor dem Spiegel im Badezimmer, um sich herzurichten, als ihre Mutter aus dem Zimmer nebenan zu ihr hereinkam, unter dem Vorwand, sie wolle sich nur die Hände waschen. Also doch! Wie immer, wie *fast* immer. Elsas Mund krampfte sich zusammen. Ihre Finger spannten sich. Ihre Augen wurden schmal. Ruhig bleiben! Sie hatte darauf gewartet, dass ihre Mutter auch dieses Mal hereinkommen würde, voller Behutsamkeit, mit jener scheinbaren Zurückhaltung, die durch ihre Aufdringlichkeit die Nerven freilegt. Sie hatte – behext, entsetzt, gepeinigt – darauf gewartet, weil sie sich davor fürchtete.
„Komm, ich mach dir Platz", sagte sie zu ihrer Mutter und lächelte ihr zu. [...]

Wenn man einen literarischen Text, z. B. eine Kurzgeschichte, beschreiben und deuten will, belegt man seine Aussagen durch Zitate und Textbelege. Die Leserin / Der Leser kann so die Richtigkeit der Aussagen am Text nachprüfen. Für das Zitieren gibt es unterschiedliche Möglichkeiten. In jedem Fall muss in Klammern hinter dem Zitat die Fundstelle (Seitenangabe und/oder Zeilenangabe) stehen. Im Folgenden sind die wichtigsten Regeln zum Zitieren zusammengestellt.

REGEL

Zitierweisen und -regeln

- Zitate können durch einen Begleitsatz eingeleitet werden. Die Kennzeichnung des Zitats erfolgt dann wie bei der wörtlichen Rede durch Anführungszeichen. Auslassungen in dem Zitat werden durch drei Punkte in eckigen Klammern kenntlich gemacht:
  Die Kurzgeschichte „Augenblicke" beginnt mit einem unvermittelten Einstieg: „Kaum stand sie vor dem Spiegel [...]." (Z. 1)
- Eleganter kann es oft sein, wenn Zitate in den Satzbau eingefügt werden. Der Doppelpunkt entfällt dann:
  Der nach innen gesprochene Ausruf „Also doch!" (Z. 6) zeigt die Verärgerung der Tochter über die Störung durch die Mutter.
- Manchmal erfordert es der eigene Satzbau, zitierte Wörter oder auch den zitierten Satzbau zu verändern. In diesem Fall werden die Änderungen in Klammern gesetzt:
  Elsa fordert sich innerlich auf, „[r]uhig [zu] bleiben" (Z. 9).
- Eine wörtliche Rede, ein Titel oder ein Zitat innerhalb eines Zitats werden durch halbe Anführungszeichen kenntlich gemacht:
  Obwohl Elsa sich durch ihre Mutter bedrängt fühlt, spricht sie freundlich mit ihr: „‚Komm, ich mach dir Platz', sagte sie zu ihrer Mutter und lächelte ihr zu." (Z. 17 f.)
- Wenn unmittelbar auf einen Textteil Bezug genommen, aber nicht wörtlich zitiert wird, verwendet man für die Quellenangabe die Abkürzung *vgl.* (vergleiche):
  Das Erscheinen der Mutter in dem Badezimmer erzeugt bei Elsa eine innere Panik (vgl. Z. 6 – 9).
- Bei Zeilen- oder Seitenangaben kann man ebenfalls abkürzen:
  f. (die folgende Seite/Zeile) und
  ff. (die folgenden Seiten/Zeilen).

1 Lest die Kurzgeschichte „Augenblicke“ von Walter Helmut Fritz (S. 61 f.). Durch welche Textstellen können die folgenden Aussagen belegt werden? Gebt jeweils an: vgl. Z. xxx.

- Elsa zeigt ihrer Mutter ihre Verärgerung nicht.
- Die Mutter kann sich nicht in Elsas innere Verfassung hineinversetzen.
- Die vielen aufeinanderfolgenden kurzen Hauptsätze verstärken den Eindruck von Elsas Ziellosigkeit.
- Der Schluss der Kurzgeschichte macht deutlich, dass Elsa ihre Mutter nicht verlassen kann und dass sie darüber sehr verzweifelt ist.

2 Übernehmt die folgenden Sätze in euer Heft und ergänzt dabei die notwendigen Satzzeichen.

- Wie in vielen Kurzgeschichten wird auch hier die Hauptfigur nicht mit ihrem Namen, sondern unvermittelt mit dem Personalpronomen sie (Z. 1) eingeführt.
- Die Aussage des Erzählers Die Mutter nahm die Verzweiflung ihrer Tochter nicht einmal als Ungeduld wahr (Z. 31 f.) zeigt, wie wenig die Mutter die innere Verfassung ihrer Tochter erkennt.
- Die Zeitangabe Es war später Nachmittag, Samstag, zweiundzwanzigster Dezember (Z. 49 f.) macht deutlich, wie überstürzt und wenig durchdacht Elsa handelt.
- Als Elsa am späten Abend zurückkommt, ist alles still in der Wohnung (vgl. Z. 76 f.). Der Erzähler betont das, indem er zweimal darauf verweist. Jetzt, da Elsa nicht mehr befürchten muss, dass ihre Mutter sie belästigt, beginnt sie, über deren Situation nachzudenken: Sie dachte daran, dass ihre Mutter alt und oft krank war. (Z. 78 f.)
- Die Aussage Sie kauerte sich in ihren Sessel (Z. 79) macht Elsas Verzweiflung und Hilflosigkeit deutlich.

REGEL

Richtig zitieren beim materialgestützten Schreiben

Beim materialgestützten Schreiben bezieht ihr häufig Informationen aus verschiedenen Materialien mit in eure Texte ein.

- Wenn ihr eine Textstelle aus einem Material wörtlich, also ohne sie zu verändern, übernehmt, setzt ihr diese Textstelle in Anführungszeichen („…“). Lasst ihr innerhalb des Zitats etwas weg, kennzeichnet ihr dies mit […]. Nach dem Zitat gebt ihr in Klammern das Material und die Zeilenangabe an, z. B.: (M 4, Z. 12 – 14).
- Wenn ihr Informationen aus einem Text in eigenen Worten wiedergebt, gebt ihr dahinter in Klammern an, auf welchen Text und welche Textstelle ihr euch bezieht. Dafür verwendet ihr die Abkürzung „vgl.“ für *vergleiche*, z. B.: (vgl. M 5, Z. 38 – 42).

3 Übernehmt die folgenden Sätze, die sich auf die Texte auf Seite 252 f. beziehen, in euer Heft und ergänzt die Quellenangaben.

- Während Ruth Ayaß davon ausgeht, dass die „konsequente Beid-Bennennung“ meist „auf Kosten von Verständlichkeit geht“, vertritt Anatol Stefanowitsch die Ansicht, dass geschlechtergerechte Sprache „keinen negativen Einfluss auf die Verständlichkeit und Lesbarkeit von Texten“ hat.
- Stefanowitsch erkennt in den Ergebnissen der Studie „Braun et al. (2007)“ weniger ein Verständnisproblem gendergerechter Sprache, sondern eines in der Wahrnehmung der männlichen Leser.

5. Einen informierenden Text auf Materialbasis schreiben

Georg Rüschemeyer

Warum es gut ist, mit vielen Sprachen aufzuwachsen

Sophia wird es mal leichter haben in der Schule, zumindest in Englisch und Französisch. Denn das fünf Jahre alte Mädchen hat einen britischen Vater und eine französische Mutter, mit denen es in Deutschland wohnt. Zuhause redet Sophia mit ihren Eltern Englisch und Französisch, im Kindergarten und mit den Nachbarskindern Deutsch. Klar, dass sie da manchmal etwas durcheinander bringt: „Can I have ein bisschen Schokolade, s'il vous plaît?“

Früher dachte man, dass so eine Sprachverwirrung für Kinder schädlich sei. Inzwischen sind sich die meisten Sprachforscher einig, dass Probleme wie das Vermischen der Sprachen oder eine anfangs oft etwas langsamere Sprachentwicklung bald vorübergehen. Der Vorteil, mehrere Sprachen wie eine Muttersprache zu beherrschen, bleibt dafür ein Leben lang.

Und so richtig geht das eben nur im Vor- und Grundschulalter, in dem Kinder wahre Meister im Sprachenlernen sind. Anstatt mühevoll Vokabeln und Grammatik zu pauken, saugen sie die Sprache oder eben auch mehrere Sprachen ihrer Eltern und anderer Bezugspersonen ganz nebenbei in sich auf und lernen sie dabei besser, als man es später mit Unterricht im Jugend- oder Erwachsenenalter je könnte. Berieselung durch Hörbücher oder Filme hilft dabei nur bedingt. Wirklich lernen kann das Kind nur durch den aktiven Umgang mit anderen Menschen. Und die sollten die Sprache natürlich auch wirklich beherrschen.

Geistige Beweglichkeit auch in anderen Bereichen

Wenn aber zum Beispiel aus dem Ausland nach Deutschland gezogene Eltern selbst erst ein paar Brocken Deutsch können, werden es ihre Kinder auch kaum von ihnen lernen. Das klappt dann eher, wenn sie die Kinder in einen Kindergarten schicken, wo sie mit Gleichaltrigen und Betreuern die Landessprache lernen können.

Die Vorteile der Mehrsprachigkeit beschränken sich durchaus nicht darauf, später faulenzen zu können, während die Mitschüler Vokabeln büffeln müssen – da würden einem exotischere Sprachen wie Aserbaidschanisch oder Thailändisch auf deutschen Schulen wohl auch wenig bringen. Dafür gibt es aber viele Hinweise darauf, dass es mehrsprachig aufgewachsenen Menschen später leichter fällt, weitere Sprachen zu lernen und dass sie allgemein etwas flexibler denken können. Die Erklärung: Wer mehrsprachig aufwächst, versteht schon früh, dass Wörter nur willkürlich vereinbarte, austauschbare Geräuschfolgen sind – ein Hund ist ein „Hund“, weil wir uns im Deutschen irgendwann darauf geeinigt haben, ihn so, und nicht etwa „Schnyrx“ zu nennen.

Dieses sogenannte „metalinguistische Verständnis“ ist bei Mehrsprachlern stärker ausgeprägt und scheint bis ins hohe Alter günstig auf alle möglichen anderen geistigen Fähigkeiten abzufärben. Besonders groß sind diese Effekte allerdings nicht und es braucht sich niemand doof vorzukommen, weil er nur eine einzige Muttersprache hat.

In mehreren Kulturen zuhause

Übrigens ist es durchaus nicht so ungewöhnlich, mehrsprachig aufzuwachsen, wie wir das bei uns in Europa oft glauben: In vielen Ländern der Welt ist die Mehrheit der Menschen mehrsprachig. So gibt es in der westlichen Ukraine eine deutschstämmige Minderheit, für deren Angehörige es ganz normal ist, gleichzeitig Deutsch, Russisch,

Ukrainisch und Ungarisch zu sprechen. Und in Indien werden neben den beiden Amtssprachen Hindi und Englisch mehr als 120 andere Sprachen gesprochen. Drei-, vier- oder fünfsprachige Menschen sind dort eher die Regel als die Ausnahme.

Das wichtigste Argument für eine mehrsprachige Erziehung von Einwandererkindern dürfte am Ende sein, dass sie sich so später gleichzeitig in mehreren Kulturen zuhause fühlen können: der ihrer Eltern und der des Landes, in dem sie aufwachsen. Grund genug, die Sprache des Landes zu erlernen, in dem man lebt.

Frankfurter Allgemeine Zeitung vom 12.12.2014

Wer zweisprachig aufwächst, kann auch Nachteile haben

■ Im Grundschulalter herrscht oft Nachholbedarf bei der Muttersprache. ■

Vancouver. Wer seinen Nachwuchs zweisprachig großzieht, tut ihm nach Erkenntnis von US-Forschern nicht nur Gutes an. Sprachen sind auch für die Jüngsten kein Kinderspiel, warnte die Psychologin Erika Hoff von der Florida-Atlantic-Universität in Davie am Wochenende auf einer Fachkonferenz in Vancouver (Kanada). Bilinguale Kinder bräuchten länger als Gleichaltrige, um die Muttersprache zu erlernen, fand Hoff heraus. Mehrere Studien zeigten, dass diese Kinder in beiden Sprachen einen geringeren Wortschatz haben und sich mit der Grammatik schwerer tun. Das könne sie in Kindergarten und Schule benachteiligen, sagte Hoff. Die Lücke in der Grammatik schließe sich meist bis zum neunten oder zehnten Lebensjahr, "das Vokabular holen manche Kinder selbst in dieser Zeit nicht nach".
Hoff sprach in einer Vortragsreihe über die Gründe einer verzögerten Sprachentwicklung. Sechs bis acht Prozent aller Kleinkinder bräuchten länger, bis sie zu kommunizieren beginnen, unabhängig von Land und Kultur. Sprachforscher und Psychologen einiger US-Universitäten haben deshalb eine Liste von mehreren Dutzend Wörtern erstellt, die Kinder bei normaler Entwicklung im Alter von zwei bis zweieinhalb Jahren beherrschen sollten. Diese Liste wurde, angepasst an die jeweiligen kulturellen Eigenarten, inzwischen auf knapp 70 Sprachen übertragen, berichtete eine der Autorinnen, Nan Bernstein Ratner, von der Universität Maryland. Das Papier soll Eltern helfen, die linguale Entwicklung ihres Kindes zu beurteilen und gegebenenfalls Hilfe zu suchen. Denn spätes Sprechen kann auch ein Symptom für andere Probleme sein, wie Hör- und kognitive Störungen oder Autismus. Meistens handelt es sich jedoch nur um Spätentwickler, räumt Ratner ein. "Vier Fünftel von ihnen holen ihr anfängliches Sprachdefizit von allein auf."

Hamburger Abendblatt vom 20.02.2012

1 Vergleicht die Texte im Hinblick auf die Fragestellung „Ist es vorteilhaft oder nachteilig, mehrsprachig aufzuwachsen?“. Geht dabei folgendermaßen vor:
- Erarbeitet zunächst aus den Texten die genannten Vor- und Nachteile.
- Legt die Vergleichsaspekte fest.
- Fasst die Ergebnisse des Vergleichs zunächst stichwortartig in einer Tabelle zusammen.

2 Wie wird von Zuwanderern in ihrem neuen Zuhause gesprochen?
Lest den folgenden Text über eine Studie der OECD (Organisation für wirtschaftliche Zusammenarbeit und Entwicklung) und fasst die Ergebnisse zusammen.

Muttersprache: Viele Zuwanderer sprechen auch zu Hause deutsch

Welche Sprache sprechen Zuwanderer, wenn sie zu Hause unter sich sind, zum Beispiel Familien beim Abendessen? Eine Studie der OECD aus dem Jahr 2012 hat Daten aus 20 OECD-Ländern gesammelt und ausgewertet. Befragt wurden Zuwanderer zwischen 16 und 64 Jahren. Unterschieden wurden dabei:

- Fremdsprachler, die zuhause nicht die Sprache des Gastlandes sprechen
- Fremdsprachler, die zuhause die Sprache des Gastlandes sprechen
- einfache Muttersprachler
- mehrsprachige Muttersprachler

Unter „Muttersprache" verstehen die Forscher der OECD dabei nicht nur jene, die jemand als Baby beziehungsweise Kleinkind als erste Sprache gelernt hat, sondern auch bilingual aufgewachsene Muttersprachler.

In Deutschland sprechen 36 Prozent der Zuwanderer zu Hause deutsch, obwohl das nicht ihre Muttersprache ist. 40 Prozent der Zuwanderer in Deutschland sprechen zuhause nicht deutsch. Damit liegt die Quote in Deutschland im Mittelfeld. Dagegen sprechen in den USA nur 16 Prozent der Zuwanderer in den eigenen vier Wänden englisch, 58 Prozent dagegen ihre eigene Muttersprache.

Auf der anderen Seite der Skala befinden sich zum Beispiel Spanien (24 Prozent sprechen nicht die Sprache des Gastlandes zuhause und 12 Prozent sprechen sie) und Frankreich (28 Prozent zu 30 Prozent). Vor allem Spanien profitiert jedoch davon, dass viele Zuwanderer bereits spanische Muttersprachler sind (49 Prozent). In Frankreich sind es 21 Prozent französische Muttersprachler sowie weitere 21 Prozent, die mehrsprachig aufgewachsen sind und dabei auch Französisch erlernt haben. In Spanien sind 12 Prozent mehrsprachig aufgewachsen.

Die Werte für zugezogene Muttersprachler sind in Deutschland deutlich geringer. Sie betragen hier 14 Prozent, beziehungsweise 10 Prozent für mehrsprachige Muttersprachler.

In den USA sind die Zahlen für zugezogene Muttersprachler ähnlich: jeweils 13 Prozent der Zuwanderer sind einfache oder mehrsprachige Muttersprachler.

Insgesamt sind in den 20 betrachteten Ländern fast zwei Drittel der Migranten Fremdsprachler, also nicht mit der Sprache ihres Aufnahmelandes aufgewachsen. Besonders hoch ist der Fremdsprachler-Anteil in den Ländern, deren Amtssprache außerhalb der Landesgrenzen kaum gesprochen wird

Nach OECD-Studie 2012

3 Stellt euch vor, ihr wolltet z. B. für ein Referat oder für einen Informationstext nur die wichtigsten statistischen Ergebnisse der Studie in Form eines Diagramms zusammenfassen. Ein solches Diagramm, z. B. ein Säulendiagramm, kann man mit der Hand zeichnen. Einfacher geht es, wenn man mit dem PC arbeitet. Erstellt zum Text ein Diagramm mit den wichtigsten Werten. Wie man dabei vorgehen kann, erfahrt ihr im Werkzeugkasten auf S. 314.

Das brauchst du immer wieder. ◆ So gehst du vor.

Ein Diagramm mithilfe eines Textverarbeitungsprogramms erstellen

Diagramme stellen Daten anschaulich in grafischer Form dar und ermöglichen es, Zusammenhänge zwischen diesen Daten zu visualisieren. Die verschiedenen Diagrammformen (Torten-, Säulen- oder Balkendiagramm) eröffnen unterschiedliche Möglichkeiten, die Daten darzustellen.

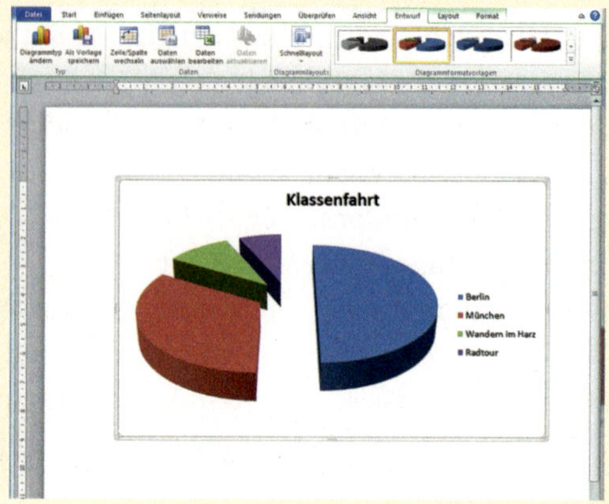

Wenn man ein Diagramm mit einem Textverarbeitungsprogramm erstellen will, geht man folgendermaßen vor:

1. Man klickt auf „Einfügen“ und dann auf die Registerkarte „Diagramm“ und wählt einen Diagrammtyp aus (z. B. Säulendiagramm, Kreisdiagramm, Balkendiagramm usw.).
2. Wenn man ein Diagramm ausgewählt hat, öffnet sich automatisch ein zweites Fenster mit einer Tabelle, in welche man die Daten, welche visualisiert werden sollen, eintragen kann. Außerdem kann man hier die entsprechenden Kategorien festlegen (z. B. Ziel der Klassenfahrt/Anzahl der abgegebenen Stimmen).

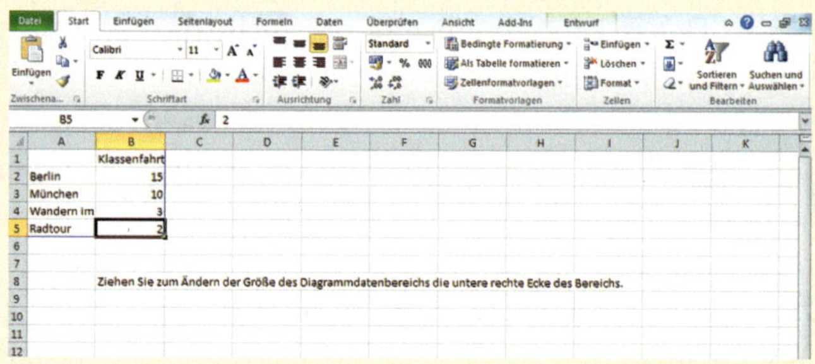

3. Wenn man die Daten fertig bearbeitet hat, wechselt man zurück zu dem Textverarbeitungsdokument.
4. Man kann das Diagramm nun mithilfe der unter der Registerkarte „Diagrammtools“ angegebenen Optionen weiterbearbeiten und formatieren. Man kann z. B.:
   - das Layout ändern,
   - die Farbgestaltung anpassen,
   - die Daten erneut bearbeiten.

4 Verfasst einen Informationstext zur Fragestellung „Ist es vorteilhaft oder nachteilig, mehrsprachig aufzuwachsen?“. Orientiert euch dabei an der Lernaufgabe auf der S. 234 f.

Weiteres Material zum Thema „Mehrsprachigkeit“ findet ihr auf Seite 232 f.

6. „Werbung in eigener Sache“ – Bewerbungsanschreiben und Lebenslauf

Für eine Erfolg versprechende Bewerbung ist in aller Regel eine Bewerbungsmappe notwendig, die folgende Bestandteile aufweisen sollte:

- Anschreiben mit Unterschrift,
- tabellarischer Lebenslauf mit Bewerbungsfoto,
- (beglaubigte) Zeugniskopien,
- Nachweise von Praktika, Zusatzqualifikationen oder Tätigkeiten.

Bei der Erstellung der Bewerbungsmappe solltet ihr euch stets vor Augen halten, dass ihr damit Werbung für euch selbst machen wollt. Ein guter erster Eindruck, eine saubere und ordentliche Ausführung und eine professionelle Erstellung sollten daher selbstverständlich sein.
Es kommt heutzutage häufig vor, dass man seine Bewerbungsunterlagen digital einreichen muss. Dabei erstellt man ein Gesamtdokument, bestehend aus Bewerbungsanschreiben und Lebenslauf, das man im Anhang einer Mail verschickt oder auf der Homepage des Unternehmens hochlädt.

Das Bewerbungsanschreiben

1 Ordnet die Begriffe des Wortspeichers rechts den passenden Abschnitten des Bewerbungsanschreibens auf S. 316 zu.

2 Sucht eine passende Stellenanzeige aus einer Tageszeitung und verfasst ein Anschreiben.

3 Überprüft anschließend, ob alle geforderten Angaben vorhanden sind und ob die Formulierungen angemessen gewählt wurden.

Ort, Datum des Schreibens
Name, Adresse, Telefonnummer, E-Mail-Adresse
Firma oder Behörde, vollständige Anschrift plus Ansprechpartner
Anlass des Schreibens
Anrede des Ansprechpartners (höflich und distanziert: „Sehr geehrte(r) ...“)
Um welche Ausbildungsstelle geht es und woher weißt du davon (z. B. Telefonat)?
Motivation – warum gerade dieser Beruf und dieser Betrieb? Interessen, Kenntnisse, Praktika
Derzeitige Tätigkeit
Bitte um eine Einladung zum Vorstellungsgespräch
Höfliche Grußformel
Eigenhändige, saubere Unterschrift
Hinweis auf Anlagen

Stephan Schöneberg
Max-Mustermann-Straße 24
86150 Augsburg
Tel. 0150 xxxxxxxxx
stephan.schoeneberg@beispiel.com

Augsburg, 20.02.2021

Nero Industrietechnik GmbH
Personalabteilung
Herrn Michael Weidemann
An der Musterstraße 12
86150 Augsburg

Bewerbung auf eine Ausbildungsstelle als Industriekaufmann

Sehr geehrter Herr Weidemann,

mit großem Interesse habe ich Ihre Anzeige im Ausbildungsmagazin „5 vor 12 – Zeit zum Bewerben“ gelesen.
In meinem zweiwöchigen Praktikum in Ihrem Haus *(Dauer angeben)* durfte ich bereits eigenständig Kundinnen und Kunden beraten, Angebote einholen und Waren einkaufen.

Diese typischen Tätigkeiten haben mir viel Freude gemacht. Ich glaube deshalb, dass mir der Beruf des Industriekaufmanns gut gefällt, da ich auch im Rahmen meiner Tätigkeit als Klassensprecher gerne organisiere und für meine Mitschülerinnen und Mitschüler ein guter Ansprechpartner bin. Über Ihr Unternehmen habe ich mich auf Ihrer Internetseite informiert. *(Begründe, warum du dich für diesen Beruf oder speziell für dieses Unternehmen interessierst.)*

Im Augenblick besuche ich die zwölfte Klasse des Gymnasiums *(Name der Schule)* in Augsburg, das ich voraussichtlich im Juli 2021 mit der allgemeinen Hochschulreife verlassen werde.

(Zähle hier evtl. Ehrenämter oder Aktivitäten in Vereinen auf, die deinen persönlichen Ehrgeiz unterstreichen.)
Durch mein ehrenamtliches Engagement im Jugendzentrum habe ich gelernt, sowohl allein als auch im Team zu arbeiten. Gemeinsam mit dem pädagogischen Mitarbeiter gestalte ich die Freizeitangebote.

Über die Möglichkeit, mich in einem Gespräch persönlich vorstellen zu können, würde ich mich freuen.

Stephan Schöneberg
Mit freundlichen Grüßen

Anlagen

(Text verändert)

Der tabellarische Lebenslauf

Lichtbild		Bewerbungsfoto
Überschrift („Lebenslauf")	**Lebenslauf**	
	Name	Stephan Schöneberg
Name, Anschrift, Telefonnummer, E-Mail-Adresse	**Anschrift**	Max-Mustermann-Straße 24 86150 Augsburg Tel. 0150 xxxxxxxxx stephan.schoeneberg@beispiel.com
Persönliche Daten	**Geburtsdatum** **Geburtsort** **Staatsangehörigkeit**	10.05.2003 Augsburg deutsch
	Vater	Manfred Schöneberg, Systemadministrator
	Mutter	Susanne Schöneberg, geb. Kraus, Sekretärin
Information zum Schulverlauf	**Schulbildung**	2009 – 2013 Grundschule (*Name*) Augsburg Seit 2013 Gymnasium (*Name*) Augsburg
	Angestrebter Schulabschluss	Allgemeine Hochschulreife, Juli 2021
	Praktika	09/2019: zweiwöchiges Praktikum in der Firma Nero Industrietechnik, Augsburg
Sonstiges, z. B. besondere Fähigkeiten, Aktivitäten, soziales Engagement, freiwillig belegte Kurse etc.	**Hobbys**	Basketball, Musik, Inlineskating
	Freiwilliges Engagement	Ehrenamtliche Mithilfe im Jugendzentrum Augsburg, aktive Mitgliedschaft in der Jugend-Feuerwehr
	Sprachkenntnisse	Englisch, Spanisch *(Grad der Beherrschung, z. B. A1 etc.)*
	EDV-Kenntnisse	Microsoft Word, Microsoft Excel, Microsoft Outlook
	Sonstiges	Erfolgreiche Teilnahme an Jugendwettbewerben *(Anzahl und Zeitpunkt)*
	Berufsziel	Industriekaufmann
Ort, Datum	Augsburg, 20.02.2021	
Eigenhändige, saubere Unterschrift		

(Text verändert)

1 Verfasst einen eigenen tabellarischen Lebenslauf nach dem vorliegenden Muster. Achtet darauf, dass die Seite möglichst angemessen gestaltet und das Blatt dadurch sinnvoll ausgenutzt wird.

2 Überprüft den Lebenslauf eurer Tischnachbarin oder eures Tischnachbarn. Achtet sowohl auf formale Fehler als auch auf die Zweckmäßigkeit der Angaben.

Das Bewerbungsfoto

1 Vergleicht die Bilder der beiden Fotoserien (obere und untere Reihe). Überlegt dazu Kriterien, die ihr für den Vergleich nutzen wollt, wie z. B. Haltung, Ausdruck, Seriosität usw.

2 Diskutiert, welches der Fotos ihr für eine Bewerbung für geeignet haltet. Begründet eure Meinung.

3 Fertigt mithilfe einer Smartphonekamera Bewerbungsfotos von euch an und entscheidet, welches ihr jeweils für besonders gelungen haltet.

7. Wortarten

Wortarten im Überblick – Wiederholung

Julien Wolff

Ein Phänomen auf Rekordjagd

Thomas Müller begeistert die Bundesliga vor allem mit seinen Vorlagen. Jetzt kann der Star des FC Bayern seinen eigenen Bestwert übertreffen. Er schickt eine Kampfansage an Superstar Lionel Messi – und bald stehen auch Vertragsgespräche an.

Der Rekordmann setzt auf tierische Entspannung. Nach den Trainingseinheiten beim FC Bayern spielt Thomas Müller gern mit seinem Labrador namens Murmel oder fährt auf das Gestüt Gut Wettlkam, auf dem er mit seiner Frau Lisa Dressurpferde züchtet.

Offenbar der perfekte Ausgleich für den Weltmeister im terminreichen Fußballalltag: Müller ist in Topform und gehört auch in dieser Saison zu den besten Spielern der Bundesliga. Auch mit 32 Jahren, nach bald 14 Jahren im Profifußball, ist er quasi nie verletzt und stellt immer wieder Bestwerte auf. Experten und Fans staunen über diesen Spieler. Thomas Müller, das Phänomen.

An diesem Sonntag tritt er mit den Münchnern bei Hertha BSC an. Müller kann in der Partie seinen gerade aufgestellten Rekord weiter ausbauen: 150 Tore bereitete er in der Bundesliga bislang vor, zuletzt zwei beim 4:0 auswärts gegen den 1. FC Köln – so viele wie kein anderer Ligaspieler. Auf Platz zwei folgt der einstige Bayern-Star Franck Ribéry, inzwischen beim italienischen Erstligaklub US Salernitana unter Vertrag, mit 92 Vorlagen.

Nur Messi schaffte noch mehr Vorlagen

In den europäischen Topligen schaffte seit Müllers Debüt als Profi 2008 einzig Lionel Messi noch mehr Vorlagen (180). Der argentinische Superstar, der im vergangenen Sommer vom FC Barcelona zu Paris St. Germain wechselte, absolvierte in diesem Zeitraum knapp 40 Spiele mehr. Auf Twitter schrieb Müller nach dem Sieg in Köln augenzwinkernd in Richtung Messi: „Hola. Ich arbeite weiter daran, näher ranzukommen.“

Zudem führt der Bayer mit 18 Assists[1] die Liste der besten Vorlagengeber in dieser Bundesliga-Saison an, er leitete neun Treffer mehr ein als der Zweite, Bayer Leverkusens Supertalent Florian

[1] **Assist:** Zuspiel, das zu einem Tor führt

Wirtz. So viele Vorlagen hatte nach 19 Spieltagen seit Beginn der Datenerfassung vor 20 Jahren noch keiner geschafft.

Müller dürfte in dieser Spielzeit seinen eigenen Rekord einstellen: Bislang sind 21 Vorlagen in einer Ligasaison sein Topwert. In der Champions League war er in dieser Spielzeit in sechs Vorrundenspielen an vier Toren direkt beteiligt (zwei Vorlagen, zwei Treffer). „Es macht einfach Spaß, zum Erfolg beizutragen, an Toren direkt beteiligt zu sein“, sagte Müller. „Mich würde es noch mehr freuen, wenn ich auch ein paar Mal öfter selber treffen würde.“

Fünf Tore erzielte der Offensivprofi in der aktuellen Saison selbst. Einzig Starstürmer Robert Lewandowski, der in dieser Woche zum zweiten Mal in Folge als Weltfußballer geehrt wurde, ist an noch mehr Toren beteiligt.

welt.de vom 23.01.2022

1 Erläutert aus dem Text, welchen Rekord Thomas Müller aufstellen kann.

2 Übertragt die folgende Tabelle in euer Heft und ordnet die unterstrichenen Wörter des Textes in die richtigen Spalten ein. Die Zahlen verraten euch, wie viele Wörter in jede Spalte eingetragen werden müssen.

Verb	Nomen/Substantiv	Artikel (bestimmt und unbestimmt)	Adjektiv	Pronomen
8	8	3	3	4
Numerale	**Adverb**	**Präposition**	**Konjunktion: 2 Subjunktion: 1**	**Interjektion (Ausrufewort)**
3	1	5		1

3 Ihr erinnert euch, dass manche Wortarten sich im Satzzusammenhang verändern. Man spricht von flektierbaren und nicht flektierbaren Wortarten. Unterstreicht in eurer Tabelle die nicht flektierbaren Wortarten. Welche Besonderheit stellt ihr bei den Numeralien fest?

4 Arbeitet mit euren Tischnachbarn zusammen, indem ihr euch gegenseitig Fragen zu den Wortarten nach dem hier vorgegebenen Beispiel stellt:

A: Ich denke an eine Wortart, mit der man das Prädikat bildet.
B: Verb!

B: Mit der Wortart, die ich meine, drückt man ... aus.
A: ...

Die Pronomen

Thomas Kuhn

Bill Gates: Vom schüchternen Nerd zum Weltverbesserer

Der einst zurückhaltende Softwarekonzernchef hat sich in den vergangenen Jahrzehnten gemausert. Öffentliche Auftritte waren ihm früher eine Qual. Heute präsentiert sich Bill Gates als ebenso humorvoller wie schlagfertiger Gesprächspartner.

Auf der Bühne des Cirque-du-Soleil-Theaters in Las Vegas steht an diesem Abend im Spätherbst 1996 ein ziemlich außergewöhnlicher Gastgeber: Bill Gates. Wie jedes Jahr trifft sich die IT-Branche in der Wüstenmetropole zur damals wichtigsten amerikanischen Tech-Messe, der Comdex [...].

Rund eine halbe Stunde schon redet der Microsoft-Gründer, da greift Gates in seine Jackentasche und zückt ein handtellergroßes Gerät, das er „Handheld PC“ nennt. E-Mails lassen sich damit verfassen, Word-Dokumente lesen und schreiben, Bilder betrachten, Internetinhalte abrufen. [...]

Angestrengt, fast gepresst, trägt er seinen Text vor, ungelenk stakst er über die Bühne. Seine Augen suchen den Teleprompter, die übergroße Leinwand auf der Rückseite des Saales, auf die sein Redetext projiziert wird. Fast meint man, der Vortrag verursache ihm körperliches Unwohlsein. [...]

Fast ein Vierteljahrhundert nach dem gequälten Auftritt in Las Vegas tritt Gates im März 2019 wieder einmal auf die Bühne. [...] Entspannt setzt sich Gates in einen grauen Sessel, lässt sich nach hinten fallen – und lächelt. [...] Gates macht Witze – und redet, als hätte er nie was anderes getan. Dieser zeigt auf der Bühne fast schon Entertainer-Qualitäten. Keine Spur mehr vom bis zur Verklemmtheit zurückhaltend wirkenden Techie aus Microsofts Frühzeit, der bei Pressekonferenzen Fragen zusammengekauert auf einem Hocker beantwortet, als schienen ihm öffentliche Auftritte Pein zu bereiten. [...]

Keine Frage, Gates ist an und mit der selbst gewählten Aufgabe gereift, hat in unzähligen Meetings und bei zahllosen Auftritten in den vergangenen Jahrzehnten an Sicherheit gewonnen. [...] Und auch die Aufgabe als Vater der drei – inzwischen volljährigen – Kinder habe Gates verändert. Zuvor habe er Nächte in seinem Büro in der Firmenzentrale in Redmond durchgearbeitet [...]. Ähnliches habe er wohl auch von seinen Beschäftigten erwartet: „Vom Supermarkt bis zum Fitnesscenter gab und gibt es alles im Hauptquartier am One Microsoft Way“, berichtet ein hochrangiger Manager [...]. „Günstigstenfalls wären wir rund um die Uhr geblieben und gar nicht mehr nach Hause gefahren.“

1 Lest den Text. Welche Haltung nimmt der Berichterstatter gegenüber Bill Gates, dem Gründer von Microsoft, ein? Belegt eure Auffassung mit Zitaten.

2 Übertragt die Tabelle in euer Heft und ordnet die unterstrichenen Pronomen in die richtigen Spalten ein.

Personalpronomen (persönliches Fürwort)	Possessivpronomen (besitzanzeigendes Fürwort)	Demonstrativpronomen (hinweisendes Fürwort)	Relativpronomen (bezügliches Fürwort)	Reflexivpronomen (rückbezügliches Fürwort)
2	4	1	3	3

Unter die Lupe genommen – Das Indefinitpronomen

REGEL

Das Indefinitpronomen

Indefinitpronomen sind **unbestimmte Pronomen**. Sie bezeichnen ganz allgemein und unbestimmt Personen oder Sachen. Häufig ist auch eine nicht weiter bestimmte Anzahl gemeint.

Beispiele: **Irgendjemand** hat ihn per Handy über den Termin informiert.
Manche Zuschauer begannen, schon beim ersten Gegentor ihrer Mannschaft zu pfeifen.

Das Indefinitpronomen kann im Satz ein Nomen/Substantiv **begleiten** oder **vertreten**.

Manche Indefinitpronomen enthalten bereits einen unbestimmten Artikel.

Die **wichtigsten Indefinitpronomen** sind:
man, jemand, niemand, einer, keiner, jeder, mancher, irgendeiner, irgendwer, irgendwas, einige, ein paar, ein bisschen, ein wenig, etliche, mehrere, viele, alle, sämtliche, etwas, nichts.

Beachtet: Die **Unterscheidung der Indefinitpronomen** von den **unbestimmten Numeralien** (Zahlwörtern, z. B. andere, wenig, zahllos) ist fließend.
Aber: Vor die unbestimmten Numeralien kann man den Artikel setzen, während die reinen Indefinitpronomen nicht artikelfähig sind.

Beispiele: **Die wenigen Konter** entlasteten die Abwehr kaum.
Die zahllosen Hinweise aus der Bevölkerung führten nicht zur Aufklärung der Umstände der Entführung.

Am Ende siegt immer der Champ ...?

Kaum jemand in der Welt des Sports oder der Sportmedizin bestreitet noch, dass man bei Boxern ein erhöhtes Risiko, an Alzheimer zu erkranken, feststellen kann. Jeder weiß aber auch, dass es etliche an Alzheimer erkrankte berühmte Persönlichkeiten in unseren Tagen gibt, die nie einen Ring betreten haben oder vom Boxen nichts verstehen, um nur ein paar zu nennen wie die Hollywooddiva Rita Hayworth, gestorben mit 69 Jahren, oder den amerikanischen Präsidenten Ronald Reagan, der, noch etliche Jahre älter, mit 93 Jahren starb. Einige Neurowissenschaftler arbeiten jedoch an der Hypothese, dass Entzündungen des Hirngewebes die sogenannte Boxer-Demenz hervorrufen. Manche Forscher sprechen auch von der „Dementia

Muhammad Ali nach dem K.-o.-Sieg gegen Sonny Liston bei der Weltmeisterschaft 1965

pugilistica"[1]; denn es gibt leider viele Boxer, die Beta-A4-Ablagerungen im Hirn entwickeln, die irgendetwas, so vermutet man, mit der Verursachung der Alzheimer-Krankheit zu tun haben müssen. Der an Alzheimer leidende schwedische Ex-Weltmeister Johansson kann sich nicht mehr erinnern, dass er überhaupt irgendwelche Kämpfe mit dem Box-Genie Patterson bestritten hat. Von Patterson weiß man, dass er einige Male nach schweren Treffern am Kopf zu Boden gehen musste. Am 5. Mai 2006 starb er – an Alzheimer!

Mehrere große Boxer haben leider auch eine verdächtige Anfälligkeit für die andere große neurologische Krankheit unserer Zeit gezeigt – Parkinson. Der berühmteste Parkinson-Kranke unter ihnen war Muhammad Ali. Dieser bestritt allerdings irgendeinen Zusammenhang seines Boxens mit dieser Krankheit. Jeder andere könne von ihr befallen werden. Das hätten schon viele bewiesen, wie Yassir Arafat[2], Leonid Breschnew[3], Salvador Dalí[4] und Papst Johannes Paul II.

(2008)

1 **Dementia pugilistica:** von ital. pugilatore: Boxer
2 **Yassir Arafat:** palästinensischer Politiker, gestorben im Jahre 2004
3 **Leonid Breschnew:** führender Politiker der ehemaligen Sowjetunion, gestorben 1982
4 **Salvador Dalí:** neben Picasso einer der bedeutendsten Maler und Bildhauer Spaniens, gestorben 1989

1 Schreibt alle Indefinitpronomen heraus und untersucht ihre Bedeutung für die inhaltlichen Aussagen des Textes.

2 Kennzeichnet die Indefinitpronomen im Text, die im Satzzusammenhang ihre Form verändern können. Benutzt als Hilfe die folgende Tabelle.

Deklination der Indefinitpronomen „jemand", „niemand", „keiner"

Kasus	Indefinitpronomen		
Nominativ	jemand	niemand	keiner
Genitiv	jemandes	niemandes	keines
Dativ	jemand(em)	niemand(em)	keinem
Akkusativ	jemand(en)	niemand(en)	keinen

Das Verb

Die Verbarten und Verbformen

REGEL

Infinite Verbformen

Infinit bedeutet „unbestimmt“ oder „nicht eingegrenzt“. Sie werden nicht konjugiert.
Zu den **infiniten** Verbformen gehören:

- Der **Infinitiv** (Grundform):
  Beispiele: zögern, schreien, träumen
- Das **Partizip I** (Partizip Präsens):
  Beispiele: zögernd, schreiend, träumend
- Das **Partizip II** (Partizip Perfekt):
  Beispiele: gezögert, geschrien, geträumt, erhalten, trainiert, herausgefordert

Finite Verbformen

Finit hat die Bedeutung von „näher bestimmt“ oder „eingegrenzt“.
Eine **finite** Verbform gibt Auskunft über folgende Fragen:

- **Wer macht etwas?**
  Beispiel: Ich treffe. Sie treffen.
  Person und Numerus (Anzahl)
- **Geschieht etwas in der Vergangenheit, Gegenwart oder Zukunft?**
  Beispiel: Ich traf. Sie trifft. Er wird treffen.
  Tempus
- **Wird das Geschehen aus der Sicht des Täters oder aus der Sicht des Betroffenen gesehen?**
  Beispiel: Condello trifft. Alan wird getroffen.
  Handlungsart (Genus Verbi)
- **Ist das Geschehen wirklich, möglich oder nicht wirklich?**
  Beispiel: Er trifft. Er treffe. Er träfe.
  Er würde treffen. Triff!
  Modus

Verbarten

- **Vollverben**: Sie können allein das **Prädikat** bilden.
  Beispiel: Über Alan tobte die Menge.
- **Hilfsverben: sein, haben, werden**
  Sie erscheinen im Satz in der Regel zusammen mit einem Vollverb und werden für die Bildung unterschiedlicher Verbformen verwendet. Sie können aber auch als Vollverb fungieren.
  Beispiel: Condello schreit: „Bei Dunkelheit **werde** ich das Spiel **abbrechen**!“
- **Modalverben: können, dürfen, mögen, sollen, müssen, wollen**
  Modalverben bestimmen den Inhalt eines Verbs näher, d. h. sie verändern („modifizieren“) die Bedeutung, z. B: indem sie eine Aussage verstärken. **Kann** er etwas tun? **Darf, möchte, soll** er etwas tun? Oder **muss** oder **will** er es tun?
  Beispiel: Weil er heute den Ball nur schlecht **treffen kann**, **will** auch Alan insgeheim das Spiel **abbrechen**.

Myron Levoy (geb. 1930)

Der gelbe Vogel

Im Folgenden sind die ersten Seiten des Romans „Der gelbe Vogel“ abgedruckt. Nähere Erklärungen zum Text findet ihr auf S. 213 ff.

Alan Silverman ließ den Schlagballschläger ein paarmal scharf hin und her schwingen. Dabei biss er auf seinem Kaugummi herum, als wäre es Kautabak. Es war schon ziemlich dunkel. Alan achtete auf Joe Condellos rechte Hand. Joe hatte so eine Masche, den Ball, ohne lange auszuholen, ganz plötzlich loszuschießen.

Alan brauchte einen Treffer. Den ganzen Nachmittag hatte er keinen Ball sauber getroffen. Er machte noch ein paar Schwünge, so, wie es die berühmten Baseball-Spieler taten. Da kam der Ball, tief und am Mal vorbei.

„Ball zählt.“

„Der ging genau übers Mal“, brüllte Condello.

„Ja, über die Bronx“, rief Shaun Kelly, der Kapitän von Alans Mannschaft, „so weit weg, da hätte noch ein Laster Platz gehabt. […]

„Autos!“, schrie jemand.

Wenn Autos kamen, wurde das Spiel sofort unterbrochen. Alan ging mit den anderen zögernd zum Gehsteig und verlor sich in Träumereien. Er war im Yankee-Stadion[1]. Er hatte gerade alle Male umrundet und lief locker zur Mannschaftsbank. Über ihm tobte die Menge. Er hatte es geschafft. Die Schlagzeilen der größten Zeitungen der Welt schrien es heraus: AL SILVERMAN BRICHT ALLE REKORDE […] YANKEE-ANHÄNGER AUSSER SICH! BROADWAYPARADE GEPLANT! […]

Die Autos waren weg. „Weiterspielen!“, brüllte Joe Condello. „Es wird dunkel.“

Alan ging wieder zum Schlagmal und schlug mit dem Schläger gegen seine Schuhe, als wollte er Dreck abklopfen. Er stand in Kauerstellung, den Schläger weit zurückgeführt. Joe holte aus, schaute zum ersten Standmal und zögerte.

„Fehler!“, rief jemand.

„Quatsch. Das Spiel ist aus, Punkt!“, schrie Joe. „Und zwar, weil's dunkel ist. Wir haben gewonnen.“

„Was heißt denn das?“ Shaun Kelly ging zu Joe. „Wir haben unsere Schläge nicht gehabt. Ihr könnt gar nicht gewinnen, wenn wir unsere Schläge nicht bekommen haben.“

(1977)

1 **Yankee-Stadion:** Baseballstadion der New York Yankees

1 Woran erkennt man, dass es sich hier um einen erzählenden Text handelt? Benennt typische Merkmale.

2 Welche Bedeutung hat das Baseball-Spiel für Alan? Berichtet darüber, was er beim Sport empfindet.

3 Übernehmt die folgende Tabelle in euer Heft und tragt alle im Text unterstrichenen Verbformen in die entsprechenden Spalten ein. Wenn ihr dabei Hilfe braucht, dann schaut euch auf S. 324 die Übersicht über die verschiedenen Verbarten und Verbformen an. Ergänzt die Tabelle durch weitere Verbformen.

Vollverb			
finite Form	infinite Form		
	Infinitiv	Partizip I	Partizip II
…	…	…	…

Hilfsverb			
finite Form	infinite Form		
	Infinitiv	Partizip I	Partizip II
…	–	–	–

Modalverb			
finite Form	infinite Form		
	Infinitiv	Partizip I	Partizip II
…	–	–	–

Die Handlungsart (das Genus Verbi, die Genera Verbi) des Verbs

REGEL

Der Übersicht auf S. 324 könnt ihr entnehmen, dass die finite Verbform auch ausdrückt, ob das Geschehen aus der **Sicht des Täters/Handelnden** oder aus der **Sicht des Betroffenen** gesehen wird. Man unterscheidet demnach zwei Handlungsarten (Genera Verbi): das **Aktiv** und das **Passiv**.

Beim **Aktiv (Tätigkeitsform)** wird die Handlung **vom Täter aus** gesehen. Es ist die am meisten verwendete Handlungsart.
Beispiel: Pauline **trägt** ihren kleinen Bruder Emil auf dem Arm.

Beim **Passiv (Leideform)** wird die Handlung **vom Betroffenen aus** gesehen. Man unterscheidet dabei zwei Möglichkeiten:

- Das **Vorgangspassiv**: Hier steht das Geschehen im Vordergrund. Der Täter kann, muss aber nicht genannt werden. Wird er nicht genannt, spricht man auch vom **täterlosen Passiv**. Das Vorgangspassiv wird gebildet aus einer Personalform des Verbs **werden** und dem **Partizip II** des Verbs.
  Beispiel: Emil **wird** von seiner Schwester Pauline **getragen**. – **Vorgangspassiv**
  Emil **wird getragen**. – **Vorgangspassiv als täterloses Passiv**
- Das **Zustandspassiv** bezeichnet den erreichten Zustand oder das Ergebnis einer Handlung. Es wird gebildet aus einer Personalform von **sein** und dem **Partizip II** des Verbs.
  Beispiel: Das Spiel **ist** wegen der Autos **unterbrochen**. – **Zustandspassiv**

Dietrich Herrmann (geb. 1939)

Prothese gegen Gliedmaßen – eine Chance?

Die Inklusion – der uneingeschränkte Zugang aller Menschen zu allen Bereichen des gesellschaftlichen Lebens wie Schulen, Universitäten, Betrieben usw. – wird nun heftig und breit auch im Sport diskutiert, und das wird wohl auch über Jahre so fortgehen. Ein Weitspringer mit Beinprothese wurde in diesen Tagen vom Verband nicht für die Europameisterschaft nominiert, obwohl er weiter sprang als alle seine Konkurrenten. Es wird behauptet, der Wettkampf werde durch seine Unterschenkelprothese aus federndem Karbon gegenüber den Nichtbehinderten verzerrt, da größere Weiten damit erzielt würden. Die Leichtathletikverbände sind vor Neuland gestellt. Sie wissen nicht, wie mit den Leistungen von solchen Sportlern wie Markus Rehm umgegangen werden soll. Es gibt Stimmen, dass Rehm mit dem gesunden Bein abspringen solle, damit werde die Gleichheit mit den nicht behinderten Sportlern wiederhergestellt. Aber was würde ein Speerwerfer sagen, wenn ihm zugemutet würde, er dürfe den Speerwurf nicht mit seinem richtigen Wurfarm ausführen!

Nicht nur Rehms Leistung wird in Zukunft für Diskussionsstoff sorgen, denn schon jetzt berei-

Markus Rehm in Berlin, 2014

ten sich auch andere Sportler mit Behinderungen auf die Teilnahme an öffentlichen Wettkämpfen für Nichtbehinderte vor. Die Technik der Entwicklung von Prothesen ist in den letzten Jahren ungeheuer schnell entwickelt worden und wird von manchem in Zukunft sicher erfolgreich genutzt werden. Wie wird dann wohl über den Sieger entschieden werden?

(2014)

1 Diskutiert in der Klasse über den Einsatz von Hightechprothesen bei Wettkämpfen.

2 Zeichnet die folgende Tabelle in euer Heft und tragt aus dem Text die Passiv-Formen unter Nennung ihrer jeweiligen Zeitform in die richtigen Spalten ein. Die entsprechenden Sätze mit den Passiv-Formen könnt ihr beim Eintragen in die Tabelle verkürzen. Die Zeitformen des Passivs sind in der Tabelle auf S. 328 als Hilfe noch einmal aufgeführt.

Vorgangspassiv mit Nennung des Täters	Vorgangspassiv als täterloses Passiv	Zustandspassiv
...	...	...

3 Übertragt den Text in euer Heft und wandelt dabei an den Stellen, wo ihr es sprachlich für angebracht haltet, das Passiv in das Aktiv um. Welche Version des Textes klingt für euch stilistisch besser? Benutzt dabei als Hilfe die folgende Übersicht.

REGEL

Aktiv und Passiv im sprachlichen Vergleich

Formulierungen im Passiv hören sich manchmal umständlich an. Lebendiger und anschaulicher wirkt dagegen das Aktiv. Oft empfindet man es – z. B. bei Geschäftsbriefen – als persönlicher. Es ist aber sinnvoll, das Passiv zu benutzen, wenn

- der Handelnde unbekannt ist,
- er nicht erwähnt werden soll oder möchte (Dem Verein wurden die Bälle und Trikots gesponsert.),
- der Handelnde unerheblich ist (Das Spiel wurde beendet.),
- der Vorgang, die betroffene Sache oder der betroffene Mensch und nicht der Handelnde hervorgehoben werden soll (Markus Rehm wurde als Sportler geehrt.).

Aktiv und Passiv in ihren Zeitformen

1 In der Tabelle findet ihr die sechs Zeitformen des Aktivs und Passivs. Welche Zeitformen sind nach eurem Sprachgefühl wenig gebräuchlich oder selten? Nennt diese.

Aktiv und Passiv in ihren Zeitformen		
Tempus	**Aktiv** **1. Person Singular und Plural**	**Passiv (Vorgangspassiv)** **1. Person Singular und Plural**
Präsens	ich trage wir tragen	ich werde getragen wir werden getragen
Präteritum	ich trug wir trugen	ich wurde getragen wir wurden getragen
Perfekt	ich habe getragen wir haben getragen	ich bin getragen worden wir sind getragen worden
Plusquamperfekt	ich hatte getragen wir hatten getragen	ich war getragen worden wir waren getragen worden
Futur I	ich werde tragen wir werden tragen	ich werde getragen werden wir werden getragen werden
Futur II	ich werde getragen haben wir werden getragen haben	ich werde getragen worden sein wir werden getragen worden sein

Der Modus in der indirekten Rede

Wenn für Tiger ein neues Leben beginnt

Tiger und Kiara. Foto: Sabine Liebsch

Etwa 100 Leute hören dem Tierpfleger Beer, Mitarbeiter des Raubtierasyls in Ansbach, zu. Er sagt, der Tiger hinter ihm heiße Tiger – natürlich englisch ausgesprochen. Den Namen habe ihm der Zirkus gegeben. Tiger, die Tigerdame Angie und die gemeinsame Tochter Kiara habe sich der Zirkus nicht mehr leisten können. Als das Raubtier- und Exotenasyl Ansbach die drei Tiere vor acht Jahren aufgenommen habe, seien sie stark abgemagert gewesen. Der Aufwand für das Asyl sei groß. Er arbeite von Montag bis Freitag dort. Am Wochenende und im Urlaub würden ehrenamtliche Tierpfleger die Schichten übernehmen.

Pensionäre in den Zoos

Man solle nicht etwa denken, das sei ein altbackenes Brötchen, das sie dem Flusspferd verabreiche, erklärt die Tierpflegerin, sondern eine zwar etwas große, sonst aber normale Antibabypille. Noch eine Schwangerschaft könne man ihrer Mary nicht zumuten, da sie ja schließlich in die Jahre gekommen sei. Auch andere Tiere, etwa Elefanten, würden heute in den Zoos medizinisch versorgt und würden so ein höheres Alter erreichen. Von „Gnadenbrot" könne nicht die Rede sein, da die „Alten" den „Jungen" oft eine Hilfe seien. Bei Geburten könnten sie die jüngeren Elefantenkühe z. B. unterstützen. Auch bei den Tierschutzverbänden habe man bei dieser Art der Versorgung gute Karten. Zwar entspreche eine solche medizinische Betreuung nicht den natürlichen Lebensbedingungen der Tiere, doch seien ihr vonseiten der Tierschützer noch keine Klagen zu Ohren gekommen. Da werde wohl das Mitleid mit den Tieren an erste Stelle gesetzt, meint die Tierpflegerin schmunzelnd.

1 Die beiden Texte auf dieser Doppelseite sind überwiegend in indirekter Rede verfasst. Was wisst ihr noch darüber? Untersucht die beiden Zeitungsberichte hinsichtlich der Formen der indirekten Rede. In welchem Modus stehen sie und von welchen Teilsätzen sind sie abhängig? Wenn ihr dazu Hilfen braucht, dann seht bei den Erklärungen auf S. 330 nach.

2 In welchem Modus stehen die unterstrichenen Sätze? Erklärt, warum dieser Modus hier verwendet wird. Hilfen zu dieser Frage findet ihr in dem Regelkasten „Ersatzformen" auf S. 332.

3 Formt die unterstrichenen Textstellen in die direkte Rede um.

REGEL

Der Modus

Mit dem **Modus** (Aussageweise, Plural: Modi) drückt der Sprecher aus, ob er das Geschehen als **wirklich, möglich, erwünscht**, als **erdacht** oder **nicht wirklich** einschätzt.

Indikativ (Wirklichkeitsform)	Mit dieser Form drückt man aus, ob man ein Geschehen als **tatsächlich/ wirklich** ansieht. Beispiel: Tiger ist die Attraktion des Tierasyls.
Konjunktiv I (Möglichkeitsform)	Der Konjunktiv I stellt ein Geschehen als **möglich** dar (Beispiel: „Möge euch das Werk gelingen!“). Aber der Sprecher verbürgt sich nicht dafür und geht eher auf Distanz. Oft wird der **Konjunktiv** I in der **indirekten Rede** verwendet. In ihr gibt der Sprecher wieder, was er von einem anderen erfahren hat. Der **Konjunktiv I** leitet sich vom Wortstamm des Infinitivs ab. An den Wortstamm werden die Personalendungen des Konjunktivs angehängt: hab-en → er ha-be Beispiele: • Die Zeitung schrieb, dass der Schauspieler bald heirate. (heirat-en → er heirat-e) • Die Zeitung schrieb, der Politiker sei zurückgetreten. (sei-n → er sei) • Die Zeitung schrieb, er habe sein Büro schon verlassen. (hab-en → er hab-e) • Die Zeitung schrieb, er werde einen langen Urlaub machen. (werd-en → er werd-e) Der **Konjunktiv I** steht häufig auch im **indirekten Fragesatz**. Beispiel: In Leverkusen fragt man sich, ob der Sportler bei seinem Entschluss, sich vom Leistungssport zurückzuziehen, bleiben werde.
Konjunktiv II (Form des Nichtwirklichen)	Mit dem **Konjunktiv II** stellt man eine Aussage entweder als **nicht möglich**, als **nicht wirklich (irreal)** oder als **Wunsch** dar. Der **Konjunktiv II** wird aus der Präteritumform des Indikativs mit (bei unregelmäßige Verben) oder ohne Umlaut gebildet: ich fuhr → ich führe. Beispiele: • **Hätte** ich doch nicht mehr diese Dauerschmerzen im Rücken! (ich hatte) • **Hätte** ich einen anderen Trainer **gehabt**, **wäre** ich vielleicht nicht so berühmt **geworden**. (ich hatte – ich war) Der **Konjunktiv II** wird oft als **Ersatzform für den Konjunktiv I** benutzt (vgl. dazu S. 332).
Imperativ (Befehlsform)	**Der Imperativ** ist die Verbform, die **eine Aufforderung/einen Wunsch** ausdrückt. Es gibt ihn nur für die **2. Person Singular und Plural**. Beispiele: **Trainiere** intensiver! **Trainiert** intensiver!

John Green

Schlaft gut, ihr fiesen Gedanken

■ Die 16-jährige Aza Holmes, die Ich-Erzählerin des Romans „Schlaft gut, ihr fiesen Gedanken“ von John Green, sitzt mit ihren Mitschülern in der Cafeteria. Diese unterhalten sich über den verschwundenen Milliardär Russell Pickett. Aza ist in ihre eigenen Gedanken vertieft, als ihre Freundin Daisy sie zum Sohn des Milliardärs, Davis Pickett, befragt. ■

„Du warst doch mal mit ihm im Ferienlager, oder?“, fragte mich Daisy.

„Mit wem?“

„Mit Davis Pickett.“

„Mmh“, sagte ich. „Warum?“

„Hast du nicht zugehört?“, fragte Daisy.

Doch, ich habe zugehört, dachte ich. Ich habe der Kakophonie meines Verdauungstraktes zugehört. Ich wusste natürlich schon lange, dass ich der Wirt einer riesigen Menge parasitärer Organismen war, aber ich wurde nicht gerne daran erinnert. An der Anzahl der Zellen gemessen besteht der Mensch zu über 50 Prozent aus Bakterien, was bedeutet, dass die Hälfte der Zellen, die zu uns gehören, gar nicht unsere sind. Mein Mikrobiom zum Beispiel setzt sich aus tausendmal mehr Mikroorganismen zusammen, als es Menschen auf der Erde gibt, und ich bilde mir häufig ein, ich kann spüren, wie sie in und auf mir leben, sich fortpflanzen und sterben. Ich wischte mir die schweißnassen Hände an der Jeans ab und versuchte, kontrolliert zu atmen. Zugegebenermaßen leide ich unter einer Angststörung, aber ich finde es nicht irrational, wenn einem die Vorstellung zu schaffen macht, eine mit Haut überzogene Bakterienkolonie zu sein.

Mychal sagte: „Sein Vater sollte wegen Korruption oder so was verhaftet werden, aber in der Nacht, als sie ihn verhaften wollten, ist er abgetaucht. Auf seinen Kopf sind 100 000 Dollar ausgesetzt.“

„Und du kennst den Jungen“, sagte Daisy.

„Ich kannte ihn mal“, stellte ich fest.

1 Aza verwendet in ihren Gedanken biologisches Fachvokabular. Beschreibt, wie das auf euch wirkt. Was sagt das über Aza aus?

2 Schreibt alle Fremdwörter heraus und klärt ihre Bedeutung.

3 Fasst Azas Gedanken zusammen. Verwendet Formen der indirekten Rede. Ihr könnt so beginnen:
Aza behauptet, sie wisse schon lange, dass sie der Wirt einer riesigen Menge parasitärer Organismen sei, aber dass sie nicht gern daran erinnert werde. An der Anzahl der Zellen gemessen bestehe der Mensch ...

4 Kennt jemand von euch den Roman „Schlaft gut, ihr fiesen Gedanken“ oder einen anderen Roman von John Green? Stellt einen dieser Romane euren Mitschülerinnen und Mitschülern in Form einer Buchpräsentation vor.

REGEL

Ersatzformen für den Konjunktiv I

Wenn die Form des Konjunktivs I genauso lautet wie der Indikativ, verwendet man in der indirekten Rede den Konjunktiv II. Die **Formen des Konjunktivs II** bilden dann die **Ersatzformen für den Konjunktiv I**. Man benötigt sie für die **1. Person Singular** und für die **erste und dritte Person Plural**.

Vor allem in der Alltagssprache wird auch die Umschreibung mit **„würde + Infinitiv"** immer häufiger verwendet, z. B. wenn der Konjunktiv II sehr ungebräuchlich ist. Auch verwendet man die Umschreibung, wenn er mit der Präteritum-Form identisch ist.

Beispiele:

Indikativ	**Konjunktiv I**	**Ersatzform Konjunktiv II**	**Umschreibung mit „würde"**
ich finde	ich finde →	ich fände	ich würde finden
wir finden	wir finden →	wir fänden	wir würden finden
sie finden	sie finden →	sie fänden	sie würden finden

Hilfe! Sie kommen!

„Beim Fahrradfahren (sein) es doch wie beim Schwimmen, das (verlernen) man nie." Der Mann an dem Fahrradverleih lacht freundlich über meine Bemerkung und schüttelt den Kopf. Das Gegenteil davon (können) man doch gerade als Fußgänger hier auf Usedom erfahren. Obwohl die Wege am Strand entlang bis nach Zinnowitz viel breiter (sein) als auf den kleineren Ostseeinseln, (riskieren) man ständig, von Fahrradfahrern angefahren zu werden. Man (müssen) sich das nur einmal ansehen, wie wackelig die auf dem Sattel (sitzen). Da (kommen) Leute, vor allem aus Berlin, die (sein) schon dreißig und mehr Jahre nicht mehr Fahrrad gefahren. Die (taumeln) in viel zu großen Bögen um die Kurven, obwohl die auf Usedom keineswegs zu eng (sein); sie (wackeln) mit dem Lenkrad und (halten) nicht die Spur. Ganz deutlich (sehen) man auch, wie ihnen die Angst ins Gesicht geschrieben (stehen). Am liebsten, und das (finden) er dreist, (beschweren) sie sich auch noch über die viel standsichereren Fußgänger. Er (fragen) sich, was dann an solcher Freizeitbeschäftigung mit dem Fahrrad noch gemütlicher Urlaub (sein). Er und auch die Polizei auf der Insel (sehen) es auch gar nicht gern, wie sich Gruppen von Jugendlichen die Körbe der geliehenen Fahrräder mit Bierdosen (füllen), bevor es mit der Tour richtig (losgehen). Da (können) man ganz leicht den Führerschein verlieren. Mit 1,6 Promille (sein) man dabei. Und vor allem, wenn Alkohol im Spiel (sein), (bekommen) man die Räder oft beschädigt zurück. Aber dann (müssen) er sich immer anhören, man (haben) das Fahrrad in diesem Zustand bekommen. Aber sonst (können) er wahrhaftig nicht klagen; an schönen Tagen (sein) immer alle Räder ausgeliehen. Was (geben) es auch Schöneres, als viele Stunden am Meer oder von einem Seebad zum nächsten zu radeln.

1 Schreibt den Text in euer Heft und setzt statt der Infinitive in den Klammern die passende Personalform der Verben mit dem richtigen Modus ein. Achtet dabei auch auf die Ersatzformen.

8. Satzglieder

Die Satzglieder im Überblick

REGEL

Sätze bestehen nicht aus aneinandergereihten Einzelwörtern, sondern aus **Satzgliedern**. Welche Wörter jeweils zu einem Satzglied zusammengefasst werden, bekommt man häufig mithilfe der **Umstellprobe** heraus.

Die Handlung der Novelle „Die Judenbuche“ | spielt | größtenteils | in einem kleinen westfälischen Dorf.
In einem kleinen westfälischen Dorf | spielt | die Handlung der Novelle „Die Judenbuche“ | größtenteils.
Größtenteils | spielt | die Handlung der Novelle „Die Judenbuche“ | in einem kleinen westfälischen Dorf.

Die folgende Übersicht fasst die wichtigsten Satzglieder und die Fragen, auf die sie eine Antwort geben, zusammen:

Satzglied	Satzgliedfrage	Beispiel
Subjekt	Wer oder was?	**Die Schülerin** hält ein Referat über das Leben der Annette von Droste-Hülshoff.
Prädikat	Was passiert/ was geschieht?	Wichtige Ereignisse **werden** im Bild **festgehalten**.
Prädikativum	Wer oder was ist das Subjekt? Als was gilt jemand?	Annette von Droste-Hülshoff war **eine ungewöhnliche Frau**. Sie galt als **sehr sensibel**.
Objekt		
Akkusativobjekt	Wen oder was?	Die Schülerin bereitet **das Referat** sehr sorgfältig vor.
Dativobjekt	Wem?	**Ihren Mitschülerinnen und Mitschülern** legt sie eine schriftliche Ausarbeitung vor.
Genitivobjekt	Wessen?	Er ist sich **seines Fehlers** bewusst.
Präpositionales Objekt	Woran? An was? ...	Sie erinnert sie **an das geplante Abschlussquiz**.

Satzglied	Satzgliedfrage	Beispiel
Adverbiale		
Temporaladverbiale	Wann? Wie oft? Wie lange?	Annette von Droste-Hülshoff wohnte **zeitweise** am Bodensee.
Kausaladverbiale	Warum? Weshalb?	**Aus gesundheitlichen Gründen** konnte sie nicht immer so arbeiten, wie sie es wollte.
Modaladverbiale	Wie? Auf welche Art und Weise?	In der Novelle „Die Judenbuche" beschreibt sie **einfühlsam** den Lebensweg von Friedrich Mergel.
Lokaladverbiale	Wo?	Annette von Droste-Hülshoff wurde 1797 **in Münster** geboren.
Instrumentaladverbiale	Womit? Mit welchem Mittel?	**Mithilfe einer PowerPoint-Präsentation** erzielt die Schülerin ein hohes Maß an Anschaulichkeit.
Konditionaladverbiale	Unter welcher Bedingung?	**Immer bei Sonnenschein** machte Annette von Droste-Hülshoff lange Spaziergänge am Bodensee.
Konzessivadverbiale	Mit welcher Einschränkung?	**Trotz zahlreicher Erkrankungen** half sie ihrer Schwester Jenny auf der Meersburg.
Finaladverbiale	Wozu? Zu welchem Zweck?	**Zur Durchsicht ihrer Manuskripte** zog sie sich gerne in ihr Häuschen in Meersburg zurück.

1 Bestimmt in dem folgenden Auszug aus einer Inhaltsangabe zu Annette von Droste-Hülshoffs Novelle „Die Judenbuche" die unterstrichenen Satzglieder.

Die Judenbuche – Inhaltsangabe

Der Mord an einem Juden, der angeblich von Friedrich Mergel, der Hauptperson der Erzählung, begangen wird, ist Kern der Novelle „Die Judenbuche". Erstmals erschien diese 1842. Der Autorin geht es jedoch nicht um die Aufklärung des Verbrechens, vielmehr schildert sie detailliert die unglückliche Kindheit und das Aufwachsen des Jungen.

Friedrich Mergel wird 1738 als Sohn eines Kleinbauern im westfälischen Dorf B. geboren. Die Rechtsverhältnisse in dem Ort sind verworren: Holzdiebstahl ist an der Tagesordnung. Der Alkoholismus des Vaters, Hermann Mergel, führt zur Verwahrlosung der häuslichen Verhältnisse.

Friedrich ist neun Jahre alt, als man seinen erschlagenen Vater nach Hause bringt. Die unheimliche Erinnerung an diese Ereignisse, die stark von Aberglauben geprägten Äußerungen der Dorfbewohner und die dem Kind von der Mutter anerzogenen Vorurteile lassen den Jungen immer scheuer und bald zum Einzelgänger werden.

Den zwölfjährigen Friedrich adoptiert sein Onkel, Simon Semmler. Dies geschieht jedoch nicht, um seine Schwester, Margret Mergel, zu entlasten, wie er vorgibt, sondern um Friedrich für seine undurchsichtigen Absichten beim Holzdiebstahl zu missbrauchen. Der Einfluss Simon Semmlers verändert Friedrichs Wesen von Grund auf. Bei seinem Onkel begegnet er Johannes Niemand. Er ist ein unehelicher Sohn Semmlers und wird von den Dorfbewohnern verachtet. Friedrich aber verwandelt sich zu einem tatkräftigen, gewandten, angesehenen, aber auch hinterlistigen, eitlen und unberechenbaren Menschen, der nach außen hin jedoch den Schein der Redlichkeit zu wahren versucht.

Der Holzdiebstahl wird mit immer schärferen Maßnahmen überwacht. Dem Förster Brandis, der den Holzfrevlern („Blaukitteln") nachstellt, zeigt Friedrich, der sich im Auftrag von Simon Semmler als Spion betätigt, absichtlich einen falschen Weg. Brandis wird wenig später ermordet …

Das Attribut

REGEL

Attribute bestimmen ein Bezugswort (z. B. ein Nomen) näher. Man spricht deshalb auch von Beifügungen. Attribute sind Teile von Satzgliedern (Satzgliederweiterungen). Attribute stehen immer in der Nähe ihres Bezugswortes (vorgestellt oder nachgestellt).

Attribut	Beispiel
Adjektivattribut	die **westfälische** Heimat der Dichterin
Genitivattribut	die Autorin **der Novelle**
Präpositionales Attribut	die Erinnerung **an diese Ereignisse**
Apposition	Annette von Droste-Hülshoff, **die Autorin der „Judenbuche"**, …
Attributsatz/Relativsatz	Friedrich, **der von seinem Onkel adoptiert wird**, …
Pronominales Attribut	**diese** Novelle, **ihr** Lieblingsgedicht

1 Schreibt aus der Inhaltsangabe zur Novelle „Die Judenbuche" zu jeder Attributart jeweils mindestens ein Beispiel heraus.

9. Nebensätze

Satzbaumuster der Nebensätze

Im Café „Die Pause"

„Habt ihr schon bestellt?" „Nein, noch nicht", sagt Stephan, „weil wir haben auf dich gewartet." „Das ist nett von euch", freut sich Patrick, „weil ich bin wirklich etwas spät dran. Stellt euch vor! Ich habe nämlich gerade einen Platz in der Antonius-Apotheke für mein Praktikum bekommen. Der Chef dort ist unheimlich nett. Er will mir sogar bei meinem Bericht helfen, wenn ich das Praktikum dann beende im April. Das Dumme ist daran vielleicht nur, dass zwei Häuser weiter auch mein Klassenlehrer wohnt." „Na, der wird dich dann wohl jeden Tag kontrollieren kommen", lacht Katrin. „Klar. Möglich ist das. Aber wenn ich jeden Tag pünktlich gehe in die Apotheke, was kann mir dann schon passieren? Ich fände es sogar toll, wenn er möglichst oft vorbeischauen würde bei uns, weil der ist immer so gut drauf."

1 Wenn ihr dieses Gespräch lest, bemerkt ihr bestimmt an manchen Stellen Fehler im Satzbau. Übernehmt das Gespräch in euer Heft und schreibt die Sätze richtig auf.

REGEL

In **Nebensätzen** (Satzgefügen), die durch eine Subjunktion eingeleitet werden, steht das finite Verb am **Ende** des Satzes.

Beispiel: Er nimmt an der Tour nicht teil, <u>weil</u> er unter Dopingverdacht <u>steht</u>.
↑ Subjunktion ↑ finites Verb

Vergleicht dazu aber das Satzbaumuster bei Nebensätzen im Englischen.

Beispiel: He doesn't come <u>because</u> he <u>is</u> ill.
↑ Subjunktion ↑ finites Verb

In **Satzreihen**, die durch eine Konjunktion eingeleitet werden, steht das finite Verb dagegen an zweiter Stelle.

Beispiel: Er nimmt an der Tour nicht teil, <u>denn</u> er <u>steht</u> unter Dopingverdacht.
↑ Konjunktion ↑ finites Verb

2 Überprüft, was ihr noch alles über Nebensätze wisst. Übernehmt dazu die folgende Tabelle in euer Heft und füllt die entsprechenden Zeilen aus. Die Tabelle wird im weiteren Verlauf noch ergänzt.

Woran erkennt man einen Nebensatz?	...
Welche unterschiedlichen Arten von Nebensätzen gibt es?	...
Wie werden Nebensätze eingeleitet?	...
Wie wird die Verbindung aus einem Hauptsatz und einem Nebensatz genannt?	...
Was muss man bei den Nebensätzen hinsichtlich der Zeichensetzung beachten?	...

Nebensätze bestimmen

Taschengeld aufbessern: Worauf du bei Schülerjobs achten musst

Du musst mindestens 13 Jahre alt sein, damit du in Deutschland als Schülerin oder Schüler arbeiten darfst. Wenn deine Eltern einverstanden sind, kannst du ab dann täglich bis zu zwei Stunden arbeiten. Dass Kinder in diesem Alter schwere Arbeiten verrichten, ist allerdings nicht erlaubt. Daher darf man nur leichte Tätigkeiten wie „Zeitungen austragen" oder „Gartenarbeit" übernehmen.

Zwischen dem 15. und 17. Lebensjahr ist man Jugendlicher, sodass weniger Einschränkungen gelten. Dennoch darf man noch nicht so arbeiten, wie dies Erwachsene tun. Der Gesetzgeber schützt nämlich Jugendliche besonders, indem er ihnen die Arbeit in einigen Bereichen verbietet. Dazu gehören z. B. die Tätigkeiten im Akkord oder mit besonderen Unfallgefahren. Auch sollte man prüfen, ob evtl. Arbeiten am späten Abend oder in der Nacht notwendig werden könnten. Das ist für Jugendliche ebenfalls nicht erlaubt.

Für Jugendliche, die noch zur Schule gehen, gelten allerdings die gleichen Bestimmungen wie für „Kinder" im Alter von 13 bis 14 Jahren, weil für diese der Besuch der Schule an erster Stelle steht. Während Jugendliche, die ihre Schulpflicht erfüllt haben, an fünf Tagen in der Woche täglich bis zu acht Stunden arbeiten dürfen, darfst du nur an fünf Tagen in der Woche höchstens bis zu zwei Stunden täglich arbeiten. Wo du arbeitest, kannst du dir auch nicht aussuchen. In der Arbeitsschutzverordnung für 13- bis 14-Jährige werden die Jobs aufgelistet, die Schüler ausüben dürfen. Die Liste der leichten Tätigkeiten reicht hier vom „Austragen von Zeitungen und Werbeprospekten" über die „Betreuung von Haustieren" bis zur „Ernte und Feldbestellung". Obwohl dich in den Ferien ein Nebenjob nicht am Besuch der Schule hindern würde, gilt die Zwei-Stunden-Regelung für Schülerinnen und Schüler auch in den Ferien. Mehr als zwei Stunden täglich dürfen sie nur arbeiten, falls sie volljährig sind. Sobald du also 18 Jahre alt bist, kannst du über leichte Tätigkeiten wie „Zeitung austragen" hinaus arbeiten.

Ganz so lange musst du aber auch als Schülerin oder Schüler im Alter von 15 bis 18 Jahren nicht warten. Vier Wochen im Jahr darfst du näm-

Freizeitbeschäftigung vor 35 000 Jahren?

In unserer Zeit denkt man sogleich an eine Art von Freizeitbeschäftigung in der Steinzeit, wenn man das Mammut aus Elfenbein betrachtet. Was der Künstler mit primitiven Steinwerkzeugen vor 35 000 Jahren schuf, verdient große Bewunderung. Aus einem etwa 4 cm langen Stück Elfenbein schnitzte er ein Mammut, das in seiner Form geradezu zierlich wirkt. Auch die Ritzungen, welche die Oberfläche verzieren, wirken, als ob dieser Epoche schon eine lange Zeit künstlerischen Schaffens vorangegangen sei. Und doch steht dieses Figürchen, das Archäologen kürzlich aus der Vogelherdhöhle im Lonetal ausgegraben haben, am Anfang der künstlerischen Tätigkeit des Menschen.

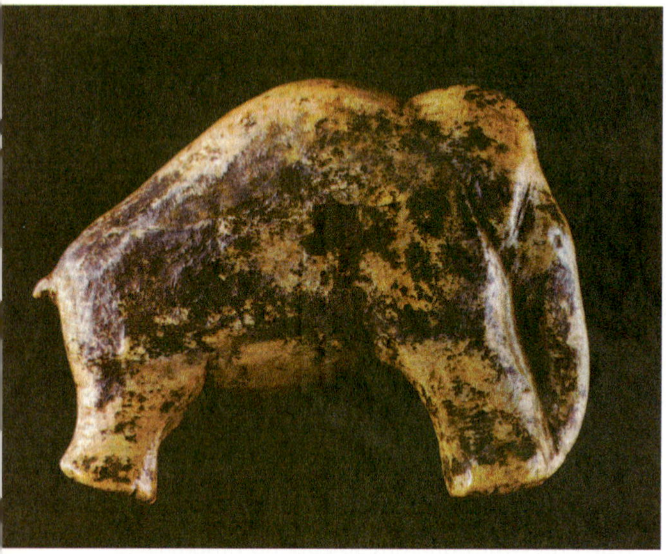

Im Lonetal[1] wurden außer dem Mammut vier weitere Elfenbeinartefakte[2] gefunden, die alle der Aurignacien-Kultur entstammen. Die Menschengruppen dieser Kultur gelten als Vorfahren des modernen Menschen und man weiß, dass sie in der Steinzeit zunächst auf dem Balkan lebten und dann an der Donau entlang nach Westen zogen.

Die Wissenschaftler fragen sich, wozu diese Elfenbeingegenstände genutzt wurden. Manches deutet eher auf eine Verwendung im religiösen Bereich hin. Wenn diese Vermutung zutrifft, würde das voraussetzen, dass die Menschen der späten Steinzeit bereits über eine differenzierte Sprache verfügten.

---

1 **Lonetal:** liegt zwischen Stuttgart und München im Alb-Donau-Kreis und im Landkreis Heidenheim, Baden-Württemberg

2 **Artefakt:** künstlich hergestellter Gegenstand

1 Diskutiert, wozu man solche Tierskulpturen wie das Mammut benutzte.

2 Der Text enthält viele Nebensätze. Bestimmt sie und tragt sie in Tabellen ein, wie ihr sie schon bei Aufgabe 1 und 2 auf S. 338 benutzt habt.

3 Versucht, möglichst viele Adverbialsätze in einfache Satzglieder umzuformen, und beurteilt dann die stilistische Wirkung des Textes.
Beispiel (Satz 1): Bei der Betrachtung des Mammuts aus Elfenbein denkt man in unserer Zeit sogleich an eine Art von Freizeitbeschäftigung in der Steinzeit.

Einfache Satzgefüge – komplexe Satzgefüge – Satzreihen

REGEL

Den **zusammengesetzten Satz** aus mindestens einem Hauptsatz und einem Nebensatz nennt man **Satzgefüge**.

Beispiel: Die Wissenschaftler fragen sich, wozu diese Elfenbeingegenstände benutzt wurden.
Hauptsatz Nebensatz

Grafische Darstellung: ______________________,
Hauptsatz
~~~~~~~~~~~~~~~~~~~~.
Nebensatz

Der Nebensatz ist dem Hauptsatz untergeordnet; daher spricht man von einer **unterordnenden (subordinierenden) Verbindung**. Der Nebensatz kann vor dem Hauptsatz stehen (Nebensatz als **Vordersatz**), er kann auf ihn folgen (Nebensatz als **Nachsatz**) oder in ihn eingeschoben sein (Nebensatz als **Zwischensatz**).

Wenn ein Satzgefüge aus einem bzw. mehreren Hauptsätzen und mehreren Nebensätzen besteht, spricht man von einem **komplexen oder erweiterten Satzgefüge**.

1. Beispiel: **Komplexes Satzgefüge mit Nebensätzen auf derselben Ebene**

Wenn diese Vermutung zutrifft, würde das bedeuten, dass die Menschen der späten Steinzeit
Nebensatz Hauptsatz Nebensatz
bereits über eine differenzierte Sprache verfügten.

Grafische Darstellung: ______________________,
Hauptsatz
~~~~~~~~~~~~~~~~~~~~, ~~~~~~~~~~~~~~~~~~~~.
Nebensatz Nebensatz

2. Beispiel: **Komplexes Satzgefüge mit Nebensätzen auf unterschiedlichen Ebenen: Der zweite Nebensatz ist dem ersten untergeordnet.**

Man ist sich nicht sicher, wie man erklären soll, dass der Neandertaler ausgestorben ist.
Hauptsatz Nebensatz 1. Ordnung Nebensatz 2. Ordnung

Grafische Darstellung: ______________________,
Hauptsatz
~~~~~~~~~~~~~~~~~~~~,
1. Nebensatz
~~~~~~~~~~~~~~~~~~~~.
2. Nebensatz

1 Stellt die in dem Text „Freizeitbeschäftigung vor 35 000 Jahren?“ (S. 340) unterstrichenen Verbindungen aus Haupt- und Nebensätzen grafisch dar, wie es in dem Regelkasten auf S. 341 gezeigt ist. Entscheidet, ob es sich um einfache oder komplexe Satzgefüge handelt.

2 Beschreibt, wie ihr die stilistische Wirkung von einfachen Satzgefügen und komplexen Satzgefügen empfindet.

Sponsoring-Lauf

Die Schülerin Julia hat eine Rede entworfen, mit der sie in allen Klassen ihrer Schule für die Durchführung eines Sponsoring-Laufs werben möchte:

Hallo Leute!

Ich heiße Julia, bin in der Klasse 9b und arbeite in der SMV mit, weil ich glaube, dass man dort mitmachen muss, wenn man als Schülerin an unserer Schule, die eine lange Tradition hat, etwas bewegen will. Und das ist auch der Grund, warum ich heute hier bei euch bin; denn in der SMV haben wir uns ein Projekt überlegt, das ich euch vorstellen möchte. Bestimmt wisst ihr schon, was ein Sponsoring-Lauf ist, da unsere Nachbarschule erst kürzlich einen mit großem Erfolg durchgeführt hat. Jede Schülerin und jeder Schüler wirbt in seiner Bekanntschaft einen Sponsor, der ihm pro Kilometer, den er läuft oder walkt, mindestens 50 Cent spendet. Wir haben eine Strecke von 10,5 km vorgesehen, die hauptsächlich durch Wälder verläuft, die kaum Steigungen hat und die sogar gleich an unserer Schule beginnt. Ihr könnt euch leicht ausrechnen, wie viel Geld dabei reinkommt, da wir ja an unserer Schule mehr als tausend Schülerinnen und Schüler haben. Mit einem Teil des Geldes wollen wir eine soziale Einrichtung unserer Stadt unterstützen, die jeden Tag an Obdachlose eine warme Mahlzeit austeilt. Mit dem Rest wollen wir unseren Schulhof verschönern, da viele Schüler und auch Lehrer meinen, dass der einen ziemlich öden Eindruck macht. Wenn ihr unsere Initiative unterstützt, wird uns unsere Direktorin – das haben wir mit ihr schon abgesprochen – einen Tag im Juni für den Lauf unterrichtsfrei geben und auch das Kollegium auffordern, sich an der Organisation des Sponsoring-Laufs zu beteiligen.

3 Da Julia ihre Rede frei vortragen möchte, lernt sie den Text auswendig. Dabei bemerkt sie, dass sie an manchen Stellen immer wieder ins Stolpern gerät. Woran mag das liegen?

4 Überarbeitet die Rede und schreibt sie in euer Heft.

5 Stellt die unterstrichenen Sätze grafisch dar und entscheidet, um welche Art von Satzgefüge es sich jeweils handelt.

6 Beschreibt den stilistischen Unterschied zwischen der Rede der Schülerin und dem folgenden Text, indem ihr besonders auf den Satzbau achtet. Überarbeitet den Text.

Was bedeutet „steinreich sein“?

Im Mittelalter und sogar bis ins 19. Jahrhundert waren die Häuser der einfachen Leute aus Holz gebaut. Nur die Reichen konnten sich Steine aus den Steinbrüchen leisten. Reich war im Mittelalter allein der Adel. Ihm gehörte das Land. Darum konnte nur er in Steinhäusern residieren. Später kamen aber auch durch den Handel die Bürger in den neuen Städten zu Wohlstand und konnten sich ebenfalls prächtige Steinhäuser leisten. Sie waren eben **steinreich**.

REGEL

Vollständige Hauptsätze, die durch eine **Konjunktion** (Bindewörter wie *und, oder, auch, sowie, zudem, ferner, sowohl – als auch, weder – noch, nicht nur – sondern auch, aber, dennoch, denn, somit, daher, darum, trotzdem* ...) miteinander verbunden sind oder durch einen Punkt, ein Komma oder ein Semikolon (Strichpunkt) getrennt werden, bilden eine **Satzreihe**.

Kaum zu schlagen?

Endspiel unserer Tennis-Schulmannschaft um die Bezirksmeisterschaft

„Kaum zu schlagen" hieß es überall, wo auch immer wir uns über die Spielstärke unseres Endspielgegners erkundigten. Erst am Ende des Matches stehe der Sieger fest, beruhigte uns unser Trainer. Wer Bezirksmeister im Mannschaftswettbewerb werden wolle, müsse erst einmal von vier Einzeln und zwei Doppeln mindestens vier Matches gewinnen. Und das sollten die erst einmal gegen uns schaffen. Wir vier Spieler kommen aus der Klasse 9a und alle sind zugleich auch Mitglieder des TC Rot-Weiß. Daher kennen wir sehr gut unsere Spielweise, was für die Doppel entscheidend ist. Auf der Fahrt nach Minden, dem Austragungsort, sprachen wir vor innerer Anspannung nicht viel miteinander. Den Empfang durch unsere Gegner empfanden wir eher als abweisend.

Vielleicht war es aber auch bei ihnen nur die Spannung vor einem wichtigen Spiel. Die Anwesenheit ihrer Eltern überraschte uns, zeigte uns aber, wie wichtig sie die Meisterschaft nahmen. Nach dem Abspielen der vier Einzel stand es schon 3:1 für uns, und das Fehlen nur noch eines einzigen Punktes stimmte uns optimistisch für den Gesamtsieg. Es war aber noch ein hartes Stück Arbeit. Aber nach dem Gewinn eines der beiden Doppel konnten wir stolz bei Limo und Pizza unseren Sieg feiern. Bei unserer fröhlichen Stimmung wurden unsere unterlegenen Gegner auch immer lockerer und sie nahmen gern unsere Einladung zum gemeinsamen Essen an.

(Bericht in der Schülerzeitung von Stefan Sturm)

7 Beschreibt, wie der Text auf euch wirkt. Geht dabei besonders auf den Satzbau ein.

8 Formt die markierten Satzglieder in Nebensätze um und bildet so Satzgefüge. Vergleicht dann die veränderte stilistische Wirkung mit der vorherigen.

Beispiel (2. Satz): Erst wenn das Match zu Ende sei, stehe der Sieger fest ...

9 Bestimmt die Art der Nebensätze, die ihr gebildet habt.

10 Schreibt die Sätze, die eine Satzreihe bilden, aus dem Text heraus.

Der indirekte Fragesatz

REGEL

Indirekte Fragesätze

- Ein direkter Fragesatz kann auch als Nebensatz in indirekter Weise wiedergegeben werden. Aus einer direkten Entscheidungsfrage (Frage, auf die man mit Ja oder Nein antwortet) wird dann ein Nebensatz, der mit der Subjunktion **ob** eingeleitet wird.
  Beispiel: Sie fragte ihn: „Betreibst du Motocross-Sport?“
  Sie fragte ihn, **ob** er Motocross-Sport betreibe.

- Aus einer Ergänzungsfrage (W-Frage) wird ein Nebensatz, der mit einem W-Fragewort eingeleitet wird, und zwar entweder mit einem **Interrogativpronomen** *(wer, was, welcher, welche, welches, was für ein)* oder mit einem **Interrogativadverb** *(wo, wohin, wann, wie, wieso, weshalb, warum, weswegen)*.

  Die **Interrogativpronomen** können für ein Nomen/Substantiv oder als Begleiter vor einem Nomen/Substantiv stehen.
  Beispiele: Sie fragte ihn: „**Was** interessiert dich an diesem Sport so?“
  Sie fragte ihn, **was** ihn an diesem Sport so interessiere.

  Sie fragte ihn: „**Welche** Unfälle hast du schon beim Motocross gehabt?“
  Sie fragte ihn, **welche** Unfälle er schon beim Motocross gehabt habe.

  Die **Interrogativadverbien** stehen weder vor einem Nomen/Substantiv noch für ein Nomen/Substantiv.
  Beispiel: Der Arzt fragte ihn: „**Wo** haben Sie sich die Verletzung zugezogen?“
  Der Arzt fragte ihn, **wo** er sich die Verletzung zugezogen habe.

- Der indirekte Fragesatz stellt eine indirekte Rede dar; daher steht die Verbform in der Regel in der Form des Konjunktivs (s. dazu S. 330).

1 Formt die folgenden Sätze so um, dass Satzgefüge mit indirekten Fragesätzen entstehen.

- Im Streit rief er ihm zu: „Was willst du eigentlich von mir?“
- Sie will nur wissen: „Wohin fahren wir am Wochenende?“
- „Woher kommen nur alle diese Tiefs in diesem Sommer?“, stöhnte sie.
- „War das eine Schnapsidee?“, fragte Uli.
- Ein Besucher der Ausstellung wagte es, seine Zweifel zu äußern: „Welche von den hier zu sehenden Bildern sind wohl Fälschungen?“
- „Ist es dir hier zu laut?“, fragte sie.
- Die alte Dame fragte den Leiter des Olympiamuseums bissig: „Können Sie mir erklären, wieso diese Ausstellung eine Werbung für den Sport sein soll?“
- Kopfschüttelnd fragte sie: „Wohin kommt man nur, wenn man jetzt sogar auch die Kinder für den kommerziellen Leistungssport missbraucht?“
- „Wie komme ich am schnellsten von Bari nach Tarent?“, fragte er sie auf Italienisch.

Unter die Lupe genommen – Satzwertige Konstruktionen

REGEL

Infinitiv- und Partizipgruppen

1. Zu den **satzwertigen Konstruktionen** gehören **Infinitiv- und Partizipgruppen**.
   - Die **satzwertige Infinitivgruppe** besteht aus einem **Infinitiv mit *zu*** und meist einem oder mehreren **Satzgliedern**.
     Beispiel: Wegen unseres Hundes wagt niemand(,) unser Grundstück zu betreten.
     Infinitiv mit *zu*
   - Die **satzwertige Partizipgruppe** besteht aus dem **Partizip I** oder dem **Partizip II** und einem oder mehreren **Satzgliedern**.
     Beispiele: Schon von Weitem winkend(,) begrüßte sie ihn.
     Partizip I
     Kaum am See angekommen(,) packten sie ihre Surfbretter aus.
     Partizip II
   - Für die Kommasetzung bei Partizipgruppen gilt: Partizipgruppen müssen normalerweise nicht durch Kommas abgetrennt werden. Ausnahmen: Ein Komma steht
     - wenn durch ein hinweisendes Wort auf die Partizipgruppe Bezug genommen wird.
       Beispiel: Einen unbeteiligten Gesichtsausdruck zeigend, so begegnete sie ihrer Rivalin.
     - wenn die Partizipgruppe eine nachgestellte Erläuterung ist.
       Beispiel: Der Wind, zunehmend stärker werdend, brachte neue Wolken mit sich.

2. **Infinitiv- und Partizipgruppen haben die gleiche Funktion wie Nebensätze**. Daher heißen sie **satzwertige Konstruktionen**. Da sie kein Subjekt und auch kein Prädikat haben, kann man auch von **verkürzten Nebensätzen** sprechen.
   - **Infinitivgruppen:**
     Beispiel: **Verkürzter Subjektsatz**
     Es ist ein großer Vorteil, beim Doppel seinen Partner gut zu kennen.
     Wer oder was ist ein großer Vorteil? Dass man beim Doppel seinen Partner gut kennt.

     Beispiel: **Verkürzter Objektsatz**
     Er hofft(,) in Wimbledon wenigstens über die ersten zwei Runden zu kommen.
     Wen oder was hofft er? Dass er in Wimbledon wenigstens über die ersten zwei Runden kommt.

     Beispiel: **Verkürzter Adverbialsatz**
     Beeil dich, um nicht zu spät zu kommen.
     Wozu soll er sich beeilen? Damit er nicht zu spät kommt.

   - **Partizipgruppen:**
     Beispiel: **Verkürzter Adverbialsatz**
     Den Körper weit nach hinten beugend(,) holte er zum Aufschlag aus. (Partizip I)
     Wie holte er zum Aufschlag aus? Indem er den Körper weit nach hinten beugte.

     Beispiel: **Verkürzter Attribut-/Relativsatz**
     Der Ball, mit viel Spin geschlagen, war unerreichbar. (Partizip II)
     Welcher Ball war unerreichbar? Der Ball, der mit viel Spin geschlagen war.

Windsurf-Freestyle – Eine Funsportart

Ein Windsurf-Freestyler muss in der ganzen Welt herumfliegen, damit er bei allen wichtigen Regatten dabei ist. Indem er so sein Geld verdient, bringt er sehr viel Zeit im Flugzeug zu. Damit er nicht zu viel davon für seine schweren Boardbags der Fluggesellschaft abgeben muss, sind manchmal lange Diskussionen mit dem Bodenpersonal fällig. So ein Boardbag, das immer mit einigen Surfbrettern, Masten und Segeln vollgepackt ist, wiegt mindestens 150 Kilo, sodass ein Teil der gewonnenen Preisgelder für die Transportkosten verwendet werden muss.

Da sich das Publikum bei Speed- oder Slalomrennen um Bojen herum langweilt, sucht es immer mehr die Events bei den Windsurf-Freestylern auf, damit es sich bei den grandiosen Wellen, den bis zu 20 Metern hohen Sprüngen und an den Loopings begeistern kann. Indem die Surfer so das Spektakuläre wagen, erfinden sie immer neue Sprünge. Einem Brasilianer gelang fast Unglaubliches: Anfahrt in die meterhohe Welle, dann ein Rückwärtssalto, daran anschließend ein Vorwärtssalto, schließlich gestandene Landung. Damit auch sie eine solche fantastische Leistung dem Publikum zeigen können, trainieren jetzt die Profis unter den Freestylern auf den hohen Wellen des Pazifiks. Für artistisches Surfen sind allerdings auch die Wellen am Kap der Guten Hoffnung geeignet, wenn dort nur nicht die dichteste Population von Weißen Haien vorzufinden wäre. Indem sie die aber nicht weiter beachten, haben dort die Surfer ein ideales Trainingsgebiet für ihre gewagten Sprünge. Kaum dass sie dort von weit her angekommen sind, ziehen sie ohne Zögern mit ihren Brettern hinaus auf der Suche nach der hohen Welle.

1 Versucht, mithilfe von satzwertigen Konstruktionen den Text zu verändern, und beurteilt die stilistische Wirkung dieser Veränderungen.

2 Beachtet beim Gebrauch der satzwertigen Konstruktionen die Zeichensetzung. Hilfen findet ihr in dem folgenden Regelkasten.

REGEL

Zeichensetzung bei satzwertigen Konstruktionen

- Partizipgruppen werden durch Kommas vom übrigen Satz abgetrennt, wenn sie mit einem **hinweisenden Wort** oder einer **hinweisenden Wortgruppe angekündigt** werden.
  Beispiele: Genau **so**, von hohen Wellen getragen, liebt er das Surfen.
  Kühl und abweisend, **so** wurden sie vom Gegner empfangen.
- Partizipgruppen werden auch vom übrigen Satz abgetrennt, wenn sie als ein **einem Nomen/Substantiv oder Pronomen nachgestellter Zusatz** anzusehen sind.
  Beispiele: **Der Boxer**, von der Niederlage im Gesicht gezeichnet, verließ wortlos den Ring.
  Sie, tödlich beleidigt, verließ grußlos das Haus.

Zur Zeichensetzung bei den Infinitivgruppen vgl. S. 372.

10. Richtig zu schreiben, kann man lernen

Merkstrategien trainieren

Manche Städte ermitteln in einem großen Diktatwettbewerb unter Schülerinnen/Schülern, Eltern und Lehrkräften den Rechtschreibmeister bzw. die Rechtschreibmeisterin. Beim Wettbewerb in Frankfurt wurde die Idee dahinter so beschrieben:

„Die deutsche Rechtschreibung ist nicht gerade einfach. Aber beherrschen muss man sie trotzdem. E-Mails, SMS, Facebook und andere spontane Formen der Direktkommunikation verändern derzeit die Qualität des schriftlichen Ausdrucks. Regelgerechtes Schreiben wird aber gerade in beruflichen Zusammenhängen von jungen Menschen unverändert verlangt. Durch den Diktatwettbewerb „Frankfurt schreibt!“ soll auf sportliche, heitere und lehrreiche Art und Weise darauf aufmerksam gemacht werden, wie wichtig richtiges Schreiben nach wie vor ist. Der große Diktatwettbewerb ist ein Beitrag zur Sprachkultur.“

1 Nennt und erläutert die Gründe, die zu diesem Wettbewerb geführt haben.

2 Diskutiert das Format eines Rechtschreibwettbewerbs.

Die Wettbewerbstexte sind nicht ganz einfach. Ein Textausschnitt aus einem Wettbewerbsdiktat lautet z. B.:

„Nahe dem Römer, dem Frankfurter Wahrzeichen, baute man zur Zeit der Renaissance ein fassadenseitig anthrazitfarbenes Gemäuer mit skurrilem Zierrat. Heute mokieren sich Alteingesessene. Es ähnele einem Burgverlies.“

3 Überlegt, woher ihr wisst, dass „Gemäuer“ und „ähneln“ mit ä und nicht mit e geschrieben werden.

4 Nennt die Regeln für die Großschreibung bei „Frankfurter [Wahrzeichen]“.

5 Notiert weitere Rechtschreibregeln.

6 Bei den Wörtern „Renaissance“ und „skurril“ gibt es solche hilfreichen Regeln nicht. Was könnt ihr tun, um diese Wörter trotzdem richtig zu schreiben? Entwickelt und erprobt zur Klärung der Schreibung Rechtschreibstrategien. Ihr habt im Rechtschreibunterricht der Klassen 5 bis 8 sicher schon etliche solcher Merkstrategien kennengelernt – außerdem hilft euch die Information auf der nächsten Seite.

Das musst du lernen und wissen.

Regelgeleitete Schreibungen und Merkschreibungen

Man unterscheidet **regelgeleitete Schreibungen** und **Merkschreibungen**.
Bei regelgeleiteter Schreibung gibt es klare Regeln, die die Schreibung eindeutig bestimmen. So kennst du seit der Grundschule die **Regel**, dass Wörter mit -heit und -keit als Endung Nomen/Substantive sind und deshalb großgeschrieben werden.

Bei Merkschreibungen musst du dir genau einprägen und merken, wie ein Wort geschrieben wird. Besonders häufig ist dies bei Fremdwörtern oder Namen der Fall. Die Wörter „Trainer", „Mississippi" oder „Renaissance" muss man sich genau ansehen und durch **Merkstrategien** in seinem Gedächtnis verankern.

Merkstrategien sind Techniken, die dabei helfen sollen, sich die Schreibung von bestimmten Wörtern besser zu merken, und zwar insbesondere da, wo die Schreibung eben nicht regelgeleitet erschlossen werden kann:

- abschreiben (handschriftlich und mehrmals!)
- markieren
- Merklisten anlegen
- Wortkarten für einzelne Wörter anlegen (aus den Fremdsprachen bekannt)
- Wörterbuch und Rechtschreibprogramme sinnvoll nutzen
- Merkverse und „Eselsbrücken" nutzen

7 Erprobt diese Merkstrategien an den beiden folgenden Textausschnitten aus dem Frankfurter Wettbewerb.

Text 1:

„Eines wolkenverhangenen Mittwochmorgens, es war Buß- und Bettag, hatte [...] ein pubertärer Sprayer rotgesehen. Er hatte dem Maestro am idyllischen, efeuumrankten Entree mit einigen Graffiti aus grellfarbenen aggressiven Hieroglyphen und anderen gräulichen Injurien unwiderruflich seine Reverenz erwiesen."

Text 2:

„Der fuchsteufelswilde Arzt hatte nicht umhingekonnt, [...] einen hochbetagten, aber akribisch arbeitenden Detektiv aus der Verwandtschaft zu engagieren. Dieser hatte die Kanaille bald am Schlafittchen und konnte den Einfaltspinsel so an die Kandare nehmen."

8 Diskutiert Möglichkeiten und Grenzen der verschiedenen Merkstrategien.

Fehlerschwerpunkte selbst erkennen

Einen Praktikumsbericht schreiben

Vielen Schülerinnen und Schülern steht im Laufe des Schuljahrs ein Praktikum bevor. An manchen Schulen werden diese Praktika obligatorisch durchgeführt, an anderen Schulen sind sie hingegen fakultativ. In jedem Falle wird aber davon ausgegangen, dass diese Praktika von den Praktikanten in einem Bericht vor- und nachbereitet werden.
Hierzu werden von den einzelnen Schulen ganz unterschiedliche Ansprüche an einen Praktikumsbericht gestellt, allen sollte aber gemein sein, dass sie die Erwartungen des Praktikanten den tatsächlich gemachten Erfahrungen gegenüberstellen. In welcher Weise dies geschehen kann, ist sicherlich nicht allgemeingültig zu klären. Es dürfte aber unstrittig sein, die Erwartungen sinnvollerweise vor Beginn des Praktikums schriftlich zu fixieren. Die Erfahrungen im Laufe des Praktikums können zum Beispiel in Form eines jeweiligen Tagesberichts festgehalten werden. Aufgrund (Auf Grund) der häufig vielfältigen Eindrücke im Laufe eines Praktikums sollten diese Tagesberichte möglichst zeitnah abgefasst werden. Nur so ist zu gewährleisten, dass wichtige Details nicht in Vergessenheit geraten und ein zu oberflächlicher Bericht entsteht.

Der geforderte Tagesbericht kann unterschiedlich gestaltet werden. Eine Variante könnte darin bestehen, in einem solchen Bericht Erfahrungen unterschiedlicher Tage zusammenzufassen. Eine andere Möglichkeit ist, den tatsächlichen Ablauf eines Tages zum Anlass zu nehmen, typische Gegebenheiten oder Merkmale des Berufes bzw. des Betriebes zu verdeutlichen. Hat die erste Variante den Vorzug, interessanter für den Leser oder die Leserin eines solchen Berichts zu sein, bietet die zweite Möglichkeit den Vorteil, den realen Verhältnissen näher zu sein. Die Ecken und Kanten eines Berufes werden in jedem Falle deutlich zutage (zu Tage) treten. Dies hilft beim Vorbeugen späterer Enttäuschungen.

1 Erfahrungsgemäß gibt es Bereiche in der Rechtschreibung, die immer wieder Probleme bereiten. Ordnet die unterstrichenen Wörter den folgenden Bereichen zu. Einige kannst du mehrfach zuordnen:

- die Schreibweise lang ausgesprochener, betonter Vokale (Dehnung),
- die Schreibung nach kurz ausgesprochenen, betonten Vokalen,
- die Schreibung von z und k nach l, m, n, r,
- die Großschreibung von ursprünglichen Adjektiven und Verben,
- gleich und ähnlich klingende Laute und Silben (p und b, v und f, äu und eu, ent- und end-),
- s-Laute,
- das oder dass,
- Fremdwörter,
- Zusammen- und Getrenntschreibung.

2 Ergänzt die Bereiche um weitere Beispiele.

3 Schaut euch die unterstrichenen Wörter an und klärt Schreibweisen von Wörtern, die sich nicht oder nur schwer durch Regeln erklären lassen.

Rechtschreibprobleme durch einfache Verfahren lösen

In einer Reihe von Fällen helfen einfache Regeln und Merksätze bei Unsicherheiten in der Rechtschreibung.

1 Schaut euch folgende Übersicht genau an und prägt sie euch ein. Welche Elemente der Übersicht sind regelgeleitet, welche sind Merkstrategien? Begründet eure Meinung.

Zur Vermeidung von Rechtschreibfehlern kann man …

- ✓ *deutlich sprechen und genau auf die Aussprache achten,*
- ✓ *Wortarten unterscheiden,*
- ✓ *die Wörter nach ihrer Bedeutung unterscheiden,*
- ✓ *die richtige Schreibweise durch Ableiten oder Verlängern des Wortes ermitteln,*
- ✓ *Merksätze anwenden,*
- ✓ *grammatische Kenntnisse einsetzen,*
- ✓ *mit dem Wörterbuch arbeiten.*

Merksätze:

- *„Wer nämlich mit h schreibt …"*
- *„Nach l, m, n, r, das merke ja …"*
- *„Gar nicht und überhaupt nicht werden …"*
- *„Wenn man dieses, jenes, welches einsetzen kann …"*

2 Die Merksätze sind unvollständig. Übertragt sie in euer Heft und ergänzt sie.

3 Die folgenden Texte sind fehlerhaft. Korrigiert sie in kleinen Gruppen und wendet dabei die Regeln und Merksätze an.

Berufsfindung

„Wer die Wal hat, hat die Qual." Dieses alte Sprichwort hat garnichts von seiner gültigkeit verloren. Es stimmt nähmlich, das in gantz vielen Fällen die Zahl der Berufe für Berufsanfänger so unüberschaubar groß ist, dass diese sich nicht endscheiden können. Besonders merken dies Schülerinnen und Schüler, die sich erst kurtz vor Ende ihrer Schulausbildunk um einen Überblick bemüen.

(Fehler: 10)

Tips zum Einstellungstest

Immer häufiger steht am Anfank eines Einstellungsverfahrens ein Test. Nur wer diesen besteht, hat überhaubt eine Chance, das Verfahren weiter zu durchlaufen. Damit man gut auf diesen Test vorbereitet ist, empfiehlt es sich, sich vorher einen Überblick über mögliche Tests zu verschafen. Einen solchen Test kann man häufich bei einer Bang oder bei Versicherungen bekomen. Neuerdinks werden diese Tests auch im Internet angeboten. Man kann sie sich dort gantz einfach anschauen und beliebich oft ausprobieren. Allerdings sollte man sich auch nicht zu sehr davon verückt machen lasen und die anderen Vorbereitungen nicht aus dem Blick verlieren.

(Fehler: 13)

Auf das aussehen kommt es an

Bei einem Vorstellungsgespräch wird immer auch auf das Äußere wert gelegt. Das man nicht in zerrisenen Jeans auftauchen sollte, dürfte jeder Schülerin / jedem Schüler klar sein. Aber auch das andere extrem ist nicht radsam. Schliesslich will die Firma wissen, wen sie einstellt. Und dabei ist es wenig hilfreich, wen man sich verkleidet. Vielmehr wollen die Firmen wissen, welche Persönlichkeit hinter der Bewerbung steckt. Also am Besten gut gekleidet Erscheinen, aber nicht übertreiben. Für die Mädchen gild: Ein bischen Schminke ist absolud in ordnung, aber nicht zu dick auftragen. Lieber natürlig erscheinen, als hinter einer Maske verborgen.
(Fehler: 16)

4 Diktiert euch die Texte gegenseitig oder schreibt sie in der richtigen Form ab. Kontrolliert, ob ihr die Regeln und Merksätze beachtet habt. Schaut in einem Wörterbuch nach, wenn ihr unsicher seid.

5 Arbeitet in gleicher Weise mit den folgenden Auszügen aus einem Praktikumsbericht.

Montag, 27.03.

Arbeitsbeginn war für mich an diesem Tag erst um 9.30 Uhr. Um zunächst einen Einblick in die Tätichkeiten eines Redaktörs zu bekommen und einen Überblick zu erhalten, was in den nächsten Wochen auf mich zukommen würde, habe ich gemeinsam mit den beiden anderen Praktikantinen eine Einführung in die altäglichen Abläufe innerhalb eines Verlags erhalten. Hierbei lernte ich auch bereits meine neuen „Kolegen“ kennen. Positiv aufgefallen ist mir, dass ich von anfang an gedutzt wurde, und vor allem auch, dass ich es umgekehrt genauso machen durfte.
(Fehler: 7)

Dienstag, 28.03.

Mein Arbeitstag begann um 8.45 Uhr. An diesem Tag lernte ich den Redakteur kennen, in dessen Büro für die Nächsten zwei Wochen mein Arbeitsplatz sein sollt. Meine erste Aufgabe bestandt darin, ein bereits vertiges Arbeitsheft durchzulesen und auf Druckfehler zu überprüfen. Damit ich die Aufgabe erledigen konnte, bekahm ich zuvor noch eine Kurtzübersicht zum Regelwerk der Deutschen Rechtschreibung ausgehendigt.
(Fehler: 7)

Auf die Bedeutung achten

Bei einigen Wörtern mit einem langen, betonten Vokal kannst du die korrekte Schreibung nur anhand der Bedeutung feststellen. Diese Wörter musst du dir dann genau einprägen.

> dehnen • denen • leeren • lehren, Bote • Boote • mehr • Meer • Sole • Sohle, mahlen • malen • Wahl • Wal • wahr • war • Uhr • Ur

1 Bildet mit den Wörtern aus dem Wortspeicher eigene kleine Sätze, die deren Bedeutung erklären. Schaut gegebenenfalls in einem Wörterbuch die Bedeutung der Wörter nach und prägt euch die richtige Schreibweise ein.

2 Diktiert euch anschließend gegenseitig einzelne Sätze.

3 Übertragt die folgenden Satzpaare in euer Heft und setzt das passende Wort aus dem Wortspeicher ein.

- Mithilfe einer ___ kann man jederzeit die exakte Zeit angeben.
  Wenn man von der frühesten Zeit der Menschheitsgeschichte spricht, meint man die ___zeit.
- In den Sommerferien fahren viele Familien mit ihren Kindern gerne ans ___.
  Manche Kinder sind kleine Leseratten und wollen immer ___ lesen.
- Trotz intensiver Bemühungen werden ___, diese Riesen der Meere, immer noch gejagt.
  Die ___ des Klassensprechers war eine überraschende Entscheidung.
- Jede Woche kommt das städtische Entsorgungsunternehmen und ___ die Mülltonnen.
  Der hoch angesehene Professor ___ an der Universität in Paderborn Geschichte.
- Niemand ist gerne ___ einer schlechten Nachricht.
  Die ___ der Fischer werden nach der Fahrt ans Ufer gezogen.
- Bei kochsalzhaltigem Wasser spricht man von einer ___.
  Die Unterseite eines Schuhs wird als ___ bezeichnet.
- Das Getreide muss erst ___ werden, damit man es weiterverarbeiten kann.
  Zur Verdeutlichung der Situation hat der Schüler noch ein Bild ___.
- Bei der Vernehmung des Zeugen wird überprüft, ob die Angaben des Tatverdächtigen auch ___ sind.
  Insbesondere wollte der vernehmende Polizeibeamte wissen, ob der Zeuge auch am Tatort ___.

- Nach einem Nickerchen hat man häufig das Bedürfnis, sich ausführlich zu ___.
  Es gibt Menschen, ___ man einfach bedingungslos vertraut.

Auf die Wortart achten

Wortendbausteine

Aus den letzten Schuljahren ist dir sicherlich noch bekannt, dass man Nomen/Substantive und Adjektive zum Teil an ihren Endbausteinen erkennen kann.

1 Ordnet die folgenden Endbausteine den beiden Wortarten Nomen/Substantiv und Adjektiv zu. Legt eine Tabelle an.

-ig -heit -keit -lich -ung
-schaft -nis -sam -tum -isch
-sal -chen -haft

Sucht zu den Endbausteinen passende Wörter und tragt sie in die Tabelle ein. Markiert jeweils die Endbausteine farbig. Vergesst bei den Nomen/Substantiven nicht den passenden Artikel.

Nomen/Substantiv	Adjektiv
...	...

2 Mithilfe der typischen Adjektiv-Endbausteine kann man teilweise aus Nomen/Substantiven Adjektive bilden. Nutzt dazu die Nomen/Substantive des folgenden Wortspeichers. Bildet jeweils Adjektive.

die Frucht • die List • der Wind • das Haus • der Traum • das Land • der Mann • das Wunder • der Riese • der Winter • das Weib • die Schule • die Masse • der Süden • der Sommer • der Osten • das Kind • die Stadt • der Ekel

3 Findet selbst weitere Beispiele und verwendet die neu gebildeten Adjektive als Attribute.

Beispiele:
das Salz – salz**ig** – der salzige Hering
der Frühling – frühlings**haft** – das frühlingshafte Wetter

REGEL

An den Wortbausteinen **-heit, -keit, -ung, -nis, -tum, -schaft, -sal, -chen** kann man ein **Nomen/Substantiv** erkennen.

An den Wortbausteinen **-ig, -lich, -isch, -bar, -sam, -haft** kann man ein **Adjektiv** erkennen.

Nominalisierungen/Substantivierungen

Vielfach können aus anderen Wortarten Nomen/Substantive gebildet werden. Diese Nominalisierungen/Substantivierungen kann man an verschiedenen Merkmalen erkennen.

1 Schaut euch die folgenden Beispiele genau an und benennt jeweils das entsprechende Merkmal.

- Das Lesen ist seine große Leidenschaft.
- Beim Lesen entdecken wir immer neue Welten.
- Intensives Lesen regt die Fantasie an.

2 Entscheidet bei den folgenden Sätzen jeweils, ob eine Nominalisierung/Substantivierung vorliegt. Begründet eure Entscheidung und übertragt die Sätze in richtiger Schreibweise in euer Heft.

- Das ■eichnen der Häuser ist dem Schüler gut gelungen.
  Als er die Menschen auf der Straße ■eichnen wollte, reichten seine Fertigkeiten noch nicht ganz aus.
- Die ■inzelnen Häuser waren sehr säuberlich und detailliert ausgeführt.
  Welche Mühe dies dem Schüler im ■inzelnen gemacht hatte, war dem Ergebnis durchaus anzusehen.
- Die Zeichnungen der Klasse waren im ■llgemeinen sehr gut geworden.
  Dabei war die ■llgemeine Meinung zuvor gewesen, dass die Aufgabe zu schwer sei.
- Der Lehrer hielt das ■chraffieren zur Verdeutlichung der Bildverhältnisse für sehr wichtig.
  Also mussten die Schüler alle Flächen, die sich dazu anboten, ■chraffieren.
- Ohne ■enn und ■ber folgte die Klasse den Anweisungen des beliebten Kunstlehrers.
  Die Ergebnisse wären ■ber noch besser gewesen, ■enn sich die Schülerinnen und Schüler ein bisschen mehr konzentriert hätten.
- Schließlich waren die Ergebnisse in der Schule in einer Ausstellung zu ■ehen.
  Nur genaues ■ehen offenbarte die kleinen künstlerischen Unterschiede.
- Das ■chöne an den Ferien ist die Aussicht auf viel freie Zeit.
  Dann können all die ■chönen Dinge nachgeholt werden, für die während der Schulzeit keine Zeit bleibt.
- Als Erstes wollen viele Schüler einmal ■usschlafen.
  Das ■usschlafen ist aber nicht unbedingt auch bei allen Eltern beliebt.
- Die Schüler lassen sich auch gerne einfach treiben und ■iegen lange in der Sonne.
  Langes ■iegen in der Sonne ist aber gar nicht so gesund.
- Im ■roßen und ■anzen gehen die Ferien meistens viel zu schnell vorbei.
  Von den Schülern werden die ■roßen Ferien ■anz häufig als gar nicht so „groß“ empfunden.
- Die letzten Tage der Ferien sollte man ganz besonders intensiv ■enießen.
  Das ■enießen der letzten Tage wird aber immer mehr vom herannahenden Schulbeginn überschattet.
- Das ■iedersehen mit der Schule ist dann jedoch häufig gar nicht so schlimm.
  Schließlich möchte man seine Mitschüler und Mitschülerinnen doch ■iedersehen.

REGEL

Nomen/Substantive schreibt man **groß**.
Alle anderen Wortarten können zu Nomen/Substantiven werden und werden dann ebenfalls großgeschrieben. Oft stehen dann Begleiter davor, sodass die **nominalisierten/substantivierten Wörter** erkennbar sind.

das oder *dass*?

REGEL

Die richtige Schreibweise von **das** oder **dass** erkennt man, indem man auf die Wortart achtet. Handelt es sich um einen **Artikel**, ein **Demonstrativpronomen** oder ein **Relativpronomen**, schreibt man **das**.

Beispiele: **Artikel: Das** Kino ist bei Jugendlichen noch immer beliebt. (Ersatzprobe: **Ein** Kino ...)
Demonstrativpronomen: Das hätte nicht jeder erwartet. (Ersatzprobe: **Diese/Jenes** hätte ...)
Relativpronomen: Das Buch, **das** so beliebt ist, wird nun verfilmt. (Ersatzprobe: Das Buch, **welches** so ...)

Handelt es sich um eine **Subjunktion**, die einen Nebensatz/Gliedsatz einleitet, wird **dass** geschrieben.

Beispiel: Viele haben schon erwartet, **dass** diese Verfilmung endlich gezeigt wird.

1 Übertragt den folgenden Text in euer Heft und setzt *das* oder *dass* ein.
Begründet jeweils eure Entscheidung.

Tipps für ein gelungenes Vorstellungsgespräch

Vielfach ist nach der erfolgreichen schriftlichen Bewerbung ______ Vorstellungsgespräch die nächste entscheidende Hürde auf dem Weg zum gewünschten Ausbildungsplatz. Damit dieser wichtige Termin gelingt, sollte man einige Regeln bedenken. ______ ist aber häufig leichter gesagt als getan.

Zunächst gilt es, sich inhaltlich auf ______ Gespräch vorzubereiten. Erfahrungen zeigen, ______ es vielfach einen guten Eindruck hinterlässt, wenn man ______ Unternehmen gut kennt. Dabei geht es weniger darum, ______ man auch letzte Details kennt, sondern mehr darum, ______ man über die großen Zusammenhänge Bescheid weiß. ______ Wissen ist vielfach dem Internetauftritt des Unternehmens zu entnehmen. Insbesondere ______ angestrebte Arbeitsfeld innerhalb der Firma sollte man sich vorher genau anschauen. Besonders hilfreich ist es natürlich, wenn man ______ Innenleben eines solchen Betriebs schon durch Mitarbeiter oder Mitarbeiterinnen kennt. Wenn ______ nicht möglich ist, sollte man beispielsweise auch Zeitungsberichte über die Firma studieren.

Auch ______ Äußere ist an diesem Tag von besonderer Bedeutung. Es stimmt zwar nicht, ______ man aufgrund unpassender Kleidung sofort aus dem Rennen um den Ausbildungsplatz ist, aber der Gesamteindruck sollte stimmen. ______ man sich für ______ Gespräch nicht verkleiden sollte, dürfte allen bekannt sein, aber die Kleidung, ______ Auftreten und die Gesprächsführung müssen zu einem passen.

Wenn ______ anfängliche Lampenfieber überwunden wurde, ______ Gespräch gut geklappt hat und man auch ein paar eigene Fragen stellen konnte, hat man gute Chancen, ______ man auch die nächste Hürde überwindet.

2 Ihr könnt euch den Text auch abwechselnd abschnittweise diktieren. Besprecht dabei die jeweilige Wortart.

Tageszeiten und Wochentage

REGEL

Bezeichnungen für **Tageszeiten** und **Wochentage** werden **großgeschrieben**, wenn es sich dabei um Nomen/Substantive handelt. Dies kann man an den üblichen Nomen-/Substantivsignalen erkennen.

Beispiele: *der* Sonntag – *am* Mittag – *der* gestrige Mittwoch– *jeder* Montag

Bezeichnungen für **Tageszeiten** und **Wochentage** werden **kleingeschrieben**, wenn es sich dabei um Adverbien handelt.

Beispiele: gestern – heute – morgen – mittwochs – sonntagabends

Bei allen **zweiteiligen Tageszeitangaben** werden die Adverbien klein- und die Nomen/Substantive großgeschrieben.

Beispiele: heute Morgen – morgen Vormittag – gestern Abend

1 Übertragt den folgenden Text in euer Heft und achtet dabei auf die korrekte Schreibung der Zeitangaben.

Besuch des Berufsinformationszentrums (*BiZ*)

HEUTE MORGEN hat sich die Klasse 9d auf den Weg gemacht, am VORMITTAG das *BiZ* zu besuchen. Unsere Deutschlehrerin hatte den DIENSTAG so organisiert, dass wir am VORMITTAG zunächst einen Vortrag von einem Mitarbeiter zum Aufbau des *BiZ* erhielten. Anschließend gehörte der Rest des VORMITTAGS den eigenen Recherchen. Am Ende des langen VORMITTAGS waren alle ziemlich dankbar für die kurze Unterbrechung und den Ausflug zur Eisdiele um die Ecke.

Wir stellten uns NACHMITTAGS gegenseitig unsere Ergebnisse vor. Gut bewertet wurden besonders die Beiträge derjenigen, die bereits GESTERN ein wenig im Internet recherchiert hatten. Am kommenden MONTAGMORGEN werden die Kurzvorträge auf Wandplakaten ausgehängt. Am späten NACHMITTAG fuhren wir dann wieder zur Schule und waren damit für den Rest des HEUTIGEN TAGES entlassen. Aber bereits ÜBERMORGEN wird es wieder ernst, dann wird die seit TAGEN angekündigte Schulaufgabe geschrieben.

2 Fertigt einen Tagebucheintrag eines beliebigen Tages der letzten Woche an. Verwendet dabei möglichst viele Zeitangaben. Tauscht anschließend die Hefte und vergleicht eure Ergebnisse. Erklärt dabei die Schreibung der Zeitangaben mithilfe der Regeln.

Fremdwörter

In vielen Bereichen des täglichen Lebens begegnen uns heutzutage Fremdwörter. Wie selbstverständlich wird angenommen, dass wir nicht nur deren Bedeutung kennen, sondern sie auch richtig schreiben können.

Nach einer langen Flugreise leiden viele am Jetlag.

Bei uns keine Gebühren auf Ihr Girokonto

Die Avantgarde der Modewelt kleidet ihre Models neu ein.

Der Sound der 80er – mit der Technik der Gegenwart

Alles muss raus: Wir räumen unser Couch-Depot.

Einbruch in die Rathaus-Apotheke

Ganz cool am eigenen Swimmingpool

Redakteurin/Redakteur gesucht

1 Ordnet die Fremdwörter verschiedenen Oberbegriffen, wie zum Beispiel *Mode*, zu. Sammelt weitere dazu passende Wörter, die aus anderen Sprachen übernommen wurden. Klärt in diesem Zusammenhang den Begriff „Lehnwort".

2 Ermittelt auch mithilfe eines Wörterbuchs die Herkunft der Fremdwörter. Beschreibt, was euch auffällt.

ph – rh – th

1 In einer Reihe von Fällen kann man die Schreibweise der Fremdwörter von ihrer Herkunft ableiten. Aus welcher Sprache stammen die meisten Fremdwörter mit ph, rh und th?

2 Setzt die passenden Wörter des Wortspeichers in die Sätze ein und übertragt diese ins Heft.

Thermometer • Thermalbad • Apathie • Apotheke • Theorie • Bibliothek • Paragraph (Paragraf) • Hypothese • Phantom • Rhetorik • Rhythmus • Rhabarber

- In der kalten Jahreszeit ist ein Besuch im _____ eine willkommene und wohltuende Abwechslung für Jung und Alt.
- Wer gerne liest, sollte sich auf jeden Fall einen Ausweis der öffentlichen _____ seiner Stadt besorgen.
- Wer süßsauer schmeckendes Gemüse liebt, sollte einmal _____ versuchen, der als Kompott gerade im Sommer gut schmeckt.
- In jeder guten _____ erhält man nicht nur alle nötigen Medikamente, sondern auch kompetente Beratung.

- Wenn einen Menschen die ______ befällt, ist er zu nichts mehr zu motivieren.
- Damit man seine Meinung in Schule und Beruf immer gut ausdrücken und Vorträge stets gekonnt halten kann, sollte man sich mit den Grundzügen der ______ vertraut machen.
- Mithilfe eines digitalen ______ kann man leicht die genaue Temperatur ermitteln.
- Die Gesetzeswerke sind in aller Regel in einzelne ______ aufgeteilt, die jeweils unterschiedliche Aspekte behandeln.
- Damit man ein Gedicht angemessen vortragen kann, muss man neben dem Metrum auch den ______ beachten.
- Wenn man etwas nicht recht fassen kann und es immer nur schemenhaft auftaucht, spricht man von einem ______.
- Solange ein neuer Sachverhalt noch nicht bekannt ist und noch nicht hinreichend erforscht wurde, wird ein erstes Verständnis mithilfe einer ______ formuliert.
- Grau ist alle ______, bunt die Praxis.

Fremdwörter – Übersicht

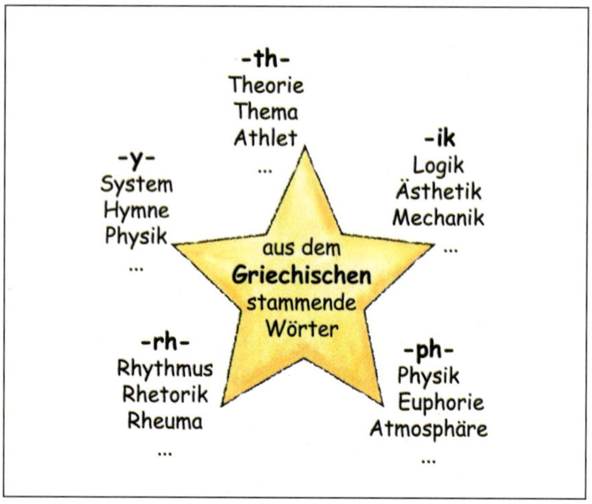

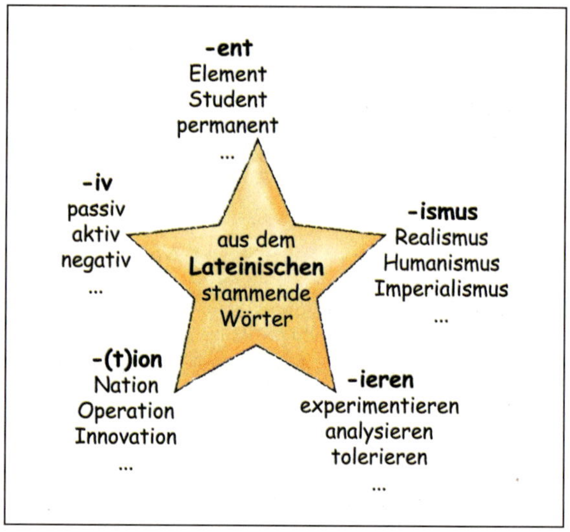

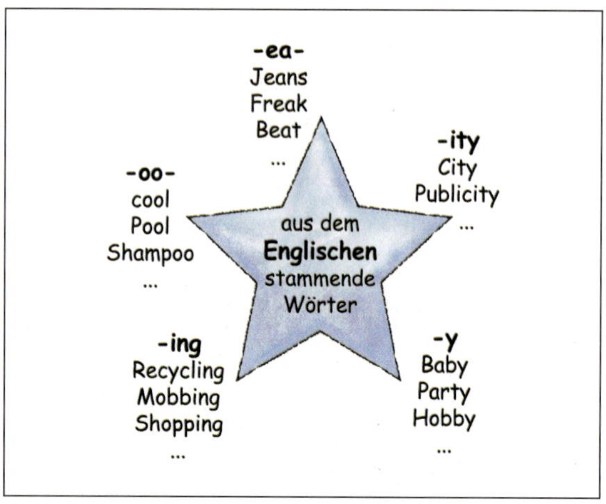

1 Schaut euch die Übersicht an und klärt unbekannte Begriffe im Klassengespräch oder mithilfe eines Wörterbuchs.

2 Übertragt die Übersicht in euer Heft und ergänzt sie um weitere Wörter. Wenn ihr euch nicht sicher seid, schlagt in einem Wörterbuch nach.

3 Die Analyse und Interpretation von Texten ist ein Bereich, in dem euch sehr häufig Fremdwörter begegnen (vgl. S. 32). Sucht aus dem Wörterversteck die passenden Wörter für die Begriffsbestimmungen darunter heraus (Folie) und übertragt die vollständigen Definitionen in euer Heft.

C	G	J	K	N	M	M	Ö	W	A	N	T	I	T	H	E	S	E	S	W
A	N	A	P	H	E	R	V	K	L	P	B	A	X	L	T	Z	P	H	K
L	W	G	J	K	N	M	D	H	K	C	M	I	K	R	L	P	R	P	H
L	V	K	L	P	B	A	X	L	F	G	H	Z	W	H	A	S	D	A	L
I	W	E	W	H	C	H	I	A	S	M	U	S	K	Y	G	G	W	R	W
T	K	U	K	G	J	K	N	M	W	E	W	W	H	T	B	W	K	A	K
E	H	P	H	F	B	E	A	G	K	T	G	V	L	H	H	K	H	D	H
R	L	H	L	K	L	M	P	K	H	A	H	W	R	M	K	H	L	O	L
A	W	E	L	L	I	P	S	E	L	P	K	K	H	U	M	L	H	X	K
T	K	M	W	I	D	R	C	K	W	H	L	P	N	S	L	S	K	O	H
I	H	I	K	M	F	A	C	L	K	E	G	J	K	N	M	G	L	N	L
O	L	S	H	A	P	S	V	P	H	R	I	P	L	R	A	S	E	K	P
N	L	M	L	X	I	E	V	K	L	P	B	A	X	L	W	D	R	T	G
H	I	U	R	W	G	U	I	K	N	E	O	L	O	G	I	S	M	U	S
F	G	S	Y	M	B	O	L	K	L	V	K	L	P	B	A	X	L	J	W
G	J	K	N	M	D	Z	R	W	V	K	L	P	B	A	X	L	F	G	K
L	V	K	L	K	P	A	R	A	L	L	E	L	I	S	M	U	S	Y	H
V	K	L	P	B	A	X	L	J	K	N	M	E	H	F	D	Z	L	P	L

Rhetorische Mittel

- Ein ____ ist ein Sinnbild, das über sich hinaus auf etwas Allgemeines verweist, wie z. B. die Taube auf den Frieden.
- Man spricht von einem ____, wenn ein Wort neu erfunden wurde, das es so zuvor noch nicht gegeben hat.
- Ein beschönigender Ausdruck, wie etwa „freisetzen“ statt „entlassen“, wird als ____ bezeichnet.
- Die Wiederholung von Anfangsbuchstaben bei Wörtern wie im Beispiel „Fischers Fritz fischt frische Fische“ bezeichnet man als ____.
- Die Wiederholung eines Wortes oder mehrere Wörter zu Beginn aufeinander folgender Sätze oder Satzteile nennt man ____.
- Die zumeist dreigliedrige Anordnung von Wort- und Satzreihen nach steigerndem Prinzip wird als ____ bezeichnet.
- Ein scheinbarer Widerspruch in einer Aussage wird als ____ bezeichnet.
- Sind bei mehreren aufeinanderfolgenden Sätzen die Satzglieder in gleicher Weise angeordnet, liegt ein ____ vor.
- Die symmetrische Überkreuzstellung von Satzgliedern/Wörtern nennt man ____.
- Werden Gedanken oder Begriffe gegenübergestellt, die Gegensätzliches zum Ausdruck bringen, liegt eine ____ vor.

- Es handelt sich um eine ______, wenn ein Begriff aus einem anderen Bedeutungszusammenhang genommen und in einen neuen gesetzt wird und sich so eine neue Bedeutung ergibt.
- Man nennt die Art und Weise, in der zum Beispiel Gedichte vorgetragen werden, ______. Dabei geht man vom Metrum aus, achtet aber auch auf die Betonung der Sätze.
- Als ______ wird die Auslassung von Satzgliedern bezeichnet, die zur vollständigen Satzkonstruktion gehören, für das Verständnis des Satzes aber nicht zwingend notwendig sind.
- Die Wiederholung von Wörtern oder Wortgruppen am Anfang aufeinanderfolgender Sätze oder Verse nennt man ______.

Mit dem Wörterbuch arbeiten

Das brauchst du immer wieder. ◆ So gehst du vor.

Sich im Wörterbuch orientieren

Wenn man sich bei der Rechtschreibung unsicher ist, sollte man immer mit einem Wörterbuch arbeiten. Dort erfährt man meistens nicht nur etwas über die Schreibweise, sondern auch etwas über

- die Aussprache (Betonung und Länge/Kürze der betonten Vokale),
- die Bildung des Genitivs,
- die Pluralform,
- die Herkunft des Wortes,
- die Wortbedeutung,
- weitere Wörter aus der Wortfamilie,
- unterschiedliche Verbformen,
- die Steigerungsformen der Adjektive,
- die Worttrennung.

Verben sind im Wörterbuch immer in der Form des Infinitivs eingeordnet (er liest → lesen), Adjektive in der Grundform (am besten → gut).
Dort, wo das Regelwerk zwei verschiedene Schreibweisen erlaubt, sind diese auch aufgeführt. Im Auszug auf S. 361 bedeutet die gelbe Unterlegung, dass diese Schreibweise empfohlen wird. Bei der Arbeit mit einem Wörterbuch ist es immer sinnvoll, sich zuerst mit den Abkürzungen vertraut zu machen.

1 Schaut euch die Seite aus einem Wörterbuch (S. 361) genau an und beantwortet schriftlich die folgenden Fragen:

- Welche zweite Möglichkeit gibt es, das Wort „Mindmap" zu schreiben?
- Welche Möglichkeit wird empfohlen?
- Wie lautet der bestimmte Artikel und damit das grammatische Geschlecht des Nomens/Substantivs „Mimose"?
- Wie lautet die Puralform zu diesem Nomen/Substantiv?
- Welche Bedeutungen kann das Wort „Mine" haben?

- Wie trennt man das Nomen/Substantiv „Mindeststudiendauer“?
- Wie werden die Fremdwörter „Milligramm“, „Millionär“ und „Mindmap“ getrennt?
- Aus welcher Sprache stammt das Wort „Mime“?
- Welche Bedeutung hat das Adjektiv „mimosenhaft“?

2 Welche Schreibweise ist jeweils richtig? Schaut noch einmal auf der Wörterbuchseite nach.

- Milisekunde, Millisekunde, Milliesekunde
- Minenarbeiter, Mienenarbeiter, Minnenarbeiter
- Miljonär, Milionär, Millionär

des [erfolgloses] Geschäft, Unternehmen); **Mil|li|ar|den|hö|he**; in Milliardenhöhe; **mil|li|ar|den|schwer**
mil|li|ards|te *vgl.* achte; **mil|li|ards|tel** *vgl.* achtel; **Mil|li|ards|tel** *vgl.* Achtel
Mil|li|bar [auch ...'baːɐ̯], das ($^1/_{1000}$ Bar; alte Maßeinheit für den Luftdruck; *Abk.* mbar, *in der Meteorol. nur* mb)
Mil|li|gramm [*auch* ...'gr...] ($^1/_{1000}$ g; *Zeichen* mg); 10 Milligramm
Mil|li|li|ter [auch ...'liː...] ($^1/_{1000}$ l; *Zeichen* ml)
Mil|li|me|ter [auch ...'meː...] ($^1/_{1000}$m; *Zeichen* mm)
Mil|li|me|ter|arbeit, die; – (*ugs.*)
mil|li|me|ter|dünn
mil|li|me|ter|ge|nau
mil|li|me|ter|groß
Mil|li|me|ter|pa|pier
Mil|li|mol [*auch* ...'moːl] ($^1/_{1000}$ mol; *Zeichen* mmol)
Mil|li|on, die; -, -en ‹ital.› (1 000 mal 1 000; *Abk.* Mill. *u.* Mio.); eine Million; ein[und]dreiviertel Millionen; zwei Millionen fünfhundertfünfzigtausend; mit 0,8 Millionen
Mil|li|o|när, der; -s, -e ‹franz.› (Besitzer eines Vermögens von mindestens einer Million; sehr reicher Mann); **Mil|li|o|nä|rin**
Mil|li|o|nen|auf|la|ge; Mil|li|o|nen|auf|trag; Mil|li|o|nen|be|trag
mil|li|o|nen|fach
Mil|li|o|nen|ge|schäft; Mil|li|o|nen|ge|winn; Mil|li|o|nen|heer; Mil|li|o|nen|hö|he; in Millionenhöhe
Mil|li|o|nen Mal *vgl.* ¹Mal
Mil|li|o|nen|pu|b|li|kum; Mil|li|o|nen|scha|den; mil|li|o|nen|schwer; Mil|li|o|nen|stadt
mil|li|ons|te *vgl.* achte; **mil|li|ons|tel, ; mil|li|on|tel** *vgl.* achtel; **Mil|li|ons|tel, Mil|li|on|tel**, das, *schweiz. meist* der; -s, -; *vgl.* Achtel
Mil|li|se|kun|de [auch: ...ze'kʊndə] ($^1/_{1000}$ Sekunde; *Zeichen* ms)
Mil|lö|cker (österr. Komponist)
Mill|statt (österr. Ort); **Mill|stät|ter**; Millstätter See
Mil|ly [...li] (w. Vorn.)
Mil|reis, das; -, – ‹port.› (1000 Reis; ehem. Währungseinheit in Portugal u. Brasilien)
Mil|ti|a|des (athen. Feldherr)
Mil|ton [...tn̩] (engl. Dichter)
Mil|wau|kee [mɪl'wɔːki] (Stadt in den USA)
Milz, die; -, -en (Organ)
Milz|brand (eine gefährliche Infektionskrankheit); **Milz|quet|schung; Milz|riss**
¹Mi|me (*eingedeutschte Form von* Mimir)
²Mi|me, der; -n, -n ‹griech.› (*veraltend für* Schauspieler)
mi|men (*veraltend für* als Mime wirken; *ugs. für* so tun, als ob)
Mi|men (*Plur.* von ²Mime *u.* Mimus)
Mi|me|se, die; -, -n (*Zool.* Nachahmung des Aussehens von Gegenständen od. Lebewesen bei Tieren [zum Schutz]); **Mi|me|sis,** die; -, ...esen (Nachahmung); **mi|me|tisch** (die Mimese betreffend; nachahmend)
Mi|mik, die; – (Gebärden- u. Mienenspiel [des Schauspielers])
Mi|mi|ker *vgl.* Mimus
Mi|mi|k|ry [...ri], die; – ‹engl.› (*Zool.* Nachahmung wehrhafter Tiere durch nicht wehrhafte in Körpergestalt u. Färbung; *übertr. für* Anpassung)
Mi|min (*weibliche Form zu* Mime)
Mi|mir (Gestalt der nord. Mythologie u. der germ. Heldensage)
mi|misch ‹griech.› (schauspielerisch; mit Gebärden)
Mi|mo|se, die; -, -n ‹griech.› (Pflanzengattung; Blüte der Silberakazie; *übertr. für* überempfindlicher Mensch); **mi|mo|sen|haft** (zart; [über]empfindlich)
Mi|mus, der; -, ...men ‹griech.› (Possenreißer der Antike; *auch* die Posse selbst)
min, Min. = Minute
Mi|na, Mi|ne (w. Vorn.)
Mi|na|rett, das; -s, *Plur.* -e *u.* -s ‹arab.-franz.› (Moscheeturm)
Min|chen (w. Vorn.)
Min|da|nao (eine Philippineninsel)
Min|den (Stadt a. d. Weser); **Min|de|ner; Min|de|ne|rin**
min|der; minder gut, minder wichtig; von mind[e]rer Qualität
min|der|be|gabt; Min|der|be|gab|te, der *u.* die; -n, -n
Min|der|bru|der (Franziskaner)
Min|der|ein|nah|me
Min|der|heit; Min|der|hei|ten|fra|ge; Min|der|hei|ten|recht *meist Plur.;* **Min|der|hei|ten|schutz**
Min|der|heits|be|tei|li|gung (*Wirtsch.*)
Min|der|heits|re|gie|rung
min|der|jäh|rig; Min|der|jäh|ri|ge, der *u.* die; -n, -n; **Min|der|jäh|rig|keit,** die; -
Min|der|leis|tung
min|dern; ich mindere
min|der|qua|li|fi|ziert; Min|der|qua-|li|fi|zier|te, der *u.* die; -n, -n
Min|de|rung
Min|der|wert; min|der|wer|tig
Min|der|wer|tig|keit; Min|der|wer|tig|keits|ge|fühl; Min|der|wer|tig|keits|kom|plex (*ugs. Kurzwort* Miko)
Min|der|zahl, die; -
Min|dest|ab|stand; Min|dest|al|ter; Min|dest|an|for|de|rung
Min|dest|bei|trag; Min|dest|be|steu|e|rung; Min|dest|be|trag
Min|dest|bie|ten|de, der *u.* die; -n, -n

min|des|te

Groß- oder Kleinschreibung bei vorangehendem [mit einer Präposition verschmolzenem] Artikel:

- nicht das Mindeste od. mindeste (gar nichts)
- nicht im Mindesten od. mindesten (überhaupt nicht)
- zum Mindesten od. mindesten (wenigsten)

Min|dest|ein|kom|men
min|des|tens
Min|dest|for|dern|de, der *u.* die; -n, -n
Min|dest|for|de|rung; Min|dest|ge|bot; Min|dest|ge|schwin|dig|keit; Min|dest|grö|ße
Min|dest|lohn; Min|dest|maß, das; **Min|dest|pen|si|on; Min|dest|preis; Min|dest|ren|te; Min|dest|re|ser|ve** *meist Plur.* (*Bankw.*)
Min|dest|satz; Min|dest|stra|fe
Min|dest|stu|di|en|dau|er (*bes. österr.*); **Min|dest|zahl; Min|dest|zeit**
min|disch (aus Minden)
Mind|map, Mind-Map ['maɪ̯ntmɛp], die; -, -s *od.* das; -s, -s ‹engl.› (grafische Darstellung gedanklicher Zusammenhänge)
¹Mi|ne, die; -, -n ‹franz.› (unterird. Gang [mit Sprengladung]; Bergwerk; Sprengkörper; Kugelschreiber-, Bleistifteinlage)
²Mi|ne, die; -, -n ‹griech.› (altgriech. Münze, Gewicht)
³Mi|ne *vgl.* Mina
Mi|nen|ar|bei|ter; Mi|nen|ar|bei|te|rin; Mi|nen|feld; Mi|nen|le|ger; Mi|nen|räum|boot
Mi|nen|stol|len; Mi|nen|such|boot; Mi|nen|such|ge|rät; Mi|nen|wer|fer
Mi|ne|ral, das; -s, *Plur.* -e u. -ien

M
Mine

(Duden. Die deutsche Rechtschreibung. Bibliographisches Institut, Mannheim 2009)

Zusammen- und Getrenntschreibung

Auf die Betonung und die Bedeutung achten

wie|der

(nochmals, erneut; zurück)
- um, für nichts und wieder nichts; hin und wieder (zuweilen); wieder einmal

Vgl. aber wider

I. Zusammenschreibung in Verbindung mit Verben und Adjektiven vor allem dann, wenn „wieder" im Sinne von „zurück" verstanden wird:

- ich kann dir das Geld erst morgen wiedergeben
- der Restbetrag wurde ihr wiedererstattet
- er hat alle geliehenen Bücher wiedergebracht
- kann ich bitte meinen Kugelschreiber wiederhaben?
- wenn du jetzt gehst, brauchst du nicht mehr wiederzukommen!

II. Zusammenschreibung auch in folgenden Fällen:

- wiederkäuen ([von bestimmten Tieren:] nochmals kauen; *auch übertr. für* ständig wiederholen)
- Festtage, die jährlich wiederkehren (sich wiederholen)
- sie hat den Text wörtlich wiedergegeben (wiederholt)
- er wollte den Vorfall wahrheitsgetreu wiedergeben (schildern, darstellen)
- würden Sie den letzten Satz bitte wiederholen
- der Fernsehfilm ist schon mehrfach wiederholt worden
- eine Klasse, den Lehrstoff wiederholen
- das Experiment war nicht wiederholbar
- die Kranke ist noch nicht ganz wiederhergestellt (gesundet)
- das Material ist wiederverwertbar
- wiederverwertbare Verpackungen

III. Getrenntschreibung vor allem dann, wenn „wieder" im Sinne von „nochmals, erneut" verstanden wird:

- wieder abdrucken, wieder anfangen, das Spiel wieder anpfeifen
- dieses Modell wird jetzt wieder hergestellt (erneut produziert)
- ich werde das nicht wieder tun
- einen Ort wieder aufsuchen
- es ist mir alles wieder eingefallen

IV. In vielen Fällen ist Getrennt- oder Zusammenschreibung möglich, vor allem dann, wenn der gemeinsame Hauptakzent entweder nur auf „wieder" [oder nur auf dem Verb] oder sowohl auf „wieder" als auch auf dem Verb [oder Adjektiv] liegen kann:

- ein Theaterstück wieder aufführen *od.* wiederaufführen
- alte Bräuche, die heute wieder aufleben *od.* wiederaufleben
- die alten Vorschriften wieder einführen *od.* wiedereinführen
- wir haben uns auf dem Kongress wiedergesehen (haben ein Wiedersehen gefeiert) *od.* wieder gesehen (sind uns erneut begegnet); *aber nur* der Blinde konnte nach der Operation wieder sehen

Vgl. auch wieder aufbauen, wiederaufbauen; wieder aufnehmen, wiederaufnehmen usw.

(Duden. Die deutsche Rechtschreibung. Bibliographisches Institut, Mannheim 2009)

1 Schaut euch den Auszug aus einem Rechtschreibwörterbuch an. In welcher Weise beeinflussen die Bedeutungsunterschiede des Wortes „wieder" und die Betonung die Schreibweise?

2 Welcher Zusammenhang besteht zwischen der Betonung und der Zusammen- bzw. Getrenntschreibung? Versucht, eine Regel daraus abzuleiten. Hilfe findet ihr auf den Seiten 365 und 366.

3 Wendet diese Betonungsregel, die euch häufig hilft, bei den folgenden Sätzen an. Schreibt die Sätze in der richtigen Form in euer Heft.

- Würden Sie mir bitte die Ausweispapiere WIEDERGEBEN?
- Nach der komplizierten Operation kann er endlich WIEDERSEHEN.
- Die Arbeit muss leider WIEDERHOLT werden.
- Sollte dir der Straßenname WIEDEREINFALLEN, kannst du mich ja anrufen.

- Zahlreiche Materialien können bei entsprechender Aufbereitung WIEDERVERWENDET werden.
- Trotz der vielen Jahre habe ich meine Urlaubsbekanntschaft sofort WIEDERERKANNT.
- Sie musste WIEDERERKENNEN, dass sie eine falsche Entscheidung getroffen hatte.
- Das Geld hat er von ihr WIEDERGEFORDERT.
- Nach dem verheerenden Brand konnte das Geschäft erst nach Monaten WIEDERGEÖFFNET werden.

4 Formuliert auch für die folgenden Schreibweisen eine Regel. Auch in diesem Fall müsst ihr auf die Bedeutung und die Betonung achten.

- Er hatte nicht das Bedürfnis, mit dem Hund **zu spielen**.
- Du solltest den Ball lieber **zuspielen**, anstatt immer nur zu dribbeln.
- Bei dem Versuch, den Ball **zuzuspielen**, verletzte er sich.

5 Schreibt die folgenden Sätze in der richtigen Form in euer Heft.

- Sollte ihm das Lauftraining sehr ZUSETZEN, wollte er die Strecke reduzieren.
- Sie versuchte, die Zielscheibe mit dem Pfeil genau in der Mitte ZUTREFFEN.
- Sollte es ZUTREFFEN, dass der Radprofi gedopt war, muss er mit einer zweijährigen Sperre rechnen.
- Er hatte nicht damit gerechnet, seine Freundin schon um 14.00 Uhr ANZUTREFFEN.
- Es ist doch nicht ZUFASSEN! Schon wieder hat jemand versucht, in unser Gartenhaus EINZUBRECHEN.
- Ihr habt schon wieder vergessen, das Fenster ZUZUMACHEN.
- Viele finden es praktisch, Musiktitel aus dem Internet HERUNTERZULADEN.
- Hast du die Absicht, heute Abend von der Berghütte HERUNTERZULAUFEN oder mit der Seilbahn HERUNTERZUFAHREN?
- Ihr solltet aufeinander ZUGEHEN, dann kann der Konflikt gelöst werden.
- Jonas hat nicht die Absicht, etwas anderes ZUMACHEN als eine Ausbildung zum Einzelhandelskaufmann.
- Der schlafende Einbrecher erklärte, am Abend zuvor eine Diskothek aufgesucht ZUHABEN und dort größere Mengen Alkohol konsumiert ZUHABEN.
- Zunächst war er nicht bereit, seine Schuld EINZUGESTEHEN, dann tat er es jedoch.

6 Mithilfe der Regeln, die ihr euch zuvor bewusst gemacht habt, könnt ihr bestimmt den folgenden Text in der richtigen Form in euer Heft schreiben. Alternativ könnt ihr euch den Text auch abschnittweise diktieren. Um welche berühmte literarische Figur geht es in dem Text? Schaut im Lexikon oder im Internet nach, wer der Autor des Buches ist.

Richard Latzin

Wer ist es?

„Ich wurde im Jahre 1632 in der Stadt York geboren, von guter Familie, die aber nicht aus diesem Lande stammte, denn mein Vater war ein Ausländer aus Bremen."

Aufgrund seiner speziellen Situation[1] ist der Held dieses Buches gezwungen, an seiner Umwelt gewisse Veränderungen VORZUNEHMEN. Die Ge-

1 als Schiffbrüchiger

gend, in der er gelandet ist, entspricht in nichts seiner Heimatstadt und aufgrund mangelnder Ausbildung tut er sich anfangs ziemlich schwer ZURECHTZUKOMMEN. Immerhin gilt es, Möbel ANZUFERTIGEN, Ackerbau und Viehzucht ZUBETREIBEN, ein stabiles Haus ZUBAUEN und Bäume ANZUPFLANZEN. ALLDIES schafft er, aber mangels einer Frau kann er keinen Sohn zeugen.

Allerdings muss der Held nicht bei null beginnen, er hat Werkzeug und Munition. Das Führen eines Kalenders wird für ihn zu einer äußerst wichtigen Aufgabe, vor allem die Sonntage müssen gewissenhaft AUFGEZEICHNET werden. Dass es Füße verschiedener Größe gibt, bringt ihn einmal fast um den Verstand. Der Held hat auch sonst mit allerlei Unbill[1] ZUKÄMPFEN und darf erst nach vielen Jahren in seine Heimat ZURÜCKKEHREN und sein Elternhaus WIEDERSEHEN.

Es stellt sich zu seiner nicht geringen Freude heraus, dass er reich ist. Auf sein Leben ZURÜCKBLICKEND kann er berichten, dass er Abenteurer, Gefangener, Plantagenbesitzer und der einzige Überlebende einer Schiffskatastrophe war. Der Autor, der unter anderem als Händler und Journalist gearbeitet hat, war beim Erscheinen des Buches knapp 60 Jahre alt. (Text verändert)

[1] **Unbill:** üble Behandlung, Unrecht

Wichtige Regeln zur Zusammen- und Getrenntschreibung erkennen

1 Im letzten Schuljahr habt ihr bereits einige wichtige Regeln zur Zusammen- und Getrenntschreibung gelernt. Welche Regeln müsst ihr bei den folgenden Satzpaaren anwenden? Formuliert diese Regeln mit eigenen Worten.

- Ein Helm gehört **zum Fahrradfahren** in gleicher Weise wie **zum Motorradfahren**.
- Um 18.00 Uhr treffen wir uns zum Pizzaessen. Solltest du vor mir **da sein**, kannst du schon einmal die Musikanlage aufbauen.
  Gegen 19.00 Uhr sollten wir **fertig sein**, dann beginnt nämlich der Film.
- Heute trägt sie einen **blaugrauen** Jeansrock.
  In **feuchtwarmer** Umgebung gedeihen Bakterien besonders gut.
- Wenn du morgen länger im Bett **liegen bleiben** willst, musst du heute noch das Referat zu Ende vorbereiten.
  Sollen wir heute **schwimmen gehen** oder möchtest du lieber joggen?
- Wenn junge Erwachsene ihren Führerschein gemacht haben und **Auto fahren**, müssen sie sich zunächst in einer zweijährigen Probezeit bewähren.
  Früher wurden beim Hausbau Materialien verwendet, die **Krebs erzeugen** können.
- Das war eine **supergute** Entscheidung! **Stockdunkel** war es, als sie die Berghütte erreichten.

2 Die Regeln, die sich aus den Beispielsätzen in Aufgabe 1 ergeben, helfen euch, den folgenden Text in der richtigen Weise aufzuschreiben. Diktiert ihn euch gegenseitig abschnittweise. Hilfe findet ihr auf den Seiten 365 und 366.

Baggerfahren im Urlaub

Seine Leidenschaft, das BAGGERFAHREN, wurde einem Diskothekenbesucher in der Nacht zum Sonntagmorgen zum Verhängnis. Auf seinem Heimweg sah er einen auf einem Betriebsgelände abgestellten BLAUGELBEN Bagger und brach ihn kurzerhand auf. Anschließend fuhr er etwa 20 Meter weit mit dem Arbeitsgerät auf dem Betriebsgelände umher.

Der Mann hatte es auf unbekannte Art und Weise geschafft, in STOCKDUNKLER Nacht den Motor LAUFENZULASSEN. Anschließend hatte er das über sechs Tonnen schwere Gefährt wieder ordnungsgemäß abgestellt und war geflüchtet.

Noch in der Nacht wurde die Polizei von Anwohnern zum Tatort gerufen. Als die Beamten DORTWAREN, fanden sie eine HELLGELBE Jacke mit Handy und Personalausweis, die ordentlich über ein Geländer gehängt war.

Die Beamten suchten den Mann auf, der sich angeblich an nichts erinnern konnte und lieber im Bett LIEGENGEBLIEBEN wäre. Er erklärte, am Abend zuvor in einer Diskothek gefeiert und in ÜBERGROSSEN Mengen Alkohol getrunken zu haben. Gegen 5.00 Uhr habe er dann die Diskothek zu Fuß verlassen. Der Inhaber der Diskothek habe ihm den Schlüssel abgenommen, damit er nicht auf die Idee komme, AUTOZUFAHREN.

Wahrscheinlich sei er an dem Betriebsgelände vorbeigekommen. Mehr wisse er nicht.

Offensichtlich hatte den Mann beim Anblick des Baggers der Arbeitseifer gepackt. Denn er ist bei einem Tiefbauunternehmen angestellt, hat jedoch Urlaub. Gottlob hat er das schwere Gerät auf dem Betriebshof STEHENGELASSEN und ist damit nicht nach Hause gefahren.

Regeln zur Zusammen- und Getrenntschreibung im Überblick

Die folgende Übersicht enthält die wichtigsten Regeln zur Zusammen- und Getrenntschreibung im Überblick. Wenn ihr euch beim Schreiben unsicher seid, könnt ihr dort nachschauen. Ihr solltet im Zweifelsfall jedoch immer auch ein Wörterbuch zurate ziehen.

REGEL

I. Grundregel

Bei der **Zusammen- und Getrenntschreibung** musst du unterscheiden, ob es sich bei einem Ausdruck um eine **Wortgruppe**, die getrennt geschrieben wird, oder um eine **Zusammensetzung**, die zusammengeschrieben wird, handelt.

Wortgruppe:
Die Bremsspur war **zehn Meter lang**.
Zusammensetzung:
Die Bremsspur war **meterlang**.

Bei einer Zusammensetzung liegt häufig (nicht immer!) die **Betonung** auf dem ersten Wortbestandteil. Bei einer Wortgruppe können alle Bestandteile betont sein.

II. Verbindungen aus einem Nomen/Substantiv und einem Verb

1. Verbindungen aus einem **Nomen/Substantiv** und einem **Verb** werden in der Regel getrennt geschrieben.
   Beispiel: Im Urlaub möchte ich **Ski laufen**.

2. Wenn eine Verbindung aus einem Nomen/Substantiv und einem Verb **wie ein Adjektiv** gebraucht wird und z. B. als Attribut ein Nomen/Substantiv näher bestimmt, kannst du entscheiden, ob du getrennt schreibst oder zusammenschreibst.
   Beispiel: **Bagger fahrende/baggerfahrende** Männer

3. In einigen Fällen bilden ein ursprüngliches Nomen/Substantiv und ein Verb eine Zusammensetzung, weil das Nomen/Substantiv **nicht mehr als eigenständiges Wort** angesehen wird.
   Beispiele: **leidtun, eislaufen, kopfstehen, heimkommen**

III. Verbindungen mit dem Hilfsverb *sein*

4. Verbindungen mit dem **Hilfsverb *sein*** werden immer getrennt geschrieben.
   Beispiele: Gegen 12.00 Uhr wird sie **da sein**. Zuvor ist sie noch nie **da gewesen**.

IV. Verbindungen aus zwei Verben

5. **Verbindungen aus zwei Verben** werden in der Regel getrennt geschrieben.
   Beispiel: Möchtest du mit mir **joggen gehen**?

6. Verbindungen mit den Verben **lassen** und **bleiben** können dann zusammengeschrieben werden, wenn sich eine neue, übertragene Bedeutung ergibt. Auch bei der Verbindung **kennen lernen/kennenlernen** ist die Schreibweise freigestellt.
   Beispiel: Leider ist Paul im letzten Schuljahr **sitzen geblieben/sitzengeblieben**.

V. Verbindungen aus einem vorangestellten Adjektiv und einem Verb

7. Verbindungen aus einem **vorangestellten Adjektiv und einem Verb** werden meistens getrennt geschrieben.
   Beispiele: **langsam gehen, laut rufen, himmlisch schmecken**

8. Zusammenschreiben musst du jedoch dann, wenn Adjektiv und Verb eine **neue, übertragene Bedeutung** ergeben.
   Beispiele: Der Angeklagte wurde im Prozess **freigesprochen** (aber: bei einem Referat frei sprechen).
   Ich hätte mich **kranklachen** können!

VI. Verbindungen mit einem Adjektiv als zweitem Bestandteil

9. Gleichrangige Adjektive, die verbunden werden, werden zusammengeschrieben.
   Beispiele: **feuchtwarm, süßsauer, hellgrau**

10. Verstärkt der erste Bestandteil die Bedeutung des Adjektivs oder schwächt er sie ab, wird ebenfalls zusammengeschrieben.
    Beispiele: **superschlau, erzkonservativ, lauwarm**

Übungen

1 Mit den folgenden Übungen könnt ihr auf unterschiedliche Weise umgehen:

- Schreibt die Sätze in der richtigen Weise in euer Heft.
- Lest die Sätze, stellt euch die richtige Schreibweise im Kopf vor und ordnet nach Möglichkeit die passende Regel aus der Übersicht zuvor zu.
- Diktiert euch gegenseitig die Sätze.

Es handelt sich übrigens um Meinungsäußerungen zu dem Roman „Die Bücherdiebin" von Markus Zusak.

- Der australische Autor mit deutsch-österreichischen Wurzeln verarbeitet in dem Roman Teile seiner eigenen Familiengeschichte – und verliert dabei trotz des ernsten Themas nicht seinen Humor, denn schließlich ist der Ich-Erzähler kein Geringerer als Gevatter Tod selbst. Dass dem die kleine Liesel immer wieder von der Klinge springt, liegt auch daran, dass er eine Schwäche für BÜCHERLESENDE Menschen hat.
- Der Tod in diesem Roman ist kein SENSESCHWINGENDER Knochenmann mit schwarzem Kapuzenmantel, sondern ein interessierter und betroffener Beobachter, der die Menschen nur zum Teil versteht und sich seinen eigenen Reim auf die Geschehnisse macht.
- Zusak gelingt es, diese Geschichte über das „Dritte Reich", die schrecklich und schön zugleich ist, ohne erhobenen Zeigefinger, ohne Anklage, ohne erdrückende Moral ZUERZÄHLEN.
- Er lässt uns staunen und leiden, denn diese Geschichte kann einen nicht KALTLASSEN.
- Aufgrund des faszinierenden Schreibstils war ich von der ersten bis zur letzten Seite von der Geschichte gefesselt. Dieses Buch werde ich AUFJEDENFALL ein zweites Mal lesen!
- Dieses HOCHINTERESSANTE Buch habe ich im Urlaub zufällig im Hotelzimmer gefunden und an den ersten beiden Tage STUNDENLANG darin gelesen. Nachdem ich ZURÜCKWAR, haben es alle meine Kinder verschlungen und waren sehr beeindruckt.
- Es gibt nur sehr wenige Bücher, die eine so menschliche Geschichte aus dieser Zeit erzählen, ohne dabei jedoch den Schrecken AUSZULASSEN.
- Das Buch „Die Bücherdiebin" habe ich erst KENNENGELERNT, nachdem ich die TIEFTRAURIGE Geschichte im Kino gesehen hatte. Beides – Film und Buch – hat mich sehr berührt.
- Man weiß von Anfang an, wie es WEITERGEHEN wird und wie es ausgeht. Und trotzdem, der Weg dahin, bis zum unweigerlichen Ende, ist poetisch, anrührend und von einer sprachlichen Schönheit, dass dieses Buch von jedem geliebt wird, der es gelesen hat. Mein Rat: Unbedingt lesen und immer WIEDERVERSCHENKEN!

Bindestriche verwenden

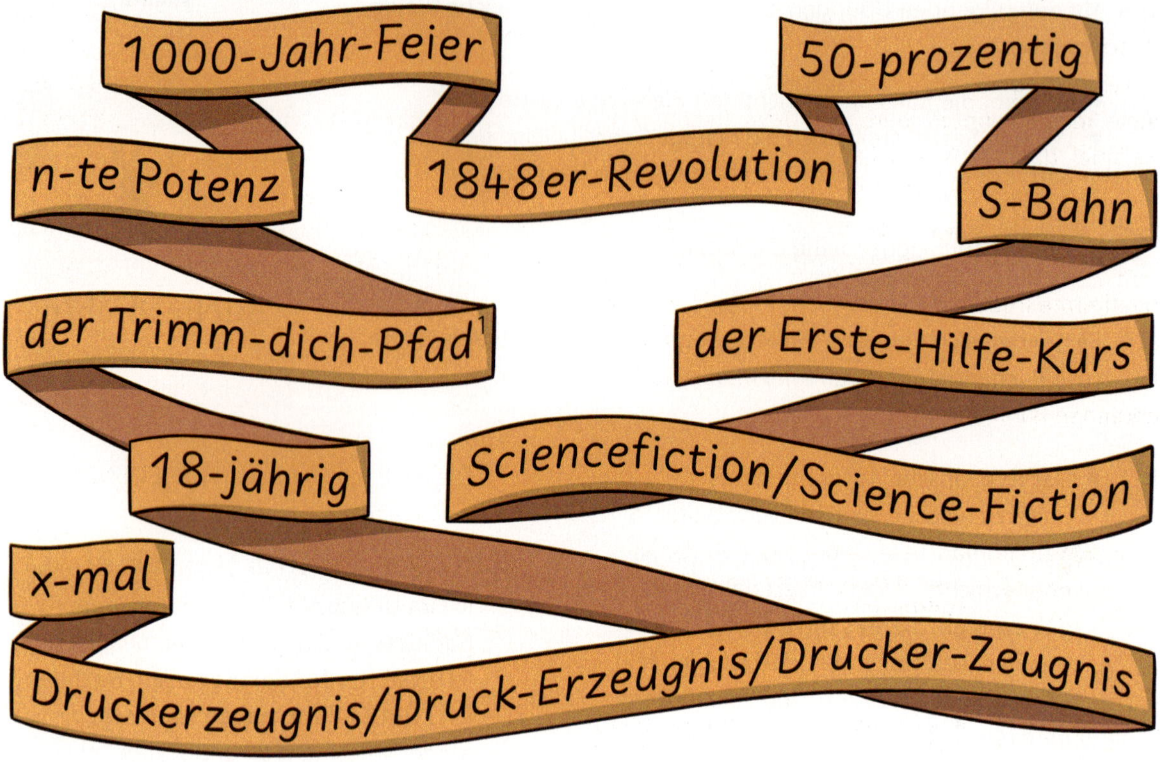

[1] **Trimm-dich-Pfad:** Rundkurs, bei dem sich in Abständen einfache Turngeräte befinden

1 Ordnet die verschiedenen Beispiele und versucht, Regeln zu formulieren, wann Bindestriche notwendig sind.

2 In der Fachsprache werden diese Regelungen folgendermaßen bezeichnet:

- „Verbindung aus einzelnen Buchstaben und Suffix"
- „Verdeutlichung von Komponenten"
- „Nominalisierte Wortgruppen"
- „Varianten der Schreibung"
- „Verbindung aus einem einzelnen Buchstaben oder einer Abkürzung oder Ziffer und einem Wort"

Versucht, Beispiele und Regeln miteinander zu verbinden. Recherchiert ggf. im Wörterbuch.

3 Entwerft auf dieser Grundlage und unter Verwendung der Fachbegriffe einen Merkkasten für eure Hefte.

4 Manchmal wird der *Bindestrich* mit dem *Gedankenstrich* oder auch dem Zeichen zur Worttrennung am Zeilenende verwechselt. Entwickelt aus der jeweiligen Bezeichnung den Unterschied zwischen den Satzzeichen.

Groß- und Kleinschreibung

Besonders viele Rechtschreibfehler werden im Bereich der Groß- und Kleinschreibung gemacht. Viele Regeln kennt ihr bereits und ihr wisst zum Beispiel, dass Substantive/Nomen und Eigennamen großgeschrieben werden. Substantive/Nomen kann man erkennen, etwa dadurch, dass oft ein Begleiter (z. B. Artikel, Adjektiv, Präposition) dabeisteht oder bestimmte Endungen wie -heit oder -keit eindeutig auf diese Wortart hinweisen. Klein schreibt man zum Beispiel bestimmte Adjektive, die man am Suffix erkennen kann, z. B. wunder*bar* (s. S. 353).

1 Welche Regeln und Hinweise zur Groß- und Kleinschreibung sind euch noch in Erinnerung? Stellt eine Liste zusammen.

2 Schaut euch das folgende Material an und beschreibt, auf welche Weise man hier Rechtschreibung lernt und trainiert. Überlegt, ob ihr noch einen weiteren Lernschritt ergänzen würdet.

Nominalisierung/Substantivierung

Verben, Adjektive und Partizipien können im Satzzusammenhang als Nomen/Substantive verwendet werden und müssen entsprechend großgeschrieben werden. Vor den **nominalisierten/substantivierten Wörtern** steht häufig ein Artikel, ein Adjektiv, eine Präposition mit einem eingeschlossenen Artikel, eine Mengenangabe oder eine andere Wortart. Fehlt der Begleiter, kann man ihn ersetzen.

Beispiele: das Springen – lautes Schreien – beim Zusehen – alles Gute

1 Im Folgenden sind jeweils zwei Sätze abgedruckt. In einem Satz wird ein Verb, Adjektiv oder Partizip als Nomen/Substantiv verwendet. Schreibe die Satzpaare in der richtigen Weise ab und unterstreiche die nominalisierten/substantivierten Wörter und den Begleiter, falls vorhanden.

- Der Radiosender versprach, die Hörer über den Spielstand auf dem LAUFENDEN zu halten.
  Das LAUFENDE Spiel musste wegen starken Regens für eine Stunde unterbrochen werden.
- Wegen des schönen Wetters machen viele Menschen einen Ausflug ins GRÜNE.
  Während die Polizisten in einigen Bundesländern noch GRÜNE Uniformen tragen, sind diese in anderen durch blaue ersetzt worden.
- Der Sportverein sucht schon lange nach Trainingsräumen. Ein Vertreter der Stadt sagte heute, dass etwas GEEIGNETES gefunden wurde.
  Bei dem Sporteignungstest müssen leider viele feststellen, dass sie nicht GEEIGNET sind.
- Durch den starken Seegang waren viele Passagiere nach kurzer Zeit BLAU und GRÜN im

3 Verfahre wie in Aufgabe 1.

- Um zu bestehen, muss er mindestens eine VIER in der Arbeit schreiben.
  Das Quartett, das zur Eröffnung spielte, bestand aus VIER Streichern.
- Die Eltern verlangen, dass die Kinder ohne WENN und ABER mit zum Besuch bei den Verwandten fahren.
  Einige Insekten sind völlig harmlos, WENN sie ABER gereizt werden, können sie sehr aggressiv werden und zustechen.
- Der Redner versuchte im FOLGENDEN, die Vorteile anschaulich aufzuzeigen.
  In den auf das Gewitter FOLGENDEN Minuten verließ aus Sorge vor weiteren Unwettern niemand das Haus.

3 Erklärt die Funktion dieser Lernweise.

4 Vergleicht die Vorgehensweise davor mit dem folgenden Beispiel zur „Kleinschreibung bestimmter Adverbien“.

Kleinschreibung bestimmter Adverbien

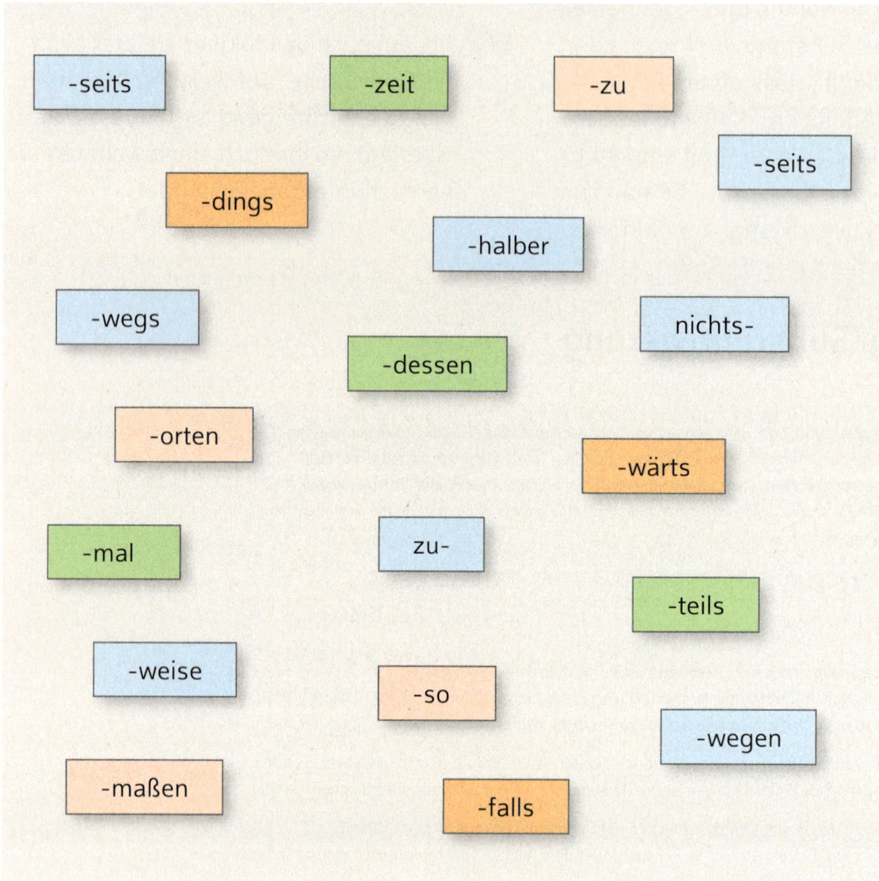

REGEL

Wörter, in denen diese Wortbestandteile vorkommen, sind meist Adverbien und diese werden kleingeschrieben, z. B. „ebenfalls“, „zuerst“ oder „gleichermaßen“. Ausnahmen sind z. B. „Mahn<u>mal</u>“ oder viele Genitivformen mit den Endungen -falls oder -wegs.

1 Ergänzt die Wortbestandteile oben so, dass Adverbien entstehen, und ordnet die entstandenen Adverbien in alphabetischer Reihenfolge.

2 Bildet zu jedem Wort einen Beispielsatz.

3 Gestaltet selbst Lernplakate und Übungsmaterial zu den Themenbereichen Nominalisierung/Substantivierung sowie Kleinschreibung bestimmter Adverbien und folgenden Themenbereichen der Groß- und Kleinschreibung:

Großschreibung von Titeln, Feier- und Gedenktagen

- Erster Vorsitzender
- Königliche Hoheit
- Weißer Sonntag
- Heiliger Abend

...

Großschreibung von Orts- und Herkunftsbezeichnungen

- Ulmer Münster
- der Westfälische Friede

...

Kleinschreibung von Nomen, die wie ein Adjektiv oder eine Präposition gebraucht werden

- Das ist klasse!
- Er ist pleite.
- um der Freude willen
- dank seines Wissens
- trotz des Regens

...

Merklisten und Varianten

- in Betracht kommen
- in Kauf nehmen
- zugunsten/zu Gunsten
- aufgrund/auf Grund
- zuhause/zu Hause

...

4 Hängt die Lernplakate in eurem Klassenzimmer auf und vergleicht sie – was kann man sich besonders gut einprägen? Wo wird es schwieriger? Was tut ihr konkret, um euch die richtige Schreibweise zu merken?

Die Kommasetzung

Übersicht

REGEL

Im Folgenden findest du eine Übersicht zu den wichtigsten Kommaregeln:

Das Komma in Aufzählungen

1. Das Komma steht zwischen gleichrangigen, unverbundenen Wörtern und Wortgruppen.
Beispiel: Er kaufte sich einen PC, eine Digitalkamera und mehrere Speicherkarten.

2. Das Komma steht zwischen gleichrangigen, unverbundenen Sätzen (auch Nebensätzen).
Beispiel: Pauline macht Hausaufgaben, Clara spielt Klavier und Jonathan liest.

3. Das Komma steht vor entgegensetzenden Konjunktionen.
Beispiel: Er hat keinen Hunger, aber Durst. Sie lernt nicht, sondern spielt mit ihrem Hund.

Das Komma bei Anreden und Ausrufen

4. Anreden, Ausrufe oder Ausdrücke, die eine Stellungnahme des Schreibers/der Schreiberin verdeutlichen, werden durch Komma abgetrennt.
Beispiel: Jule, du hast in der Arbeit kein gutes Ergebnis erreicht, leider!

Das Komma bei Einschüben und nachgestellten Erläuterungen

5. Einschübe oder nachgestellte Erläuterungen werden durch Komma vom übrigen Satz abgetrennt.
Beispiele: Friedrich Schiller, der große deutsche Dichter, starb 1805 in Weimar. Er schrieb mehrere Dramen, u. a. „Wilhelm Tell".

Das Komma bei Infinitivgruppen

6. Das Komma trennt in der Regel Infinitivgruppen vom übergeordneten Satz ab. Es muss gesetzt werden, wenn ein Wort im übergeordneten Satz auf die Infinitivgruppe hinweist. Es muss auch gesetzt werden, wenn die Infinitivgruppe mit *um zu, anstatt zu, ohne zu* ... eingeleitet wird.
Beispiele: Er dachte nicht daran, sich zu entschuldigen.
Hanna äußerte die Absicht, nach der Schule ins Ausland zu gehen.
Chris verließ den Raum, ohne das Licht auszuschalten.

Das Komma bei Partizipialsätzen (auch Partizipgruppen, vgl. S. 345)

7. Partizipialsätze werden im Allgemeinen durch Kommasetzung vom Hauptsatz abgetrennt, wenn sie den Lesefluss deutlich unterbrechen. Ist dieses nicht der Fall, ist das Komma freigestellt.
Beispiele: Sie ging, wieder in der Heimatstadt angekommen, sofort zu ihrer Freundin.
Ehrlich gesagt(,) ist er ein schlechter Tennisspieler.

Das Komma in Satzgefügen

8. Das Komma steht zwischen Haupt- und Nebensatz/Gliedsatz.
Beispiel: Wir treffen uns, wenn alles klappt, um 20.00 Uhr vor dem Kino.

9. Das Komma steht zwischen Nebensätzen, die voneinander abhängig sind.
Beispiel: Er glaubte nicht daran, dass das Jahreslos, welches ihm sein Freund geschenkt hatte, ihm einen großen Gewinn bringen würde.

1 Schreibt die folgenden Sätze in euer Heft und tragt die fehlenden Kommas ein. Schreibt jeweils hinter die Sätze die Ziffer für die entsprechende Kommaregel aus dem Regelkasten (s. S. 372). Jede Regel ist mindestens zweimal vertreten. Notiert, wo ihr noch Schwierigkeiten habt.

- Hausaufgaben dienen der Wiederholung des Gelernten mit ihnen können individuelle Schwächen ausgeglichen werden und sie motivieren manchmal auch zum Weiterlernen.
- Nach dem Erledigen der Hausaufgaben habe ich häufig keine Zeit mehr für ein Treffen mit meinen Freunden leider.
- Damit vermieden wird dass Hausaufgaben als sinnlos erlebt werden ist es meiner Meinung nach gut wenn der Lehrer einen Pool von Aufgaben zur Verfügung stellt aus dem die Schüler entsprechend ihren Bedürfnissen auswählen können.
- Die Kurzgeschichte „Die Küchenuhr“ wurde 1945 von Wolfgang Borchert verfasst und erst nach dem Tod des Schriftstellers veröffentlicht.
- Am Bahnhof angekommen stellte er fest dass der Zug schon abgefahren war.
- Viele Jugendliche legen Wert auf ihr Äußeres vor allem auf Markenkleidung.
- Im Einleitungsteil einer Textinterpretation nennst du Autor und Titel des Textes informierst über das Entstehungsjahr gibst einen Handlungsüberblick und formulierst eine Deutungshypothese.
- Jugendliche treffen sich in der Freizeit gern im Park auf einem Sportplatz im Kino oder zu Hause zum Streamen von Filmen.
- Sie spricht ihn zwar rau an aber auch herzlich.
- Jugendliche haben zahlreiche Möglichkeiten ihre Freizeit sinnvoll zu gestalten.
- Marie hast du das Material für unser Referat schon besorgt?
- Borchert hat nicht nur zahlreiche Kurzgeschichten verfasst sondern auch ein Drama mit dem Titel „Draußen vor der Tür“.
- Die Frau begibt sich in die Küche um das merkwürdige Geräusch zu erforschen.
- Sie lief endlich an der Schule angelangt schnell die Treppen hinauf.
- Einheitliche Schulkleidung sollte eingeführt werden wenn alle zustimmen wenn sie nicht zu teuer ist und wenn sie modisch genug ist.
- Besonders wichtig ist dass durch die Einführung einer Schuluniform das Gemeinschaftsgefühl in den Klassen gestärkt wird.
- Laut einer Umfrage würden 15 % der Schülerinnen und Schüler eine Schuluniform tragen wenn sie modisch genug ist.
- Immer wieder wird gefordert dass Fahrradhelme die nachweislich bei einem Unfall schwere Kopfverletzungen verhindern können gesetzlich vorgeschrieben werden.

Das Komma in Aufzählungen

REGEL

1. Werden einzelne Wörter, Wortgruppen oder Sätze durch eine nebenordnende Konjunktion miteinander verbunden, steht in der Regel **kein Komma**. Solche nebenordnenden Konjunktionen sind: **und, oder, beziehungsweise, sowie, entweder ... oder, sowohl ... als auch, weder ... noch**.
   Beispiele: Autofahrer **sowie** alle anderen motorisierten Verkehrsteilnehmer dürfen Einbahnstraßen nur in der vorgeschriebenen Richtung befahren.
   Sie war trotz der Niederlage **weder** unzufrieden **noch** traurig.

2. Vor nebenordnenden Konjunktionen, die einen **Gegensatz** ausdrücken, steht **ein Komma**. Solche Konjunktionen sind: **aber, doch, jedoch, sondern, nicht nur ..., sondern auch**.
   Beispiele: Er will **nicht nur** Schauspieler werden, **sondern auch** Regisseur.
   Komm nicht zu spät, **aber** fahre vorsichtig.

3. Werden **vollständige Hauptsätze durch nebenordnende Konjunktionen miteinander verbunden, kannst** du **ein Komma** setzen, um die Gliederung des Gesamtsatzes zu verdeutlichen oder Missverständnisse zu vermeiden.
   Beispiele: Er wollte zunächst eine Ausbildung machen(,) **und** später wollte er noch ein Studium beginnen.
   Sie war trotz der Niederlage **weder** unzufrieden(,) **noch** war sie traurig.

4. Gleichrangige Nebensätze, die von *einem* Hauptsatz grammatisch abhängen, dürfen nicht durch Kommas getrennt werden, wenn sie durch eine **nebenordnende Konjunktion** wie **und** bzw. **oder** verbunden sind.
   Beispiel: Ich fahre jeden Tag mit dem Fahrrad zur Schule, weil ich die Umwelt schonen will **und** weil ich so an der frischen Luft bin.

1 Schreibt die Sätze mit den entsprechenden Kommas in euer Heft. In einigen Fällen könnt ihr euch entscheiden, ein Komma zu setzen.

- Wir sollten nicht so lange zögern sondern uns jetzt entscheiden und dann aktiv werden.
- Er wollte in den Ferien weder einen Job übernehmen noch verreisen aber er wollte sein Zimmer umgestalten.
- Das Turnier musste verschoben werden weil die Mannschaft von einer Virusgrippe geplagt wurde und weil eine Anreise deshalb unmöglich war.
- Bist du zufrieden oder hast du noch einen besonderen Wunsch?
- Ella möchte nicht nur ein eigenes Beet im Garten haben sondern auch eine Hängematte.

- Bei einem großen Fußballturnier sind nicht nur die Stammspieler gefordert sondern auch das gesamte Team mit den Ersatzspielern dem Trainerstab und der medizinischen Abteilung.
- Kalte und warme Luftschichten trafen aufeinander und im Nu entstand ein heftiges Unwetter mit Regen Blitz und Donner.
- Entweder entscheiden wir uns jetzt oder es kommt nie zu einem Ergebnis.
- Paul hat sich nicht nur einen Computer gekauft sondern auch einen Scanner.
- Referate bzw. Präsentationen jeder Art sollten gründlich vorbereitet werden damit sie gelingen.
- Marie wollte selbstverständlich ihren Großvater besuchen aber nicht am gleichen Tag sondern vielleicht drei Tage bzw. eine Woche später.
- Es gibt Situationen in denen du entweder gar nichts sagst oder in denen du nur Kritik äußerst.

Das Komma bei Einschüben und nachgestellten Erläuterungen

REGEL

1. Einschübe und an das Satzende angehängte Erläuterungen werden durch ein Komma abgetrennt und dadurch besonders hervorgehoben. Einschübe und Nachträge lassen sich in der Regel aus einem Satz heraushören, weil sie durch Sprechpausen verdeutlicht werden.
   Beispiele: Paul, **mein bester Freund**, hat leider die Party abgesagt.
   Friedrich Schiller, **1759 in Marbach geboren**, hat zahlreiche Dramen verfasst, **u. a. „Wilhelm Tell“**.
2. In einigen Fällen ist es dir überlassen, ob du innerhalb eines Satzes bestimmte Teile durch Komma abtrennen und somit hervorheben möchtest. Häufig ist dieses bei adverbialen Bestimmungen der Fall. Mit dieser Möglichkeit solltest du jedoch sparsam umgehen, weil der Lesefluss auch zu sehr unterbrochen werden kann. Steht der Ausdruck am Satzanfang, wird kein Komma gesetzt.
   Beispiele: Er machte (,) **trotz des heftigen Regens**(,) einen Waldlauf.
   Trotz des heftigen Regens machte er einen Waldlauf.

1 Schreibt die Sätze mit den entsprechenden Kommas in euer Heft.

- Die Kurzgeschichte „Die Küchenuhr“ geschrieben von Wolfgang Borchert ist in zahlreichen Schulbüchern vertreten u. a. auch in dem vorliegenden.
- Ella Maries jüngere Schwester treibt sehr gern Sport und zwar vor allem Volleyball Handball und Turnen.
- Wir sollten uns nicht ich habe es wiederholt gesagt mit solchen Kleinigkeiten aufhalten.
- Viele Jugendbücher wie z. B. die von Markus Zusak werden immer wieder auch von Erwachsenen gelesen.
- Leonas arbeitet jeden Tag für das Unternehmen außer am Sonntag dem gesetzlich vorgeschriebenen Feiertag.

- Bertolt Brecht einer der bekanntesten deutschen Dichter des letzten Jahrhunderts wurde 1898 in Augsburg geboren und starb 1956 in Berlin der heutigen Bundeshauptstadt.
- Einige Werke Bertolt Brechts u. a. das Gedicht „Der Pflaumenbaum“ richten sich auch an Kinder.
- Die Klasse 9 möchte eine Theaterszene aufführen und zwar aus der Komödie „Der Geizige“ von Molière.
- Die Vorbereitungen z. B. das Verteilen der Rollen das Auswendiglernen des Textes die Erstellung eines einfachen Bühnenbildes erfordern sehr viel Zeit.
- Vor allem außerhalb des Unterrichts in ihrer Freizeit arbeiten alle sehr motiviert.
- Die Aufführung sie findet in der Schulaula statt wird wegen dieser intensiven Vorarbeit zu einem großen Erfolg.

Das Komma in Satzgefügen

REGEL

1. Das Komma trennt **Haupt- und Nebensatz** voneinander. Der Nebensatz kann vor dem Hauptsatz stehen, dahinter oder in ihn eingeschoben sein.
   Beispiel: Der Junge steht auf, obwohl er hohes Fieber hat.
   Obwohl er hohes Fieber hat, steht der Junge auf.
   Der Junge steht, obwohl er hohes Fieber hat, auf.
2. Das Komma steht zwischen Nebensätzen, die **voneinander abhängig** sind.
   Beispiel: Als der Junge seinen Vater, der auf dem Boden kniet, sieht, denkt er, dass dieser ihm die Kirschen, die ihm seine Mutter bereitgestellt hat, gestohlen habe.
3. **Gleichwertige Nebensätze**, die durch **und** bzw. **oder** miteinander verbunden sind, werden nicht durch Komma abgetrennt.
   Beispiel: Schulkleidung muss modisch sein, damit sie von allen akzeptiert wird und damit die Schülerinnen und Schüler sich darin wohlfühlen. (HS + NS + NS)

1 In den folgenden Texten, die alle etwas mit der Farbe Rot zu tun haben, fehlen die Kommas in den Satzgefügen. Schreibt die Texte ab und setzt die fehlenden Satzzeichen. Als Hilfe solltet ihr (in eurem Heft) jeweils die Nebensätze vorab markieren.

Roter Faden

Das ist der berühmte Ariadnefaden aus der griechischen Mythologie mit dessen Hilfe Theseus den Ausgang aus dem Labyrinth fand. Dieser Wollfaden war rot. Der bildhafte Ausdruck wird verwendet wenn man in unübersichtlichen Verhältnissen eine Orientierung sucht.
(2 Kommas)

Rote Laterne

Das rote Licht als Schlusslicht kam zuerst bei der Eisenbahn auf – als rote Signallaterne die das Ende des Zuges markierte. Im übertragenen Sinne bedeutet der Begriff heute: Hier marschiert jemand am Ende eines Zuges.
(1 Komma)

Roter Hahn

Hähne kündigen mit ihrem Krähen die Morgendämmerung an die in rotem Licht erscheint. Daraus entwickelte sich die Vorstellung vom roten Hahn als Sinnbild flackernden Feuers. Bereits in der nordischen Göttersage verkündet der rote Hahn Fjalar den Abbruch der Götterdämmerung. Im Mittelalter pflegten Bettler mit Rotstift Hähne an Wände der Häuser zu zeichnen in denen ihnen Almosen verweigert wurden.
(2 Kommas)

Rote Karte

Das Platzverweiszeichen des Fußballschiedsrichters wird heutzutage in vielen außersportlichen Zusammenhängen als Ausdruck für das abrupte Ende einer gemeinsamen Unternehmung oder für eine Vertragskündigung verwendet. Bevor es Farbfernsehen gab trugen die Schiedsrichter die Rote Karte übrigens in der Gesäßtasche („Arschkarte") und die Gelbe in der Brusttasche damit die Fernsehzuschauer sofort unterscheiden konnten welche er gezogen hatte. Das ist heute zum Teil auch noch der Fall.
(3 Kommas)

Rotes Tuch

Im Stierkampf wird mit der Capa, einem roten Tuch, der Zorn des Stieres gereizt. Allerdings ist der Zornauslöser in Wirklichkeit das Schwenken des Tuches das den Stier nervös macht nicht die Farbe. Dennoch wird der Begriff im Sinne von „Zornauslöser" verwendet weil im Stierkampf alle Capas traditionellerweise rot sind.
(3 Kommas)

2 Im folgenden Auszug aus einer Argumentation zum Thema „Schulkleidung" fehlen die Kommas in den Satzgefügen. Schreibt den Text ab und setzt sie.

Besonders wichtig ist dass durch die Einführung einer Schuluniform das Gemeinschaftsgefühl in den Klassen erhöht wird. Ausschlaggebend ist dafür dass aufgrund der einheitlichen Kleidung der Konkurrenzdruck untereinander und der Neid darauf wer die modischste Kleidung trägt entfallen. In unserer Klasse nehmen zum Beispiel tatsächlich immer wieder einige Schülerinnen und Schüler nicht am Sportunterricht teil weil sie nicht die Markenschuhe besitzen die zurzeit „angesagt" sind und weil sie sich nicht vor den anderen bloßstellen wollen. Die positive Wirkung einer einheitlichen Schulkleidung ist demnach dass sich niemand ausgeschlossen fühlen muss.
Dieses Beispiel lässt sich auf viele andere Bereiche des Schullebens übertragen. Schwerer als das Bedürfnis, sich so zu kleiden wie man möchte wiegt sicher dass sich viele Schülerinnen und Schüler oft ausgegrenzt fühlen wenn sie sich nicht genauso markenbewusst und modisch kleiden können wie ihre Mitschüler. Dieser Ausgrenzung kann durch die Einführung einer einheitlichen Schulkleidung ein Ende gesetzt werden.
(11 Kommas)

Das Wunder von Bern – Die Thematik

Der Film thematisiert u.a. die Konflikte in den deutschen Nachkriegsfamilien, die vor allem daraus resultierten den Vater im fernen Russland zu wissen und auf sich allein gestellt zu sein. Er zeigt zudem die Schwierigkeiten auf sich aus eingefahrenen Rollen zu lösen und auf neue Situationen einzulassen. Darüber hinaus geht es auch darum mit den Mitteln des Films darzustellen, wie es dem Einzelnen gelingen kann seine Vorstellungen und Träume durchzusetzen ohne die Ansprüche des anderen zu vernachlässigen.
(5 verpflichtende Kommas)

Das Wunder von Bern – Meinungen

■ Mich hat der Film deshalb sehr überzeugt, weil es dem Regisseur gelungen ist das Geschehen von Beginn an bis zum Schluss aus der Perspektive des Jungen darzustellen.
(Jonathan)
(1 verpflichtendes Komma)

■ Sönke Wortmann zeigt, dass es auch mit einem eher geringen Budget möglich ist einen hervorragenden Film zu drehen.
(Aus der Presse)
(1 verpflichtendes Komma)

■ Die Geschichte der Familie Lubanski mit der Fußballweltmeisterschaft zu verbinden das halte ich für eine besonders gelungene Idee. Außerdem besitzt der Film neben traurigen Episoden auch einige komische Elemente.
(Mareike)
(1 verpflichtendes Komma)

■ Ein großes Verdienst des Regisseurs ist es den Vater nicht einfach als Störenfried und Bösewicht darzustellen. Der Zuschauer sieht in ihm einen durch den Krieg zerstörten Menschen, der verzweifelt versucht wieder Fuß zu fassen.
(Lukas)
(1 verpflichtendes Komma, 1 mögliches Komma)

■ Die beiden Söhne wehren sich gegen die Versuche des Kriegsheimkehrers seine Autorität als Familienoberhaupt wiederherzustellen. Ich finde es beeindruckend, wie dieser Konflikt im Film dargestellt wird.
(Lisa)
(1 verpflichtendes Komma)

■ Das Werk des Regisseurs Sönke Wortmann wird dem Anspruch gerecht Dokumentation und erfundene Geschichte in einem Werk zu vereinen ohne langweilig zu sein.
(Aus der Presse)
(2 verpflichtende Kommas)

■ Wortmann fällt es nicht immer leicht das persönliche Drama der Familie Lubanski sinnvoll mit den Ereignissen um das Nationalteam in der Schweiz zu verbinden.
(Aus der Presse)
(1 verpflichtendes Komma)

■ Für mich wäre es sehr interessant gewesen zu erfahren, was aus den ungarischen Spielern geworden ist. Soweit ich weiß, haben viele es nicht überwinden können dieses Endspiel zu verlieren.
(Christoph)
(1 mögliches, 1 verpflichtendes Komma)

■ Mit der Erwartung einen Sportfilm zu sehen ging ich ins Kino und wurde nicht enttäuscht. Dennoch bietet der Film noch viel mehr. Er nutzt die Möglichkeit einen Einblick in die unmittelbare Nachkriegszeit Deutschlands zu geben.
(Rosalie)
(3 verpflichtende Kommas)

■ Interessant finde ich die Idee Schauspieler für die Fußballer-Rollen auszuwählen die tatsächlich selbst schon einmal in Mannschaften gespielt haben.
(Paul)
(2 verpflichtende Kommas)

Das Komma bei Partizipialsätzen

REGEL

Partizipialsätze (auch Partizipgruppen, vgl. S. 345) werden im Allgemeinen durch Kommasetzung vom Hauptsatz abgetrennt, wenn sie den Lesefluss deutlich unterbrechen. Ist dieses nicht der Fall, ist das Komma freigestellt.

Beispiele: Er putzte sich, den Föhn in der Hand haltend, schnell noch die Zähne.
Wie besprochen (,) sende ich Ihnen die neuen Prospekte.

1 Schreibt die folgenden Beispielsätze über die Sportart Fußball in euer Heft und tragt die fehlenden Kommas ein.

- Der 1. FC Nürnberg aus der Ersten Liga abgestiegen war in der neuen Saison plötzlich sehr erfolgreich.
- Im heimischen Stadion spielend lief der FC Augsburg immer zur Höchstform auf.
- Ehrlich gesagt wechselten sich bei der SpVgg Greuther Fürth schon immer Erfolgs- und Krisenzeiten ab.
- Die deutsche Nationalmannschaft musste kaum im Hotel angekommen zum Training.
- Im Interview zeigt sich der Trainer spontan und witzig plaudernd und doch das Spiel gründlich analysierend von seiner besten Seite.

Texte zum Üben

1 In den folgenden Texten, in denen es um Farben geht, fehlen alle Kommas. Schreibt einzelne Texte ab und tragt dabei die fehlenden Satzzeichen ein. Ihr könnt euch die Texte auch gegenseitig diktieren.

Die Farbe Weiß

Wortgeschichtlich ist weiß mit anderen indoeuropäischen Wörtern verbunden die „licht" „leuchtend" und „hell" bedeuten. In bildhaften Wortzusammensetzungen ist der Sinn erweitert zu „makellos" „unbefleckt". Ein weißer Fleck auf einer Landkarte bezeichnete früher eine unerforschte Gegend heute ist generell etwas Unbekanntes damit gemeint. Wer eine weiße Weste hat hat sich nichts vorzuwerfen.
(5 Kommas)

Graue Maus

Hier ist nicht von einem Tier die Rede sondern von einer menschlichen Person die klein und unauffällig ist wie eine Maus und diesen Eindruck häufig noch durch unauffällige Kleidung unterstützt.
(2 Kommas)

Blauer Brief

Dahinter verbirgt sich ein Warnschreiben (vor allem von der Schule an die Eltern). Im 19. Jahrhundert wurden in Preußen königliche Kabinettsorders aber auch Mahnschreiben an Beamte und Offiziere die ihre Versetzung in den Ruhestand beantragen sollten in blauen Umschlägen verschickt.
(3 Kommas)

Das Goldene Zeitalter

Es bezeichnet in der mythologischen Vorstellung vieler Völker einen als äußerst harmonisch gedachten Ursprungszustand gesellschaftlichen Zusammenlebens der Menschen der durch Frieden und Glückseligkeit gekennzeichnet war. Man stellte sich vor dass es in dieser Anfangszeit keine Krankheiten Not oder Kriege gab.
(3 Kommas)

Rosa Brille

Seit Beginn des 20. Jahrhunderts wird damit zum Ausdruck gebracht dass man sich über irgendetwas oder über einen Menschen angenehmere Vorstellungen macht als es der Wirklichkeit entspricht.
(2 Kommas)

Schwarzes Schaf

Bei Schafzüchtern sind schwarze oder gefleckte Schafe weniger erwünscht weil ihre Wolle nicht die gewünschte Qualität hat und zur Stoffbearbeitung wozu auch das Färben gehört unbrauchbar ist.
(3 Kommas)

Goldener Schnitt

Proportionsverhältnis das seit der Antike bekannt ist und als besonders ausgewogen und schön gilt. Das Maßverhältnis entspricht ungefähr 8:5 oder dem Wert 1,618. Im Alltag begegnet es uns am häufigsten in den annähernd dem Goldenen Schnitt entsprechenden DIN-Papierformaten. Die Begriffsprägung schließt wohl an Leonardo da Vinci an der als Erster von (lat.) *sectio aurea* (= goldener Schnitt) sprach. Auch die Antike kannte und verwendete dieses Maßverhältnis benutzte aber nicht den Begriff.
(3 Kommas)

Anhang

Was du gelernt hast – was du jetzt kannst – was du immer wieder brauchst

Hier sind die wichtigsten Fähigkeiten, die du im Laufe des Schuljahres im Fach Deutsch erworben hast, in einer Übersicht zusammengefasst. Wenn du noch unsicher bist, findest du Hinweise auf entsprechende Seiten mit Beispielen und kannst in Ruhe noch einmal nachschauen, was gemeint ist. Außerdem helfen dir dabei das Inhaltsverzeichnis vorne im Buch und das Stichwortverzeichnis auf S. 395 ff. sowie der Überblick über die Kästen „Das brauchst du immer wieder. So gehst du vor." und „Das musst du lernen und wissen." auf der hinteren Buchdeckelinnenseite.

Sprechen und Zuhören		Wenn du nochmals nachschlagen möchtest:
(1)	Du kannst dich in verschiedenen Gesprächs- und Redesituationen präzise und prägnant ausdrücken: Dabei berücksichtigst du, für wen deine Ausführungen gedacht sind, und richtest dich situationsbedingt in Sprache und Auftreten danach.	**S. 156–158, 162–164**
(2)	Deinen eigenen Standpunkt kannst du in verschiedenen Gesprächssituationen angemessen vertreten. Deine Meinung kannst du auf der Grundlage von Informationen sachgerecht und einleuchtend begründen. Auf andere Standpunkte kannst du sinnvoll und treffsicher eingehen. Du hast gelernt, was es bedeutet zu argumentieren.	**S. 99 f., 119–121**
(3)	An Diskussionen oder Debatten teilzunehmen oder sie zu leiten, auch auszuwerten und über Verlauf und Ertrag zu reflektieren – dies ist für dich selbstverständlich und wird im Schulalltag fortwährend trainiert und dadurch verbessert. Den eigenen Anteil und seine Qualität kannst du immer besser einschätzen und bewerten. Dadurch kannst du die Kommunikation in vielen verschiedenen Situationen immer besser beurteilen.	**S. 122–125**
(4)	Du kannst sowohl linear als auch dialektisch argumentieren. Diese beiden Kompetenzen helfen dir bei Diskussionen.	**S. 103, 105, 110, 115, 117 f.**
(5)	Informationen zu oder aus einem bestimmten Thema kannst du klar und sinnvoll strukturiert für einen bestimmten Personenkreis darstellen. Du kannst zudem als Zuhörerin/Zuhörer ein Referat auf seine Qualitäten hin prüfen und beurteilen.	**S. 129, 149, 234 f., 240–245**

(6)	Du unterscheidest immer besser die sprachlichen Varianten der mündlichen Darstellung und kannst berichten, beschreiben und erzählen – je nach Anlass und Notwendigkeit. Dabei gewinnst du auch die Fähigkeit, Sprachgebrauch zu beobachten und dann Sprache gezielt einzusetzen.	**z. B. S. 154 ff.**
(7)	Texte aller Art – ob Gedicht, Dramen- oder Sachtext – kannst du nun so vorlesen, vortragen oder gestalten, dass die Besonderheit des Textes und sein Sinn klar zur Geltung kommen und alle Zuhörerinnen/Zuhörer ihn in jeder Hinsicht gut verstehen können. Im ständigen Training verbesserst du deine Fähigkeiten im Vorlesen und Vortragen.	**Trainingsmaterial: S. 16–43 (Gedichte), S. 176–189 (Drama), S. 76–79, 228–233, 243–245 (Sachtexte)**
	Verschiedene szenische Gestaltungsmöglichkeiten von Texten, Situationen und eigenen Erfahrungen sind dir vertraut. Du kannst sie untersuchen und erschließen, sie auf ihre Wirkung auf dich und die Zuschauerinnen/Zuschauer hin prüfen.	**S. 176–181, 218–220**
	Einzelne Schritte zur Vorbereitung einer Aufführung auf der Bühne sind dir ebenfalls vertraut.	**S. 176–181**
(8)	Wenn andere sprechen, hörst du aufmerksam zu und machst dir ggf. Notizen auf einem Stichwortzettel oder ausführlichere Mitschriften. Wenn etwas unklar bleibt, kannst du dies durch gezieltes Nachfragen klären. So kannst du Informationen verarbeiten.	**S. 126, 129, 260**

	Schreiben	Wenn du nochmals nachschlagen möchtest:
(9)	Texte, die du schreibst, müssen stets gut geplant sein und häufig auch öfter überarbeitet werden – Schreiben ist etwas, das sich wie ein Prozess entwickelt und bei dem immer Verbesserungen am Text möglich und oft auch nötig sind. Du berücksichtigst dabei insbesondere die Zielrichtung dessen, was du schreibst. Ob du eine schriftliche Argumentation erarbeitest, ob du eine Kurzgeschichte erfindest oder ein Gedicht interpretierst – du achtest immer genau auf die Aufgabenstellung und die dort formulierten Anforderungen sowie die Adressatin/den Adressaten.	**S. 30, 35, 53 f., 57, 60–72, 105, 144, 182–189, 231, 234–239, 256**
	Methoden, die dir bei der Textüberarbeitung helfen, wie z. B. Schreibkonferenz oder die Ermittlung eigener Fehlerschwerpunkte beim Schreiben, sind dir vertraut.	**S. 118, 307 f.**
	Das Nachdenken über Themen- und Problemstellung, über Deutungshypothesen und Untersuchungsaspekte wird in diesem Zusammenhang immer wichtiger für dein eigenes Schreiben.	**S. 30, 35, 50, 61 f., 72**

(10)	Was du dabei an Informationen und Vorwissen brauchst, beschaffst du dir auf der Grundlage der Aufgabenstellung, sichtest das Material und prüfst, ob es für deine Zwecke nützlich ist. Sachtexte kannst du dir erschließen. Das erworbene Wissen kannst du sachlich, klar und verständlich formulieren und geordnet und differenziert darstellen. Auch abstraktere Begriffe kannst du verwenden und erläutern.	**S. 234 – 239, 242 – 257, 311 – 314**
(11)	Den Inhalt auch schwierigerer Texte – ob es nun Sachtexte oder literarische Texte sind - kannst du sinngerecht, klar verständlich und auf die Adressatin / den Adressaten bezogen zusammenfassen.	**S. 234 – 239, 298 – 302, 311 – 314**
(12)	Textbelege und andere Quellen kannst du korrekt zitieren, sachgerecht in deinen Text einbauen und/oder sinngemäß wiedergeben. Zitate verwendest du in erster Linie zielgerichtet als Belege für deine Aussagen.	**S. 247, 309 f.**
(13)	Ebenso musst du weiterhin stets darauf achten, dass du in der Rechtschreibung und bei der Grammatik immer weniger Fehler machst. Dein Wortschatz erweitert sich, auch in Richtung Fachsprache und Fremdwörter, wodurch sich dein Schreibstil verfeinert und sich dem Schreibanlass angemessen anpasst.	**S. 319 – 346 (Grammatik), 347 – 371 (Rechtschreibung), 372 – 382 (Kommasetzung)**
(14)	Die verschiedenen Aspekte des Argumentierens sind dir wohlvertraut. Deine Meinung kannst du auch schriftlich in geeigneter Form formulieren und mit Argumenten stützen. Die Entfaltung und Gewichtung der einzelnen Argumente sind hierfür von besonderer Bedeutung.	**S. 94 – 118, 246 – 257**
(15)	Literarische Texte der verschiedensten Art kannst du analysieren und dein Verständnis der Bedeutung dieser Texte schriftlich erläutern. Auch den Hintergrund einer Epoche kannst du in deine Analyse einbeziehen und für eine Interpretation nutzbar machen.	**S. 25, 27, 32, 57, 196 – 205 (Epoche)**
(16)	Die einzelnen Schritte einer Interpretation sind dir vertraut – du kannst sie schriftlich in einem sinnvoll gegliederten Interpretationsaufsatz formulieren.	**S. 35, 50, 54**
	Auch kannst du unterschiedliche Bezüge zu Gattung, Geschichte, Kultur usw. herstellen und in deinem Interpretationsgang berücksichtigen.	**S. 20 (Gattung), 76 – 89, 196 – 205**
	Textvergleiche und die gestaltende Interpretation helfen dir, dein Interpretationsvermögen weiter aufzufächern und zu verbessern.	**S. 134 – 141, 139, 176 – 181, 218 – 220**

(17)	Du kannst nach komplexeren literarischen Vorlagen und vielfältigen Anregungen Texte bearbeiten, auch neu oder weiterschreiben. Dabei hilft dir das Wissen um die Besonderheiten der Textsorte und der Textgattung. Die Texte, die du selbst schreibst, sind höchst unterschiedlich, werden immer komplexer und folgen nicht immer genauen Vorgaben. Du probierst diese Vielfältigkeit der Textproduktion immer wieder aus.	**z. B. S. 20, 29, 36**

Lesen		**Wenn du nochmals nachschlagen möchtest:**
(18)	Lesehaltungen und -ziele (in der Schule oder auch in der Freizeit) erkennst du und kannst das Wissen um ihre Unterschiedlichkeit gezielt einsetzen. Du wählst aus der Vielzahl der Möglichkeiten die richtige Bearbeitungsform beim Lesen des Textes aus.	**S. 79**
(19)	Du hast gelernt, Texte immer intensiver nach verschiedenen Merkmalen (z. B. Erzählhaltung, Aufbau, sprachliche Gestaltung) zu untersuchen, ihnen eine Bedeutung zu geben und sie damit zu interpretieren. Deine eigene Beurteilung des Textes kannst du begründen und am Text belegen.	**S. 51, 59, 248**
(20)	Dabei kannst du durch das Vergleichen ähnlicher oder ganz unterschiedlicher Texte die Eigenart und Qualität eines jeden Textes immer besser erfassen und beschreiben. Dein Wissen um das Verhältnis zwischen Fiktionalität, Virtualität und Wirklichkeit hilft dir dabei, Machart und Ziel der unterschiedlichen Texte zu erkennen.	**S. 134 – 141, 139, 231 (s. auch Stichwort „Textvergleich“ im Stichwortverzeichnis)**
(21)	Das gilt auch für Dramen samt Theateraufführungen, Werbespots und Filme, die du in ihrer besonderen Machart beschreiben und in ihrer Wirkung bewerten kannst. Lernorte außerhalb der Schule (z. B. Theater, Kino, Museum) ergänzen und bereichern den Unterricht, auch auf deine eigene Initiative hin. Die Auswahl, welche Filme oder Theateraufführungen dich interessieren, kannst du sachgerecht und den Umständen entsprechend treffen. Auch für eine Gruppe kannst du einen Theater- oder Kinobesuch organisieren und dir eine begründete Meinung über dessen Qualität bilden.	**z. B. S. 176 – 189 (Dramen), 276 – 295 (Film)**

(22)	Du hast jetzt endgültig erkannt: einen Text verstehen – das geht nicht auf den ersten Blick. Du als Leserin/Leser musst über Texte nachdenken und eine untersuchende, analytische Lesehaltung einnehmen, um ihnen wirklich näherkommen zu können. Erst diese intensive Beschäftigung macht dich zum Kenner und Könner im Bereich des Lesens und Verstehens von Texten.	**Rückblick auf Texte deiner Wahl**
(23)	Mit all den unterschiedlichen Texten, die du liest, in den Medien wahrnimmst und untersuchst, lernst du immer mehr und auch andere und manchmal auch ganz widersprüchliche Meinungen, Einstellungen und Verhaltensweisen kennen. Diese kannst du diskutieren, in ihrer Eigenart bewerten und dazu Stellung nehmen. Sie werden immer mehr Teil deines Wissens über die ganze Welt und über die Literatur.	**Rückblick auf Texte deiner Wahl**

Sprachgebrauch und Sprache		**Wenn du nochmals nachschlagen möchtest:**
(24)	Du hast sprachliche Klischees und diskriminierenden Sprachgebrauch erkannt und beurteilt und so dein Sprachbewusstsein vertieft.	**S. 191, 246–257**
(25)	Du hast die Möglichkeiten der Manipulation durch Sprache, auch auf der Basis eines gängigen Kommunikationsmodells, untersucht und reflektiert. Auch hast du mündliche und schriftliche Kommunikation unterschieden.	**S. 154–169, 260–273**
(26)	Du hast die Beschaffenheit von Texten untersucht, insbesondere Zusammenhänge zwischen sprachlicher Gestaltung und Wirkung. Dabei hast du Elemente der Textkohärenz, z. B. Mittel der Distanzierung und Wertung, Satzverknüpfungen, gliedernde Formulierungen, kennengelernt.	**S. 116–43 (Gedichte), 46–72 (Kurzgeschichten), 170f., 173, 176–189 (Dramen), S. 246–257, 260–273 (Sachtexte)**
(27)	Du hast sprachliche Strukturen untersucht und hinsichtlich ihrer Bedeutung für das Sprechen/Schreiben reflektiert.	**S. 328–332, 342–343, 345f.**
(28)	Du wirst immer sicherer in der Rechtschreibung und Zeichensetzung.	**S. 347–371, 372–382**

Lernfortschritte im Blick – Lösungen

Im Meer der Stadt (S. 16–45)

Seite 44, Aufgabe 1

Jambus: xx́
Trochäus: x́x
Daktylus: x́xx
Anapäst: xxx́

Seite 44, Aufgabe 2

Dicht wie Löcher eines Siebes stehn	x́ x x́ x x́ x x́ x x́
Fenster beieinander, drängend fassen	x́ x x́ x x́ x x́ x x́ x
Häuser sich so dicht an, das die Straßen	x́ x x́ x x́ x x́ x x́ x
Grau geschwollen wie Gewürgte sehn.	x́ x x́ x x́ x x́ x x́

Seite 44, Aufgabe 3

m
w
w
m

Seite 44, Aufgabe 4

Der Trochäus unterstützt den Eindruck der Enge.

Seite 44, Aufgabe 5

a) Vergleich
b) Personifikation
c) Alliteration und Vergleich

Seite 44, Aufgabe 6

c)

Seite 45, Aufgabe 7

In der ersten Strophe werden zunächst die dichte Bebauung und die daraus resultierende **Enge** der Stadt sehr bildhaft dargestellt. Der Vergleich „[d]icht wie Löcher eines Siebes“ (V. 1) bezieht sich auf die **Fenster**. Gemeint ist, dass die Häuser offensichtlich keinen **Rückzugsraum** für das Individuum bieten, sondern wie durch Löcher in sie hineingesehen werden kann. Dass ein unmittelbarer **Zusammenhang** besteht zwischen den Häusern und den darin lebenden Menschen, wird durch die Personifikation „drängend fassen/Häuser sich so dicht an“ (V. 2 f.) deutlich. Die daraus resultierende **Folge**, dass die „Straßen/Grau geschwollen wie Gewürgte sehn“ (V. 3 f.), verstärkt diesen Eindruck, dass es unmittelbar auch um Menschen geht. Hervorgehoben wird dieses durch die Alliteration „Grau geschwollen ... Gewürgte“ und den Vergleich „wie Gewürgte“. Insgesamt entsteht durch den Inhalt und die sprachliche Gestaltung eine **sehr bedrückende** Atmosphäre, die das Leben in einer Großstadt zu Beginn des 20. Jahrhunderts als menschenfeindlich und unüberschaubar erscheinen lässt, was schließlich auch durch die Zeilensprünge verstärkt wird.

Kurze Geschichten, tiefer Sinn (S. 46–73)

Seite 73, Aufgabe 1

Einleitung B ist die bessere Variante. Sie enthält alle notwendigen Informationen sowie eine Deutungshypothese.

Seite 73, Aufgabe 2

Erzählform: Man unterscheidet zwischen Er-/Sie-Erzählung und Ich-Erzählung. Bei der Er-/Sie-Erzählung berichtet der Erzähler über andere und tritt nicht selbst als Figur auf, während bei der Ich-Erzählung der Erzähler selbst in Erscheinung tritt und von sich spricht.

Erzählperspektive: Man spricht von der Innensicht als Erzählperspektive, wenn der Erzähler in die Figuren hineinsehen kann und auch ihre Gedanken und Gefühle kennt. Erzählt der Erzähler nur das, was er von außen sieht, berichtet er aus der Außensicht.

Seite 73, Aufgabe 3

a) neutrales Erzählverhalten = unsichtbare Beobachterin / unsichtbarer Beobachter aus der Außensicht

b) auktoriales (allwissendes) Erzählverhalten = Außensicht und Innensicht; Erzählerin/Erzähler kennt die Zusammenhänge des Geschehens u. Gedanken und Gefühle der Figuren, überblickt das Zeitgeschehen und kommentiert

c) personales Erzählverhalten = aus der Sicht einer oder mehrerer Figuren

Seite 73, Aufgabe 4

Es handelt sich um ein personales Erzählverhalten: Der Erzähler schaut gewissermaßen in die Frau hinein und weiß, was sie denkt.

Seite 73, Aufgabe 5

„Das Telefon klingelte! Ganz sicher Gerd Wagner, endlich! Maxi nahm auf der Treppe ins Parterre zwei Stufen auf einmal, wobei sie sich am Geländer abstützte. Beim Blick auf den unteren Flur bremste sie Schwung und Tempo und gab sich Mühe, einen gleichmütigen Eindruck zu erwecken."

Seite 73, Aufgabe 6

Bei einer linearen Interpretation wird zunächst der Textaufbau festgelegt. Anschließend werden die einzelnen Sinnabschnitte nacheinander beschrieben und gedeutet (analysiert).
Bei einer aspektorientierten Interpretation werden zunächst Erarbeitungsschwerpunkte (Analyseaspekte) festgelegt und anschließend werden diese Schwerpunkte nacheinander bearbeitet. Für jeden Aspekt wird jeweils angegeben, in welchen inhaltlichen Zusammenhängen er steht, wie er sprachlich gestaltet ist und wie er sich deuten lässt.

Streitfälle – Argumentieren und Erörtern (S. 92 – 131)

Seite 130, Aufgabe 1

Bei einer linearen Erörterung wird nur der eigene Standpunkt möglichst ausführlich dargelegt. Bei einer dialektischen Erörterung werden Pro- und Kontra-Argumente gegenübergestellt.

Seite 130, Aufgabe 2

Bei einer linearen Erörterung empfiehlt es sich, die Argumente steigernd darzustellen, d.h. vom schwächsten zum stärksten Argument.

Seite 130, Aufgabe 3

Möglichkeit 1: Nach der Einleitung werden zuerst die Kontra-Argumente vorgestellt, und zwar beginnend mit dem stärksten Argument. Dann erfolgt eine Überleitung zu dem eigenen Standpunkt. Dabei werden die Pro-Argumente mit zunehmender Wichtigkeit angeführt.
Möglichkeit 2: Nach der Einleitung werden die Pro- und Kontra-Argumente gegenübergestellt. Man beginnt dabei mit einem Kontra-Argument und entkräftet es durch ein entsprechendes Pro-Argument.

Seite 130, Aufgabe 4

Art der Verbindung/Gewichtung	Wörter und Wendungen
anreihend, evtl. auch steigernd	außerdem, ferner, schwerer wiegt, besonders wichtig ist
einen Gegensatz herstellen, unterschiedliche Meinungen hervorheben	aber, jedoch, allerdings, einerseits/andererseits
begründen	weil, da, denn, daher
Folgen angeben	also, folglich, demzufolge
Bedingungen angeben	falls, unter der Bedingung, dass ..., wenn

Seite 131, Aufgabe 5
A/5: Berufung auf anerkannte Autoritäten
B/4: Berufung auf anerkannte Normen und Werte
C/2: Anführen von Fallbeispielen
D/1: Berufung auf eigene Erfahrungen
E/3: Anführen von nachweisbaren Tatsachen

Jung und Alt (S. 132 – 153)

Seite 152, Aufgabe 1
a) Übertreibung (Hyperbel) = zeigt unrealistische Forderung
b) rhetorische Frage = verdeutlicht Unverständnis gegenüber der Tochter
c) Aufzählung (Akkumulation) = zeigt Annäherung an die Tochter
d) Metapher = verdeutlicht Neigung der Tochter in der Pubertät, alles kommentieren u. erklären zu wollen
e) Metapher = zeigt Maßlosigkeit auf
f) Anapher/Parallelismus = beschreibt Freiheitsdrang der Tochter

Seite 152, Aufgabe 2
a) Behauptung/Vorwurf
b) Berufung auf Autoritäten
c) Zugeständnis
d) Verallgemeinerung der eigenen Erfahrung
e) Rechtfertigung der eigenen Position

Seite 153, Aufgabe 3
1. c) 2. c) 3. b)

Miteinander im Gespräch – Gelingende und misslingende Kommunikation untersuchen (S. 154 – 173)

Seite 172, Aufgabe 1
Du, Kathi, weißt du, wie spät es ist? Mögliche Situation: Kathi möchte noch zu ihrer Freundin und ist um 16 Uhr verabredet. Es ist schon kurz vor 16 Uhr. Die Mutter erinnert Kathi an die Verabredung.
Katharina, weißt du eigentlich, wie spät es ist? Mögliche Situation: Kathi hat einen Termin beim Arzt und macht aber keine Anstalten, sich fertig zu machen. Die Mutter erinnert mit Nachdruck an den Termin.
Weißt du, wie spät es ist? Mögliche Situation: Kathi sitzt trödelt morgens herum. Es ist schon kurz vor Schulbeginn. Die Mutter ruft Kathi verärgert.

Seite 172, Aufgabe 2
Du, Kathi, weißt du, wie spät es ist? Selbstoffenbarung: Die Mutter wundert sich über Kathis Verhalten und erinnert sie in einem ruhigen Tonfall an die Verabredung.
Katharina, weißt du eigentlich, wie spät es ist? Selbstoffenbarung: Die Mutter ist verärgert, was auch dadurch deutlich wird, dass sie ihre Tochter mit vollem Namen anspricht. Sie spricht mit Nachdruck.
Weißt du, wie spät es ist? Selbstoffenbarung: Die Mutter ist sauer und spricht laut und deutlich. Sie spricht die Tochter nicht einmal mehr mit ihrem Namen an. Man könnte sich vorstellen, dass sie ihre Hände dabei in die Hüften stemmt.

Seite 172, Aufgabe 3
Sachebene: Leonie plant ihren Geburtstag mit vielen Jugendlichen.
Appellebene: Leonie möchte ihren Plan durchsetzen mit Übernachtung und Lagerfeuer.
Beziehungsebene: Leonie bemerkt nicht, dass ihr Vater bereits erschrocken resümiert, dass sie bereits so viele Gäste einladen möchte. Sie geht nicht darauf ein.
Selbstoffenbarungsebene: Leonie erkennt die Zwischentöne in der Diskussion nicht und verkündet ihre Wünsche selbstbewusst.

Seite 172, Aufgabe 4 Die markierte Stelle zeigt den Moment, an dem Leonie eigentlich erkennen müsse, wie ihr Vater auf ihre Pläne reagiert, nämlich erschrocken. Leonie bemerkt dies jedoch nicht. Anstatt darauf einzugehen, stellt sie unbekümmert in Aussicht, dass es sogar noch mehr Partygäste sein könnten.

Seite 173, Aufgabe 5 Wesentlich deutlicher als in der ersten Anfangsszene der ursprünglichen Fassung wird in der Anfangsszene der Variante II, dass Sonja – auf jeden Fall in Fragen der Erziehung – absolut dominant ist. Henri wirkt unterwürfig (z. B. „Natürlich!", Z. 7) und handelt erst, als er mit ihr im Gespräch geklärt hat, was er tun darf und tun soll (ab Z. 30). Das Konfliktpotenzial ist durch diese eindeutigere Rollenverteilung insgesamt geringer als in Variante I. Es liegt also in Variante II eher eine komplementäre Kommunikation vor, die trotz der ungleichen Rollenverteilung nur wenig Konfliktpotenzial besitzt.

Seite 173, Aufgabe 6 Die Autorin Yasmina Reza verdeutlicht mit der Variation des Themas, wie stark das Entstehen von Konflikten von dem Verhältnis der Kommunikationspartner (symmetrische vs. komplementäre Kommunikation) bzw. der Ausprägung der Interessenslagen abhängig ist (Einhaltung von Prinzipien – temporäre Außerkraftsetzung von Prinzipien).

„Wir gehen ins Theater!" (S. 174–193)

Seite 193, Aufgabe 1

Andri *behauptet*, er habe den Stein nicht geworfen.
Andri *leugnet*, dass er der Sohn des Lehrers sei.
Andri *wirft* seinem Vater vor, dass er nicht wie ein Vater gehandelt habe.
Andri *klagt*, er sei verloren.

Seite 193, Aufgabe 2 Der Lehrer, der Andri sein Leben lang als jüdisches Pflegekind ausgegeben hat, sucht verzweifelt das Gespräch mit Andri, um ihm zu gestehen, dass er sein leiblicher Vater ist. Andri will davon nichts hören und verwahrt sich gegen die Anrede „Mein Sohn –" (Z. 2). Er hat sich bereits viel zu sehr mit seiner Rolle als Jude identifiziert und erwartet sein Ende als „Sündenbock" (Z. 15) ohne Widerstand. Er sieht es als sein unumkehrbares „Schicksal" (Z. 18 f.) an.

Textartenverzeichnis

Stichwortverzeichnis

Textquellenverzeichnis

Aichinger, Ilse: Das Fenstertheater. **52, 73**
Aus: Der Gefesselte. Erzählungen, S. Fischer Verlag, Frankfurt/M. 1953

Akyün, Hatice: Sie sprechen aber gut Deutsch. **228**
Aus: Dies: Einmal Hans mit scharfer Soße, 11. Aufl., Goldmann, München 2007, S. 170 ff.

Am Ende siegt immer der Champ ...? 322
Originalbeitrag von Dietrich Herrmann aus: Paul D 9. Hg. von Johannes Diekhans und Michael Fuchs, Schöningh Verlag, Paderborn 2008, S. 329 f.

Aus einem Blog: Gendergerechte Sprache im Unterricht. 247
Originalbeitrag aus: deutsch ideen 10. Bildungshaus Schulbuchverlage, Braunschweig 2020

Aus einem Interview mit Saša Stanišić. 239
Aus: „Widerstand ist zwecklos". Interview von Katrin Hillgruber in der Frankfurter Rundschau, 21.2.2008 (gekürzt)

Ausländer, Rose: Ich vergesse nicht **217**
Aus: Rose Ausländer: Gesammelte Werke in sieben Bänden. Hrsg. von Helmut Braun. Band 5: Ich höre das Herz des Oleanders. Gedichte 1977-1979: S. Fischer Verlag, Frankfurt a. M. 1984, S. 217

Ayaß. Ruth: Sprachliche Richtlinien und Lösungsvorschläge **252**
Aus: Dies.: Kommunikation und Geschlecht. Eine Einführung. Kohlhammer, Stuttgart; S. 32 ff. (gekürzt)

Baumann, Jana Gioia: Die Sinnfluencer. **268**
Aus: DIE ZEIT Nr. 53/2019 (gekürzt)

Bergmann, Werner: Was sind Vorurteile? **190**
Aus: Bundeszentrale für politische Bildung vom 13.01.2006. https://www.bpb.de/shop/zeitschriften/izpb/9680/was-sind-vorurteile/?p=0 [06.08.2022]

Besuch des Berufsinformationszentrums (BIZ). 356
Originalbeitrag von Siegfried G. Rojahn aus: Paul D 9. Hg. von Johannes Diekhans und Michael Fuchs, Schöningh Verlag, Paderborn 2008, S. 118

Bewerbungsschreiben. 316
Aus: „5 vor 12. Zeit zum Bewerben", Magazin zum Ausbildungs- und Studienbeginn, DIMA Werbe und Verlags GmbH, Karlsfeld bei München, S. 14 (geringfügig geändert)

Bichsel, Peter: Die Tochter. **69**
Aus: Ders.: Eigentlich möchte Frau Blum den Milchmann kennenlernen, Suhrkamp Verlag, Frankfurt/M. 1993

Bichsel, Peter: Der Milchmann. **48**
Aus: Ders.: Eigentlich möchte Frau Blum den Milchmann kennenlernen, Suhrkamp Verlag, Frankfurt/M. 1993

Biermann, Wolf: Wann ist denn endlich Frieden. **223**
Aus: Ders.: Mit Marx- und Engelszungen, Verlag Wagenbach, Berlin 1968, S. 14

Blitzlichter 175
Vorbemerkung. Aus: Max Frisch: Gesammelte Werke in zeitlicher Folge. Jubiläumsausgabe in sieben Bänden 1931 – 1985, Band IV 1957 – 1963. Hrsg. von Hans Mayer unter Mitwirkung von Walter Schmitz. Suhrkamp, Frankfurt/M. 1986; Auszug aus einer Ankündigung des Stücks am Berliner Ensemble. Aus: http://berliner-ensemble.de/repertoire/titel/35/andorra; aufgerufen am 10. März 2013; Auszug aus einer Ankündigung des Stücks am Westfälischen Landestheater. Aus: http://westfaelisches-landestheater.de/repertoire/++/produktion_id/298/) [10.03.2013]

Blog 240
Aus: Wikipedia. https://de.wikipedia.org/wiki/Blog [15.01.2020] (gekürzt)

Böll, Heinrich: Monolog eines Kellners. **55**
Aus: Viktor Böll/Karl Heiner Busse (Hg.): Heinrich Böll, Erzählungen, Verlag Kiepenheuer & Witsch, Köln 1994

Borchert, Wolfgang: DANN GIBT ES NUR EINS! **224**
Aus: Ders.: Draußen vor der Tür, 86. Aufl., Rowohlt, Reinbek bei Hamburg 2004, S. 110 f.

Borchert, Wolfgang: Die Küchenuhr. **218**
Aus: Ders.: Draußen vor der Tür, 86. Aufl., Rowohlt, Reinbek bei Hamburg 2004, S. 103 ff.

Braun, Peter: Das Leben der Annette von Droste-Hülshoff. **76**
Aus: Ders.: Von Taugenichts bis Steppenwolf. Eine etwas andere Literaturgeschichte, Bloomsbury, Berlin 2006, S. 95 ff.

Calderón de la Barca, Pedro: Das Leben ein Traum (Ausschnitt) **205**
Übersetzt von Johann Diederich Gries. Stuttgart, J. G. Cotta'sche Buchhandlung, 1905

Claudius, Matthias: Kriegslied. **196**
Aus: Karl Otto Conrady (Hg.): Das große deutsche Gedichtbuch, Frankfurt/M. 1977, S. 198 f.

Collange, Christiane: Ich, Deine Mutter. (Auszüge) **142, 152**
Dies.: Aufschrei einer Mutter.
Aus: Zeitmagazin, Nr. 16, 11.4.1986 (gekürzt)

„[...] Da der Sport nun einmal jede andere Institution des öffentlichen Lebens [...]" 289
Artikel aus der Zeitung Fortschritt vom 5.6.1954 (gekürzt)

Deepfakes: Facebook will manipulierte Videos entfernen. 267
ZEIT ONLINE, Reuters, ks, 7. Januar 2020. Aus: https://www.zeit.de/digital/internet/2020-01/facebook-deep fakes-manipulation-videos-social-media [2.05.2020]

„Demokratie lebt vom Streit ..." Zitat von Richard von Weizsäcker. 92
Zitiert in: Bitburger Gespräche in München 2: Planen, Erklären, Zuhören, Mohr Siebeck, Tübingen 2012, S. 63

„Der fuchsteufelswilde Arzt hatte nicht umhingekonnt ..." 348
Deutschland schreibt, Stiftung Polytechnische Gesellschaft, Frankfurt am Main. Zitiert nach: http://www.frankfurt-schreibt.de (5.10.2013)

Der tabellarische Lebenslauf. 317
Aus: „5 vor 12. Zeit zum Bewerben", Magazin zum Ausbildungs- und Studienbeginn, DIMA Werbe und Verlags GmbH, Karlsfeld bei München, S. 13 (geringfügig geändert)

„Die deutsche Rechtschreibung ist nicht gerade einfach …" 347
Deutschland schreibt, Stiftung Polytechnische Gesellschaft, Frankfurt am Main. Zitiert nach: http://www.frankfurt-schreibt.de/idee (5.10.2013)

„Die Farbe Weiß" – „Goldener Schnitt". 382
Aus: Wolfgang Seidel: Woher kommt das schwarze Schaf? Was hinter den Wörtern steckt, Deutscher Taschenbuch Verlag, München 2007 (verändert)

„Die Stadt Bochum …" 19
Aus: Baedeker Deutschland, 4. Aufl., Mairs Geographischer Verlag, Ostfildern 1998, S. 175

Dominguez, Stefanie: Ein ganz gewöhnlicher Sonntag. **298**
Aus: Johannes Diekhans, Michael Fuchs (Hrsg.): Paul D 9, Schöningh Verlag, Paderborn 2015, S. 278

Droste-Hülshoff, Annette von: Am Turme. **81**
Aus: Dies.: Werke in einem Band, hg. von Clemens Heselhaus, Deutscher Taschenbuch Verlag, München 1995, S. 109 (orthografisch modernisiert)

Droste-Hülshoff, Annette von: Der Knabe im Moor. **84**
Aus: Dies.: Werke in einem Band, hg. von Clemens Heselhaus, Deutscher Taschenbuch Verlag, München 1995, S. 68 f. (orthografisch modernisiert)

Droste-Hülshoff, Annette von: Die Judenbuche. Ein Sittengemälde aus dem gebirgigten Westfalen. (Auszüge) **86, 88**
Hg. von Johannes Diekhans und Doris Hönes, Schöningh Verlag, Paderborn 1998, S. 5 ff., 10 ff.

Droste-Hülshoff, Annette von: Westfälische Schilderungen aus einer westfälischen Feder (Auszug). **83**
Aus: Dies.: Sämtliche Werke in zwei Bänden, hg. von Bodo Plachta/Winfried Woesler, Bd. 2, Deutscher Klassiker Verlag, Frankfurt/M. 1994, S. 97 f. (orthografisch modernisiert)

Duden: Personenbezeichnungen **251**
Aus: Duden (2006). Die Grammatik, Band 4. Bibliographisches Institut GmbH, S. 154 – 159 (gekürzt)

Eder, Sebastian: „Diese Realität gibt es nicht". **265**
Aus: F. A. Z. 03.02.2020. © Alle Rechte vorbehalten. Frankfurter Allgemeine Zeitung GmbH, Frankfurt. Zur Verfügung gestellt vom Frankfurter Allgemeine Archiv.

Ehlert, Nadine/Schmidt, Uta: Positive Vorurteile – Beispiele. **191**
Aus: https://www.helpster.de/positive-vorurteile-3-beispiele_186252 [06.08.2020]

„Ein großer Sieg, ein großer Tag …" 289
Artikel aus der Süddeutschen Zeitung vom 5.6.1954

„Eine gute Rede soll das Thema erschöpfen, nicht die Zuhörer." 119
Zitat von Winston Churchill. Zit. nach: Loll, Anna: Plan B in der Brusttasche, FAZ online vom 21.2.2008: http://www.faz.net/aktuell/beruf-chance/arbeitswelt/reden-und-zuhoeren-plan-b-in-der-brusttasche-1512442.html [5.3.2015]

Eine Schule ergreift Initiative 192
Originalbeitrag aus deutsch ideen 9, © Bildungshaus Schulbuchverlage, Braunschweig 2019

Einen Praktikumsbericht schreiben. 349
Originalbeitrag von Siegfried G. Rojahn aus: Paul D 9. Hg. von Johannes Diekhans und Michael Fuchs, Schöningh Verlag, Paderborn 2008, S. 111

„Eines wolkenverhangenen Mittwochmorgens, es war Buß- und Bettag, …" 348
http://www.frankfurt-schreibt.de (5.10.2013)

„Erinnern wir uns an die Zeit vor neun Jahren. …" 289
Artikel aus dem General-Anzeiger Bonn vom 5.6.1954

Erpenbeck, Jenny: Haare **66**
Aus: Texte und Materialien für den Unterricht. Kürzestgeschichten. Hrsg. von Christine Hummel. Reclam, Stuttgart 2001, S. 103

Fake News 260
Aus: Gerd Schneider/Christiane Toyka-Seid: Das junge Polit-Lexikon von www.honisauland.de, Bonn: Bundeszentrale für politische Bildung 2017

Fake News: Der Lackmustest für die politische Öffentlichkeit. 261
Bundeszentrale für politische Bildung, Bonn 2017. Zitiert nach: www.bpb.de/dialog/netzdebatte/245095/fake-news-der-lackmustest-fuer-die-politische-oeffentlichkeit [26.04.2017]

Filterblase 272
Das Nettz, betterplace lab gGmbH, Berlin. Zitiert nach: https://www.das-nettz.de/glossar/filterblase (darin als Quelle angegeben: https://www.boell.de/de/2017/02/08/filter-bubbleechokammer-fake-news) [2.05.2020] (gekürzt)

Fischer, Tin: Filterblase? **272**
Aus: DIE ZEIT Nr. 34/2017

Fleiter, Rüdiger: Vorurteile. **190**
Bundeszentrale für politische Bildung, Bonn 2019. Zitiert nach: http://www.bpb.de/izpb/9678/editorial [25.03.2019]

Fleming, Paul: An Anemonen. **204**
Aus: Volker Meid (Hg.): Das Spiel der Zeit. Deutsche Barockgedichte, Reclam, Stuttgart 2015, S. 45 f. (orthografisch modernisiert)

Franck, Julia: Streuselschnecke **47**
Aus: Dies.: Bauchlandung. Geschichten zum Anfassen. DuMont Verlag, Köln 2000

Freizeitbeschäftigung vor 35 000 Jahren? 340
Originalbeitrag von Dietrich Herrmann aus: Paul D 9. Hg. von Johannes Diekhans und Michael Fuchs, Schöningh Verlag, Paderborn 2008, S. 346

Frieden auf 50 dreckigen Quadratmetern. Eine syrische Familie flieht in die deutsche Provinz. 208
Aus: Frankfurter Allgemeine Zeitung, 14.7.2014, S. 3

Frisch, Max: Andorra (Ausschnitte). **176, 178, 181, 182, 184, 185, 186, 188, 193**
Suhrkamp, Frankfurt am Main, 1975, S. 6 ff.

Fritz, Walter Helmut: Augenblicke. **61, 309**
Aus: Ders.: Umwege, Deutsche Verlagsanstalt, Stuttgart 1964, S. 47 ff.

„Für mich war immer Kunst das Gruselfach …“. 99
Genickbruch.com , Ingolstadt, 2021. Zitiert nach: http://genickbruch.com/vb/showthread.php?t=44539 [0.5.03.2015]

Garde, Barbara: Du bist, was du isst: Warum wir Fleisch essen. **108**
planet-wissen.de, WDR, Köln. Zitiert nach: www.planet-wissen.de/gesellschaft/lebensmittel/fleisch/fleisch-interview-klotter.de [06.08.2022]

Gerhardt, Paul: Abendlied. **201**
Aus: Evangelische Landeskirche in Württemberg (Hrsg): Evangelisches Gesangbuch, Nr. 477. Gesangbuchverlag Stuttgart, Stuttgart 2007

Gockel-Gesterkamp, Rita: Begegnung zwischen Jung und Alt. **150**
Aus: Jahresheft des Ostendorf-Gymnasiums Lippstadt, 2002/2003

Gottschalk, Pit: Warum bloggen? **243**
Aus: Mediapreneure GmbH, Hamburg, 14.08.2015. Zitiert nach: http://mediapreneure.de/warum-bloggen/ [2.05.2020] (gekürzt)

Green, John: Schlaft gut, ihr fiesen Gedanken. **331**
Aus: Ders.: Schlaft gut, ihr fiesen Gedanken. Übersetzt von Sophie Zeitz. Carl Hanser, München 2017, S. 8f.

Greßmann, Uwe: Moderne Landschaft. **34**
Aus: Großstadtlyrik, hg. von Waltraut Wende, Reclam, Stuttgart 1999, S. 307

Grimmelshausen, Hans Jakob Christoffel von: Der abenteuerliche Simplicissimus Teutsch. (Auszug) **197**
Stuttgart 1961, S. 57 ff.

Grönemeyer, Herbert: Bochum. **18**
Grönland Musikverlag, Berlin 1984 (gekürzt)

Grundgesetz, Artikel 3 192
Zitiert nach: https://www.gesetze-im-internet.de/gg/art_3.html [7.06.2021]

„Grundsätzlich könnte man in Sport schon sinnvoll Noten geben …“ 98
uni-protokolle.de. Zitiert nach: http://www.uni-protokolle.de/foren/viewt/271618,0.html [05.03.2015]

Gryphius, Andreas: Schluss des 1650zigsten Jahres **199**
Aus: Andreas Gryphius: Gesamtausgabe der deutschsprachigen Werke. Band 1, Tübingen 1963, S. 104

Gryphius, Andreas: Tränen in schwerer Krankheit. **204**
Aus: Ulrich Mache/Volker Meid (Hrsg.): Gedichte des Barock, Reclam, Stuttgart 1980, S. 115 (orthografisch modernisiert)

Haeming, Anne/Lich, Barbara/Obermayer, Bastian: Liebeserklärungen an den Fußball. **291**
Aus: fluter. Magazin der Bundeszentrale für politische Bildung, Nr. 18, März 2006

Haunfelder, Bernd: Blüten im Verborgenen. Der Lyrikerin erster Gedichtband erschien 1838 im Verlag Aschendorff. **77**
Aus: Westfalische Nachrichten, 11./12. Januar 1997, Verlagsbeilage zum 200. Geburtstag der Dichterin aus dem Münsterland, S. 4 (orthografisch modernisiert)

Herles, Wolfgang: Laudatio auf Saša Stanišić. **237**
Gehalten bei der Verleihung des Adelbert-von-Chamisso-Preises 2008. Robert Bosch Stiftung, Stuttgart 2008. Zitiert nach: http://www.bosch-stiftung.de/content/language1/downloads/Laudationes_Chamisso_08.pdf [6.3.2015] (gekürzt)

Herrmann, Dietrich: Guernica. **221**
Originalbeitrag aus: Paul D 9. Hg. von Johannes Diekhans und Michael Fuchs, Schöningh Verlag, Paderborn 2008, S. 227

Herrmann, Dietrich: Prothese gegen Gliedmaßen – eine Chance? **326**
Originalbeitrag.

Herrndorf, Wolfgang: Tschick (Auszug). **136**
Rowohlt Berlin, Berlin 2010, S. 227 – 231

Hesse, Hermann: Brief an den Vater. **140**
Aus: Ders.: (Hg.): Kindheit und Jugend vor Neunzehnhundert. H. Hesse in Briefen, Suhrkamp Verlag, Frankfurt/M. 1966

Hilfe! Sie kommen! 332
Originalbeitrag von Dietrich Herrmann aus: Paul D 9. Hg. von Johannes Diekhans und Michael Fuchs, Schöningh Verlag, Paderborn 2008, S. 339f.

Ich, eine Tochter 145
Aus: Claudia Richter: Nach-Sicht einer Tochter. Zeitmagazin, Nr. 16, 11.4.1986 (gekürzt)

Im Café „Die Pause“ 336
Originalbeitrag von Dietrich Herrmann aus: Paul D 9. Hg. von Johannes Diekhans und Michael Fuchs, Schöningh Verlag, Paderborn 2008, S. 342

„In Fußball war ich immer einer der Besten …“ 99
uni-protokolle.de (leicht verändert): http://www.uni-protokolle.de/foren/viewt/271618,0.html [05.03.2015]

„Ist in Sport doch nicht anders als in Kunst …“. 98
Aus: Sportnoten in der Schule: Sinnvoll oder besser abschaffen? Beitrag des anonymen Users „Arjen Robben“ im Forum „Boardhell“: http://genickbruch.com/vb/showthread.php?t=44539 [0.5.03.2015]

Kalckreuth, Wolf Graf von: Amsterdam. **38**
Aus: Deutsche Großstadtlyrik vom Naturalismus bis zur Gegenwart, hg. von Wolfgang Rothe, Reclam, Stuttgart 1973

Kaléko, Mascha: Der kleine Unterschied **216**
Aus: dies.: In meinen Träumen läutet es Sturm. Gedichte und Epigramme aus dem Nachlass. Hrsg. und eingeleitet von Gisela Zoch-Westphal. dtv Verlagsgesellschaft, München 1977, S. 52

Kaléko, Mascha: Interview mit mir selbst **215**
Aus: dies.: Die paar leuchtenden Jahre. Hrsg. von Gisela Zoch-Westphal. dtv Verlagsgesellschaft, München 2003, S. 57 f.

Kaléko, Mascha: Seiltänzerin ohne Netz. **30**
Aus: Dies.: In meinen Träumen läutet es Sturm. Gedichte und Epigramme aus dem Nachlass. dtv, München 1977, S. 109

Karasholi, Adel: „Nach einer Lesung in der Nähe von Leipzig …". **226**
Aus der Begrüßungsansprache anlässlich der zweiten Chamisso-Tage in Leipzig 2001. Robert Bosch Stiftung, Stuttgart 2001. Zitiert nach: http://www.bosch-stiftung.de/content/language1/html/14934.asp [6.3.2015]

Kästner, Erich: Die Zeit fährt Auto. **31**
Aus: Großstadtlyrik, hg. von Waltraut Wende, Reclam, Stuttgart 1999, S. 148

Kaschnitz, Marie-Luise: Hobbyraum. **46**
Aus: Dies.: Steht noch dahin. Neue Prosa. Suhrkamp, Frankfurt a. M. 1970

Kaum zu schlagen? 343
Originalbeitrag von Dietrich Herrmann aus: Paul D 9. Hg. von Johannes Diekhans und Michael Fuchs, Schöningh Verlag, Paderborn 2008, S. 349

Kirsch, Sarah: Der Droste würde ich gern Wasser reichen. **82**
Aus: Dies: Sämtliche Gedichte, Deutsche Verlags-Anstalt, München 2005, S. 107

Kommentar von Elena Adam über gendergerechte Sprache. 246
Aus: CITYGLOW - das Kultur und Lifestyle Magazin, Hannover. https://cityglow.de/kommentar-von-elena-adam-ueber-gendergerechte-sprache/ [15.08.2022]

Kuhn, Thomas: Bill Gates: Vom schüchternen Nerd zum Weltverbesserer. **321**
Aus: Wirtschaftswoche vom 04.05.2021. https://www.wiwo.de/erfolg/management/bill-gates-vom-schuech-ternen-nerd-zum-weltverbesserer/25992434.html [06.08.2022] (gekürzt)

Kundenrezensionen zum Buch „Die Bücherdiebin" von Markus Zusak. 367
Kundenrezensionen zum Buch „Die Bücherdiebin" von Markus Zusak.
Auf der Homepage des Online-Versandhändlers Amazon abgerufen am 9.7.2014. Zitiert nach: http://www.amazon.de/product-reviews/3764502843/ref=cm_cr_dp_see_all_btm/279-3373262-2288769?ie=UTF8&showViewpoints=1&sortBy=bySubmissionDateDescending

Kunze, Reiner: Fünfzehn. **134, 152**
Aus: Ders.: Die wunderbaren Jahre. Prosa, S. Fischer Verlag, Frankfurt/M. 1981, S. 26 ff.

Latzin, Richard: Wer ist es? **363**
Aus: Ders.: Das Literaturquiz. Von Homer bis Harry Potter, Wilhelm Heyne Verlag, München 2004, S. 183 (geringfügig verändert)

Levoy, Myron: Der gelbe Vogel (Auszüge). **210, 325**
Deutscher Taschenbuch Verlag, München 2006 (gekürzt)

Liliencron, Detlev von: In einer großen Stadt. **24**
Aus: Großstadtlyrik, hg. von Waltraut Wende, Reclam, Stuttgart 1999, S. 50

Loriot: Feierabend **156**
Aus: Ders.: Gesammelte Prosa. © 2006 Diogenes Verlag AG, Zürich

Matthias und Helmut Rahn – Ein Drehbuchauszug. 285
Sönke Wortmann/Rochus Hahn: Das Wunder von Bern. © Senator Film 2003 (übertragen von Martin Pohl)

Muttersprache: Viele Zuwanderer sprechen auch zu Hause deutsch. 313
Aus: ZEIT ONLINE vom 26. August 2015. Quelle: mbr. Zitiert nach: https://www.zeit.de/wirtschaft/2015-08/zuwanderung-muttersprache-migranten [7.06.2021]

„Nahe dem Römer, dem Frankfurter Wahrzeichen …" 347
Deutschland schreibt, Stiftung Polytechnische Gesellschaft, Frankfurt am Main. Zitiert nach: http://www.frankfurt-schreibt.de (5.10.2013)

Nicolai, Emil: Straßenbild. **21**
Aus: Deutsche Großstadtlyrik vom Naturalismus bis zur Gegenwart, hg. von Wolfgang Rothe, Reclam, Stuttgart 1973, S. 66

„Nur wer weiß, wie in der NS-Zeit …". 289
Artikel aus der Schweizer National-Zeitung vom 5.6.1954 (gekürzt)

Osterath, Brigitte: Gut fürs Hirn: Mehrsprachigkeit. 232
Deutsche Welle, Bonn 25.05.2017. Zitiert nach: https://www.dw.com/de/gut-f%C3%BCrs-hirn-mehrsprachigkeit/a-19369485 [7.06.2021] (gekürzt)

Overmans, Rüdiger: Soldaten hinter Stacheldraht. **283**
Propyläen Verlag, München 2000 (gekürzt)

peg 66 (Pseudonym): Im Strafraum der Geschichte („Das Wunder von Bern"). **293**
Artikel auf jetzt.de, Süddeutsche Zeitung vom 24.10.2003: http://jetzt.sueddeutsche.de/texte/anzeigen/61960/Im-Strafraum-der-Geschichte-Das-Wunder-von-Bern [6.3.2015] (gekürzt)

Pensionäre in den Zoos. 329
Originalbeitrag von Dietrich Herrmann.

Pohl, Martin: Deutschland 1945 – 1960: Zwischen „Stunde Null" und „Wirtschaftswunder". **280**
Originalbeitrag aus: Paul D 9. Hg. von Johannes Diekhans und Michael Fuchs, Schöningh Verlag, Paderborn 2008, S. 299

Quellenkritik – Kernkompetenz des Digitalzeitalters. 273
Originalbeitrag von Thomas Rudel aus deutsch.ideen 10, © Bildungshaus Schulbuchverlage, Braunschweig 2020

Reza, Yasmina: Drei Mal Leben. **170, 173**
Aus: Dies.: Stücke II. Aus dem Französischen von Eugen Helmlé, Frank Heibert und Hinrich Schmidt-Henkel. Libelle Verlag, Konstanz 2000, S. 13 ff.

Roll, Evelyn: Wort für Wort ankommen. **238**
Aus: Süddeutsche Zeitung Nr. 49 vom 27.2.2008, S. 3 (gekürzt)

„Roter Faden" – „Rotes Tuch". 376, 377
Aus: Wolfgang Seidel: Woher kommt das schwarze Schaf? Was hinter den Wörtern steckt, Deutscher Taschenbuch Verlag, München 2007 (verändert)

Rumpf, Erhard: Industrialisierung und soziale Frage – Lebensverhältnisse und Arbeitsbedingungen ändern sich. **22**
Aus: Bernlocher, L./Büchse, F. u. a.: Geschichte und Geschehen A3, Stuttgart 1996, S. 164 f.

Rüschemeyer, Georg: Warum es gut ist, mit vielen Sprachen aufzuwachsen. **311**
Aus: © Frankfurter Allgemeine Zeitung GmbH vom 12.12.2014. https://www.faz.net/aktuell/feuilleton/familie/wie-erklaere-ich-s-meinem-kind/kindern-erklaert-vorteil-mehrsprachigkeit-13315729.html [7.06.2021]

Schami, Rafik: Wie ich Frau Sprache verführte (Auszug). **227, 229**
Aus: Ders.: Vom Zauber der Zunge. Reden gegen das Verstummen. 4. Aufl., dtv, München 2006, S. 64 (gekürzt)
Schneider, Peter: Auf der Straße. **29**
Aus: Großstadtlyrik, hg. von Waltraut Wende, Reclam, Stuttgart 1999, S. 241
Schnurre, Wolfdietrich: Angriff. **33**
Aus: Deutsche Großstadtlyrik vom Naturalismus bis zur Gegenwart, hg. von Wolfgang Rothe, Reclam, Stuttgart 1973, S. 396
Schnurre, Wolfdietrich: Beste Geschichte meines Lebens. **58**
Aus: Ders.: Der Schattenfotograf, München 1978, S. 158
Schnurre, Wolfdietrich: Du bist un-mög-lich. **162**
Aus: Ders.: ich frag ja bloß. Großstadt-Kinder-Dialoge. List Verlag, München 1973
Schünemann, Luzia: Zur Bedeutung der Körpersprache. **161**
Originalbeitrag nach Samy Molcho: Körpersprache, Goldmann, München 1998, S. 17f./ Copyright 1983 Mosaik Verlag
Sprachliche Gleichbehandlung lässt sich erreichen 254
Fachhochschule Dortmund, o. ED. Nach: http://www.fh-dortmund.de/de/hs/orgGrem/beauftr/gb/medien/GeschlechterfaireSprache.pdf [3.06.2013]
Schwanke, Olaf n.: Fußgängerzone. **36**
Aus: Großstadtlyrik, hg. von Waltraut Wende, Reclam, Stuttgart 1999, S. 347
Stanišić, Saša: Wie der Soldat das Grammofon repariert. (Auszug) **236**
Luchterhand, München 2006, S. 141 – 143 (gekürzt)
Steen, Cassandra featuring Adel Tawil: Stadt. **42**
Text: Kospach, Heike; © Aquarium Songs / Edition Felony Business bei EMI Music Publishing Germany GmbH & Co. KG, Hamburg, Universal Music Publishing GmbH, Berlin, Numarek Songs Marek Pompetzki beiBMG Rights Management GmbH, Berlin
It Sounds Edition bei Arabella Musikverlag GmbH, Berlin
Steenfatt, Margret: Im Spiegel. **304**
Aus: 7. Jahrbuch der Kinderliteratur, hg. von Hans-Joachim Gelberg, Beltz Verlag, Weinheim/Basel 1984, S. 218f.
Stefanowitsch, Anatol: Sprachlog: Frauen natürlich ausgenommen. **252**
Aus: Sprachlog von Anatol Stefanowitsch. Spektrum der Wissenschaft Verlagsgesellschaft mbH vom 14.12.2011, Heidelberg (gekürzt)
Strittmatter, Eva: Herbst in Berlin. **41**
Aus: Großstadtlyrik, hg. von Waltraut Wende, Reclam, Stuttgart 1999, S. 308

Szabo, Luisa: Der Haken am simulierten Stau. **264**
Aus: „Google Maps Hacks" Der Haken am simulierten Stau. © ARD-aktuell / tagesschau.de, 5.2.2020. Zitiert nach: https://www.tagesschau.de/faktenfinder/kunstaktiongoogle-maps-101.html [2.05.2020]

Taschengeld aufbessern: Worauf du bei Schülerjobs achten musst. 337
(Originalbeitrag)
Tekinay, Alev: „Du redest, denkst und träumst in zwei Sprachen ..." **227**
Aus: Dies.: Die Deutschprüfung. Erzählungen, Brandes & Apsel, Frankfurt/M. 1989 (Literarisches Programm 12)
Thielke, Bruntje: Warum wir Amsterdam lieben. **38**
Aus: Madsack Travel GmbH & Co. KG, München. www.reisereporter.de/artikel/1242-7-gruende-warum-wir-amsterdam-lieben vom 20.01.2017 [06.08.2022]
Tipps für ein gelungenes Vorstellungsgespräch. 355
Originalbeitrag von Siegfried G. Rojahn aus: Paul D 9. Hg. von Johannes Diekhans und Michael Fuchs, Schöningh Verlag, Paderborn 2008, S. 117

Über das Bloggen 243
Originalbeitrag von Thomas Rudel
„Überall in Europa überlief es Tausende ..." 289
Artikel aus der Zeitung Information, Kopenhagen, vom 5.6.1954

Was bedeutet „steinreich sein"? 342
Originalbeitrag von Dietrich Herrmann
Was der Krieg aus den Menschen macht. 206
Aus: Neue Westfälische, 21.5.2003
Was heißt „Sportunterricht"? 95
Aus: Perspektiven des Schulsports vor dem Hintergrund der allgemeinen Schulentwicklung (Kultusministerkonferenz, Berlin 16.09.2004): http://www.kmk.org/dokumentation/veroeffentlichungen-beschluesse/bildung-schule/sport.html [31.3.2015]
Was sind „Noten"? 95
Wikimedia Foundation Inc., USA 2021. Zitiert nach: http://de.wikipedia.org/wiki/Schulnote [10.3.2015] (gekürzt)
Was sind Social Bots? 270
Bundeszentrale für politische Bildung, Bonn, 17.07.2017. Aus: https://www.bpb.de/252585/was-sind-social-bots [02.05.2020] (gekürzt)
Watzlawick, Paul/Beavin, Jeanet H./Jackson, Don D.: Man kann nicht *nicht* kommunizieren. **169**
Aus: Paul Watzlawick, Jeanet H. Beavin und Don D. Jackson: Menschliche Kommunikation. Formen, Störungen, Paradoxien (1969). 12. Auflage. Verlag Hans Huber, Bern 2011, S. 58f.
Weiler, Jan: Im Pubertier-Biotop (Auszug). **147, 153**
Kindler/Rowohlt, Reinbek bei Hamburg 2014, S. 11 – 15
Wengert, Hans Gert: Funktionen der Notengebung. **96**
In: Gislinde Bovet/Volker Huwendiek (Hg): Leitfaden Schulpraxis. Pädagogik und Psychologie für den Lehrerberuf. 4. überarb. Aufl., Cornelsen, Berlin 2004, S. 295 ff. (gekürzt)

Bildquellenverzeichnis

|akg-images GmbH, Berlin: 10.1, 75.1, 76.1, 79.1, 80.6, 92.1, 119.1, 132.1, 133.4, 195.2, 197.1, 199.1, 201.1, 274.1, 283.1; Battaglini, Orsi 204.1; De Agostini Picture Library 119.2; Heritage Images/Index 205.1; Jakob Bar-On Steinhardt 27.1; Lessing, Erich 22.1, 203.1; Lessing, Erich / © Estate of George Grosz, Princeton, N. J. / VG Bild-Kunst, Bonn 2021 (George Grosz: Ohne Titel) 29.1; Liszt Collection 198.1; Vaccaro, Tony 302.1; © Succession Picasso / VG Bild-Kunst, Bonn 2022 (Pablo Picasso: Guernica) 222.1; © VG Bild-Kunst, Bonn 2021 (Otto Dix: Großstadt) 34.1. |Alamy Stock Photo (RMB), Abingdon/Oxfordshire: Art Collection 2 80.3; Ruhl, Alejandro Guillermo Santiago 11.2. |Art Explosion, Calabasas, CA: 33.1, 33.2. |Art Licensing Int. GmbH, Tübingen: James Rizzi: MAKE FRIENDS WITH LIFE AND PEOPLE, © Art Licensing International GmbH 17.2; James Rizzi: TOO MANY PEOPLE IN THE CITY, © Art Licensing International GmbH 40.1. |Artothek, Fürth: Christie's Images Ltd 202.1; Edelmann, Ursula 133.1. |Baaske Cartoons, Müllheim: Rauschenbach, Erich 162.1. |Berghahn, Matthias, Bielefeld: 5.1, 48.1, 62.1, 308.1, 343.1, 352.1, 354.1, 358.1, 358.2, 358.3, 365.1, 377.1. |Beushausen, Volker, Castrop-Rauxel: „Andorra" (Regie: Tatjana Fernau, Premiere 30.01.2011 am Westfälischen Landestheater) 9.1, 174.1, 183.1, 186.1. |bpk-Bildagentur, Berlin: 5.2, 75.2, 218.1; Deutsches Historisches Museum 194.1; Deutsches Historisches Museum/Psille, Arne 225.1; Hubmann, Hanns 13.1, 275.1, 275.2; Pisarek, Abraham 274.2. |Busch, Frederik, Hamburg: 291.1. |Deutsches Literaturarchiv Marbach, Marbach am Necker: 140.1. |Diogenes Verlag AG, Zürich: Loriot: Feierabend aus: Loriot: Dramatische Werke Copyright © 1981, 2016 Diogenes Verlag AG Zürich 156.1, 157.1. |Domke, Franz-Josef, Wunstorf: 279.1. |Drescher, Heinrich, Münster: 368.1. |Ecole d'Humanité, Hasliberg Goldern: Volker Dembinski 210.1. |Erich Ohser - e.o.plauen: Aus: e. o. plauen, „Vater und Sohn", Gesamtausgabe Erich Ohser 164.1, 164.2, 164.3, 164.4, 164.5, 164.6. |fotolia.com, New York: alphaspirit 14.1, 296.1; damark 297.1; Dierks, Janina 318.4; Edler von Rabenstein 318.2, 318.5; Ernst, Daniel 318.3; fotodesign-jegg.de 318.6; JackF 141.1; natashapetrova 109.1, 109.2, 110.1, 111.1, 111.2; NilsZ 17.1; p!xel 66 381.1; Pokrovsky, Ekaterina 374.1; Race, Dan 337.1; Sanders, Gina 318.1; travelwitness 39.1; Vibe Images 142.1; vserg48 84.1; wahooo 132.3. |Fotostudio Henke, Paderborn: 8.1, 93.1, 151.1, 154.1, 155.1, 155.2, 158.1, 159.1, 159.2, 159.3, 159.4, 160.1, 160.2, 160.3. |Frankfurter Allgemeine Zeitung GmbH, Frankfurt am Main: 14.07.2014, F.A.Z.-Grafik/Heumann; Levinger 209.1. |Getty Images, München: AFP/Souleiman, Delil 195.4; Los Angeles Times/Seib, Al 100.1. |Grauert, Christiane, Milwaukee, WI: 165.1. |Haymann, Sabine, Stuttgart: 189.1. |heimlichstillundleise, Hamburg: 167.1. |Imago, Berlin: Görlich, Stephan 237.1. |Institut für Ur- und Frühgeschichte und Archäologie des Mittelalters - Universität Tübingen, Tübingen: Foto: Hilde Jensen, Universität Tübingen 340.1. |iStockphoto.com, Calgary: Meinzahn 19.1. |Jüdisches Museum der Stadt Frankfurt am Main, Frankfurt/M.: Ludwig Meidner-Archiv 45.1; © Ludwig Meidner-Archiv 16.1. |Kassing, Reinhild, Kassel: 299.1. |Knesebeck Verlag, München: © 2017 Julian Voloj/Claudia Ahlering 90.1, 91.1. |Kuhn, Peter, Bayreuth: Was Kinder bewegt, LIT, Berlin 2007, Seite 426 96.2. |Lindzus, H., Dortmund: 170.1. |LWL-Denkmalpflege, Landschafts- und Baukultur in Westfalen, Münster: Bildarchiv 79.2, 80.1, 80.2, 80.4, 80.5. |Medienpädagogischer Forschungsverbund Südwest (www.mpfs.de), Stuttgart: 259.1, 259.2, 259.3. |MEWO Kunsthalle, Memmingen: © Stadt Memmingen/Nachlass Max Unold 88.1. |Microsoft Deutschland GmbH, München: 314.1, 314.2. |Palka, Wolfgang, Wien: 181.1. |Pavlidis, Vangelis, Rhodes GR: 11.1, 227.1. |Penguin Random House Verlagsgruppe GmbH, München: Markus Zusak, die Bücherdiebin. Erschienen im Blanvalet Verlag, München, in der Penguin Random House Verlagsgruppe GmbH 367.1; Saša Stanišic, Wie der Soldat das Grammofon repariert. Erschienen im Luchterhand Literaturverlag, München, in der Penguin Random House Verlagsgruppe GmbH 236.1. |Picture-Alliance GmbH, Frankfurt a.M.: akg-images 92.2, 195.3; AP Photo/Malla, Hussein 206.1; APA/picturedesk.com/Lipus, Marko 136.1; Augenklick/Fotoagentur Kunz/Kunz, Bernhard 229.1; Augenklick/Pressefoto Baumann 277.1; Denkou Images 144.1; dieKLEINERT.de/Schwarwel 241.1; dpa 276.2; dpa / Weihrauch, Roland 276.1; dpa/Barth, Lukas 42.1; dpa/Bernhart, Udo 132.2; dpa/DB Beck 169.1; dpa/dpaweb/Wagner, Ingo 82.1; dpa/Jensen, Rainer 195.1; dpa/Kappeler, Michael 321.1; dpa/Kleefeldt, Frank 74.1; dpa/Röhnert 215.1; dpa/Steffen, Peter 223.1; dpa/Weihrauch, Roland 329.1; dpa/Zucchi, Uwe 161.1; Erl, Martin / dieKLEINERT 120.1; Gabbert, Klaus-Dietmar 122.1; GES-Sportfoto/Guengoer, Marvin 319.1; Gladys Chai von der Laage 327.1; Keystone/Bally, Gaetan 69.1; Perrey, Ulrich / dpa 177.1; REUTERS/Peter, Thomas 7.1, 133.2, 133.3; Settnik, Bernd 265.1; United Archives / kpa Publicity / Wild Bunch Germany GmbH 276.3; Westend61 106.2; ZB/Schmidt, Hendrik 356.1. |Raubtier- und Exotenasyl e.V., Ansbach: www.Raubkatzenasyl.de, Foto: Sabine Liebsch 328.1. |Röder, Jan: Umschlagkonzept: Balk & Brumshagen, Umschlagbild: Bernhard Förth unter Verwendung eines Fotos von Jan Roeder 214.1. |Rowohlt Verlag GmbH, Hamburg: Herrndorf, Wolfgang: Tschick, 2012 139.1; Jan Weiler: Das Pubertier, Kindler 2014 148.1. |SCHAUBURG Theater für junges Publikum der Landeshauptstadt München, München: 180.1. |Schauspielhaus Salzburg, Salzburg: Foto: Tobias Kreft 138.1. |Shutterstock.com, New York: G-Stock Studio 12.1, 268.1; Hyejin Kang 248.1; Monster Ztudio 267.1. |Sperling, Dörte, Hamburg: 224.1. |Städtisches Museum Braunschweig, Braunschweig: Foto: Dirk Scherer 16.2. |Statista GmbH, Hamburg: 106.1. |Stiftung Historische Museen Hamburg, Museum für Hamburgische Geschichte, Hamburg: Hof Langer Jammer, Brauerknechtsgraben in Hamburg, undatierte Fotografie von Paul Wutcke 23.1. |stock.adobe.com, Dublin: Antonioguillem 347.1; blende11.photo 18.1; Cristiano, Alessandro 247.1; dima266f 346.1; fotofund 103.1; fottoo 81.1; Jevtic, Budimir 106.3; Leika production 240.1; Merton, Tom / Caia Image 295.1; panuwat 271.1; Peter_Polkorab 258.1; Picture-Factory 351.1; pit24 3.1, 37.1; Seybert, Gerhard 307.1; StefanieBaum 158.2. |Traxler, Hans, Frankfurt/Main: 96.1. |ullstein bild, Berlin: 168.1; ddp 228.1; dpa 55.1, 217.1; Fotoagentur imo 92.3; Frederic 60.1; Friedrich, Brigitte 52.1; Schiffer-Fuchs 134.1; TopFoto 323.1; Unkel 147.1; Wolff & Tritschler 274.3. |vario images, Bonn: Cultura RM/Honey, Nancy 6.1, 94.1. |Weckert, Simon, Berlin: Simon Weckert: Kunstaktion Google Maps - Simulierter Stau / © VG Bild-Kunst, Bonn 2021 264.1. |Wild Bunch Germany GmbH, München: DVD: DAS WUNDER VON BERN © Senator Film 2003 278.1, 278.2, 281.1, 285.1, 286.1, 286.2, 287.1, 287.2, 287.3, 287.4, 287.5, 287.6, 287.7, 287.8, 287.9, 287.10, 287.11, 287.12, 290.1, 379.1. |Yeter, Hanefi, Berlin: 226.1.

Das brauchst du immer wieder. ◆ So gehst du vor. – Ein Überblick